죽음을 살다

우리 시대 죽음의 의미와 담론

나남
nanam

천 선 영

독일 뮌헨(München) 대학에서 죽음을 주제로
근대사회에서의 의미 문제에 대한 박사학위논문을 썼다.
경북대학교 사회학과에 재직 중이다.
주요관심분야는 문화·이론인데, 일상에서 길어 올린 소재를
사회학적 시각으로 담아내는 글쓰기에 관심이 많다.
삶의 현장도 사회학의 현장도 '일상'이라 믿기 때문이다.
본인이 쓴 글이 소설만큼 재미있지는 않더라도 적어도
읽는 사람들을 졸게 하지는 않았으면 하는
소박한 바람을 가지고 있다.

나남신서 1584

죽음을 살다: 우리 시대 죽음의 의미와 담론

2012년 1월 2일 발행
2012년 1월 2일 1쇄

저자_ 천선영
발행자_ 趙相浩
발행처_ (주) 나남
주소_ 413-756 경기도 파주시 교하읍
출판도시 518-4
전화_ (031) 955-4600 (代)
FAX_ (031) 955-4555
등록_ 제 1-71호(1979.5.12)
홈페이지_ http://www.nanam.net
전자우편_ post@nanam.net

ISBN 978-89-300-8584-7
ISBN 978-89-300-8001-9(세트)
책값은 뒤표지에 있습니다.

나남신서 1584

죽음을 살다

우리 시대 죽음의 의미와 담론

천 선 영

나남
nanam

Death in Modern Society

Its Meaning and Sociological Implications

by

Chun, Sun Young

nanam

여는 글

오늘날 죽음은 '금기', '터부'인가?

근대사회를 사는 우리에게 죽음은 과연 어떤 의미를 갖는가? 사람들은 오늘날의 사회에서 죽음이 금기, 터부[1]라고 말한다. 그런데 '너무 많은 사람들이 너무 당연하게' 그리 말하는 것은 어딘가 의심스럽다. 그리고 그 결과로 죽음이 억압되고 있다는 '말'이 여기저기 넘쳐 나는 것은 무척 흥미롭다.

문학작품 속에서도 근대적 죽음은 자주 터부이다. 파트리크 쥐스킨트는 "죽음이 과연 테마인가? 죽음은 테마가 될 수 없지 않은가? 사랑에 대해 그토록 많은 언급이 있는 것과는 반대로 죽음에 대해서는 거의 언급이 없다. 죽음은 우리의 말문을 막아 버린다. 물론 일찍이 … 사정이 달랐다고 … 사회의 일이자 가족의 일 … 지난 200년 동안 … 죽음이 말이 없어진 것이다"(2006: 43)라고 한다.

---

1) 금기, 터부, 억압 등은 엄밀하게는 구분해 사용할 필요가 있다고 생각되는 단어들이나 이 책에서는 크게 의미상 차이가 없는 것으로 사용하였다. 더 자세한 사항은 5장 참조.

《기발한 자살여행》이라는 책에도 이런 언급이 나온다.

> 여성심리학자는 다른 심리적 문제들과 비교해서 자살의 독특한 특성을 강조했다. 핀란드에서 자살은 여전히 금기였다. 아무도 자살에 대해 공공연하게 말하지 않았으며, 당사자나 가족은 불운하게도 환자로 낙인찍혔다. 바로 이 금기라는 특성 때문에 자살은 특히 가족들에게 견디기 힘든 후유증을 남겼다(파실린나 2006: 78).

그런데 여기서도 재미있는 건 이미 그들 스스로 끊임없이 죽음에 대해 '말'하고 있다는 점이다. 각종 '터부담론'은 역설적이게도 그 스스로 죽음에 관한 '담론'의 핵이 되고 있는 것 같다. 그런데 지나온 역사의 인류와 마찬가지로 우리 또한 '아직은' 죽음을 운명으로 안고 살아가고 있으며, ―인간'만'이 누리는 행운인지 불행인지 알 수 없으나―죽음에 대한 '선취적 인지'로부터도 자유롭지 못하다. 우리는 때로 또는 자주 죽음에 대한 생각과 마주할 수밖에 없다.

글쓴이는 바로 그 때문에도 '근대사회에서 죽음은 터부다'라고 하는 '상식적 인식'은 하나의 특정한 형식과 내용을 가진 담론으로 재인식될 필요가 있다고 생각한다. 서양 중세 때 고해성사가 비밀스러운 성(性)을 일정한 틀에 따라 고백함으로써 금지된 성에 대해 말하도록 하는 방식의 하나가 되었던 것처럼(푸코의 《성의 역사》 참조), 그래서 이런 장치가 성에 대한 단순한 억압과 금지라기보다는 성 장치들에 의한 성 담론 생산과 조절방식으로 이해될 수 있는 것처럼 '죽음은 터부'라는 인식은 특정한 방식으로 죽음에 대한 생각을 생산하도록 돕는 기제로 이해될 수 있지 않을까.

이런 맥락에서 글쓴이는 죽음의 억압이라는 인식을 근대사회에서 관찰되는 죽음에 대한 특별한 소통의 한 가지로 이해한다. 그래서 이 책의 근본적 관심은 — 책 안에서 근대사회에서 죽음에 대한 소통이 여러 가지 장애를 가지고 있다고 주장하고 있음에도 불구하고 — 죽음이 억압되고 있는지 여부를 확인하고, 그것을 일종의 '사회적 문제'로 소통하는 데 있다기보다는 오히려 오늘날 죽음이 누구에 의해 어떻게 말해지고 또한 그것이 어떻게 경로화되는가, 즉 죽음이 오늘 어떤 방식으로 이해되고 소통되는가를 추적하고 그것에 대한 사회학적 해석을 시도하는 데 있다.

죽음의 억압을 기정사실화하고 그것을 도덕적 잣대로 섣불리 판단하는 것보다는 하나의 소통방식과 내용으로서 죽음억압담론이 우리에게 전해주는 메시지는 무엇일까에 대해 고민해 보는 것이 더 생산적인 일이 아닐까.

제 1부에서는 미셸 푸코와 지그문트 바우만, 그리고 장 보드리야르의 논의를 빌려 근대적 또는 후기근대적 죽음에 대한 사회이론적 입장을 재정리했고(제 1장 미셸 푸코의 근대적 죽음론 - '인간'의 탄생과 죽음 그리고 '인간적' 죽음, 제 2장 지그문트 바우만의 근대적/후기근대적 죽음론, 제 3장 몸의 소멸: 이미지의 과잉, '체험'의 부재), 제 2부에서는 근대적 죽음에 대한 사회구조적 고찰과 근대적 죽음이해에 대한 유형적 분석을 시도해 보았다(제 4장 근대적 죽음에 대한 사회구조적 고찰, 제 5장 근대적 죽음이해에 대한 유형적 분석, 제 6장 죽음이 두려운 또는 두렵지 않은 서로 다른 이유들).

제 3부에서는 근대사회가 죽음인식과 떼려야 뗄 수 없는 초월성의 문제를 어떻게 풀어내고 있는지를 살펴보았고(제 7장 근대사회에서

'초월성'에 대한 담론 형성 가능성과 조건에 대한 사회이론적 고찰 - 죽음의 이해 문제와 관련하여, 제 8장 죽음과 종교 - 오늘 종교가 죽음의 문제에 '다시' 주목해야 하는 사회학적 이유), 마지막으로 4부에서는 몇 가지 구체적인 주제들 안에서 근대적 죽음담론을 분석해 보았다(제 9장 근대적 죽음이해와 소통방식에 대한 연구 - 의료인의 경우, 제 10장 도대체 왜들 죽는가? 자살의 이유를 알아야 하는 이유에 대한 사회이론적 함의, 제 11장 매장과 화장을 둘러싼 사회적 담론분석 - 1990년~2002년 주요 일간지 보도내용을 중심으로, 제 12장 종교윤리적 생명담론의 논리적 딜레마 - '뇌사'와 '뇌사 후 장기기증' 담론을 중심으로).

그럼에도 죽음, 우리 시대의 '진정한' 타자일지도…

최근 '존엄사'(尊嚴死)에 대한 사회적 논의도 활발하지만, 이 책에 실린 글들을 다시 정리하면서 우리가 죽음에 대해 결코 '침묵'하고 있지 않다는 것을 다시 확인할 수 있었다. 그런데 왜 우리는 죽음이 금기, 터부라고 하는 담론을 계속해서 재생산하는 것일까? 앞서 이러한 현상을 단순한 억압으로 해석하기보다는 특정한 담론의 방식으로 생각해 보자는 제안을 했었는데, 이제 그에 대한 약간의 추가 주석을 달아 보고자 한다.

글쓴이는 죽음의 '억압'이 근대적 죽음담론의 중심에 서게 된 상황은 죽음의 의미부여 가능성 축소라는 구조적 조건에서부터 연유하는 것이라 본다. 먼저 '의미'라는 단어부터 들여다 보자. 이 말의 가장 핵심적 내용은 '관계성'에서 찾아야 할 것이다. 이는 굳이 현상학적 사회이론을 끌어다 대지 않더라도, 일상생활에서 쉽게 확인 가능하다. "그렇게 하는 게 무슨 의미가 있어?"라고 말할 때 이는 어떤 일이 새로운 관계성을 생산하지 못한다는 얘기이기도 하다. 맥락 안에 놓이지 않은 일은 무의미해진다. 우리가 언제 어떻게 '의미'라는 단어를 사용하는지 생각해 보면 사물이든 사람이든 그 무언가는 다른 무엇과의 관계성 안에서'만' 의미를 획득한다는 것을 알게 된다. 그리고 그렇다면 관계성의 상실은 곧 의미의 상실로 이어질 것이라는 것도 쉽게 짐작할 수 있다. 예컨대 누군가 자식에게 삶의 의미를 걸고 있었다면, 자식과의 사별은 너무 당연하게 그 사람의 삶 자체를 무의미한 것으로 만들 가능성이 높다.

그런데 '의미의 획득'이라는 맥락에서 근대사회의 죽음은 커다란 위기에 직면해 있다. 죽음은 기본적으로 인간이 경험하는 모든 사건 중에서 가장 강력하게 '이 세상 너머'와의 관계성을 요청하는 사건인데, 자기준거적 성격의 근대사회는 전적으로 내부지향적 성찰성을 지향하는 사회구조적 특성을 가지고 있기 때문이다. 이런 사회에서 죽음은 거의 모든 전통적인 초월적 관계성들과 — 그것이 신이든, 조상이든, 해와 달이었든지 간에 — 단절 · 고립되어 있다. 죽음은 의미라는 부가가치를 생산하는 데 심각한 어려움에 직면해 있다. 그러나 동시에 죽음은 여전히 이해되고 소통되어야만 하는 중요한 삶의 국면이다. 더구나 죽음을 이해할 수 있도록 도와주던 안온한 고리의 상실은 역설적으로 죽음이 설명되어야 하는 이유를 증폭시켰다. 그것이 역사상 어느 때보다 근대가 죽음에 집착하는 까닭인지도 모른다.

나의 죽음이나 개미의 죽음이나 모두 생물학적 진화의 결과라는 근대과학적 설명은 자신의 유한성에 대한 자의식이 생긴 주체화된 개인들에게 충격적이다. 그러나 위에서 설명한 바와 같이 그 충격은 더 이상 외부로부터의 자극이나 개입으로 치유될 수 없는 것이다. 그렇다면 이러한 상황에서 죽음이 금기이고 터부라는 담론은 근대사회가

—어떤 '외부'를 상상하지 않고—선택할 수 있는 거의 유일한 죽음 소통의 맥락이라고 볼 수 있다는 생각이 든다.

나아가 '죽음터부 담론'은 근대사회가 직면한 상황자체를 사회적 문제로 소통하게 하는 중요한 고리역할을 함으로써 죽음에 대한 사회적 소통의 연결 가능성들을 열어주고 있다. 이를 통해 죽음은 비록 '팔다리'가 꺾인 채이지만, 사회 '내'에서 소통될 수 있게 된다. 존재론적 차원에서의 죽음의 의미를 묻지 않고도, 여하한 초월성에 기대지 않고도 끊임없이 죽음에 대한 사회적 담론을 생산할 수 있는 기제가 생긴 것이다.

이러한 구조적 조건을 사회적 '문제'로 보고 싶지는 않다. 사회는 나름대로 그 자신의 조건 안에서 최선을 다하는 것일 테니 말이다. 다만 이런 생각을 하다 보면 … 죽음이야말로 우리 시대의 '진정한' 타자가 아니겠나 싶어지는 것이다. 끊임없이 가시화될 수밖에 없는, 그러나 자신의 '존재 자체'는 질문될 수 없는, 아니 그래서는 안 되는 … 죽음이, 그런 타자의 '감춰진 이름'이 되어버린 것은 아닌가 싶은 것이다.

그러나 누구나 '개별적'으로 만나게 될 죽음

> 누구나 다 예외 없이 죽어야 한다는 보편적 종말이 나의 개별적이고도 구체적인 죽음을 위로할 수는 없다. … 모든 죽음은 끝끝내 개별적인 각자의 죽음이다. 그러나 살아 있는 자들의 의식 속에서 그 죽음은 통계화된 사회현상일 뿐이다. 죽음이 그렇게 사물화될 때, 삶 또한 우연성 속에 방치된 사물로 전락한다. 사물화된 죽음은 더 이상 삶의 시간들을 긴장시키지 못하고, 삶과 죽음의 자리매김은 불가능해진다(김훈 2002: 103~105).

그러나 위에서 언급한 사회적 조건과 상황 속에서도 우리는 언젠가 모두 '아주 개별적이고도 구체적으로' 죽음과 마주하게 될 것이다. 그때 근대사회가 우리 손에 쥐여줄 수 있는 깃발은 과연 무엇일까?[2)]

이 책 작업이 그에 대한 해답을 제공할 수는 없겠지만 근대적 죽음에 대한 사회학적 분석을 통해 오늘, 여기 '죽음의 자리'를 되짚어본 글들이 죽음에 대해 지금까지와 조금은 다른 방식으로 죽음을 바라보고 조금은 다른 각도로 이야기할 수 있는 하나의 매개 정도는 될 수 있지 않을까 하는 희망을 가지고 있다.

이 책에 세 가지 이야긴 나오지 않는다: '잘 죽자!'는 얘기, 어떻게 잘 죽을 것인가 하는 얘기, 잘 죽는 걸 배우자는 얘기가 그것이다. 어느 사유에도 자신이 보지 못하는 지점은 있는 법이고 학자는 단지 우리가 무엇을 보지 못하는지를 조금 더 잘 볼 수 있는 사람이라면 (중앙일보 2005년 5월 24일 클라우스 오페 인터뷰 중에서), '잘 죽자 운동'에 직접 발을 담기보다 그런 일의 한계와 문제점을 지적하는 것이 글쓴이가 할 일이라 믿었기 때문이기도 하고, 죽음이라는 실존적 난제에 대해 좀 다르게 이야기할 시공간이 확보되어 보다 다양한 차원에서 죽음이 말해지고, 소통되어야, 그 과정 속에서 죽음과—흔쾌히는 아니더라도—너무 쉽게 나가떨어지지는 않을 정도로는 대면할 수 있는 '건강한 담론의 힘',[3)] '사회적 힘'을 기를 수 있지 않을까

2) "종교의 힘이란 궁극적으로, 사람들이 죽음 앞에 설 때, 또는 보다 정확하게 말해서 죽음을 향해서 필연적으로 걸어가고 있을 때, 종교가 사람들의 손에 쥐여준 기치(旗幟)의 신뢰성에 달려 있다"(Berger 1988: 51)는 피터 버거의 말을 조금 변형해본 것임.

3) 여기서 글쓴이가 말하는 건강한 담론이란 이해나 합의 등과는 거의 무관한, 서로 다르고 합의될 수 없을 것으로 보이는 의견들이 충돌하고 갈등하는 담

생각하기 때문이다.

죽음에 대한 사회과학적 논의가 의(과)학이 주도하는 현재의 죽음 담론 구조와 흐름을 바꿀 수 있을 것으론 기대하지 않는다. 그렇게 바보는 아니다. 단지 오늘을 사는 사회(과)학도로서 '직무유기'하지 않기 위해서 쓴 글이라 해두자. 오늘 이 자리에서 다시 죽음을 살기 위해서.

삶과 죽음은 동전의 양면이 아니다.
너무 무겁지 않게, 그러나 너무 가볍지 않게 죽음을 말하고 생각하는 것을 '허락'하는 사회를 위하여

삶과 죽음은 동전의 양면이라는 비유가 마음에 들지 않는다. 앞면을 들여다보는 동안은 절대 뒷면을, 뒷면을 들여다보는 동안에는 절대로 앞면을 볼 수 없기 때문이다. 우리가 살아가는 과정은 곧 죽어가는 과정이며, 그런 의미에서 삶은 죽음이며 죽음은 삶이다. 그러니 삶과 죽음은 (논리적으로) 한 면 위에 있다.

이것이 죽음이 가려진 채로 칭송되는 생명을 의심스럽게 보는 이유이고, 너무 무겁지 않게, 그러나 너무 가볍지 않게 다양한 방식으로 죽음을 말하고 생각하는 것을 '허락'하는 사회인지가 그 사회의 건강성을 잴 수 있는 중요한 척도 중 하나라 믿는 까닭이다.

그런데 그러기 위해서 사회가 해야 할 일은 무엇인가? 죽음에 대한 긍정적 인식을 갖도록 사람들을 계몽시키는 일이 우선일까?

글쓴이는 죽음을 '적극적으로 방치'하는 일이 우리 사회가 해야 할

론의 장을 참아내는 것, 판을 깨지 않고 감당해 내는 것에 더 가깝다.

중요한 일이라 생각한다. 언젠가 다가올 죽음에 대해 가끔은 생각할 수 있도록 사회적으로 합당한 자리를 마련해 주면 되는 것 아닐까. 있는 것을 있다고 인정하는 것, 보이는 것을 보이게 두는 것, 세상사에 눈에 보이는 것을 넘어서는 측면이 있음을 인정하는 것, 보이지 않는 것에 대한 질문을 '정당한' 것으로 허락하는 것, 그것이면 충분하지 않을까. 죽음은 우리에게 살아 있는 신화! 굳이 신화를 찾지 않아도 죽음은 자연스레 우리의 삶 안에 초(超)경험의 자리를 마련한다. 〔이는 죽음 이후가 무(無)라 '믿는' 사람들에게도 그것 자체가 여전히 경험적으로 확정될 수 없는 하나의 '믿음'일 수밖에 없다는 것에서도 증명된다.〕 죽음은 역설(逆說) 그 자체이고, 그 역설이 역설로서 남겨질 수 있을 때, 죽음 고유의 비정의성(非定擬性)이 회복될 수 있을 때 우리 사회는 이미 죽음을 잘 살아내고 있는 것이 될 것이다.

근대사회에서 '죽음의 자리'에 대한 질문은 불확실성, 신화, 신비, 상상계, 초월성에 우리가 얼마만큼 자리를 내어줄 수 있는지에 대한 질문일지도 모른다. 그리고 그 자리를 마련하는 일은 퇴보가 아닌 균형의 회복이 되리라 믿는다. 죽음에 적절하고도 합당한 자리를 허락해줄 수 있는 사회를 기대한다.

죽음에 대한 사회학적 이해

죽음의 사회적 의미구성 척도는 그 이해 가능성과 (사회적) 소통 가능성에서 찾아볼 수 있다. 이 책은 이런 문제의식을 깔고 우리 시대 죽음을 다양한 차원에서 논하고자 했다. 그런데 사회학은 죽음의 문제를 다루는 데 있어 다른 접근방식들보다 좀더 무덤덤한 방법일 수 있다. 그러나 그렇기 때문에 역설적으로 우리는 사회학이라는 안경을 통해 죽음을 더 자세히 들여다볼 수 있는 힘을 얻을 수 있는지도 모른다. 그리고 이를 통해 죽음을 사랑하게 되지는 않더라도 조금은 더 잘 알고, 이해하고 그래서 적어도 그만큼은 자유로워질 수 있을지 모르겠다는 기대를 해보는 것이다.

어떤 의미에서 죽음은 삶의 끝에서 어느 날 갑자기 찾아오는 불청객이라기보다는 아주 익숙한 (그러나 친근하지는 않은) 손님이다. 인간만이 죽음을 인식할 수 있다고 한다면, 그것을 단절의 도구로 아니면 이해의 도구로 삼을 것인가, 더 나아가 삶의 특권으로 아니면 걸림돌로 만들 것인가 하는 것이 우리 모두에게 남겨진 과제이다.

감사의 글

책을 내게 되면, 감사의 글 같은 것은 쓰지 않으리라 마음먹었다. 감사해야 할 사람들이 없어서가 아니라, 그러한 '상투성의 재생산'이 못내 마뜩잖아서였다. 그럼에도 불구하고 결국 이 글을 쓰고 있는 까닭은 그 상투성이 생산하는 — 사회학적 의미는 아닐지라도 — 사회적 의미에 '굴복'했기 때문이다.

우선 나의 박사과정 지도교수인 아르민 나쎄히(Armin Nassehi)에게 감사해야 하겠다. 막연한 관심이었던 죽음이라는 주제에 대한 사회학적 접근에 용기를 내게 된 것은 선생과 함께 한 세미나를 통해서였다. 그를 통해 많은 지적 자극을 받았다. 처음 박사과정 공부를 시작할 때는 '공부는 결국 혼자 하는 거지', 그렇게 자만했었다. 그런데 나쎄히 교수와의 만남을 통해 '선생이라는 사람이 그래도 중요하구나', 그렇게 생각을 바꿔먹게 되었다. 부지런한 선생과 달리 게으른 제자여서 부끄럽고 죄송하지만, 늘 고마운 마음을 가지고 있다.

이 기회를 빌려 나에게 그 존재만으로 '지지와 격려'가 되는 이들을 기억한다. 사람이 모자라서, 늘 주위 사람들을 힘들게 하고 괴롭히며 사는 처지다 보니 그들의 존재는 내게 많이 소중하다. 의미가 관계성 안에서만 창출되는 것이라면 내 삶의 의미 또한 그들과의 관계에서만 존재할 것이기 때문이기도 하다. 지금까지 나를 참아주고 지켜봐 주는 가족, 친구, 학문적 동료들, 학생들 그리고 그 사람을 기억하며 깊은 고마움을 전한다.

가끔 커피타임 동무가 되어 주시던 법학과 선생님께 안락사, 자살 등에 대한 견해를 여쭤 보았을 때, 웃으면서 말씀하시길 "또 죽음이야기냐. 맨날 죽음이야기만 하는구만. 이제 고만하자, 고만해" 하셨다. 그러나 우리는 다음에 만나서 또 죽음에 대한 이야기를 하곤 했다. 글쓴이를 아는 몇몇 사람들은 본의 아니게 이렇게 곤욕을 치르곤 했다. 밥 먹으면서, 차 마시면서 죽음에 대한 이야기를 재미있게(?) 떠들어 대던 만남이 내심 과히 즐겁지 않았던 이들도 있었을지 모르겠다. 그분들에겐 뒤늦게나마 미안한 마음을 전해야겠다.

해묵은 원고를 내치지 않고 책으로 엮어준 나남출판사에 대한 감사를 잊으면 야단맞을 것 같다. 그분들께 더 이상의 민폐를 끼치지 않게 되기를 바랄 뿐이다. 이 글이 누군가에게 '의미'로 다가설 수 있다면, 그것 또한 미리 감사할 일이다.

쓰지 않으려 버둥대던 감사의 글이지만 '창밖에 앉은 사랑 가득한 바람 한 점'에 대한, '네가 있는 세상, 널 만난 세상'에 대한 감사하는 마음은 살아 있는 동안 잊지 않으려 한다.

2012년 새해 새날

천 선 영

나남신서 1584

죽음을 살다

우리 시대 죽음의 의미와 담론

차 례

제 2 부

제 3 부

제 4 부

단상모음: 에세이와 칼럼

제 1 부

제1장 미셸 푸코의 근대적 죽음론
–'인간'의 탄생과 죽음, 그리고 '인간적' 죽음

제2장 지그문트 바우만의 근대적/후기근대적 죽음론

제3장 몸의 소멸: 이미지의 과잉, '체험'의 부재

제 1 장

미셸 푸코의 근대적 죽음론

'인간'의 탄생과 죽음, 그리고 '인간적' 죽음

1. 여는 글

이 장에서는 미셸 푸코의 근대적 죽음의 성격에 대해 생각해 보고자 한다. 푸코라면 '타자화(他者化)된 죽음', '터부로서의 죽음'을 당연한 근대적 죽음 이해방식으로 받아들이는 현재의 풍토에 대해 좀 '다른' 말을 해줄 수 있을 것이라 기대하기 때문이다.

'죽음'이 그의 사상 전반에 걸쳐 중요한 주제 중 하나라는 것은 분명해 보인다. 그러나 푸코가 죽음의 문제에 대한 정교하고 체계적인 이론을 남긴 것이 아니라는 것도 사실이다. 우리는 그의 저서 이곳저곳에서 서로 다른 층위의, 부분적으로 그 강조점이 변화해 가는 생각의 조각들을 만나게 될 뿐이다.[1] 이 글에서는 푸코사상의 흐름 속에

1) "푸코 자신에 의한 푸코 철학의 해설"(푸코 2000: 12, 역자 서문 중)이라 할 수 있는 《지식의 고고학》을 보면 그가 어떤 작업을 추구하는지, 그의 작업에서 분산, 불연속, 비약, 서로 다른 층위, 동일성의 거부, 변환, 전복 등이 얼마나 중요한 개념들인지 짐작할 수 있다(푸코 2000; Foucault 1997a). 이러한 사유는 푸코 자신의 작업 자체에도 그대로 적

서 나타나는 죽음의 문제에 대한 이런 파편적 시각들을 몇 가지 지점에서 재구성해 보고 그 사회이론적 함의를 되짚어 보고자 한다. 그리고 그 토대 위에서 푸코의 논의가 오늘날 우리 사회의 죽음담론에 가질 수 있는 의미를 찾아볼 것이다.

이때 푸코적 사유의 목표가 어떤 '본질'에 정박하는 것이 아니었음을 분명히 해두는 것은 중요하다. 그러므로 죽음의 문제에서도 그의 관심은 '죽음이란 무엇인가' 하는 본질적 존재론, 즉 그것의 보편적 정의나 진실의 발견에 있지 않았다. 그보다는 죽음의 가능조건, 즉 '(인간의) 죽음은 어떻게 만들어지는가' 또는 '(인간의) 죽음은 어떤 구조적 조건하에서, 어떤 방식으로 규정되며 그 담론의 실천적 효과와 기능은 무엇인가' 하는 것에 초점이 맞춰져 있었다고 봐야 할 것이다. 이것은 죽음의 근원적 의미를 탐색하고자 하는 것이 아니라, 죽음이 규정되는 방식과 그 사회적 효과와 기능에 대해 문제를 제기하는 것이며, 이러한 사유의 중심에는 역사적/담론적 구성물로서의 근대적 주체가 있다. 그리고 푸코의 개념틀 안에서 죽음은 기본적으로 이 근대적 주체가 자기 자신과 맺는 관계의 변화양상을 보여주는 지표(*Indikator*)로서 등장한다.

이러한 지적 배경을 가지고 이 글에서는 근대적 주체 형성과정에서 죽음의 의미('근대적 죽음'), 근대적 주체의 죽음('인간의 죽음'), 죽음의 구조적 배제와 무화(無化)('타자화된 죽음'), 자기배려로서의 죽음에 대한 배려('인간적 죽음')라는 4가지의 중심 모티브를 따라 푸코의 죽음에 대한 사유의 재구성을 시도하고자 한다.[2] 푸코의 이론이

용되고 있다. 푸코는 자신이 이룬 이론적 성과마저도 '파괴'하며 나아가기 때문에 그의 사상에서 평면적 일관성을 찾으려 하기보다는 그의 사상의 변화과정을 추적하고 그 변화의 의미를 읽어내는 것이 보다 효과적이고 중요하지 않을까 생각한다(이진경 2002: 89).

2) 이 글은 나쎄히(Armin Nassehi)의 1995년 논문에서 많은 영향을 받았다.

지식/인식/사물, 권력/타자, 윤리/자기 자신 이렇게 크게 3개의 축으로 구성되어 있다고 할 때 첫 번째와 두 번째 모티브는 지식/인식/사물의 축에, 세 번째는 권력/타자의 축에, 네 번째 모티브는 윤리/자기 자신이라는 축과 우선적으로 관련된다 할 수 있을 것이다.

2. 근대적 주체와 그의 죽음에 대한 푸코의 사유, 그 길을 찾아서

1) 근대적 주체 형성과정에서의 죽음의 의미: '근대적 죽음'

> 개인에 대한 최초의 학문적 담론이 '죽음'을 관통해야 했다는 것은 우리의 문화에 있어 결정적이고도 지속적인 의미를 갖는다. 자기 자신의 눈으로 과학의 대상이 되고, 자기 자신의 언어로 담론적 실존을 쟁취하기 위하여 서구인들은 자신의 파멸 앞에 서야만 했다. 비(非)이성의 경험으로부터 심리학의 가능성이 태동된 것처럼, 죽음이 의학적 사고 안으로 포섭된 것은 개인에 대한 과학을 표방하는 근대의학의 탄생과 관련된다. 아주 일반적으로 말하자면 **근대문화 안에서 개별성(*Individualität*)의 경험은 아마도 죽음의 (특정한) 경험과 관련되어 있을 것이다**(푸코 1996: 319; Foucault 1999a: 207~208; 괄호와 강조는 글쓴이).[3]

---

3) 이하 푸코 글의 번역은 우리말 판본을 참고하였으나, 경우에 따라 약간의 문제가 있다고 생각되어, 독일어본 또는 영어본을 대조하면서 수정하였다. 《성의 역사》 등 최근에 개정 출간된 번역본이 있는 경우는 가능한 한 그 번역을 그대로 따랐으나 필요하다고 생각되는 경우 역시 약간 수정해서 번역하였다. 'Discourse'의 경우 《지식의 고고학》의 옮긴이 이정우는 '언설'이라 번역하는데 더 나은 번역이 아닌가 하는 생각이 들었지만, '담론'이라는 말이 이무래도 디 친숙하여 — 언어의 '사회성', 그도 아니면 '담론의 질서'에 굴복하여? — 일단 담론으로 통일하였다.

죽음을 '주체로서의 개인의 완성'을 위한 중요한 요소로 파악하는 것은 오래된 철학적 사유이며, 그런 의미에서 푸코의 주장은 전혀 새로울 것이 없다. (실존주의 또는 그 이전의 여러 철학자들의 작업에 대해 굳이 언급할 필요도 없이) 고전사회학자이자 철학자인 게오르그 짐멜의 연구만 떠올려 보더라도 이러한 부분들은 쉽게 관찰된다(Simmel 1918, 1957). 그러나 푸코에 이르러 달라진 것이 있다고 한다면, 그것은 그가 더 이상 '주체란 누구인가' 또는 '죽음이란 무엇인가' 하는 존재론적 질문을 던지지 않는다는 것이다. 그가 관심을 집중하는 부분은 근대적 주체가 어떻게 형성되는가와 그 안에서 죽음이 주체와 갖는 관계, 기능과 역할 등에 관한 것이다.

푸코의 초기 작업들(예: 푸코 2002)에서 이미 죽음은 인간의 '개별화'(*Individuierung*)를 완성하게 해주는 지평으로 등장하는데, 그때 그는 이미 인간 실존의 본질에 대한 규명을 넘어서 '실존의 역사적 존재방법'에 대해 관심을 가지고 있었던 것으로 보인다. 즉 그는 특정한 사회 안에서 나타나는 죽음에 대한 태도 내지는 죽음과 맺는 관계의 변화에 대한 문제, 그리고 그와 관련한 인간의 실존방식에 대해 관심을 가지고 있었다.

푸코는 정신병 환자(로 규정된 사람)들이 죽음과 맺는 특정한 관계에 대해 주목하고 이에 대한 논의를 기초로 하여 생각을 확장시켜 간다. 거칠게 요약해서 말하자면 그가 보기에 정신병을 앓는 사람들이 경험하는 '새로운 실존' 방식은 "특정한 방식으로 변질된 시간 체험을 포함"하는데(푸코 2002), 이는 일차적으로 시간의 자연스러운 흐름, 즉 과거-현재-미래라는 연결로부터 '사유적'으로 이탈되는 것을 의미한다. 즉 그들의 시간은 "순간에 갇혀" 있거나 "파편화"되어 있거나 "방향을 상실"해서 더 이상 과거나 미래로 향하거나 흘러가지 않는다(푸코 2002).

> 시간은 파편화되고 일시적인 것이 된다. 과거와 미래로 열려 있지 않은 시간은 때로는 비약되고 때로는 반복되면서 스스로 소용돌이친다(푸코 2002: 92).

그러므로 이들이 자신의 유한성을 '인식'하는 것은 불가능하다. 바로 이 '시간성(時間性)의 교란'(푸코 2002)이야말로 그들이 죽음을 유한한 존재가 피해갈 수 없는 '마지막 직면'으로 여기지 못하는, 그리하여 '현존'하지 못하게 되는 이유인 것이다. 그런 의미에서 그들의 실존은 "… 더 이상 자신의 죽음을 통해 미리 얻어지는 그리고 그(죽음의 — 글쓴이) 고독과 존재를 인정하는 실존이 아니라 그 자신의 유한성으로부터 찢겨나간 실존이다".[4] 푸코가 보기에 이러한 삶의 조건, 즉 죽음을 내재적으로 직면하지 못하는 상황이야말로 그들이 진정한 의미에서의 개인이 되지 못하는 중요한 요인이었다. 개인은 자신의 유한성에 대한 인식을 통해서만 비로소 '주체'가 될 수 있는 '가능성의 조건'을 획득하기 때문이다.

푸코는 《임상의학의 탄생》에서 죽음에의 직면을 통한 인간의 개인화라는 모티브를 다시 거론하며, 여기에서 의학적인 시선의 변화에 대한 역사적 추적과 분석을 통해 자신의 고고학적 방법론[5]을 보다 치

---

4) 푸코가 빈스방어(Ludwig Binswanger)의 책 *Traum und Existenz* 서문에 썼던 글을 Nassehi 1995: 212에서 재인용.

5) '담론적 형성과 그 변환의 장(場)에 대한 분석'을 말하며, 담론적 형성과정 분석은 '대상의 형성, 언표행위적(言表行爲的) 양태의 형성, 개념의 형성 그리고 전략의 형성'에 대한 고찰을 통해 이루어진다(푸코 2000, 역자 서문 참조). 글쓴이가 다시 말해 보자면, 고고학적 방법론은 '특정한 사유를 역사의 무대에 등장시키는 또는 필연적인 것으로 만드는 특정한 에피스테메(인식론적 토대/기반)의 역사적 규명과정'을 말한다고 할 수 있을 것이다. 이때 특정한 '존재론적 분절'을 표상하는 — 그래서 특정한 인식론적 토대를 형성하게 되는 — 에피스데메의 개념은 소쉬르가 말했던 것처럼 언어가 구분이 없는 본래의 현실을 비로소 분절화한다는 생

밀하게 펼쳐 보인다.[6] 다시 말해 그는 이 책에서 근대의학적 에피스테메(인식론적 토대/기반)의 역사적 형성과정에 대한 꼼꼼한 추적을 통해 그로 인해 가능해진 주체의 특정한 실존방법과 그가 죽음과 맺게 된 특정한 관계에 대해 이야기하는 것이다.

푸코는 서양의학 발달사에서 근대로의 결정적 전환점을 해부학의 본격적인 등장에서 찾는다(푸코 1996; Foucault 1999a). 이는 이제 의학적 지식이 더 이상 표면적 관찰이 아닌 시체의 해부결과에 의존하게 되었음을 말하는데, 이러한 변화는 삶이 아닌 죽음이 의사들의 일차적 분석대상이 된다는 것을 암시한다는 점에서 중요한 의미를 지닌다.

18세기 말까지 죽음은 대항할 수 없는 일종의 거대한 초월적 힘으로서 인식 또는 분석 가능한 대상이 아니었다. 죽음은 생명의 마지막이며 질병의 끝이자 의학적 경험의 끝 그 너머에 있었으며(푸코 1996; Foucault 1999a), 그 건너편에는 절대적 운명 앞에 굴복하는 '집단적 인간들'이 있을 뿐이었다.

각, 즉 언어 이전에는 분명하게 식별 가능한 사물이나 관념이 존재하지 않았다는 것을 반영하는 사고라 할 수 있겠다〔푸코의 논의를 원용한 특정한 담론('의미분절')의 등장에 대한 하나의 예로 천선영 2002a 참조〕. 그러므로 나아가 특정한 에피스테메는 '하나의' 분절 가능성에 불과하므로 '비필연성'으로 이해될 수밖에 없다는 점도 기억해야 하는데 이 지점에서 니클라스 루만의 '가능성의 조건'이라는 개념을 떠올릴 수 있다.

6) 푸코는 여기에서 질병에 대한 보다 합리적인 관찰을 통한 의학발전을 재구성한다기보다는 오히려 계몽과 진보의 관념에 기대고 있는 근대의학의 자기진술을 고고학의 방법을 통해 특정한 담론의 실천으로 '폭로'하고자 한다. 이때 푸코의 사유대상은 근대적 인간과학의 에피스테메인데, 그것은 고전적인 에피스테메의 소멸에 따라 새롭게 가시화된 현실에 대한 새로운 분절적 인식이다. 이 안에서 '가시적인 것'과 '비가시적인 것'의 경계가 다시 조직되었고, 이런 '담론적 형성'을 통해 질병에 대한 근대적 인식이 확립되어 갔던 것이다(푸코 1996: 316~317; Foucault 1999a: 206; Nassehi 1995: 213).

> 과거에 죽음은 무차별주의적 의미를 띠고 있었다. 운명, 능력, 삶의 조건들의 차이는 보편적 죽음의 모습 앞에서 모두 사라졌다. 죽음은 개인들을 모든 이들의 최종적 숙명 안으로 끌고 갔다. … 죽음은 불가피하게 각자의 운명을 상쇄하였다(푸코 1996: 281~282; Foucault 1999a: 185).

그런데 병리해부학과 시체에 대한 기술을 통해 — 생명의 한계가 결정되며 진리가 완성되고 해방되는 지점(푸코 1996; Foucault 1999a)이자 저 너머에 존재하는 것으로 여겨졌던, 그래서 두렵고 신비스러웠던 — 죽음에 대한 '개념적 지배'(푸코 1996; 콜롱벨 1998) 가능성이 미약하지만 열리게 되었다. 먼저 죽음의 과정에 대한 분석을 통해 인체 내의 다양한 현상과 장애들이 파악될 수 있게 되었는데, 이는 죽음 자체가 생명과 질병을 이해하기 위한 단서가 되었음을 말해준다. 나아가 죽음은 이제 어떤 '절대성'이 아닌 "생명과 질병의 과정을 비춰주는 병리학적 해부가 펼쳐 보이는 여러 단계에 따라 복합성, 시간성, 다양성"(콜롱벨 1998)을 지니게 되었다.

> 죽음은 다양해졌고, 시간적으로 흐트러졌다. 그것은 더 이상 시간이 멈추거나 도망치는 어떤 절대적이고 특권화된 지점이 아니다(푸코 1996: 241; Foucault 1999a: 156).

"비샤[7]는 죽음의 개념을 상대화시켰고, 분리할 수 없고 결정적이며 다시 회복할 수 없는 사실로 보이는 절대성을 죽음으로부터 제거시켰다. 그는 '자신의 (본래적) 죽음'(*Eigentlicher Tod*)으로서 비로소 완결될 죽음을 부분적이고 점진적인 것으로 용해시켜 일상적 삶 속에

---

7) 비샤(X. Bichat)는 단순한 표면적 관찰을 그 목표로 하던 임상의학적 시선에 근본적 변화를 가져오는 데 일조한 의사로 푸코의 책에서 중요한 비중으로 등장한다.

재배치했다"(푸코 1996; Foucault 1999a). 이렇게 의학적으로 '분해된 죽음'은 시간성 안에서 분절적으로 나타나는 하나의 복합적 과정으로서 가시화되며, 이 과정에서 타자로서의 절대성과 명확성을 잃어갔다.

근대적 의학의 시선은 푸코에게 죽음에 대한 아주 새로운 이해와 관계의 징후(徵候)이다. 실증적인 의학의 시선이라는 지평 안에서 죽음이 그 적나라한 모습을 드러내게 되었기 때문이다. 그동안 죽음은 삶의 '너머'에 있었기에 학문적인 에피스테메로부터 배제되어 있었고 그로 인해 어떤 상징적 의미구성체를 통해서만 은유(隱喩)되던 비밀에 싸인 권력이었다면, 죽음은 이제 근대의학을 통해 인간과학의 에피스테메 안으로 포섭되었다.[8] 죽음은 이제 삶 안으로 들어와 유기체의 공간과 질병의 시간을 지배하고 설명하는 일종의 내적 권력으로서 삶을 재구성한다(푸코 1996; Foucault 1999a).

그러므로 해부학이 의학적 시선을 규정짓게 된 것은 인식/지식의 깊이와 축적, 정교화의 정도, 적응수준의 변화 등의 문제가 아니라 "인식/지식 수준 자체"의 근본적인 변혁을 암시한다(푸코 1996 235; Foucault 1999a: 151). 이 변화는 질병에 대한 새로운 인식틀의 등장뿐 아니라 의학담론의 결정적 변화를 낳았고 결과적으로 인간의 자기이해에 대한 변화, 그리고 그와 필연적으로 맞물린 죽음인식의 변화를 수반했다. 그리고 이렇게 죽음이 구체적인 의학적 경험이 됨으로써, 비로소 죽음은 개인의 몸속에 체화되고 이를 통해 인간은 주체적 개인으로서 역사적 무대에 등장하게 된다.

지금까지의 이야기들이 이 글에서의 논의와 관련해 가지는 이론적 함의는 다음과 같이 정리될 수 있을 것이다. 죽음이 인간의 삶 안에서 해석될 수 없는 타자였을 때 죽음은 절대적 존재로서 규정되어야만 했고, 종교적이고 문화적인 의미상징과 은유를 통해 설명되거나

8) 시체에 대한 기술인 병리해부학은 죽음에 강한 도구적/수단적 지위를 부여했다(Foucault 1999a: 155; 푸코 1996: 239).

불멸성에 대한 약속을 통해 희석되어야 했다. 그러나 자신의 타자들과 싸움을 불사하는 근대는 타자의 '주인'이 되기 위해 타자의 '포함'을 시도한다. 근대의학적 시선은 죽음에의 직시(푸코 1996: 275; Foucault 1999a: 180)를 가능하게 함으로써, 즉 죽음을 주체적 인식이 삶을 관찰하는 거울로 불러들임으로써(푸코 1996: 246; Foucault 1999a: 160) 죽음의 타자성을 비가시화시킨다.[9] 그리고 푸코가 죽음에 대한 이러한 의학적 시선의 변화를 통해 궁극적으로 보여주고자 하는 것은 — 죽음의 근대적 구성과정에 대한 설명을 넘어 — 주체적 개인으로서 인간이 구성되는 역사적 조건이다. 죽음은 이제 인간학적인 기본범주가 되고, 인간의 개인성은 죽음을 통해 규정되게 되었다. 모든 인간을 동질화시키던 절대적 죽음은 이러한 과정을 통해 개인을 개인되게 하는 기본적 조건으로 재구성되기에 이른 것이다.

> 그러나 이제 죽음은 독특성을 구성한다; 죽음 안에서 개인은 그 자신이 되며, 그 안에서 삶의 궤적의 단조로움과 평준화로부터 벗어나게 된다(푸코 1996: 282; Foucault 1999a: 185).

죽음에 대한 인식과 죽음과의 관계성 안에서 특정한 의미의 주체가 형성되는 과정, 그것의 변화와 함께 수반되는 개인에 대한 근대적 인식변화가 지금까지의 논의과정에서 드러나고 있는 것이다. 그렇다

9) 근대의학이 죽음을 이해하는 이런 방식은 데카르트식 이성과 합리성의 구현체라고 할 수 있는 근대 심리학과 의학이 타자를 침묵시키거나 조정할 수 있는 것으로 만들기 위해 광기를 과학적으로 가시화시켜낸 것과 유사하다고 할 수 있을 것이다(Nassehi 1995: 214). 그리고 푸코는 광기에 대한 근대이성적 이해의 파생적 결과로 광기가 비이성 속으로 사라졌듯, 죽음도 "질병의 한 종류"(푸코 1996: 260)로 인식됨으로써 결국 사라지게 될 운명에 놓이게 된 것으로 본다. 이런 관점에서 푸코의 광기 연구와 죽음 연구는 같은 맥락에서 관찰될 수 있을 것이다.

면 그 구체적 양태들은 어떻게 특징될 수 있을까? 이후에서는 푸코의 근대적 죽음에 관련한 논의를 그의 고고학적 방법론에 기대면서—즉 특정 담론적 대상이 어떻게 형성되고, 특정 언표행위적 양태는 어떻게 형성되며, 이때 사용되는 개념과 전략은 어떤 것들인가에 초점을 맞추면서—근대적 주체의 죽음('인간의 죽음'), 죽음의 구조적 배제와 무화(無化)('타자화된 죽음'), 그리고 자기배려로서의 죽음에 대한 배려('인간적 죽음')로 나누어 살펴보고자 한다.[10]

2) 근대적 에피스테메 안에서 관찰하는 '인간의 죽음'

고전적 인식하에서 유한한 인간의 시간은 영원한 시간 또는 신의 시간 안에서(만) 그 본래적 의미를 획득할 수 있었다. 그러나 외부의 절대적 표상이 부재(不在)하는 근대적 에피스테메에서 이제 그것의 의미는 인간 스스로에게서 찾아져야 한다. 뒤집어 말하면 근대의 인식론적 지평에서 인간은 처음으로 "내부로부터 표상을 구성"하고 그 "표상에 의해 살아갈 뿐 아니라, 이 표상을 토대로 하여 자신의 생명을 스스로에게 표상할 수"(푸코 1994; Foucault 1996) 있게 되며 비로소 처음으로 역사적 시간의 주체로서 등장할 수 있었다. 그런데 스스로가 표상을 창출해 내는 힘이 되는 것, 즉 자신의 세계를 스스로 발견하고 역사를 만들어 간다는 것은 역설적으로 그 표상 자체가 이전의 절대적 힘을 잃는다는 것을 의미하기도 했다. 이것은 고전적 표상들이 그 존재 자

10) 그런데—그 스스로 늘 비필연적인—특정한 담론적 분절의 등장은 그 자체로 새로운 담론적 실천을 동반하는 '새로운 지식'의 등장과 그 배후에 있는 특정한 '담론적 변화의 장'을 암시하며, 이 새로운 지식은 또한 항상 새로운 장소(*topos*, 이때 토포스는 지리학적 개념으로도, 주제/개념/표현양식 등을 가리키는 인식론적 개념으로도 이해될 수 있지 않을까 한다)를 형성한다(푸코 2000: 70, 1~2장 참조).

체만으로 그 자신을 정당화할 수 있었던 반면, 인간학적 표상들은 인간존재의 경험적 조건들 안에서 많은 '노고'를 통해서 이해, 설명되고 끊임없이 정당화되어야 하는 운명을 지니고 태어났음을 암시한다. 그리고 그 수고스러운 길은 죽음으로 향하는 피할 수 없는 외길로 이어져 있었다.

> 이 경험적 통합테제는 '나는 생각한다'는 수월성(秀越性)과는 다른 어떤 방법으로 보장되어야 했다. 그것은 바로 그 수월성이 자신의 한계를 발견하는 바로 그곳에서 찾아져야 했다. 즉, 인간의 유한성 안에서 …(Foucault 1996: 410).

인간으로서의 '독립선언'은 이처럼 불가피하게 자신의 유한성에 대한 뼈아픈 인식을 수반할 수밖에 없었다. 그런데 주지하는 바와 같이 이 '연약한' 토대야말로 근대적 개인의 산실이다. 인간의 개인성/개별성 그리고 인간의 유한성에 기초하는 새로운 사유의 구조는 유한한 존재로서의 인간이 갖는 인식적 한계와 더불어 바로 그 지점이 주체적 인식의 조건이라는 것을 알려준다. 즉 앞에서 언급된 대로 인간은 '존재 불가능성의 조건', 즉 죽음을 알아차리는 바로 그 순간, 비로소 '개인성'의 조건을 발견하게 된다. 그리고 이러한 상황이야말로 그가 진정한 의미에서의 개별적 '인간존재'로 완성될 가능성을 열어주는 필요조건이다(Nassehi 1995). 그러므로 주체 인식은 필연적으로 유한성 인식과 연결된다.

그런데 여기서 한 발 더 나아가 푸코는 인간을 처음으로 역사의 무대로 불러낸 인간(과)학이 — 지식 지형의 일정한 배치 변화 속에서 근대적 인간과학이 요청되었고, 근대적 인간은 그 에피스테메 안에서 '탄생'한 것인데 — 종국에는 인간을 사유의 지평으로부터 다시 사라지게 만들 수 있다는 것을 동시에 보여준다. 그는 스스로가 불러낸 인간을 끊임없이 해체하는(푸코 1994; Foucault 1996) 인간학적 담론의 이동에 대해 서술한다. 이는 "끊임없이 스스로를 비판적으로 검토"하는 근대적 인간과학(푸코 1994)이 그 자신과 인간의 존재 자체가 특정한 언어배치 속에서 구성된 하나의 '비필연적 표상', 그래서 사라질 수도 있는 표상이라는 것을 계속적으로 '상기'하기 때문이기도 하다. 그리고 이는 근대적 인간과학 자체가 유한적 존재로서 자신을 인식하는 인간을 그 주체이자 대상으로 삼기 때문에 그 스스로도 유한적일 수밖에 없고, 그것이 본래적으로 불완전하다는 것을 끊임없이 기억한다는 것을 의미한다. 그러므로 푸코에 의하면 사실 근대적 인간과학의 가장 중요한 특징 중 하나는 무엇보다도 자기 스스로를 역사화시킨다는 사실, 역사적으로 상대화된 에피스테메의 장(場)안에 자신을 위치시킨다는 데 있다(Nassehi 1995). 그리고 덧붙이자면 그것을 자기전개의 장으로 삼는다는 역설에 그 '위대함'이 있다 할 것이다.

인식론적 상대성을 극적으로 직시하는 근대적 에피스테메는 스스로가 관찰하는 것이 객관적 실체의 모상(模像)이 아니라는 것을, 그것이 하나의 에피스테메에 불과하다는 것을 — 그 자신까지도 포함해서 — 스스로에게서 배운다(Nassehi 1995). 그런데 인간에 대한 사유 자체가 근대라는 특정한 에피스테메의 산물임을 인식한다는 것은 그 사유체계의 변화 내지 종말이 곧 '인간의 죽음'을 결과할 수도 있음을 암시한다. 그러므로 생각하는 인간, 이를 통해 새로운 세계의 중심으로서, 주체로서 화려하게 등장했던 인간이 하나의 '담론적 구성물'이라는 자기한계 앞에 직면하게 되는 것은 불가피하다. 근대의 에피스테메는 인간을 낳았고, 죽음에 인간의 얼굴을 부여했으나, 이제 그 인간의 죽음을 초래한다. 인간에게 생명을 부여했던 '가능성의 조건'이 인간에게 죽음을 선고하는 것이다.[11]

---

11) 푸코가 주체적 인간의 등장을 특정한 담론적 형성의 산물로 보았다는 점, 그러나 동시에 '담론의 질서'라는 것이 인간을 넘어서 있는 것임을

스스로를 유한한 존재로 직시함으로써 주체로 등장할 수 있었던 근대적 개인은 그때 이미 그 스스로의 '죽음' 또한 선택한 것이라 말할 수도 있을 것이다. 밤 12시가 되면 마술이 풀리고 재투성이로 돌아와야 하는 것을 알면서도 무도회장에 가는 것을 선택했던 신데렐라처럼. 이것은 슬픈 일인가? 아쉬워해야 하는 일인가?

푸코의 주장은 어떻게 이해될 수 있을 것인가? '인간의 죽음'이라는 그의 개념은 어떤 상실이나 회한, 경고의 성격을 띠고 있기보다는 더 적극적인 의미에서 또 다른 미래적 사유로의 열림(푸코 1994)을 의미하는 것으로 해석될 수 있는 가능성을 지닌 것으로 보인다.

> 오늘날에는 사라져 버린 인간의 빈자리에 대해서 생각할 수 있을 뿐이다. 이 빈자리는 부족/결함이나 채워야만 하는 틈이 아니다. 그것은 궁극적으로는 사유를 가능하게 하는 공간의 확장에 다름 아니다(Foucault 1996: 412).

왜냐하면 인간학적 구조의 약호(略號, *Chiffren*), 즉 '세상의 주인으로서의 인간의 자리'를 포기해야 하는 이 사유의 길은 "인간의 신학화"(Schmid 1991)를 넘어서기 위해서는 어쩔 수 없이 걸어가야 하는 길(Nassehi 1995)인지도 모르기 때문이다.

3) 죽음의 구조적 배제와 '타자화된 죽음'

이전의 권력은 권력자들이 힘없고 가련한 자들에게 마음대로 휘두를 수 있는, 빼앗고 없애고 파괴하는 무소불위의 가부장적인 또는 주권적

잘 알고 있었다는 점을 기억할 필요가 있을 것이다. 그러므로 인간은 태어날 수 있었고, 또 언젠가 "해안가 모래 위 얼굴처럼"(푸코 1994: 440; Foucault 1996: 462) 사라질 수도 있는 것이다.

통치(*sovereign power*)를 의미했으며, '생사여탈권'은 그 절정이었다. 그러나 근대적 권력은 더 이상 "가로막거나, 굴복시키거나, 파괴"하지 않는다. 오히려 근대권력은 생명을 "보장, 유지, 강화, 증대, 정리"하는 권력이다(푸코 2005b; Foucault 1999b).

푸코의 권력분석은 이 생산관계를 그 연구대상으로 하는데, 새로운 근대적 권력이 자신을 생산적으로 실현하는 두 가지 중요한 축은 규율권력(*discipline power*)과 생체(통제)권력(*bio-pouvoir*)이다(푸코 2005b; Foucault 1999b). 이들은 낳고, 증대시키고, 조직하는 권력이다. 이들은 개입하고 관리하고 이용하며, 교정하고 통제하고 조절한다. 그리고 직접적인 물리적 폭력을 통해 자신의 힘을 과시하는 것이 아니라 인간 스스로 그 자신을 통제하게 하는 '긍정적' 힘으로 작동하게 하는 것을 그 목적으로 한다.[12)]

그리고 인간의 전 사회적, 정치적, 경제적 삶의 세세한 부분까지 영향력을 확장하는 이들은 하나의 권력중심을 가지지 않을뿐더러 정형화된 형태도 갖지 않는다. 그것은 촘촘한 그물망과 같은 것이며, 사회적 제도의 기술과 그 실천적 수준에서 적용되는 일련의 전략적 관계의 총합에 가깝다(네틀턴 2000). 권력은 주어진 실체가 아니고,

---

12) 20세기가 지그문트 바우만의 지적대로 '대량학살의 시대'였음을 푸코는 간과하지 않는다. 바우만이 관료제로 대표되는 근대성의 발현을 대량학살의 중요 메커니즘으로 설명하듯, 푸코는 이 학살이 더 이상 죽음의 '이름'이나 군주의 '이름'으로가 아닌, '모든 이의 생명과 생존'이라는 '이름'으로 행해진다는 것, 그래서 더 집요하고, 더 무서울 수 있음을 보여준다. "민족말살이 근대적 권력의 꿈인 것은 낡은 '죽일 수 있는 권리'가 오늘날 다시 행사되기 때문이 아니라, 권력이 생명, 종(種), 종족, 대규모적 인구현상의 차원에 자리 잡고 행사되기 때문이다"(푸코 2005b: 154; Foucault 1999b: 164). 동일한 논리 선상에서 오늘날 사형제도의 폐지 논의가 가능하게 된 것은 "인도주의적 감정의 출현이 아니라 권력의 존재이유와 권력행사의 논리"(Foucault 1999b: 164; 푸코 2005b: 154)의 변화로 설명된다.

따라서 교환되거나 되찾을 수 있는 것이 아니다. 오히려 그것은 참과 거짓의 인지적 담론에 기초해 지배적 에피스테메를 '생산'하고 세계를 '구성'하는 일종의 영향력으로 사회 속에 널리 퍼진 세력관계를 말한다(고든 1997; 푸코 2005a; Foucault 1998). 사실 그것은 '모든 이의 모든 것에 대한 자발적 통제'를 이상으로 삼고 있다.

> 권력은 생산적이다. 그는 실재를 생산한다. 그는 객체의 영역과 진실에 대한 의식(*Rituale*)을 생산한다. 개인과 그의 인식은 이 생산의 결과물들이다(Foucault 1998: 250).

전염병과 기근에 대한 어느 정도의 통제가 가능해지면서 죽음이 더 이상 직접 삶을 공격하지 않게 된, 그래서 죽음으로부터의 절박하고도 상시적인 위협으로부터 벗어날 수 있게 된 것이 이러한 새로운 권력탄생의 물적 토대이다. 즉 근대적 권력은 권력과 앎의 방식들에 의해 생명의 과정을 통제하고 변화시키려는 시도가 가능하게 된 역사적 변화와 맞물려 있으며, 권력의 최종적 권한행사는 이제 사람들을 죽음 앞에 굴복시키는 것이 아닌, 그들의 생명을 유지시키는 것과 관련된다(푸코 2005b; Foucault 1999b).

어쨌든 이렇게 권력이 죽음에 대한 권력에서 삶에 대한 권력으로 스스로의 존재 이유와 논리를 변화시킨 이후, 죽음은 이제 그 본래적 의미를 상실한다. 죽음은 절대적 권력과 신비의 영역으로부터 분리되었고 그 '사회적 신분'을 잃게 되었다. 이전에 죽음은 삶을 규정짓는 권력자였지만 이제 삶에 의해 — 지배되어야 하는 — 전형적 '타자'가 되었다. 그러므로 죽음에 대한 회피, 단순 소멸에 불과하게 된 죽음에 대한 '무자격 선고', 죽음과 관련되어 행해지던 많은 의식(儀式)들의 사라짐 등은 죽음에 대한 새로운 두려움의 등장과 연관되어 있다기보다는 권력이 행사되는 방식이 계속적으로 죽음을 외면했다는 사실에 기초한다. 권력의 방식과 그 사회적 재생산 메커니즘은 이제 개인의 죽음에 대한 고려 없이도 기능한다. 죽음은 더 이상 그들의 간섭과 개입대상이 아니며, 이를 통해 죽음은 실존적 존재의 가장 비밀스럽고, 가장 사적(私的)인 영역이 되었다(푸코 2005b; Foucault 1999b).[13]

> 죽게 하든가 살게 내버려 두는 낡은 권리가 살게 하거나 죽음 속으로 몰아넣는 권력으로 대체되었다고 말할 수 있을 것이다. 죽음에 수반되는 의례가 효력을 상실해 가는 것을 통해 가시화되는 죽음에 대한 부정은 아마 이를 통해 설명될 수 있을 것이다. 죽음이 회피되거나 터부시되는 것은 우리 사회에서 죽음을 견디기 어려운 것으로 만드는 새로운 불안과 결부되어 있다기보다는 오히려 권력의 절차가 끊임없이 죽음으로부터 등을 돌려 왔다는 사실과 깊이 관련되어 있다. 이 세상에서 다른 세상으로의 전이로서의 죽음은 현세의 지배력이 더 강력한 다른 지배력에 의해 대체되는 것을 상징했다. 죽음을 둘러싼 호사스러움은 일종의 정치적 의례 같은 것이었다. 그런데 이제 권력이 생명과 그 전개과정

---

13) 자살은 "이승의 지배자이건 저승의 지배자이건 군주만이 행사할 수 있는 죽음의 권리를 침해하는 방식이기에 범죄"(푸코 2005b: 155; Foucault 1999b: 165)였다. 이러한 자살은 19세기에 들어 사회과학적 '분석'의 영역으로 들어간 최초의 행동들 가운데 하나가 되었는데, 그 이유는 빼앗고, 없애는 힘으로서 행사되던 가부장적 권력이 삶을 낳고 증대하고 조직하는 생체통제권력으로 변화된 것과 역설적으로 관련된다. "생명에 대해 행사되는 권력의 경계와 틈새에서 개인적이고 사적인 죽을 권리가 출현"했는데, "그토록 기이하면서도 그토록 규칙적이고 그토록 지속적이며 따라서 개인의 특수한 사정이나 우연으로는 명확하게 설명되지 않는 그러한 죽으려는 고집은 생명의 관리가 정치권력의 책무로 대두된 사회에서 불가사의한 것으로 여겨졌던 최초의 현상들 중 하나"(푸코 2005b: 155; Foucault 1999b: 165~166)가 되었던 것이다(근대사회에서의 자살 담론에 대한 사회이론적 논의는 이 책의 10장 참조).

> 에 대해 자신의 영향력을 행사하게 되면서, 생명의 한계인 죽음은 거기에서 배제되며, 죽음은 존재의 가장 비밀스런 지점, 가장 '사적'인 지점이 된다(Foucault 1999b: 165; 푸코 2005b: 154~155).

삶을 여탈하던 통치권력이 사라진 자리에 들어선 — 삶의 최적상태 구현을 그 목적으로 하는 — 근대적 삶의 권력은 죽음을 배제함으로써, 그를 개인들에게 되돌려 주지만, 이미 개인들은 죽음으로부터 더 이상 아무것도 배울 수 없게 되어 버렸다. 이런 상황은 위에서 말해진 일련의 변화에 따른 논리적 결과이다. 그리하여 죽음은 "시간과 영원의 차이의 통일성"으로 승화되지 못하고, 이제 다시 삶의 아주 다른 타자가 되어 버렸다(Nassehi 1995).

때문에 근대사회가 '타자화된 죽음'에 유난스럽고 지극한 관심을 보이는 것은 오히려 역설적인 일이다. '타자화된 죽음'은 죽음의 억압과 터부담론을 매개로 끊임없이 사회적(*social*) 문제[14]로 소통된다(이 책 5장 참조; Nassehi & Weber 1989). 조금만 더 들여다보면 사회의 이런 관심은 설명 가능해 보인다. 즉 그것은 일종의 '사회적 전략'으로 관찰될 수 있을 터인데, 왜냐하면 죽음의 억압과 터부담론을 통해 사회는 많은 것을 얻고 있기 때문이다. 먼저 사회는 죽음이라는 실존적 문제에 대해 '반응'할 수 있는 기제/방법을 얻게 된다.[15] 게다가 '도덕적 면죄부'까지 발급받게 되니 사회[16]로서는 결코 손해 보는 장사

---

14) 사회학적(*sociological*) 문제가 아니다!

15) 따지고 보면 우리는 죽음에 대해 꽤 많은 '말'을 하고, 보고, 듣고 있다. 적어도 '죽음이 터부'라는 담론은 '터부'가 아닌 역설 때문이다.

16) 누군가는 도대체 이런 일을 하는, 이런 결과를 낳은 '사회'는 '누구'인가라고 물을지도 모른다. 그러나 글쓴이가 여기서 말했던 사회는 — 마치 푸코에게 권력이 어떤 실체가 아니라 산재하는 힘의 작동 메커니즘/관계망이듯 — 결코 개인이나 집난적 행위자로 환원될 수 없는 '그 내재적 논리에 의해 작동하는 체계적 메커니즘/관계망'을 의미한다. 그러므로

가 아닌 것이다. 물론 이러한 '유리창문 안에서 죽음을 직면함'이 근대사회가 안고 있는 본질적 취약성까지 충분히 가려줄 수 있는 것은 아니지만 말이다.

4) 자기배려로서의 죽음에 대한 배려, '인간적 죽음'

푸코의 이전 작업들에서 "권력기술"(시선, 관찰, 감시, 훈육 등)로부터 나오는 권력관계가 보다 중요했다면 후기에 그의 관심은 "자기(관리/통제)기술(*Selbsttechniken*)"로부터 나오는 권력관계를 관찰하는 것에 집중되어 있었다(푸코 2004a, 2004b).

우선 푸코는 고전적 고대의 자기(관리/통제)기술을 관찰하는데, 거기서 그는 근대 이전 주체의 (일종의) 계보를 읽어낸다. 그것은 인간이 자기 자신을 돌보는 방식으로서의 '절제'를 통해 스스로를 '윤리적 주체'로 구성하는 과정으로 해석되었다. 이때의 자기절제는 '자발적 자기지배윤리'(푸코 2004a)라고 명명될 만한 것인데, 타자 또는 외부의 어떤 현상이나 요소들에 의한 영향(력)이나 처벌, 그들에 대한 공포나 두려움, 신의 의지, 종교-도덕-법률상의 금지규약/규율 등에 의한 것이 아니라 '공감'을 통해 즉 '자유로운 사람으로서의 자유행사'를 통해 자발적으로 절제하게 되는 또는 자기 자신에게 지배당하는 상태를 말한다. 이것은 '보편적 법칙'(푸코 2004a)이 아닌 철저한 개인[17]의 윤리로서, "스스로를 자기 행동의 주체로 세울 수 있는" 하나의 가능

이 글에서 사회는 분명히 작동하고, 영향력을 행사하되, 특정 주체('누구'의 문제)로 환원될 수 없는 어떤 것이다. 그리고 이 글에서 글쓴이는 '사회'라는 개념을 논리적인 수준에서 기본적으로 '근대사회'로 상정하고 있으며, 그것이 굳이 꼭 어떤 지역사회와 등치될 필요는 없을 것이다.

17) 당시 개인이라 함은 '지배층인 성인 남자'만을 의미하는 것이긴 했으나 말이다.

성을 보여주었다.

> 그런데 자기 자신을 다스릴 줄 아는 주체의 형성에 내포된 엄격성의 요구는 각자 그리고 모두가 따라야 할 보편적 법칙의 형태로 제시되지 않는다. 오히려 이것은 자신의 삶에 가장 아름답고 완성된 형식을 부여하고자 하는 사람들에게서 행위를 양식화하는 원리로서 제시된다(푸코 2004a: 283).

이것은 자기실존으로 향한 에토스에 기초한 존재의 기술, 기법, 태도, 양생법과 관련되고 의지와 선택에 의한 자유의 실천으로서 '행위 양식화의 문제'(푸코 2004a)이다. 그러므로 이는 '존재/실존의 미학'으로서의 윤리라 불릴 만한 것이다.

> 그것은 개인을 도덕적 행동의 주체로서 성립하게 하는, 자기 자신과 관계 맺는 양식의 완성으로서 이해된 '윤리'의 역사이다(푸코 2004a: 283).

이 윤리는 인간이 '자기 자신을 돌보아야 하는' 원칙에 의해 지배되는데 푸코에 의하면 이 '자기배려의 원칙'(푸코 2004b; Foucault 1997c)은 정치적인 영역으로까지 확장될 수 있고, "권력 변환"의 가능성까지 읽어낼 수[18] 있을 만한 것이었다. 그러나 이러한 자기배려의 원칙은 중세 그리스도교적 절대윤리의 등장으로 인간이 더 이상 "자신이 행한 행위의 주인, 즉 주체"(푸코 2004a)로 자신을 구성할 수 없게 되면서 상당부분 손상되어 오히려 퇴보하게 된다.[19]

---

18) Foucault 1985: 15; Nassehi 1995: 224에서 재인용.

19) 이런 현상을 푸코가 퇴보로 보는 이유는 외부통제나 타자결정권은 주체가 외부환경이나 타자기 제공하는 '의미의 약속과 구원의 희망'에 굴복할 때 비로소 효력을 발휘하는 것으로 보기 때문이다.

> (중세의) 도덕들은… 종말, 타락, 악에 입각하여 윤리적 실체를 특징짓는 양식, 인격적 신의 의지이기도 한 일반적 법률에의 복종을 통해 그 안에 예속화되는 양식, 영혼의 해독과 욕망의 정화를 추구하는 자기 자신에 대한 개입방식, 자기포기를 지향하는 윤리적 완성의 양식 등을 규정할 것이다(Foucault 1997c: 306~307; 푸코 2004b: 270).

손상되기 이전의 고대 자기윤리는 어떠한 자기(존재)준거(*Selbst-bezug*)도 자기 자신 밖에서 찾을 수 없게 된 근대적 개인의 등장과 함께 — 회귀는 아니라 하더라도 — 새로운 상징적 의미를 가지게 되었다. 실제로 푸코는 어떤 보편적인 도덕적 규율에도, 신의 의지에도 자신을 복종시키거나 상실시키지 않는 그리스인의 도덕적 성찰과 자기배려의 에토스에서 현재의 도덕적 대안을 본다. 자기준거와 자기배려를 통해 어떤 초월성/선험성에도, 어떤 보편성에도 기대지 않는 나아가 선/악의 초월적 판단이나 요청된 금욕이나 법률적 제재 등과 무관한 오롯한 '자기와의 관계' 안에서의 주체성 형성(푸코, 2004b)이 가능해질 수 있을 것으로 보기 때문이다. 푸코는 이곳에서 비판의 자기준거/기준, 자율성, 독립성, 연대, 해방 그리고 저항에 대한 논의가 만들어질 수 있는 장을 여는 가능성의 조건(Nassehi 1995)이 형성되길 기대한 것 같다.

그런데 이런 주체도 자신의 죽음을 피할 수 없을 터, 그는 죽음을 어떻게 마주할 것인가. 푸코는 '그'가 자기의 죽음과 내재적으로 의연하게 대면할 수 있을 것으로 보았다. 자신의 삶에 특정한 양식화된 행태('자기준거와 자기배려'라는 도덕원칙)를 부여한 인간은 '자신의 죽음을 받아들일 수 있는 개인'(푸코 2004; Foucault 1997b)으로 형성되어 갈 수 있는 것이다. 그리스도교에서는 신의 약속을 통한 영혼의 불멸성 보장을 통해 죽음의 문제를 풀어가는 반면 이제 진정한 근대인은 '자기배려원칙에 의거한 자기지배'를 통해 어떤 초월, 약속, 두려움에 기대지 않고도 죽음과 직면할 수 있는 실천적 길을 확보할 수 있을 것으로 보았던 것이다. 그런 힘은 죽음이 삶을 구원할 수 있으리라는 믿음 때문이 아니라 오히려 스스로의 구원이 그 자신의 유한한 "삶으로부터만"(Foucault 1985, Nassehi 1995) 지지될 수 있는 것이라는,[20] 그래서 외부로부터의 어떤 초월적 약속에도 흔들림이 없어야 한다는 신념에서 연유하는 것이었다.

이러한 새로운 삶의 원칙, 윤리로서의 자기배려는 무엇보다도 죽음에 대한 배려와 준비로 이해될 수 있는데[21] 자신 본래의 유한성을 수용하고 죽음에의 두려움과 공포를 이겨낸 다음에야 주체는 비로소 오롯한 그 자신이 될 수 있기 때문이다. 이 한계상황을 넘어서고 나서야 그는 비로소 자기 자신 내부로부터 나오는 자원(資源)들만으로 삶을 영위할 수 있을 것이다. 그러므로 푸코로부터 가정된 이러한 윤리적 태도는 '의미의 약속과 구원의 희망'에 삶에 대한 권력을 넘겨줌 없이 스토아적인 태연함과 "죽음의 수용"(Foucault 1985, Nassehi 1995)을 요구한다.

---

20) 여기에는 전혀 새로울 것이 없는 '개인의 유한성과 생식을 통한 종족의 불멸성'에 대한 오래된 이야기도 포함된다. 물론 이때도 푸코의 관심은 이런 사고가 어떻게 '자기 자신으로부터 유래'하게 되었는가 하는 데 있다. 예컨대 성행위는 그리스인들에겐 완전히 인간적인 행위였던 반면, 그리스도교에서 성적인 활동은 당연히 '하느님 백성의 증식'과 연결되고, 나아가 육체의 억제/극기는 그리스인들의 사유에서와는 아주 다른 의미를 지니게 된다(푸코 2004a: 159~166; Foucault 1997b: 171~).

21) Foucault 1993: 37, Nassehi 1995: 228에서 재인용.

3. 닫는 글: '인간'이 사라진 빈자리에서 다시 생각하는 '인간으로서의 죽음'

푸코의 죽음에 관한 논의를 어떻게 읽을 것인가. 일단 내용적으로 다음과 같이 정리할 수 있을 것 같다. 푸코에게 죽음은 주체 논의에서 일종의 지표 역할을 한다. 죽음이라는 문제는 '주체가 자기 자신과 어떠한 관계를 맺는가' 하는 것의 변화와 '주체를 주체되게 하는 구성조건들은 무엇인가' 하는 질문과 아주 밀접하게 관련되어 있기 때문이다. 이 글에서는 이런 맥락 안에서 푸코의 죽음에 대한 논의를 자리매김하고 그의 이야기들을 몇 갈래로 나누어 살펴보았다.

간략하게 정리하면 다음과 같다. 먼저 근대에서 죽음은 모든 형이상학적, 종교적, 상징적 요소들을 탈각하게 되고, 이를 통해 비로소 개인을 개인이게 하는 동력으로서 자리 잡게 된다('근대적 죽음'). 그러나 이러한 변화는 인간존재 그리고 인간과학적 토대 자체의 '불안전성'을 동시에 가시화시키기 때문에 결과적으로 그 스스로에게 '유한성'을 선고하게 될 가능성을 내재적으로 포함한다('인간의 죽음'). 나아가 삶에 대한 통제를 자기의 목적으로 하는, 그리하여 그 스스로 어찌할 수 없게 된 죽음을 구체적 개인들의 실존에 있어 가장 비밀스럽고, 사적인 지점으로 되돌려놓는 생체(통제)권력의 메커니즘은 종국에는 죽음을 타자화, 무화시키는 경향이 있다('타자화된 죽음'). 이런 상황에서 어떤 보편적이고 절대적인 원리나 윤리에 근거하지 않는, 오로지 자기준거와 자기배려에 기초한 새로운 개인윤리의 형성은 두려움 없는 죽음에의 '내재적', 즉 '비초월적' 직면을 가능케 해줄 수 있는 조건으로 이해될 수 있다('인간적 죽음').

이러한 푸코의 논의는 우선 '타자화된 죽음', '터부로서의 죽음'을 거의 유일한 근대적 죽음이해로 받아들이는 사람들에게 논의의 폭을

넓고 깊게 만드는 좋은 기회가 될 수 있을 것이다. 나아가 우리는 푸코를 통해 근대적 죽음담론 형성의 배경을 이해할 수 있는 이론적 도구 하나를 추가할 수 있게 된다. 그리고 덧붙여 푸코가 오늘날 '죽음에 대처하는 우리의 자세'에 대해 뭔가 이야기를 해주어야 한다면, 아마 그것은 마지막 부분에 다루어졌던 자기준거와 자기배려에 기초한 자유로운 개인의 실천들 안에서 "뭔가 좋은 것"[22]을 만들어 내는 일, 즉 자신의 죽음을 스스로 배려하는 일과 관련될 것이다. 이것은 '죽음의 미학화'와 관련되어 있을지 모른다. 즉 죽음에 '의미와 아름다움'을 부여하는 것을 의미할 수 있다. 푸코가 긍정적으로 인정하는 것은 죽음에의 두려움, 위협과 종속으로부터 우리를 구해줄 실존적인 '사라짐의 미학'뿐인 것처럼 보이기 때문이다(Nassehi 1995).

죽음이 더 이상 절대적 존재도 아니며 삶의 스승이나 교사도 아닌 오늘, 사실 그것 외에 어떤 대안이 있을 수 있을 것인가. 그러나 그럼에도 불구하고 여기서 우리는 이런 푸코의 결론이 너무 나태하고, 착한 결론이 아닌가 하는 의문을 마땅히 가져야 하는 것은 아닐까? 결국 이런 심심한 결론을 내리고자 했던 것이란 말인가?[23] 그러나 굳이 이를 — 푸코와 함께 — 더 깊이 '이해'해 보고자 한다면 이런 해석이 가능하지 않을까 생각한다. 어느 곳에도, 누구에게도, 아니 그 자신에게도 정박하지 못하고 떠돌아다니는 운명을 타고난 (후기)근대인에게 친밀성의 구성과 유지는 '전 존재를 건 실존적 과제'가 될 터이므로, — 동일한 '어구'로 표현될지라도 — 근대 이전 사회에서의 '이해와 인내와 타협'과 (후기)근대사회에서의 그것은 서로 다른 '의미의 분절' 안에서 '서로 다른 담론'이 될 수 있을 것이라고(푸코 2000). 오늘 우리에게 요구되는 '이해와 인내

22) Foucault 1984: 58, Nassehi 1995: 230에서 재인용.

23) 사실 (후기)근대인들에게 친밀성의 관계형성과 유지에 있어 '이해와 인내와 타협'을 권하는(Beck & Beck-Gernsheim 1990: 104) 벡과 벡-게른스하임의 책에서도 비슷한 느낌을 받았던 적이 있다.

와 타협'이 개인의 사사로운 선택으로 남겨질 수 있는 기호품 같은 것으로 환원될 수 없는 어떤 실존적 절박함과 관련된 것이라면 말이다.

마찬가지로 전 실존의 '완벽한' 개별화/개체화와 죽음의 사사화(私事化)라는 역사적 맥락 안에서 자신의 죽음과 '내재적'으로 직면해야 하는—스스로를 윤리적으로 구성하는—주체는 오늘날 필연적 요청이며, 푸코의 주장은 그 안에서 새로운 가능성들이 모색되어야만 하는 절박함에서 연유하는 것이라 이해할 수도 있지 않을까 한다. 어떤 규율도, 도덕적 선함도, 신의 목소리도 우리에게 죽음을 어떻게 마주해야 하는지 가르쳐 주지 않는데, 과연 어떤 다른 선택이 가능할 것인가. 죽음은 우리 각자가 개별적으로 대면해서 풀어야 하는, 그 누구도 대신해 주지 않는, 그런 숙제가 되고 있는데 이런 상황은 사실 우리가 선택한 것이다. 인간 스스로 주체가 되기로 했을 때 함께 부여잡을 수밖에 없었던 '필수옵션'이었던 것이다. 이런 상황을 그저 바라볼 수밖에 없는 사회는 계속적으로 당혹감과 무력감에 시달리고 있고(이 책 10장 참조), 개인에게 이 문제는 보다 심각하고 중요해지거나, 그래서 외면되거나 하는 것인지도 모른다. 이에 대한 '정답'을 기대할 수 없다는 건 자명하지만, 그렇다고 해도 우리의 실존적 대답이 우리의 실존방식에 대한 이해에 근거해야 하는 것 또한 자명한 것 아닌가. 해서 이런 혼란스러운 상황이 푸코에게 떼를 쓴다고 해결될 문제는 아니라 생각된다.[24)]

그럼에도 불구하고 푸코의 죽음에 대한 이해가 너무 이성적이다 못해 이상적인 것으로 보인다면, 다른 측면에서 푸코의 죽음 논의의 현재적 함의를 더 찾아볼 수 있을 것 같다. 그것은 푸코가 자신의 논의 안에서 죽음을 신비화 내지 절대화하는 것, 죽음을 도구/수단화하여

---

24) 다른 맥락에서이지만, 이런 상황에서 낙오하지 않기 위해 요구되는 실존적 자세에 대한 일단의 암시를 합리성에 대한 천선영의 글(2002b)에서 찾아볼 수 있지 않을까 감히 생각해 본다.

타자화하는 것, 그리고 죽음을 보편적 윤리의 기준으로 삼는 것 모두에 대해 비판적으로 보인다는 점에 착안한 것으로, 푸코의 입장을 현재 우리의 죽음이해 비판의 준거로 삼아보는 일이다.

사회 안에서 죽음이 담론화되는 영역을 크게 3부분으로 볼 수 있을 것 같은데 '죽음의 종교화/신학화, 죽음의 의학화 그리고 죽음의 교육화'가 그것이다(Nassehi 1995). 우선 (진리/인식과 관련되는) 죽음의 종교화/신학화는 죽음을 신비화 내지 절대화하는 경향, (타자/권력과 관련되는) 죽음의 의학화는 죽음을 파편화 내지 타자화하는 경향, 그리고 (윤리/실천과 관련되는) 죽음의 교육화는 죽음을 보편적 윤리의 기준으로 삼는 경향이 있다고 간주하고 이에 비추어 오늘의 상황을 재구성해 보자.

먼저 종교가 더 이상 세상의 '중심'으로 작동하지 못하는 오늘날에도 죽음의 문제에 관해 종교가 가지고 있는 일종의 특권적 위치를 무시하긴 여전히 쉽지 않다. 루만의 입장을 빌리자면 종교는 '초월성'을 끊임없이 암시하는 유일한 '사회체계'이고, 죽음이란 현상은 그 속성상 초월성 논의와 무관해지기 어렵기 때문이다. 그러나 죽음을 종교의 영역으로만 밀어놓는 일은 더 이상 불가능하다는 사실 또한 기억해야 할 것이다. 그것은 그 개인의 잘못으로 탄생한 것이 아니라 이 시대 에피스테메의 산물인 '지극히 근대적인 수많은 근대인들'을 본의 아니게 소외시키는 결과를 낳거나, 그들 주체의 실존적 자기구성을 불가능하게 만들 것이기 때문이다.

다음으로 의학인데, 의학적 사유가 근대적 죽음 논의에서 '선봉장' 역할을 해왔음은 분명하다. 이 글의 앞부분에서도 다루었듯이 근대적 의학이야말로 죽음의 근대적 이해를 낳은 장본인이기도 한 것이다. 그런데 죽음을 삶 안으로 끌어들인 것의 역설적 또는 비의도적 결과로 죽음이 '분해'되어 더 이상 죽음이 죽음으로 인지되지 못하고, 다른 이름들로만 환원되어 불리게 됨으로써(천선영 2001c) 죽음은 나의 '타자'가 되어 버렸고, 때문에 실존으로서의 삶에 종종 심각한 장애를 불러일으키기도 하는 원인이 되는 측면이 있다. 이는 죽음을 도구, 수단적으로만 이해하는 것 자체가 본질적으로 '나쁘기' 때문이라기보다는, 그것이 결국 우리의 삶 자체를 도구, 수단화시키게 되는 '논리적 결과'를 낳을 개연성이 농후하기 때문이다.

그러나 무엇보다 죽음문제와 관련해 우리 사회의 공론장에서 — 어찌 보면 너무나 당연한 일이지만 — 가장 힘을 얻고 있는 건 마지막으로 다룰 '죽음의 교육학' 그리고 그와 관련된 '죽음의 심리학'인 듯하다. 이것은 이제 내가 죽을 때 어떤 심리적 과정을 거치며, 그 이유는 뭔지, 그리고 그 고비들을 잘 넘기기 위해서는 뭘 해야 하는지도 '사회'가 가르쳐줌을 뜻한다. 문자 그대로 '평생교육 시대'의 대미(大尾)이다. '잘 죽자는데, 잘 죽게 도와준다는데'… 도대체 뭐가 문제인가? 그러나 문제'도' 있다. 그것도 생각보다 심각한 문제가 잠복해 있을 수도 있다. 이러한 시도들은 자기 자신의 존재의미를 스스로 규정해야 하는 근대적 주체의 존재근거 자체를 앗아가는 것이 될 수도 있기 때문이다. 그리고 이는 죽음에 대해 더 이상 아무 말도 할 수 없게 된 사회가 개인들에게 물려주는 '장난감 젖꼭지' 같다는 느낌을 준다. (후기) 근대인은 이제 스스로의 힘으로 성장하는 것을 포기할 것인가?

지금까지 푸코의 죽음 논의를 근대적 죽음이해 비판의 준거로 삼아 기존의 죽음 관련 사회적 담론에 대한 시론(時論)적 비판을 시도해 보았는데, 이를 통해 적어도 관련 논의가 다른 생각의 자리에서 진행될 수 있는 모종의 가능성은 발견할 수 있지 않을까 한다. 그리고 푸코를 넘어 함께 고민해볼 것을 제안한다. 종교적, 의학적, 교육학적 논의를 넘어선 죽음에 대한 사회적 담론 형성은 과연 어디서 어떻게 가능할 것인지. 물론 그 모든 논의들조차 우리가 언젠가 직면해야 하는 죽음의 문제에 대한 '정답'을 줄 수 없으리라는 것은 명확하게 인식하면서 말이다.

제 2 장

지그문트 바우만의 근대적/후기근대적 죽음론

1. 여는 글

사회구성원들의 내재적 유한성(*Immanente Sterblichkeit*)은 생물학적 사실이다. 우리 모두 언젠가 죽을 것이다. 그러나 이 지극히 자연적인 현상은 본질적으로 사회(학)적 의미 또한 포함한다. 이러한 주장에 깔려 있는 아주 단순하지만 매우 중요한 근거는 인간이 사회적 존재라는 데 있다. 인간이 어떤 형태든 집합체를 이루고 사는 이상 죽음은 개별적 인간의 일일 수만은 없다. 개인의 죽음은 항상 '사회적 사건'이었다. 존재했던 모든 사회적 집합체에서 그 사회 구성원(들)의 죽음을 이해/해석하고 정당화하는 일은 사회의 지속적 존속을 위해 필수불가결한 과제였다.

죽음은 평소 의심되지 않는 일상의 경험세계라는 지평 너머에 있는, 개인적 그리고 공동체적 삶의 원천적 한계와 불안정성을 백일하에 드러내 보인다. 특히 죽음의 원칙적인 '무규정성'은 안정된 삶을 보장받고자 하는 인간적인 모든 노력의 의미와 효과를 의심하게 한다. 따라서 죽음이라는 사건을 어떤 방식으로든지 통제하여 삶의 일상성, 나아가 삶의 의미를 담보해 내는 것은 모든 인간공동체의 공통된 핵심과제 중 하나였다.[1] 그것은 또한 '왜'(*Why*)라고 하는 삶의 근본적 질문에 대한 사회적 차원의 대답을 준비하는 일이기도 했다.[2]

이런 맥락에서 죽음에 '의미'(*Sinn*)를 부여하는 일은 우리의 삶에 의미를 부여하려는 노력이며, 개개인의 생물학적 한계를 넘어선 사회의 영속성을 보장받으려는 부단한 시도이다. 그러므로 '의미 부여하기'와 '의미 만들기'로서 문화의 시작이 바로 인간들의 유한성 '인식'과 그것을 극복하려는 노력에서 유래한다는 것은 상당히 설득력 있는 시각이라 할 수 있다.

때문에 개인과 사회가 피할 수 없이 맞부딪히는 한 접점으로서의 죽음은 (문화)사회학적으로 대단히 중요한 과제가 아닐 수 없다. 한

---

1) 모든 사회는 죽음의 확실성과 그 시기의 불확실성(*mors certa, hora incerta*)의 문제를 어떤 방법으로든지 해결해야 했다. 예컨대 죽음의 불가피성에 대한 인식은 개인을 넘어선 집단적 삶과 제도의 영속성을 보장하기 위한 방법으로서의 가족, 나아가 공동체의 성립을 불가피한 것으로 여겨지게 했다. 동시에 인간들은 예측할 수 없는 죽음의 시기를 가능한 한 계산/통제 가능한 변수로 치환하고자 부단히 노력하여 왔다. 그래야 비로소 노동력, 재화의 분배 등에 대한 계획 수립이 가능해질 뿐 아니라 '지배' 자체가 가능해지기 때문이다.

2) 부고를 접했을 때 우리는 그분이 '왜' 돌아가셨는가를 묻는다. 물론 이 질문은 보통의 경우 사망원인에 대한 질문으로 받아들여지고, 우리는 그 대답으로 사고사(事故死) 또는 병사(病死)하셨다는 말을 듣는다. 그리고 질문하는 사람도, 대답하는 사람도 그 이상의 어떤 대답을 요구하지 않을 것이다. 그러나 사실 우리는 어쩌면 보다 심오한 실존적 이유에 대한 대답을 듣고 싶어 하는 것은 아닐까? 단지 그것이 수면 위로 떠오르지 않을 뿐…. 피터 버거(Peter L. Berger)는 인류가 전(全) 역사를 통해 이룩한 '문화'는 사실 '왜'라는 삶의 근본적인 질문에 대한 가능한 대답들을 찾는 노력에 다름 아니라고 말한다. 이러한 맥락에서 문화는 가장 높은 수준에서의 의미구조이다(Berger 1988: 22).

시대의 '죽음해석 전략'을 분석한다는 것은 그 시대, 그 사회를 근거 짓고 있는 문화적 의미체계의 기본구조에 대한 질문이며, 지그문트 바우만(Zigmunt Bauman)의 표현을 빌리면 '삶의 전략'(*Lebensstrategie*)을 탐구하는 것이 된다.

그리고 이때 문화가 죽음을 이해하고 받아들일 수 있도록 하며 나아가 죽음 자체를 삶의 의미근원으로까지 느껴지게 할 수 있는 서로 다른 대안적 노력 또는 가능성이라는 것을 기억해야 할 것이다. 죽음은 물론 일차적으로 생물학적인 현상이지만 문화적으로 재작업되며, 이렇게 재작업된 형태로서의 죽음은 모든 사회적 행위양식에 영향력을 행사하고 사회조직의 생존을 위해 필요불가결한 사유근거들을 제공한다. 따라서 유한성과 불멸성(의 가능성)에 대한 인식, 그것에 대응하는 방법들은 곧 그 사회에서 인정되고 적용되는 삶의 전략이 되고, 적어도 상당 정도 그 시대, 사회의 성격을 규정한다.

위의 논의는 죽음 또는 사멸 그 자체는 모든 생물체의 운명이지만, 죽음에 대한 인식은 사유하는 존재로서의 인간에게'만' 주어진 운명이라는 사실과 관련이 있다. 인간적 삶을 규정 또는 지배하는 것은 죽음 그 자체보다는 죽음에 대한 인식이다. 사는 동안 죽음을 '체험'할 수 없음에도 우리는 죽음에 대한 생각으로부터 벗어날 수 없다. 실존철학자들처럼 죽음(인식)을 인간적 현존(*Dasein*)을 실존(*Existenz*)으로 만드는 조건[3]으로 보지 않는다 하더라도 인간이 자신의 유한성에 대한 인식으로부터 자유로울 수 없다는 것은 부정하기 어렵다. 일정기간 동안 그것에 대해 (의식적으로) 생각하지 않는 것이 가능하다 할지라도, 죽음에 대한 사유 자체를 '무의식화'시킬 수는 없다. 자신의 유

3) 죽음은 궁극적으로는 정의될 수 없는 어떤 것이다. 비어 있음(*Leere*), 절대적 무(無, *Ein absolutes Nichts*)로서의 죽음은 비실존(*Nicht-Existenz*) 자체이다. 실존주의 철학자들에 의하면 인간존재의 역설은 바로 이러한 죽음(비실존)이 모든 존재들에게 '실존'을 부여한다는 데 있다.

한성을 인식하며 살아야 한다는 것, 그것이 인간의 운명이자 피할 수 없는 실존적 문제이다.[4]

이 때문에 죽음은 산 자들의 문제가 된다. 자신의 구조적 유한성을 선취적으로 인식하는(*antizipieren*) 살아 있는 자들은 이 문제를 어떤 방식으로든 그들 삶의 맥락 안에 위치시켜야만 한다. 개인적 수준에서도, 사회적 수준에서도 죽음을 삶 안에 유의미하게 통합시키는 일은 피할 수 없는 과제로 여겨진다.

죽음은 여전히 우리 모두에게 — 근본적으로는 어찌할 수 없는 — '한계상황의 극한'으로 남아 있다. 수명이 엄청나게 늘어나고, 많은 난치병 치료가 가능해진 오늘에도,[5] 언젠가 죽음과 대면해야 하는 우리 모두는 죽음을 '이해'[6] 해야 하는 숙제를 안고 사는데, 죽음이해 방식은 언제나 특정한 사회문화적 환경과 관련되어 있다.[7] 우리가

---

4) 인간만이 죽음을 인식하는지, 죽음에 대한 인식이 인간에게 본질적으로, 본능적으로 주어진 것인지 그리고 언제부터 인간이 자신의 죽음을 '실존적 종말'로 파악하게 되었는지에 대해서는 상이한 견해들이 있다. 그러나 서로 다른 입장을 가진 사람들도 인간만이 죽음을 의식적으로, 선취적으로 인식하고, 성찰하는 존재라는 데는 동의한다〔죽음 의식(意識)에 대한 인식론적인 접근은 Nassehi & Weber 1989: I. Teil 참조〕.

5) 현대의학은 우리에게 보다 건강한, 보다 긴 삶을 약속한다. 지난 100년 사이에 2배 정도 증가한 평균수명은 우리 모두에게 노인이 될 '권리'를 보장한다. 이 '기쁜' 소식은 그러나 겉으로는 잘 드러나지 않는 '어두운 면'도 가지고 있는 것이 사실이다.

6) 이때 죽음을 이해(*Verstehen*)한다는 것은 심리적인 납득, 용납을 이야기한다기보다는 의미관계의 파악과 설명을 말한다.

7) 발달심리학적 연구보고들에 의하면 3~4세까지의 아동들의 경우, 예컨대 애완동물의 죽음을 슬퍼하고 주변의 유의미한 타자와의 이별을 아쉬워하기 시작하는 것은 사실이지만, 죽음에 대해 분명히 인식하는 것으로 보이지는 않는다(Fuchs 1969: 117~; Dunde, 1993: 281; Rosemeier 1984: 299~230). 죽음인식이 인간에게 본능적인 또는 필연적인 것이라 하더라도 죽음을 대하는 태도와 관점들은 사회적 환경과 밀접한 관련을

죽음이해와 설명의 필요성에 동의한다면, 그리고 그것의 사회적 규정성을 직시한다면, 이제 우리의 질문은 근대적 조건하에서의 죽음이해와 설명방식으로 향한다.

과연 근대사회에서 죽음, 인간의 유한성에 대한 인식은 어떤 의미를 지니고 있는가? 건강한 장수(長壽)를 궁극적 목적으로 하는 근대에서 죽음의 의미에 대해 묻는다는 것 자체가 과연 어떤 의미를 가질 수 있는가? 아니 보다 직설적으로 이렇게 질문해야 하는지도 모른다. 왜 우리가 이런 질문을 해야 하는가? 오늘날의 사회에서 죽음의 의미에 대한 질문은 의미가 있는가? 그런데 이 말장난들은 역설적으로 오늘을 사는 우리에게 — 죽음의 의미가 아닌 — 죽음의 의미에 대한 '질문'이 유의미해 보임을 암시한다. 근대인에게 죽음은 질문을 요청하는 문제가 된 것이다.

지그문트 바우만은 정체성 문제에 대해 언급하면서 정체성은 '문제'(*Problem*)로서만 인식의 지평에 등장한다고 말한 바 있다. 이 언명을 죽음의 의미에 대해 회의하는 우리 상황에 적용해 본다면, 죽음, 보다 더 정확히 이야기한다면 우리의 불가피한 유한성에 대한 인식은 근대인들에게 해결해야 할 '과제', 이해해야 할 '문제'가 되었다고 말할 수 있겠다.

물론 이런 상황의 중요한 원인 중 하나는 우리가 죽음을 선(先)성찰적으로, 즉 지극히 당연한 것으로 맥락 지을 기제를 더 이상 가지고 있지 못하다는 데 있다. 이 세상 여행이 끝난 후 우리가 어디로

맺고 있으며 시공간적으로 변화해왔다는 것(Kaiser 1983, Ohler 1997 그리고 Schmied 1985 등 참조), 부분적으로는 어떤 문화의 특수한 상징들과 연결되어 있는 지식의 모습을 띠고(Enninger & Schwens 1989: 144) 있다는 사실에 주목할 필요가 있다. 즉, 죽음인식이 인류에게 보편적인 것이긴 하지만 사회구조적, 문화적 상황들과 개개인의 생애사적 특수성 등으로부터 지속적인 영향을 받는다는 것 또한 중요한 사실이다.

가는지, 죽음은 이제 절대적 끝(*Absolutes Ende*)으로 이해될 수밖에 없는지, 죽음이 무엇을 의미하는 것인지 우리는 더 이상 알지 못한다. 우리는 죽음을 '자연스럽게' 이해할 수 없게 되었다.[8)]

그렇다면 이 어렵고 복잡한 실존적 과제, 문제를 풀어가는 우리 시대의 '전략'은 무엇인가? 이러한 문제의식을 바탕으로 이 장에서는 바우만의 논의를 중심으로 근대사회에서의 '죽음해석 전략'을 분석한다. 그의 작업 중 죽음과 직접적으로 관련한 논의를 두 가지로 구분한 후, 다시 이를 4가지로 정리하고 그 재구성을 시도하였다.

그런데 앞서 언급한 바와 같이 그에 의하면 죽음을 해석하고자 하는 시도는 바로 삶을 이해하려는 시도이다. 따라서 이 글은 우리 시대의 '삶의 전략'에 대한 분석이기도 하다. 다시 말하자면 근대를 틀 짓는 문화(의미체계)의 기본구조에 대한 탐구이기도 하다.

바우만의 죽음 논의는 죽음의 문제를 자신의 근대사회이론 속에 중요한 연구대상으로 자리매김하고 있다는 점에서 평가할 만하며, 구체적인 삶의 조건 안에서 드러나는 우리 시대의 보다 실증적인 죽음연구에도 중요한 이론적 근거를 제공할 수 있으리라 기대한다.[9)]

---

8) 전근대사회에서 죽음이 (지금보다는) 무리 없이 받아들여진 것 같다고 우리가 생각한다면, 그것은 아마도 죽음 앞에 선 이들이, 그리고 그 죽음을 지켜보며 함께 준비하던 이들이, 그들이 어디에 속하는지 그리고 이제 어디로 가는지 '알고' 있었기 때문이기도 할 것이다. 시인 천상병은 그의 시 '귀천'에서 "나 하늘로 돌아가리라. … 아름다운 이 세상 소풍 끝나는 날 … 가서, 아름다웠더라고 말하리라"라고 노래하였지만 우리는 이제 우리가 이 세상 소풍을 끝내는 날 어디로 가야 하는지 알지 못한다.

9) 우리 시대 죽음의 달라진 모습들에 대해 근대사회라는 사회구조적 조건에 초점을 맞춰 분석한 글로 이 책 4장과 5장 참조. 앞으로 더 구체적인 조사연구를 통해—이 책에서 다루지 못하는—문화적 차이나 시대적 죽음인식 차이 등에 대한 보다 심도 있는 관찰작업이 이루어져야 할 것이다.

2. 근대적/후기근대적 죽음해석 전략 분석

바우만의 관심은 임종을 앞둔 자 또는 망자를 대하는 사회적 행위양식이라든가 산 자들의 슬픔을 희석시켜 주고 망자에 대한 기억을 제도화시켜 주는 상례, 제례 등에 대한 사회학적 분석[10]에 있지 않다. 그의 관심은 그보다는 죽음 자체에 대한 우리의 인식, 즉 우리가 죽음에 대해 — 의식적이든, 무의식적이든 그리고 어떤 상태로든지 간에 — '알고 있다는 것'(*Wissen*)이 사회의 모든 제도와 우리의 신념에까지 명백하게 영향을 미치고 있다는 사실을 확인하고 이 사실의 잘 알려지지 않은 사회적 기능과 역할에 대한 관심을 환기시키는 데 있다. 즉, 바우만에 의하면 인간의 유한성에 대한 인식의 사회적 영향력은 명백하게 죽음과 관련된 제도, 의례, 생각에 국한된 것이 아니며, 사회형식들을 (재)생산해 내는 모든 사회적 조직과 문화적 행

10) 의식/의례적 의사소통 또는 행위양식들은 개인적으로, 사회적으로 중요한 삶의 순간들에 어떤 '형태'(*Form*)를 부여한다. 즉 이들을 통해 삶의 중요한 사건들은 시간과 공간 안에서 구조화되며, 사회적 소통성을 확보할 수 있게 된다. 매장과 장례의식은 죽음이라는 우리 일상생활의 자명성, 확실성 그리고 연속성을 치명적으로 위협하는 커다란 사건에 대한 사회적 대답이라고 할 수 있다. 이러한 매장과 장례의식은 크게 보아 두 가지 중요한 기능을 수행한다. 먼저, 망자를 그가 지금까지 속해 있던 사회로부터 분리해 내고, 새로운 세계로 인도하는 기능을 한다. 다른 한편으로 남겨진 사람들은 이런 의식을 통해 자신들의 슬픔과 상실감을 표현할 수 있게 되는 동시에 통제할 수 있게 된다. 사랑하는 이와의 소통의 단절이 '기정사실화'되며 이전과는 다른 방식으로의 소통이 시도된다. 살아 있는 사람들은 이런 의식을 통해 죽은 자를 죽은 자로 인식하게 되고, 죽음의 의미를 상징적으로 이해할 수 있게 된다. 이 의례들은 또한 산 자들이 상실의 슬픔을 딛고 다시 자신들의 일상생활로 복귀하는 것을 돕는 기능을 한다(이 책 4장 참조).

동양식과 밀접히 연관되어 있다.

따라서 구조화된 행동양식과 조직원리 등을 인간이 스스로의 유한성에 대한 인식에 매여 있는 존재라는 사실에 천착해서 관찰한다면, 구조와 의미체계의 감춰진 성격들을 읽어낼 수 있고 보다 잘 이해하게 될 것이다.

이 장에서는 지금까지의 논의를 바탕으로 바우만의 작업 중 죽음과 직접적으로 관련한 논의를 일단 두 가지로 구분한 후, 다시 이를 4가지 주제로 재구성하면서 그에 대한 해석을 시도하였다. 죽음해석 전략을 생명의 유한성이라는 인식의 '잔혹성'에 대결하고자 하는 다양한 의식적/무의식적 시도들로 이해하는[11] 바우만은 근대사회를 특징짓는 전략을 크게 두 가지로 구분한다. 그 하나는 '유한성의 해체'로 정리되는 근대적 유형, 다른 하나는 '불멸성의 해체'[12] 로 특징되는 후기근대적 유형이다.[13]

---

11) 그것이 성공적이려면 이러한 본래의 의도는 (역설적으로) 잘 감춰져 있어야 한다(Bauman 1994: 7~).

12) 글쓴이는 여기에서 '해체'라는 바우만의 용어를 단순히 부정적인 입장에서 무(無), 무의미성으로의(*meaningless*) 와해가 아니라 또 하나의 의미부여방식을 표현하는 개념으로 받아들인다. 우리가 '유한성의 해체'(*Dekonstruktion der Sterblichkeit*) 또는 '불멸성의 해체'(*Dekonstruktion der Unsterblichkeit*)를 말한다면 그 자체가 이미 죽음을 어떤 특정한 방법으로 이해하고, 설명하려는 시도로 받아들여질 수 있기 때문이다. '해체'라는 말이 가지는 그 도전적 의미에 더 천착한다면, 바우만이 이 개념을 선택한 이유를 좀더 깊이 이해할 수 있을지도 모른다.

13) 주지하는 바와 같이 근대라는 세기(*Epoche*)에 대한 다양한 구분이 존재한다. 울리히 벡(Ulrich Beck)은 성찰적 또는 반사적 근대(*Reflexive Moderne*)라는 개념을 도입했으며 제 2의 근대(*Zweite Moderne*)라는 말도 병행해서 사용하고 있다. 앤서니 기든스(Anthony Giddens)는 고도근대(*Hochmoderne*), 조르주 발랑디에(Georges Balandier) 같은 이는 초(超)근대(*Übermoderne*)라는 개념을 사용한다. 바우만 자신은 그의 저서 곳곳에서 밝히듯이 후기근대(*Postmoderne*)라는 개념을 현 사회를 가장 잘 특징짓는

그런데 우리는 여기에서 바우만이 사용하는 근대와 후기근대의 개념을 더 자세히 이해할 필요가 있다. 그에 따르면 후기근대라는 개념은 현재적 근대(*Gegenwartsmoderne*) 사회에서 드러나는 초기근대와의 연속성과 비연속성이라는 두 가지 측면을 가장 잘 표현해 주는 개념적 도구이다. 즉, 오늘 우리 사회의 모습은 한편으로 17세기까지 거슬러 올라갈 수 있는 근대에 그 발생적 근원을 두고 있음이 분명하지만, 다른 한편으로 우리가 어떤 사회를 근대라고 규정할 수 있는 근거였던 특정한, 결정적인 성격들이 적잖게 사라져 버려 이 사회가 전통적 의미의 근대사회와 동일한가라는 질문이 대두되고 있다. 후기근대는 근대의 산물임에 분명하지만, 초기근대에서 의도되었지만 이루어지지 못한 또는 어그러진 파생적 결과들, 그리고 근대라는 시대가 출발할 때 가지고 있었던 목표의 대가(代價)와 반대급부들이 여실히 드러나고 그 영향이 가시화되는 시대이다(Bauman 1994, 1995, 1999b).

따라서 바우만이 말하는 근대적 전략과 후기근대적 전략이라는 것은 서로 완전히 분리되어 있다거나, 하나의 전략이 다른 하나의 전략을 상쇄한다는 것을 의미한다기보다는 상호 연관된 관계로 공존하면서 현재적 근대의 '근대적' 성격과 '후기근대적' 성격의 동시적 존재를 투영한다고 볼 수 있다. 즉, 그들은 때로 유사하고 때로 다르며 경우에 따라서는 상호 배치되는 우리 시대 삶의 전략들의 다양한 모습을 대변한다.

개념으로 이해한다(Bauman 1995: 221~). 이 다양한 개념들은 그러나 몇 가지 중요한 시각을 공유한다. 먼저 위에 언급한 이들 모두 자신들이 사용하는 구분들을 세기를 나누는 개념으로는 사용하지 않는다. 즉, 큰 맥락에서 보면 우리는 여전히 본질적으로 '근대'를 살고 있는 것으로 이해된다. 그러나 그럼에도 불구하고 그들의 견해에 따르면 현 사회는 초기근대사회와 분명히 구분되는 어떤 특성들을 갖는다는 점에서 서로 구분되어 파악될 필요가 있다(이후의 논의 참조).

이제 자신의 작업을 "사회학적 해석학 연습"(Bauman 1994)이라 부르는 바우만과 함께 사유의 여행을 떠나 보도록 하자.

1) 근대 또는 유한성의 해체

신의 의지에 의한 지배를 믿고 받아들이던 시절 인간의 육신에 주어진 유한성은 근심의 원인이나 무력감을 낳는 이유가 되기는 했으나, 도전하거나 대항해야 할 대상으로는 생각되지 않았다. 오히려 사람들은 많은 경우에 죽음을 통해, 또는 죽음 안에서 무한성을 사유하고 보다 깊은 삶의 의미, 나아가 모든 의미의 근원을 발견하였다. 그러나 모든 것이 인간들이 만든 이상, 계획과 질서에 봉사하는 도구로 이해되는 근대에는 인간의 이성과 의지에 반하는 모든 것은 혐오, 나아가 타도의 대상이 되었다(Bauman 1999b). 이러한 상황이해가 죽음과 관련된 바우만의 사유를 구성하는 축의 하나이다.

(1) 근대의 수단/목적합리적인 의식구조

근대인들은 죽음 앞에서 문자 그대로 말문을 잃는다. 임종을 맞이하는 이들을 대면할 때의 암담함, 그 무거운 침묵은 어디에서 유래하는가? 왜 우리는 더 이상 그들과 '소통'할 수 없는가? 왜 우리는 이러한 상황에서 어떤 말을 해야 하는지 내지는 할 수 있는지 또는 어떻게 행동해야 하는지 몰라 당혹스러운가? 근대인의 이러한 무능력은 단지 우리가 그 '방법'을 배우지 못해서이고 우리의 무력감은 합당한 교육이나 훈련을 통해 없어질 수 있는 것일까?[14] 아니면 이것은 엘리

14) 어떤 추구할 만한 특성, 능력의 결여 또는 결여라고 여겨지는 것들이 전문가들을 통한 적절한 교육/훈련에 의해 개선될 수 있다는 생각이 근대사회에 만연해 있다. 그래서 우리는 좋은 부모가 되기 위해, 좋은 남

아스의 말처럼 계산과 통제 가능성을 신성시하는 문명된 세계에서 더 이상 감당하기 어려운 '수치심'에서 연유하는 것인가?

바우만은 더 근본적인 이유가 우리가 살고 있는 이 시대 상징구조의 체계 자체 내에 감춰져 있다고 본다. 그에 의하면 근대인들에게 사용 가능한 언어, 상징체계는 도구적 성격을 지니는 '생존/살아남음의 언어체계'뿐이며, 이 생존의 언어체계는 특정 '목적'에 편향된 행위를 위한 '도구'의 언어이다. 어떤 행위의 의미는 오로지 그것이 지향하는 목적으로부터 유래하며, 어떤 도구의 유용성은 그것이 특정 목적을 달성하는 데 유용한지의 여부에 따라 결정된다. 이러한 언어 상징체계에서 죽음은 다른 모든 것과 마찬가지로 도구화된 삶의 한 요소에 불과한데, 더 이상 생존의 목적에 종사하지 못하는 것으로 여겨지는 죽음은 그 위상에 심각한 타격을 입을 수밖에 없다.

그러므로 더 이상 생존적 언어의 상징체계를 적용할 수 없는 이들에게, 새로운 목적을 향한 노력의 실천대상이 되지 못하는 이들에게, 우리가 할 말이 없는 것은 논리적이기까지 하다. 만약 죽음이 단순한 소멸, 모든 목적/계획의 종말로만 여겨진다면, 도구/목적 합리적으로 지향된 근대적 언어체계를 가지고 우리가 할 수 있는 말과 행위란 실제로 없다. 이런 상황에서는 우리가 죽음을 눈앞에 둔 이(이후 임종자) 앞에서 어떤 말을 하든지, 어떤 행동을 하든지 아무 의미가 없고, 부적절한 말과 행위가 될 뿐이다.

그래서 오늘날 임종자(臨終者)들은 외로울 뿐만 아니라 침묵 속에서 죽어간다. 살아 있는 자들에게만 의미 가용한 상징체계인 생존의 언어를 가지고 우리가 그들에게 해줄 수 있는 말은 없다. 근대인의

편이 되기 위해, 유능한 직장인이 되기 위해, 나아가서 '잘' 죽기 위해 끊임없이 배우고 훈련받는다. 또한 이런 노력을 소홀히 하는 것은 개인의 게으름, 잘못으로 이해된다. 이런 사고는 평생교육이 강조되는 우리 사회의 근저에 거의 무의식적으로 깔린 것으로 보인다.

덕목(아니 운명적 강제!) 중 하나인 풍부한 창의성도 우리를 이 난감한 상황으로부터 구제해 주지 못한다. 죽어가는 이들과의 소통 불가능성, 그 구조적 단절은 삶의 질이 행위의 실질적 효용과 실증적 효과를 근거로 평가되는 사회에 사는 우리가 치르는 대가이다(Bauman 1994).

우리는 더 이상 죽음을 '직면'할 수 없다. 도구화된 근대언어 또는 상징체계 속에서 죽음에 대한 소통이 가능해지려면 죽음은 '잠재적으로는' 치명적이지만 동시에 '잠재적으로' 개선이 가능한, 피할 수 있는 특정한 '원인'을 가진 어떤 것으로, 치유 가능한 것으로 믿어지거나 기대되는 질병의 이름으로 번역되어야 한다. 모든 인간적 노력의 통제범위를 벗어나는 이 실존적 사건은 결과가 가변적인, 피할 수도 있는 것으로 보이는 그리고 조정할 수 있는 조건들의 목록으로 대체되어야 하는 것이다. 이를 통해 삶의 본질적인 질문들(인간의 실존적 유한성에 대한 질문 등)은 괄호 안에 놓여지고, 죽음은 보다 작은, 조정/조작 가능한 걱정들로 대체된다.

그리고 죽음의 확정성, 불가변성과 무규정성에 대한 운명론적 인식과 죽음의 의미에 대한 형이상학적인 성찰이나 몰입은 우리가 구체적 삶에서 부딪히는 특정한 위협들과의 실질적인 투쟁을 통해 억압되어야 한다. 지속적으로 몸을 단련하고, 규칙적이고 건강한 식생활을 영위하며, 흡연과 과음을 삼가고, 의학전문가들에게서 정기적으로 조언을 받고, 사회의 건강한 환경조성운동에 참여하는 것 등의 구체적 실천들은, 일말의 가변성도 용납하지 않아 우리를 무력하게 만드는 죽음과는 달리 노력만 한다면 실행할 수 있는 것들이다. 죽음과의 전쟁은 우리가 필연적으로 질 수밖에 없는 전쟁이지만, 특정한 질병들 또는 안정된 삶을 위협하는 다양한 요소들과의 싸움은 우리에게 일정부분 승리의 기쁨까지 맛보게 해준다.

인류의 실존적인 유한성은 피할 수 있는 원인을 가진 '개별적 죽음'[15]들로 해체되어 간다. 죽음 그 자체는 필연적인 것이지만, 개별적이고 구체적인 사망은 피할 수 있었을 수도 있는 '우연적' 사건이다. 죽음 그 자체를 이길 수는 없으나 개별적 죽음은 그렇지 않다. 모든 개별적 죽음에는 특정한 이유가 있고, 우리는 그 이유를 알아내기 위해 사체해부도 불사하며 전력투구한다.

오늘날 인간은 필연적인 구조적 유한성 때문에 죽는 것이 아니라, 특정 개인을 죽음으로 이끈 어떤 특정 원인의 결과로 인해 — 질병, 사고, 범죄, 과음 또는 잘못된 식습관 등 — 죽는다.[16] 수명이 다해 죽는 것이 아니라, 의학이 충분하게 발전하지 못했기 때문에, 치료약품이 없기 때문에, 재력이 충분하지 않기 때문에 죽어간다. 우리의 죽음은 적절하게 치료 또는 대응되지 못한 (그러나 원칙적으로는 더 합당한 치료나 대응이 가능했을 또는 가능해질) 질병이나 사고 또는 여타의 원인들 때문인 것으로 설명된다. 우리는 더 이상 죽지 않는다. 우리는 죽음을 당할 뿐이다. 죽음은 더 이상 자연스럽지 않다.

이런 상황 아래 임종과정의 체계적 통제와 도구화는 이미 상당 정도 진행되었다.[17] 임종과정과 죽음의 시간에까지 의학의 통제영역이

---

15) 여기서 사용되는 '개별적 죽음'의 의미는 작가 김훈이 '보편적 죽음'의 대구(對句)로서 사용하는 개별적 죽음이라는 용어, 즉 "모든 죽음은 끝끝내 개별적이다"라는 맥락과는 다르게 쓰인 것이다.

16) 우리는 죽음의 '정확한' 이유를 필요로 한다. 누구도 원인 없이 죽지 않는다. '노환'이라는 단순한 사망진단은 이제 우리에게 매우 낯설고 의심스럽게 느껴진다.

17) 장기이식이 가능해지면서 죽음의 '상태'(*Zustand*)가 아니라 죽음의 '순간'(*Zeitpunkt*)을 결정하는 것이 중요한 문제로 대두되었다. 모든 사람이 인지적으로 체험할 수 있었던 심장사를 통한 죽음의 상태확인과 달리 뇌사를 기준으로 하는 임종의 정확한 순간은 의학전문가들만이 결정할 수 있다. 비전문가들은 그 결정으로부터 배제되어 있고, 그 결정을 재고할 능력도 없다. 임종 순간의 판별에 대한 의(과)학적 설명이 얼마나 객관적이고, 정확한지에 대한 의심과 무관하게 아직 몸이 따뜻하고 심장이 뛰

확장되면서 이제 우리는 한 인간의 죽음에 대해 그가 언제, 어떻게 죽어야 하는지 또는 언제, 어떤 상황에서 그가 죽은 것으로 판정되어야 하는지에 대한 '결정'을 내려야만 하는 상황에 직면한다. 죽음은 더 이상 받아들일 수밖에 없는 운명이 아니라, 결정되고 통제되어야 할 사안이 되었다.

충분한 돈과 시간만 주어진다면…, 질병과 사고의 원인들을 제거할 수만 있다면…, 특정 질환을 이기기 위해 또는 사고원인을 예방하기 위해 할 수 있는 일, 해야 하는 일 그리고 하지 말아야 하는 일들의 목록은 길기만 하고, 우리는 그 일들을 하는 데 너무 몰두하여 그것들이 결국에는, 궁극적으로는 공허하고 허무한 일이라는 것에 대해 고민할 겨를이 없다. 끝이 보이지 않는 투쟁에서 당면하는 '작은' 실패들은 또다시 우리가 무엇을 어떻게 고쳐야 하는지에 대한 대답을 제공한다. 어떤 질병이 영원히 절대적으로 치료될 수 없다는 것은 근대인들에게 받아들여지기 어려울 뿐 아니라,[18] 사고의 원인들도 우리가 보다 안전수칙을 잘 지킨다면, 보다 안전한 장치들을 고안해 낸다면, 원인 제공자들을 처벌하는 제도를 강화시킨다면 제거할

고 있는 '사람'을, 설사 그 상태가 의학기기들의 작동에 도움을 받는 인위적인 것이라 하더라도, 죽은 것으로 설명하는 일이 가지는 사회적 함의는 크다. 뇌의 사망은 이제 바로 '인간'의 죽음으로 설명된다. 근대적 인간에게 본질적인 것은 의식작용을 통제하는 '뇌'다. 모든 다른 장기들은 '정체성'의 문제와 관계없이 대체될 수 있다. 따라서 이 문제를 둘러싼 최근의 논쟁은 '인간이란 무엇인가'라는 실존적인 문제에까지 필연적으로 연결되어 있으며, 뇌사가 사회적으로 임종의 기준으로 받아들여진다는 것은, 그 기준이 얼마나 과학적인가의 여부를 떠나 그 실존적, 사회적 함의가 실로 크다 하겠다. 이 문제에 대한 자세한 논의는 이 책의 12장 참조.

18) "암, 결국 치료비 싸움입니다"(흥국생명 일간지 광고문안)와 "21세기 한국인 지병은 없다"(한겨레신문 2000 연중기획 건강캠페인 제목) 등은 이러한 사고의 일단을 반영한다 하겠다.

수 있는 것들로 상상되기 때문이다.

치료 가능한(가능해야 하는) 질병, 피할 수 있는(있었던) 사고로 설명되는 인간의 죽음은 더 이상 삶의 마지막 지평이 아니라 일상적 악몽(*Alptraum*)이 되었다. 이제 죽음은 역설적이게도 이러한 방식으로 우리 삶 한가운데 있다. 일하는 것, 먹는 것, 휴식하는 것 우리 일상적 삶의 방식은 죽음의 전령을 통해 지배된다. 그 죽음의 모습은 우리가 대항할 수 없는, 어쩔 수 없이 항복해야 하는 골리앗이 아니다. 근대 일상생활에서 죽음은 위에서 언급된 대로 상대적으로 작고, 필연적으로 종말적이지 않은 해결 가능한 위험요소들로 '해체'되어 있어 그 본래 형태를 쉽게 알아볼 수 없게 되었다.

근대적 삶은 죽음과의 싸움이 아닌 '죽음의 원인들'과의 싸움을 선포했다. 유한성, 그리고 유한성에 대한 인식은 투쟁대상이 명확하지 않은 막연한 불안감을 야기하지만, 구체적 질병이나 사고는 그것이 (원칙적으로는) 치료 가능하고 피할 수 있다는 점에서 두려움을 불러일으키고, 이 두려움은 우리의 구체적 행위를 촉발한다. 죽음 자체를 제거하는 것이 현실적인 삶의 목표가 될 수는 없다. 그러나 '건강'은 아주 타당하고 합리적인 삶의 목표일 수 있다. 그를 위해 우리가 할 일은 끝없이 많고, 형이상학적인 공포에 떨 시간이 없다.

이런 의미에서 우리의 생존은 우리 자신의 손에 달려 있으며 아주 개별적인 사건이 된다. 나의 죽음이 나의 어떤 행위 또는 행위하지 않음에 근거한다면, 나의 생존은 전적으로 나 개인의 일이며 개인적 책임으로 환원된다. 근대사회에서 사회적으로 강요되는 생존전략이 강화되면 될수록 개인들이 고립자로 남게 된다는 것은 우리 시대의 역설 중 하나이다.

그리고 이러한 인식틀 안에서 이루어지는 의학적 치료나 사회적 보장을 통한 삶의 연장이 불공평하게 나누어진 재화가 되기 때문에 불가피하게 사회적 불평등의 새로운 중요한 원천이 되고 있다는(Bauman 1994)[19)]

파생적인 결과에도 주목할 필요가 있다.

(2) 근대의 이상 구현을 방해하는 담지자로서의 죽음

위에 언급한 대로 우리는 인식하는 존재일 뿐만 아니라 우리가 인식하는 존재라는 것을 '인식'하고 있으며, 우리의 인식을 삭제할 수 없다는 것도 알고 있다. 그러므로 우리가 유한성에 대한 인식으로부터 벗어날 수 있는 길은 궁극적으로 존재하지 않는다. 그것은 오로지 어떤 다른 것에 의해 덮어지거나 가려질 수 있을 뿐이다. 그런데 유한성, 아니 유한성에 대한 인식이 문화적 창조력의 결정적인 원천 중 하나라는 것은 명백한 사실이다. '문화'는 인간의 구조적 유한성(에 대한 인식)이라는 한계를 넘어 우리의 삶을 의미 있는 전체로 구성해 낸 실로 '인류의 위대한 성취/업적'이다. 그런데 문화가 추구하는 지속성, 안정성 그리고 초월성[20]이라는 가치 확보는 인간이 만들어낸 모든 의미의 원천적 불안정성에 대한 의식을 얼마나 성공적으로 억압할 수 있는가 하는 문제와도 밀접히 연관되어 있다.

바우만은 지그문트 프로이트를 인용하면서 오로지 근대사회만이

19) 예를 들면 새로운 의학기술의 특혜는 아무나 누릴 수 있는 것이 아니다. 이러한 신기술들을 이용하는 데 드는 비용은 갈수록 증가하는 경향이 있다.

20) 여기서 초월성(*Transzendenz*)은 우리의 감각적이고 검증 가능한 지각과 우리에게 주어져 있는 상황 그리고 경험적으로 발견되는 현상들을 '넘어섬'을 말한다(Bauman 1994: 14). 이러한 의미에서의 초월성은 내재성(*Immanenz*)의 불완전성, 우리의 경험과 인식 자체에 포함되어 있는 구조적이고도 내재적인 한계에 그 근거가 있다. 초월성은 이런 맥락에서 루만(Niklas Luhmann)의 의견을 따라 우리의 지식과 체험된 의미들을 내재적 일상세계를 넘어 다른 의미체계로 연결할 수 있는 가능성을 보장하는 구조(*Verweisungsstruktur*)라 이해할 수 있다. 초월성 개념에 대한 이런 생각과 사유를 기초로 한 죽음담론 논의는 이 책 7장 참조.

스스로를 '문화' 또는 '문명'으로 이해한다고 말한다.[21] 이렇게 스스로를 '문화' 또는 '문명'으로 이해하는 근대사회에서 아름다움, 청결/정결 그리고 질서는 그 이상(理想)으로 추구되는 덕목들이다. 이 점은 그 형태, 구현방법에서 차이를 보이기는 하지만 포스트모던적인 오늘날에도 여전히 유효하다(Bauman 1999a). 이성에 근거한 완벽한 세계를 꿈꾸는 근대라는 아름다운 그림의 조화를 깨는 모든 것들은 배제/소거되어야 한다. '오점'의 제거, 그것은 도덕적이기까지 한 것으로 이해된다. 청결성의 유지는 '위생'(*Hygiene*)과 내재적으로 연결되어 있다. 더럽고 불결한 요소들을 사회의 다른 부분들로부터 격리하고 해체하는 일은 '위생적 처방'과 동일시된다. 질병/전염균 그리고 그 전달자들과 싸우는 일은 정당한 일이다.

분리/배제의 근대적 담론 전략들은 기본적으로 '치료적'(*therapeutisch*)이며 근대의학적 담론으로부터 많은 영향을 받았으며, 죽음과 관련되어 나타나는 '위생'에 대한 근대의 집착은 인간의 구조적 유한성이 개별적인 죽음의 원인들로 해체되는, 즉 이길 수 없는 죽음과의 전쟁이 특정한 질병들과의 끊임없는 투쟁으로 환원되는 과정에서 형성된 결과물이라고도 할 수 있다.

그런데, 더럽고 불결하고 지저분한 것들은 대체 어떤 것들인가? 우리는 인류역사를 통해 '더러운 것'에 대한 규정은 대개 그 대상자체에 내재된 성질로부터 유래한다기보다는 그들에게 부여되는 사회적 '위치'(*Ort*)와 연결되어 있었다는 것을 알고 있다. 20세기 초 유대인에 대한 집단적 낙인이 전형적 예가 될 터인데, 그것이 얼마나 무시무시한 결과를 초래했는지는 재론할 필요가 없다.

여기에서 한 발 더 나아가 어떤 것은 애초부터 아예 이 세상 어디

---

21) 이는 루만이 문화를 '사회의 자기진술'(*Selbstbeschreibung der Gesellschaft*)로 이해하며, 근대사회는 스스로를 문화로 이해하는 경향이 있다고 말하는 것과 일맥상통한다.

에도 그를 위한 자리가 없는 것으로 간주되기도 한다. 바우만에 의하면 근대사회에서의 죽음의 경우가 바로 그러하다. 죽음은 완벽한 세계를 꿈꾸는 근대적 이상의 완벽한 타자, '공적(公敵) 1호'이다. 죽음은 우리의 일상세계와 안전하게 분리되어 있어야 한다. 죽음의 원인과 위험적 요소들을 규정하고, 그들이 '건강한 핵심'에 미칠지도 모르는 피해를 예방하기 위해 특정한 사회적 공간을 규정하고 그들이 그곳에만 머무르도록 하고, 그들에 대한 지속적 감시, 관찰, 치료를 통해 그들을 '사회'로부터 고립시켜 내는 것이 중요하다.

이런 배경 아래 사회 전반의 '병리화'가 '의료화'와 '심리치료화'의 과정과 병행되어 진행된다. 많은 사회적 문제들은 개인적, 육체적 또는 정신적 불행이 덮어씌워져 병리적 현상으로 보이게 되었으며, 어떤 전문의료적 개입, 격리, 처방, 수술이 불가피한 것으로 설명되었다. 바우만에 의하면 죽음조차도 마치 전염병인 것처럼 여겨지기 시작했으며, 다른 전염병 환자들과 마찬가지로 임종을 앞둔 중환자들은 격리되어야 했다. 이러한 현상은 근대사회의 모든 전략적 노력에도 불구하고 억압되어 있었을 뿐, 줄어들지 않은 죽음에의 두려움에서 연유하는 피할 수 없는 결과물이다(Bauman, 1994).

그런데 죽음에의 피할 수 없는 불안과 관련한 근대의 특별한 시도, 즉 유한성을 제도적 고리에 고정시키고 붙잡아 두려는 시도는 그 대가를 요청한다. 즉, 근대사회는 전염될 뿐만 아니라 치명적이라고 여겨지는 질병의 담지자(擔持者, *Träger, Bearer*)의 생산을 지속적으로 필요로 한다. 이러한 사회적 담론은 죽음에 어떤 특정한—피할 수 있을지도 모르는—원인이 있다는 논의구조와 연결되어 있다. 죽음에 이유가 있다면, 그리고 그 이유가 더 이상 신의 뜻이나 악마의 장난이 아니라 우리 안에 있다면, 그 누군가는 책임을 져야 한다. 그러므로 전염의 우려가 있다고 여겨지는, 다른 이들을 상하게 했고 상하게 할 우려가 있는 사회의 '타자'(*Das Andere*)들을 끊임없이 찾아내야 하고, 찾아낸 이들은 분리/배제시켜야 한다(그런데 이와 관련하여 예를 들면, 아직 연구되지 못한 새로운 전염병, 독소가 있는 것으로 드러난 새로운 물질들은 그것들의 실제적인 영향력, 전파력보다도 그것의 불확실성 그리고 '확실한 치유방법'의 부재로 인해 그 위험성이 배가되어 인식되는 경향이 있다는 사실을 기억해 두자). 분리, 격리, 위생 등의 전략들은 모두 '안전한 거리' 확보를 목표로 한다. 위험한 요인을 규정하고, 격리시키고 묶어 두려는 노력은 그들을 '통제하'에 두려는 시도이다.

나아가서 질병과 변질 내지 퇴락의 담지자들을 제거하는 일은 마치 박테리아 병균을 죽이는 것과 같이 살상이 아니라 생명을 구조하는 일로 여겨진다. 즉, 무가치한 생명을 제거하는 것은 일종의 '숙청작업'과 같고, 도덕적으로 문제가 없는 것으로 여겨질 뿐 아니라 가치 있는 생명을 살린다는 가치로 포장된다. 지정된 질병의 담지자들을 제거하는 일은 죽음의 제거에 대한 '상징적 대체'이며 사회적 주목성을 이동시킨다. 해결될 수 없는 거대한 과제 앞에서의 무력감은 이러한 대체 해답들을 통해, 더 사소한 문제들에 대한 광적인 집착과 흥분을 통해 가려져야 한다.[22)]

근대사회에서 죽음이 '합리화'되는 과정 중 '변질'의 원인제공자에게 이름을 부여하고, 그들을 분리해 내고, 봉쇄/차단하고, 해소시키는 일은 중요하고도 본질적인 부분에 속한다. 그리고 이제 우리는 부정(不淨)한 것으로 규정된 것들에 맞서 무엇인가 이성적인 '유용한 일'을 할 수 있다. 죽음은 이러한 과정을 통해 (해결가능성이 암시되는) 문제로 인식되고, 우리는 그것의 해결을 위한 수단과 목적을 숙의하

---

22) 바우만은 이런 전략들이 죽음해석 전략뿐 아니라 근대적 담론 전반에서 관찰된다는 것에 주목한다. '부정한 것들'의 체계적 격리/배제는 흡연자들, 동성애자들, AIDS 환자들, 소수인종/외국인들을 둘러싼 사회적 담론, 논리에서도 그대로 적용된다. 끊임없이 (사회적) '세균'의 '새로운' 담지자들이 구성되는 사회적 과정에 다시 한 번 관심을 가질 필요가 있다.

고, 비용과 효용의 관계를 검토할 수 있다. 이런 의미에서 죽음의 공포를 '변질'과 '질병'의 지정된 담지자들에게 집중시키는 일은 지극히 '합리적'인 일이다. 나아가서 이러한 과정은 근대사회의 합리적 행위를 가능하게 하는 가설적(*fiktiven*) 전제의 유지를 위한 필수적 조건이기도 하다(Bauman 1994)는 것이 바우만의 주장이다.

이러한 구조적 노력의 결과로 우리가 체험할 수 있는 개인적 죽음들은 생활반경에서 체계적으로 배제된다. 임종을 앞둔 이들은 전문가들에게 넘겨지고, 생물학적 죽음에 훨씬 앞서 사회적으로 그 '존재의 무가치성'을 선고받은 노인들은 묘지로 '귀양' 보내지기 전에 이미 그들만을 위해 마련된 '게토'로 격리된다. 또한 사랑하는 이의 죽음으로 인한 심한 상실과 슬픔은 그것이 공개적으로 드러나게 되면 그 자체가 치료받아야 할 일종의 병으로 간주되기까지 한다.

요약하자면 작고 통제 가능한 요소들로 분해된 죽음, 그 분해된 상태마저 일상세계로부터 완벽하게 분리된 죽음, 그것이 바우만이 우리에게 보여주는 근대적 죽음이해 전략의 한 단면인 것이다. 그럼 이제 현재적 근대에 이런 근대적 전략과 상호 연관된 관계로 공존하는 후기근대적 죽음이해 전략들을 살펴보도록 하자.

2) 후기근대 또는 불멸성의 해체

바우만은 인류의 모든 문화적 산물들은—예술뿐만 아니라 복잡하게 얽힌 인간관계의 구조, 정치, 학문 그리고 기술까지도—물리적 실존의 유한성과 정신적 사고의 비(非)유한성의 운명적인 만남에서 기인한다고 말한다. 인간이 자신의 (생물학적) 유한성을 인식한다는 것은 동시에 그가 불멸성의 '가능성'에 대해서도 인식한다는 것을 의미한다(Bauman 1999b). 유한성에 대한 인식은 불멸성에 대한 인식과 필연적으로 맞물려 있다. 사실 불멸성이 가지는 매력 자체가 유한성에 대한 인식으로부터 유래한다고 말할 수 있다.

그런데 불멸성은 그냥 주어지는 당연한 일이 아니기 때문에 이것을 획득하기 위해서는 부단한 노력과 다양한 전략들이 요구된다. 이와 관련해 인류역사에서 크게 두 가지 노력을 찾아볼 수 있다. 그 하나는 집단적 수준의 것이고 다른 하나는 개인적 수준의 것이다. 먼저 집단적 수준에서 각각의 개인들은 죽을 수밖에 없지만 그 개인이 속해 있던 초(超)실재(*Überwesen*)들은—가족, 조직, 정당, 국가, 교회 등—영원한 것으로 설명되면서, 개인의 유한성이 그 안에서 새로운 의미를 획득하도록 돕는 전략을 생각할 수 있다. 보다 가치롭게 추구되어야 할 것은 이 초실재들의 영속성이며, 개인의 죽음은 그에 기여하는 것으로 해석된다. 전 세계 많은 도시들에서 볼 수 있는 '국립묘지', 무명용사들의 집단묘지들은 이러한 해석노력들의 결과물이라고 할 수 있다. 다음으로 개인적 수준에서 망자의 육신은 비록 없어지지만, 그의 탁월한 생각, 영웅적 행위, 작품들은 사람들의 뇌리 속에 남으리라는 기대가 만들어지는 경우이다. 그러나 물론 그것은 보통 지배자나 또는 존경받는 사상가, 과학자들에게서나 기대될 수 있는 일이었다.[23)]

어찌되었건 이룰 수 없는 꿈, 불멸성은 역사적으로 늘 선망의 대상이었다. 그런데 이제 바우만은 그 불멸성이 후기근대적 담론 안에서 어떻게 해체되고 있는가를 논의하고 있다. 이 글에서는 그의 주장을 크게 두 가지 맥락으로 나누어 재구성하였다.

---

23) 바우만은 근대사회의 양대 정신적 지주인 민주주의와 인본주의가 제한적이었던 불멸성의 가능성을 모든 개인에게 열어 준다고 말한다. 더구나 근대 첨단기술의 발전은 점점 더 많은 불멸성의 가능성을 광고하고 있다. 근대사회는 바우만의 말대로 불멸을 추구하는 이들에게 지금까지 경험하지 못했던 '무한한 가능성'을 제공한다. 그러나 역설적이게도 불멸성은 이 과정에서 그 '희소가치'를 상실하고 만다(Bauman 1994: 259). 자세한 것은 이어지는 논의를 참고.

(1) 구조적으로 평가절하되는 죽음: 죽음의 '범속화'

우리가 후기근대적 문화상황을 잘 관찰한다면, 죽음에 대한 공포가 다양한 방법으로 해체되면서 역설적으로 불멸성에 대한 매력이 스러져 가는 현상을 목도할 수 있다. 먼저 죽음의 '범속화'(*Banalisierung*)가 사회 곳곳에서 관찰된다. 일상에서 체험될 수 있는 개인적 죽음들이 가려지고, 잊혀지는 동안 보편적 운명으로서의 죽음은 익명적 타자의 죽음으로 포장되어 상품시장에 나와 있다. 한 예로 우리는 숱한 사망소식을 대중매체를 통해 매일매일 거의 강제적으로 접한다. 때로 우리는 그런 죽음의 아주 상세한 부분까지도 공감하면서 마음 아파한다. 그러나 그것뿐이다. 그러한 '체험'이 우리의 실존적 삶에는 거의 아무런 영향을 미치지 못한다. 우리들은 그 모든 불행한 죽음의 소식에도 불구하고, 스스로는 '노인'이 될 것을 굳게 믿으며, 우리의 삶을 계획하는 것이다.

싸구려 상품으로 포장되어 우리 앞에 놓여 있는 '범속해진 죽음'은 더 이상 아무런 특별한 감정도 불러일으키지 못한다. 오히려 이렇게 매일의 삶에서 연습되는, 실존적으로 유의미하지도 치명적이지도 않은 죽음의 경험들은 마치 예방주사와 같은 효과를 내는 것 같다. 우리는 이제 면역이 되어 실제의 죽음 앞에서조차 무감각해지는 것은 아닐까? 죽음의 공포는 그의 보편적 현존을 통해 이렇게 역설적으로 의식 밖으로 내몰리고 있는지도 모른다.

그렇다면 죽음과 싸워 이겨야만 하는 이유도 이제 없다. 무엇을, 누구를 대상으로 싸울 것인가? 죽음에 대항하고, 죽음을 넘어서려는 노력은 죽음의 의미상실과 더불어 그만큼 매력을 상실해 간다. 죽음이 무화(無化)될수록 불멸성에의 요청도 그 의미를 잃어가는 것이다.

사실 개인적인 그리고 사회적인 의미관계의 연결망과 더 이상 유기적으로 연결되지 않은 죽음은—그것이 그럼에도 불구하고 견디고 참아낼 수 있는 것이 되기 위해서는—필연적으로 가능한 한 단순하고 범속한 것으로 여겨져야 할 필요가 있다. 언젠가 다가올 죽음에 대한 공포와 두려움을 이겨낼 수 있도록 도와주는 적절한 수단과 개념을 제공하지 못하는 사회에서 죽음이 삶 안으로 의미 있게 통합되는 것은 상당히 어려운 일이고, 이런 사회에서 죽음은 그 존재의 유의미성 자체가 부정(否定)되는 경향이 있다(Ziegler 1982). 그리고 죽음이 무화(無化)되면서 근대인에게 남은 유일한 두려움의 대상은 이제 죽음이 아니라 오히려 임종과정(*Dying*)이다.[24]

(2) 역사적 시간의 해체

바우만에 의하면 현 시대를 사는 우리의 삶은 더 이상 어떤 거대한 이상 또는 목표를 좇는 순례자(*Pilger*)의 그것이 아니다. 포스트모던 시대의 인간은 그저 유랑자(*Nomaden*) 또는 여행자일 뿐이다. 여행자의 본질은 정착이 아닌 '떠돎'에서 찾아야 한다. 어떤 특정한 목적지에 도달하는 것은 그다지 중요한 일이 아니다.

모든 것이 가변적인 것으로 인식되는, 그리고 오늘의 준비가 내일을 보장해 주리라는 근대적 이상을 비웃는 후기근대적 인식하에서 근원, 역사 또는 미래 등의 개념은 그 본래적 의미를 상당부분 훼손당했다. 우리의 현재는 우리 미래의 과거이고, 빠르다 또는 늦다의 의미는 없다. 현재만이 의미를 가지며, 미래적 현재가 도래하면 지금의 현재는 기억 속에서 사라질 터이다. 지속성의 확보를 위해 행해져야 할 일은 아무것도 없다. 아니, 행해질 수 있는 것은 아무것도 없다고 말해야 하는지도 모른다. 우리가 오늘 그렇게도 열심히 습득하는 것

---

24) 급속히 확산되고 있는 '좋은 죽음'(사실은 '좋은 임종')에 대한 사회적 논의와 죽음(사실은 임종)을 잘 준비하도록 도와주는 여러 가지 제도적 노력들은 이런 사회이론적 맥락에서 재해석될 여지가 있다. 이 책의 4장, 5장 참조.

은 내일 전혀 쓸모없는 것이 될 것이기 때문이다. 나의 내일을 '보장' 해줄 수 있는 것은 아무것도 없다. 이제 우리는 평생직장의 허구를, '죽음이 우리를 갈라놓을 때까지'를 맹세하는 반려자 관계의 무상함을, 우리의 생명을 담보로 한 온갖 보험들의 한계를 너무 명확히 알고 있다. 후기근대적 근대를 사는 우리에게 이제 '전 생애를 걸고 완성해야 할 과업'으로 여겨지는 일들은 거의 없다.

영원은 그 규칙성을 보장받을 수 없는 유동적인 순간들로 해소되었으며, 시간은 논리적 연관이 없는 작은 에피소드들의 연결로만 보여질 뿐 그 역사성을 상실했다(Bauman 1994). 이런 시간관, 인식하에서는 불멸이라는 것, 유한(有限)이라는 것 모두 의미가 없다. 실제성과 그 구현체, 가상과 실제, 원본과 복사, 유한과 무한, 소멸과 지속 등의 구분은 거의 다 해소된다. 오직 한 가지 영속적인 것이 있다면 그것은 사라짐, 소멸성이다. 이런 인식체계에서 불멸성은 더 이상 유한성을 뛰어넘는 것을 의미하지 않는다(Bauman 1999b). 일상의 삶 자체가 유한성과 불멸성 사이를 오가는 항구적인 연습이자, 하나를 다른 하나의 대립물로 인식하는 것의 덧없음을 배우는 것이다. 앞서 언급한 대로 유한성에 부여되는 의미가 평가절하되면서 이제 불멸성 또한 더 이상 매력적이지도, 유혹적이지 않으며 절대적으로 요청되어야 할 어떤 대상도 아닌 것으로 여겨진다(Bauman, 1994).

근대적 죽음해석 전략에서 넘어설 수 없는 인간의 유한성이 넘어설 수 있는 고통들로, 유쾌하진 않지만 통제할 수 있는 크고 작은 질병들의 이름으로 해체되었다면, 후기근대적 전략에서는 영속성이 과거와 미래가 없는 '순간'들로 대체되면서 이제 불멸성은 다른 모든 것들과 마찬가지로 덧없이 지나가는 것이 된다. 근대적 삶이 개인적 수준에서나 역사적 수준에서나 미래를 향해 놓여 있는 어떤 목표를 향해 진력하는, 발전하는, 축적되는 것이었다면, 유랑자로서의 후기근대적 인간의 삶에서는 더 이상 어떤 일정한 방향, 계획 또는 그 계획의 충족이 의미가 없다. 모든 순간들이 똑같이 중요하고, 똑같이 불안정하고, 똑같이 가능성에 불과하다.

이제 '영원한' 죽음은 없고 사라짐이 있을 뿐이다. 이런 세계에서 불멸성은 현재의 멜랑콜리 속으로 또는 무한한 반복의 단조로움 속으로 해소된다(Bauman, 1994).[25] 이렇게 모든 의미를 박탈당한 죽음은 이제 어떠한 인간적 감정의 동요도 일으키지 못한다. 옛사람들이 자연주의적 세계관 또는 깊은 종교심에서 죽음 앞에서 공포심 없이 태연할 수 있었다면, 후기근대인 또한 그 '무의미성' 때문에 이제 죽음 앞에서 태연할 수 있다. 도대체 아무런 의미를 던져 주지도 못하는 대상이나 사실 앞에서 어떠한 감정을 가져야 할 필연적 이유가 없는 것이다. 무(無) 앞에서 어떠한 인간적 감정을 기대할 수 있는가?

3. 닫는 글

죽음은 능력과 성과위주의 산업사회에서 하나의 장애이고 풍요로운 현대복지사회의 폐기물에 불과한가? 또는 우리가 '아직' 넘어서지 못한, 잔존하는 위험인가?(Beck 1997)

우리는 바우만과 함께 근대의 수단/목적합리적인 의식구조가 우리의 유한성 또는 불멸성에 대한 전통적 인식을 전면적으로 재구성하는 측면이 있다는 점을 살펴보았다. 인간의 유한성은 한편으로는 (원칙적으로는 통제할 수 있을 것으로 기대되는) 크고 작은 질병들의 이름으

---

25) 어느 것이 원본인지를 구분하는 것이 거의 불가능해진 복사본의 시대에 근대적 의미에서의 탁월성과 유일무이성을 구하려는 시도들이 그를 보장받기 위해 '일회성'의 형태를 띨 수밖에 없는 것은 역설적으로 그 한계를 백일하에 드러내 보이는 것이다. 바우만은 이 시도들과 자살과의 밀접한 유사성에 대해 언급한다(Bauman 1994: 268~).

로 해체되고, 악(惡)의 담지자로서 단죄되었으며, 다른 한편으로는 범속화와 시간의 해체를 통해 무화(無化)되고 있는 것으로 보인다. 죽음은 이제 성(聖)스럽지도 않으며 그렇다고 더 이상 두려운 존재도 아니다. 그 해체가 죽음 자체를 없애지는 못했지만, 이제 죽음은 여하한 의미도 지니지 못하는 벌거벗은 상태로 볼품없이 남겨져 있다. 그런 의미에서 죽음은 우리의 근대적 삶의 '타자'이다.

물론 죽음은 언제나 삶의 타자였다고도 말할 수 있다. 그러나 모든 것에 대한 지배, 모든 부자유, 의존, 필연성으로부터의 해방을 추구하는 근대에서 그것은 새로운 질(質)을 획득한다. 무지는 계몽되어야 하고, 야만은 문명화되어야 하고, 카오스는 질서 안으로 편입되어야 한다. 그리고 이성을 통해 설명/예측될 수 없는 것들과 비논리적인 우연들은 배제되어야 한다. 때문에 서구에서 18세기에 이르러 죽음이 삶에서 가장 큰 스캔들로 받아들여지게 된 것은 크게 놀랄 일이 아니다.

삶과 죽음이 운명으로 받아들여지고 그 운명을 바꾸거나 대항하는 것이 인간의 과제로 인식되지 않던 시대에, 불변적인 그 사건은 애도되고, 항소(抗訴)될 수는 있으나 궁극적으로 인간은 그와 화해해야 했다. 그 불변성은 인간의 과오로 인한 것이 아니며, 따라서 그에 대한 책임은 개인에게 지워질 수 있는 성질의 것이 아니었다. 그러나 운명을 바꿀 수 있다고 생각하는 시대에는, 인간 이성의 적극적 개입을 통해 보다 안전하고 보다 안락한 세계를 만드는 것이 가능하다고 생각하는 시대에는 어떠한가? 이런 세상에서 '변화될 수 없음'을 강변하는 죽음은 이성에 대한 도전으로 이해된다. 근대세계에서 죽음은 운명이라는 너울을 쓴 마지막 전근대적 잔재(*Relikt*)에 다름 아니다. 죽음은 근대사회의 새로운 세계구상에 대한 확실한 부정이다.

우리는 위에서 지그문트 바우만의 논의를 중심으로 우리가 발을 딛고 살아가는 사회구조와 문화 안에서 죽음이, 그에 대한 인간의 인식이 어떻게 변화되는가를 살펴보았다. 그가 근대적 전략과 후기근대적 전략을 구분하고는 있으나—앞서 언급된 바와 같이—그것이 어떤 단절을 의미하는 것은 아니다. 오히려 이 전략들은 우리가 살고 있는 현재의 사회에서 동시적으로, 때에 따라서는 혼합된 다양한 형태로 나타난다. 그런데 바우만이 유한성의 해체로 설명하는 또는 불멸성의 해체라는 개념을 통해 설명하고자 하는 죽음해석 전략—다른 말로 삶의 전략—의 결과는 참으로 역설적이다. 근대인은 보다 많은 것을 통제하게 되었고, 보다 많은 것을 '마술의 정원'으로부터 끌어내올 수 있었으나 자신의 삶을 병원 창문을 통해 관찰할 수밖에 없는 신세가 되었고,[26] '늙지 않는 세계'(*Eine Welt ohne Falten*)를 얻게 되었는지는 모르나, 그 세계에는 역사도 목적도 없다(Bauman 1999b).

죽음에 대한 인식은 인류역사를 통해 인간 창조성의 원천이었으며 삶의 의미의 한 중요한 근원이었다. 그러나 근대인은 이제 어떠한 의미체계에도 절대적으로 의존할 수 없게 되었다. 그럼에도 우리는 비관주의나 쾌락주의에 빠지지 않으면서 스스로의 삶을 의미 있는 것으로 설명해야 하는 과제를 안고 있다. 그 도상에 죽음은 이제 발가벗은 모습으로, 자신의 무의미성을 온몸으로 항의하면서 우리 앞에 서 있는 것이다.

머리글에서 언급한 바와 같이 바우만의 근대적 죽음 논의는 죽음의 문제를 사회이론적 차원에서 새롭게 자리매김하고 있다는 점에서 그 의미가 있다. 그의 논의는 개인적인 수준에서 사람들이 이제 아무도 더 이상 죽음을 두려워하지 않는다거나, 종교적 상징체계 안에서 죽음을 이해할 수 없다거나 하는 것을 의미하지는 않는다. 그의 논의는 근대사회라는 특정한 사회구조적 조건하에서 나타나는 전(全) 사회적 차원의 의미, 가치구조 분석에 초점을 맞추고 있다. 한동안 소

26) John Carroll(Bauman 1999b: 274에서 재인용).

홀히 여겼던 사회학적/사회이론적 죽음연구를 오늘의 맥락에서 되살려내는 바우만의 이론적/해석학적인 죽음 논의는 다양한 경험적 연구를 통해 더 풍부해질 수 있을 것이다. 그가 제시하는 죽음의 의미해체라는 개념을 현재적 근대에서 죽음의 삶으로의 긍정적 통합 내지는 의미부여 가능성이 구조적으로 감소하는 현실에 대한 도전적 개념화로 이해하는 글쓴이는, 그의 이론적 입장을 한 축으로 하는 보다 더 구체적인 수준에서의 후속연구 가능성을 모색하고자 한다.

제 3 장

몸의 소멸: 이미지의 과잉, '체험'의 부재

1. 여는 글

"Real body". 전 세계를 순회하면서 열린 〈인체의 신비전〉 홍보 문안이다. 이 글귀를 보면서 'What is really real? What is a real body?'라는 '당연한 그러나 이상한' 질문이 떠올랐다. 글쓴이도 동일한 전시회를 독일에서 본 적이 있었는데, '내가 본 것은 과연 무엇이었던가?' 하는 질문도 새삼스럽게 다시 하게 되었다. 알려진 대로 이 전시회에서는 아주 정교한 인체 해부표본들을 만날 수 있다. 잠시 홍보전단의 내용을 들여다보자.

> 실제 인간의 몸속을 보여주는 충격과 감동의 전시회
>
> 전 세계의 이목이 집중된 인체 해부표본 전시회가 … 개최됩니다. 모형이 아닌 실제 인간의 몸을 공개하는 이 전시회는 현대 의학기술의 승리로 찬사받고 있습니다. 100년 해부학 역사의 노력은 인체 내외의 모든 것을 일반인들이 자신의 눈으로 직접 볼 수 있는 기적을 낳았습니다.

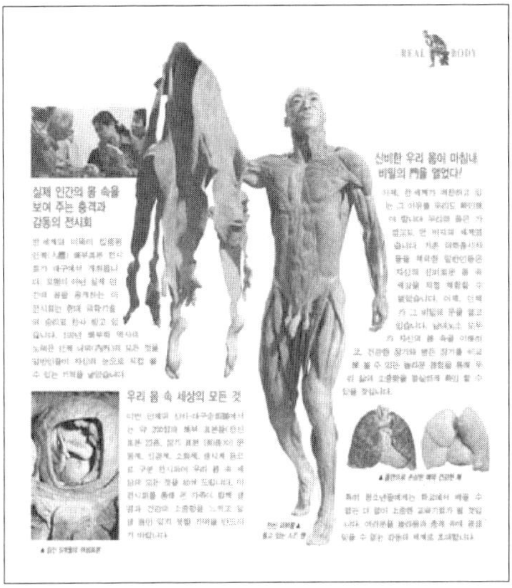

우리 몸속 세상의 모든 것

이번 인체의 신비전에서는… 우리 몸속 세상의 모든 것을 보여 드립니다. 이 전시회를 통해 온 가족이 함께 **생명과 건강의 소중함**을 느끼고 일생 동안 잊지 못할 기억을 만드시기 바랍니다.

신비한 우리 몸이 마침내 비밀의 문을 열었다!

… 우리의 몸은 가깝고도 먼 미지의 세계였습니다. 기존 의학종사자들을 제외한 일반인들은 자신의 신비로운 몸속 세상을 직접 **체험**할 수 없었습니다. 이제, 인체가 그 비밀의 문을 열고 있습니다. 남녀노소 모두가 자신의 몸속을 이해하고, 건강한 장기와 병든 장기를 비교해볼 수 있는 놀라운 경험을 통해 우리 **삶의 소중함**을 절실하게 확인할 수 있을 것입니다. 특히 청소년들에게는 학교에서 배울 수 없는 더없이 소중한 **교육기회**가 될 것입니다. …(강조는 글쓴이)

그런데 죽은 몸에 대한 '체험'과 살가죽을 손에 들고 내 눈 앞에 서 있는 저 인체 해부표본과는 도대체 어떤 관계에 있는 것일까? 우리의 죽은 몸을 요모조모 뜯어보며 살아 있는 교육의 장으로 삼는 우리는 이제 주검을, 죽음을 직시하게 된 것일까? 글쓴이는 '실제'의 삶에서 그와는 아주 대조적인 경험을 했고, 그 경험은 시간이 지날수록 더 묘한 느낌으로 되살아온다.

> 나의 아버지는 벌써 꽤 오래전 돌아가셨다. 그런데 나는 지금도 가끔 그 '사실성'을 의심한다. 그런데 내 생각에, 내가 그것에 대해 의심을 품는 것은 아주 '합리적'인 것이다. 아버지의 죽음을 실제로 확인한 적이 없기 때문이다. 아버지의 몸과 접속되어 있었던 이름 모를 기계들의 수치가 내 아버지의 죽음을 말해주고 있다고, 의사의 입을 통해 전해 들었을 뿐. 그뿐이었다. 시신으로 지칭된 내 아버지의 몸은 이후 바로 어딘가로—냉동 안치실이었으리라—옮겨졌고, 나와 내 가족의 손을 거치지 않고, 깨끗하게 '처리'되어 매장되었다.
>
> 그리하여 나는 이 세상에서 가장 가까운 사람 하나를 잃는 경험을 했음에도 사람이 죽으면 그 몸이 어떻게 변화하는지 여전히 알지 못한다. 죽은 사람의 몸은 엄청나게 차고, 빳빳해지고, 시간과 함께 검은 반점들이 생기고… 하는 이야기들을 낯선 공포심을 가지고 '읽었을' 뿐이다. 나에게 죽음은 여전히 하나의 '상상'이다. (개인적 메모)

다시 질문한다. 글쓴이는 지난 삶 안에서 주검에 대한 '산 체험'의 기회를 할 수 있었음에도 불구하고 그것을 하지 못했고, 이후 전시회에서 박제된 표본들을 통해 'real body'를 '학습'했다. 이는 무엇을 의미하는가? 과연 우리는 죽음과, 아니 보다 구체적으로 몸의 소멸과 어떻게 조우하고 있는 것일까?

물론 우리는 죽음 그 자체를 체험하진 못한다. 대신 죽음은 크게 두 가지 방식을 통해 우회적으로 우리 삶 안으로 들어온다. 즉 우리는 타인들의 죽어가는 모습들을 통해 임종의 과정을 간접적으로 체험하며, 그 결과로서의 '사체'를 통해 죽음을 인지한다. 이 글에서 다루고자 하는 것은 후자, 즉 몸의 소멸에 대한 '사회적 체험방식', 그에 대한 이해와 소통의 문제에 대한 것이다. 몸의 소멸과정으로서 죽음을 이해하고 소통하는 사회적 방식에 대해 일종의 사회이론적으로 접근하고자 하는 것이다.

몸은 사회적으로 구성되고 경험되며(터너 2002), 죽음이 이러한 우리 "몸의 사회적 중요성을 완전히 이해할 수"(쉴링 1999) 있게 해주는 유일한 맥락이라면 이 문제에 대한 이론적 연구는 중요한 의미를 지닌다 할 것이다. 그럼에도 몸과 죽음에 대한 지금까지의 논의가 — 인문사회과학 쪽에서는 — 주로 철학, 윤리나 신학적 주제에 집중된 것 같은 인상이 드는 것은 안타까운 일이다. 이 글에서는 사회이론적 시각에서 몸과 죽음의 관계성에 대한 담론, 그 사회구조적, 사회문화적 함의의 일단을 초월성 부재의 시대, 이미지의 시대라는 키워드를 가지고 추적해 보고자 한다.

2. 몸의 소멸에 대한 근대 이전의 이해와 소통

먼저 간단히 근대 이전의 상황을 살펴보자. 시대를 거슬러 근대 이전 우리는 죽은 몸을 어떻게 다루었는지, 죽음을 어떻게 '체험'했는지를 살펴봄으로써 우리 시대 변화의 단면을 더 잘 이해할 수 있으리라 생각하기 때문이다. 가치적 판단을 하려는 목적은 아니다. 단지 근대 이전 사회에서 몸의 소멸에 대한 이해와 소통이 어느 지점에서 현재의 상황과 단절점을 드러내는지를 보여주고자 하는 것뿐이다.

전통사회에서 사체를 처리하고 죽은 자를 기억하는 방식은 아주 복잡하고도 긴 과정이었고 지역마다 시대마다 큰 차이가 있을 수 있으나, 여기서는 근대사회에서 몸의 소멸과 죽음이해에 단서를 제공해줄 수 있을 것으로 기대되는 일부분만—감정의 변화양상과 대처방식을 중심으로—아주 간단히 서술해 보고자 한다.

1) 죽은 몸에 대한 '박해': 결박과 밟음

죽음이 야기하는 공포의 한 근원은 예나 지금이나 죽음이라는 현상에 수반되는 생리적 변화양상일 터이다. 죽음이 도래한 이후 나타나는 몸의 변화는 살아 있는 이들에게 자주 낯선 두려움과 공포를 전달한다.[1)]

> 죽은 이의 얼굴, 말하자면 사상(死相)뿐만 아니라, 시신의 경직, 피부에 번지는 사반(死斑) 등이 그것들을 보는 사람들을 공포감에 사로잡히게 만든다. 그것은 산 사람들의 친근한 접근이나 접촉을

1) 죽음과 두려움이라는 주제를 보다 자세히 다룬 글로서는 이 책의 6장 참조.

절대적으로 완강하게 거부하고 있는 것이다(김열규 2001a: 86).

나아가 죽은 몸이 부패하는 과정에 대한 역겨움과 공포는 이를 넘어선다.

> 하지만, 부패가 시작되었을 때의 공포감에 비하면 사망 직후의 공포감은 오히려 부드러운 편이다. 초상을 치르는 벽두에서 입관하기 직전 상주들은 돌아가신 이의 염(殮)을 지켜보아야 한다. '돌아가신 이와의 사이에서 정을 떼기 위해서'라고 그 동기가 설명되곤 한다. 부모 자식 사이일망정, 정을 뗄 만한 공포감을 시신이 자아내기 때문이다.
>
> 그러나 이 경우의 공포감을 시신의 부식을 목격할 때의 공포감에 견줄 수는 없다. 부식하는 시신만이 아니다. 백골, 특히 해골의 공포감은 사뭇 충격적이다. 사람들이 위험 경고판에 흔히들 백골을 그려 넣는 것은 바로 이 때문이다. 산 사람들은 부식하는 주검, 앙상한 해골들에다 자신의 죽음을 겹쳐 연상하면서 진저리를 치게 된다(김열규 2001a: 87).

> 주검의 부란(腐爛)에는 혐오감이 따르지 않을 수 없다. 심하면 썩어 문드러진다고까지 표현하게 되는 시신의 부란은 그 형체의 극심한 문드러짐에 악취가 따르고 그래서 혐오감은 더욱더 짙어진다. 따라서, 우리들은 송장의 공포에 혐오감을 곁들여 얘기해야 하는 것이다. … 주검은 무섭고도 더러운 것이 되면서, 부정한 것이 되고 만다(김열규 2001a: 88).

그 공포 때문일까, 그 공포의 근원을 이 세상으로부터 격리시키려 하는 것이었을까. 시신은 가능한 한 꽁꽁 결박되었고, 안장할 때에도 밟고 또 밟아 묻었다.

… 소렴(小殮)과 대렴(大斂)을 거치면서 죽은 이의 온몸은 발끝에서 머리까지 묶이고, 다시 한 번 완전히 감싸여 묶인다. 그리고 죽은 이를 관 속에 집어넣고 관 뚜껑을 덮고는 다시 천으로 싸서 묶는다. … 결박의 의식은 묘지에 가서 죽은 이를 묻을 때 그 절정에 도달한다. 하관을 하고 덜구 찧는 일을 세 차례 이상이나 하는 것이다. 이미 꽁꽁 묶여 있는 시체를 묻고 다시 그 무덤을 밟아 꼭꼭 다져두는 것이다(허용호 2001: 236~).

2) 뼈의 수습과 긴 과정으로서의 죽음

"죽음이 삶의 일차적인 말소라면, 백골이 삭는 것은 그 최종적인 말소라고 한국인들은 생각해 왔다"(김열규 2001a: 86). 육신은 인간이 거하는 임시거처이고, 뼈를 영혼의 거처로 생각한 때문일지도 모른다면서, 김열규는 '뼈를 묻는다'는 말도 이런 인식과 관련이 있으리라고 말한다(김열규 2001b: 66). 그렇다면 뼈의 수습은 세상의 모든 속된 것을 떨어낸 영혼의 안식을 위한 것이었으리라 생각해볼 수 있다. 가(假)매장과 본매장을 구분하는 중(重)상제의 존재 또한 이 때문이리라. 죽음 이후의 모든 육신적 변화가 종료된 후 그 '본질'을 추스른다는 마음이었을 것이기에 죽음은 단순히 죽는 그 순간에 시작되고 끝나는 찰나적 사건이 아니며 공포와 역겨움을 참아낸 자들이 누리는 안식과 관련되어 있다. 이런 죽음 인식은 현재 우리가 생각하는 것보다 훨씬 긴 시간을 죽음의 과정으로 보았던 것과 관련이 있으리라 생각된다. 이전 사람들은 숨결 죽음, 육체 세포의 죽음 그리고 육체 삭음의 죽음이라는 다단계의 죽음인식을 가지고 있었다고 말해진다.

육체가 매장된 이후에도 곧바로 죽음이 확정되지 않았다. … 육체와 영혼의 완전한 분리는 탈상 이후에야 확정된다. 최초 죽음이 시작된 지 3년 정도가 지나야 비로소 죽음을 죽음으로 인정한다.

> 이 기간은 곧 상례의 기간이자, 육체가 땅 속에서 완전히 썩어 없어질 수 있을 만큼의 기간이다. 육체와 영혼의 분리와 이들 간의 인력의 소멸은 육신 삭음의 죽음 이후에야 인정이 되는 것이다(허용호 2001: 251).

그러므로 현재적 시각에서 육체적 죽음이 선고된 상태는 결코 죽음이 완결된 상태가 아닌 것이다. 산 자와 연결된 끈이 완전히 끊어진 상태가 아니기에, 산 자들은 그들을 계속해서 봉양하고, 그들이 영원한 안식을 누릴 수 있게 되기를 반복해서 축원한다. 이미 죽은 자들과 아직 살아 있는 자들 간의 '관계'는 여전히 공고하다.

지금까지 죽음과 사체에 대한 전통사회의 이해와 소통방식을 죽은 몸을 다루는 방식과 그에 대한 이해를 중심으로 아주 간단하게 살펴보았지만 이들을 단선적으로 이해하긴 어렵다. 다양한 사상들과 사회적 상황들이 복합적으로 영향을 주고받아 만들어 내는 하나의 그림이기 때문이다.

그러나 당시에 죽음에 대한 공포가 아주 보편적이었다는 것은 확실하다. 짧은 평균수명, 높은 영유아 사망률, 전염병의 창궐, 잦은 전쟁 등으로 죽음이 말 그대로의 '일상'이었기 때문에 더 그러했을 것이다. 그러나 동시에 우리는 그 공포가 신비와 경외, 그리고 이 세상 이후의 삶과 어떤 식으로든 관련되어 있었다는 것을 여러 지점에서 확인할 수 있다. 죽음은 끝이 아니라 끊임없이 연결된 고리의 어떤 한 지점을 지칭하는 것일 뿐이었기 때문이다. 그러므로 그것은 하나의 '과정'이다. 이에 대한 이해를 통해 우리는 위에서 본 것처럼 죽은 자를 지극하게 봉양하면서도, 사령 공포 때문에 시신을 심히 결박하고, 시신이 이 세상과 완벽히 분리되기를 꾀한(김열규 2001a: 92~) 관습의 이중성을 어느 정도 이해할 수 있게 될 터이다.

그런데 이 모든 것들은 죽음과 그에 수반되는 공포가 '숙명'이라는 인식과 종교적, 상징적 의미부여구조와 서로 강하게 연관되어 궁극적으로는 '순치적 사고'로 연결되었을 가능성이 컸던 듯하다. 죽음의 실체에 강하게 도전하는 지금의 상황과는 분명 비교적 명백하게 구분되는 부분이 있다 할 것이다.

당시 사회적 상황의 산물인 그들의 사고에 대해 오늘의 시각에서 옳고 그름을 논하고 싶지는 않다. 다만 오늘날의 죽음이해 방식이 전통사회의 그것과 대비되는 중요한 지점을 다시 한 번 확인하고 넘어가고자 한다. 오늘의 시점에서 다시 논의를 시작하는 출발점은 죽음을 완벽한 의미에서의 끝이라 상상하는 초월성 관념의 결여/상실의 시대에 몸의 소멸에 대한 이해, 죽음이해란 어떤 것일 수 있겠는가 하는 것이다.

3. 몸의 소멸에 대한 (후기)근대적 이해와 소통

1) 죽음의 이해와 관련한 오늘의 구조적 상황 개괄

오늘 우리의 죽음 이해방식을 이해하기 위해 우선 (후기)근대가 처해 있는 구조적 상황을 잠시 짚고 넘어가자. 가장 중요하고도 결정적인 것으로 보이는 대목 하나는 근대사회가 초월성 관념의 결여 내지 상실이라는 과제[2] 앞에 직면한 것으로 보인다는 것이다. 죽음현상의 이해와 관련해 그것은 큰 문제를 수반한다. 즉 여하한 초월성에도 기대지 않고 어떻게 '인간의 죽음'을 '인간의 죽음'으로 정당하게 의미를 부여할 수 있을 것인가 하는 점이다. 뒤에서 다시 언급되겠으나, 의미는 늘 관계성 안에서 발생하는 것이어서 초월성 개념이 배제된 상황에서 '끝'으로서의 죽음은 기본적으로 긍정적인 의미망 안에 포착되기 어렵다. 인류역사상 종교만큼 강력한 죽음설명기제를 찾아볼 수 없는 것도, 그 대체물이 잘 발견되지 않는 것도 그 때문일 것이다.

다음으로 죽음과 그에 수반되는 공포에 대한 의(과)학적 이해 필요성과 중요성에 대해 생각할 수 있다. 초월성이 배제된(또는 되어야 하는) 상황을 가정한다면 두려운 존재로서 죽음의 모습이 다시 전면에 드러날 수밖에 없는데, 근대사회는 이 문제를 어떤 식으로든 풀어야 하는 과제를 안게 된다는 것이다. 더 이상 종교적으로 상징적으로 이해되고 납득되지 않는 죽음이라면 그것은 극복되어야 하고, 적어도 극복될 수 있는 대상으로 설정되어야 할 것이다. 미셸 푸코의 말을 따라 이해하자면 삶을 낳고 증대하는 권력으로서 스스로를 표상하는 근대에서 종말에 대한 상존하는 두려움은 넘어야 할 큰 산임이 틀림

2) 이 책의 7장 참조.

없다. 이 문제의 해결은 아주 중요한 과제가 아닐 수 없는데, 이때 의(과)학적 논리가 그 중심에 서게 될 것은 거의 자명해 보인다. 사제(司祭)가 지나간 자리는 의사에 의해 채워지게 될 것이다.

정리해 보면 오늘날의 사회에서 전통적 의미의 초월성 관념은 심대한 도전에 직면해 있다. 종교적 근본주의, 각종 신비주의의 등장, 영성 '상품'의 난무 등을 보면 그것이 사실이 아니라고 생각될 수도 있겠지만, 글쓴이가 보기에 이런 현상들은 오히려 초월성 관념의 위기에 대한 반응으로 읽어봄 직하다. 도시를 떠나고 싶어 하는 도시인들의 마음이 주말농장으로 구체화된다고 해서, 그것이 농촌적 삶에 대한 전면적 긍정, 회귀를 의미하는 것이 아닌 것처럼, 신비, 영성에 대한 사람들의 관심은 자주 '사치품'에 가까울지도 모른다.

우리는 의(과)학이 우리에게 가져다준 보다 길고, 건강한 삶이라는 선물에 아주 고마워하고 있으며, 그것을 버릴 생각이 없다. 또한 사실 오늘날 우리의 내재적으로 자족적인 삶은 거의 모든 순간, 초월성에 대한 의식 없이 영위 가능하다. 이런 상황에서의 초월성에 대한 관심은 그것이 설사 '진심'이라 해도 그 절박성을 쉽게 상실한다. '한계상황'의 존재가 남은 문제인데, 그 절정은 죽음, 아니 더 정확히 말하자면 그에 대한 인식이다. 그 상황에서 일부는 종교로 회귀하기도 하지만, 일부는 그마저도 의(과)학적으로 이해하려는 믿음을 저버리지 않는다. '더 오래, 더 건강하게'를 추구하는 의(과)학이 극복해야 하는 마지막 대상이 죽음일 것이기 때문이다. 그러나 아직 극복되지 못한 죽음, 종교적으로 승화되지 못한 죽음, 그것은 최소한 '거세'되어야 한다. 그 위험성은 순화되어야 하고, 그 공포는 교화되어야 하며, 그 역겨움은 순치되어야 한다. 그 정점은 '죽음의 교육화'와 '죽음의 인포테인먼트(*infotainment*)화'가 아닐까.

그런 의미에서 글쓴이는 〈인체의 신비전〉에서 '쿨'한 과학의 언어로 포장되어 팔리고 있는 순치/교화된 죽음의 이미지를 본다. 초월성

이 부재하는 시대의 죽음이 이미지의 시대에 시각적으로 구현된 결과라고나 할까.[3]

2) 초월성 부재의 시대와 이미지 시대에서 몸의 소멸, 그 사회구조적·사회문화적 함의

그렇다면 이제 글의 앞머리에 언급했던 이야기들을 다시 떠올리면서 오늘날 우리는 몸의 소멸에 대해 어떻게 이해하고 소통하는가를 본격적으로 살펴보자. 그것은 현재적 삶의 조건하에서 이해되어야 할 터, 여기서 글쓴이는 그 구조적, 문화적 토양으로서 초월성 부재의 시대와 이미지 시대라는 개념을 함께 엮어 설명하고자 한다.

각종 '체험학습'이 성황리에 이루어지고 있다. 도시아이들에게는 농촌 체험학습이, 농촌아이들에게는 도시 체험학습이 필요하다고도 한다. 우리의 (후기)근대적 삶 안에서 많은 것들은 이제 더 이상 '자연스럽게' 경험되지 않는다. 그것을 상쇄하기 위함인가. 우리는 '체험을 도와주는 기제'들을 많이 가지고 있다. 장 보드리야르는 "사람들은 더 이상 마주 보지 않지만 이를 위한 설비가 있다. 그들은 서로 몸이 닿지 않지만 접촉치료 요법은 있다. 그들은 더 이상 걷지 않지만 조깅을 한다. … 사람들은 궁핍, 금욕, 사라져 버린 원시적 자연성을 재개발한다"(보드리야르 2001: 41~42)고 말한다.

그런데 주말농장의 고구마 캐기는 삶을 유지하기 위한 노동과는 아무 관련이 없다. 그것은 일종의 '체험기호'이며 하나의 '이미지'다. 텔레비전의 아주 '리얼'한 음향효과로 인해 실제 총기사고가 난 것으로 오인한 경찰의 출동을 묘사한 어느 광고에서처럼, 피자에 케첩을

---

3) 이때 그 이미지가 얼마나 '사실'에 가까운가, '진실'을 반영하고 있는가 하는 것은 질문의 대상이 아니다(이미지의 사실성, 역사성 등에 관한 논의는 버크 2005 참조).

피 대신 뿌려가며 그 TV 속 사건에 열중하느라 경찰이 출동한 사실조차 모르는 광고 속 인물처럼, 우리는 끊임없이 이미지를 생산하고 소비하고 그 속에서 실제의 삶을 만들어 나가고 있는지도 모른다. 물론 내가 고구마를 캤고, 내가 그 고구마를 먹었으니 그것이 '허구'는 아니다. 그러나 그것은 '노동'이 아니고, 그것은 '양식'이 아니다.

그런데 유사한 맥락에서 죽은 몸은 더 이상 실제로는 존재하지 않는지도 모른다. 아무도 그 몸에 대해 체험하지 못한다. 아무도 체험하고 싶어 하지도 않는다. 그러나 동시에 우리는 그 몸에 대해 모든 것을 알고 있다. 사람들은 더 이상 죽음을 마주하지 않지만, 죽음이라는 기호에 대한 충분한 '체험학습'을 한다.

이 글의 출발점이 된 〈인체의 신비전〉은 "자신의 신비로운 몸속 세상을 직접 체험"하고 "자신의 몸속을 이해하고, 건강한 장기와 병든 장기를 비교해볼 수 있는 놀라운 경험을 통해" "실제의 몸"을 알게 해준다는 홍보문구와는 정반대로 더 이상 죽은 몸을 체험하지 못하는, 아니 체험하고 싶지 않은 우리 시대 인간들을 위한 '체험기제' 역할을 하는 것일지도 모른다. 마치 온 가족이 종국에는 모두 화해하고 다시 화목하게 되는 따뜻한 명절이 TV 속에서만 존재하듯, 죽음은 박제된 그 상태로만 있다. 그러므로 우리 눈앞에 보이는 박제된 죽은 몸은 사실 죽음과는 아무 관계가 없는지도 모른다. 체험되지 못하는 죽은 몸, 그 고유한 질감을 상실한 몸은 바로 그 때문에 무감각하게 하나의 작품처럼 '감상'될 수 있는 것이다.[4]

---

4) 한 집안의 일상이 그대로 생방송되어 사람들을 매혹시킨 적이 있는데, 그 이유는 '실재의 전율' 또는 '과도한 투명성의 전율'이라 말해졌다. 그런데 그 역설은 우리가 그것을 '실재'가 아닌 '이미지'로 소비한다는 것이다. 기호가 사물이 되는 "기호의 빗장이 의미의 습관적인 부유선 아래로 내려와 의미가 과도하게 되는"(보드리야르 2001: 66~) 상황에서 '그 일상'은 '우리의 일상'과는 아무런 관련이 없게 된다.

그런데 이미지의 실제성은 아주 강력한 것이어서 더 이상 이미지와 실제의 이분법적 구분이 무의미해 보이기도 하고, 우리의 삶 전체가 하나의 이미지로 읽힐 수 있을 것 같기도 하다. 보드리야르에 의하면 가짜처럼 보이는 가짜들로 가득한 라스베이거스나 디즈니랜드의 존재의미는 우리에게 현실이 아닌 '동화 같은' 세계의 이미지를 보여주는 데 있는 것이 아니다. 오히려 그들은 우리의 현실이 현실로 보여지도록 하는 도구로서의 역할을 한다(보드리야르 2001: 39~41). 일종의 '과(過)허구'로서의 그것들이 우리의 삶 자체가 '동화', '허구'라는 것을 감춰주고 이른바 현실을 일상으로 받아들일 수 있게 하는 역설적 효과를 낳는다는 것이다. 마치 죽은 몸의 박제품을 속속들이 들여다보는 우리가 몸의 소멸에 대해, 죽음에 대해 아무것도 알아내지 못했지만, 마치 뭔가를 알게 된 듯 착각하는 것처럼….

나아가 이미지 자체의 내적 순환을 통해 박제된 죽음은 그 스스로 본질이 되어간다. 실제적 죽음은 그 실체를 드러내면 안 된다. 말려지고, 발라지고, 살균된 'real body'는 보드리야르가 말하는 의미에서의 시뮬라크르, 죽음의 시뮬라크르라 말할 수 있지 않을까. 보이지 않는, 볼 수 없는 속까지 까뒤집어 보여주는 박제된 죽은 몸은 일종의 '상징형태 살해'(보드리야르 2001: 33)를 통해 죽음을 공중분해한다.

박제된 죽음은 죽음이 존재하지 않음을 증명하기 위해 있(어야 한)다. 소외된 객체로, 그 자체로 아무런 의미도, 상징도 생산할 수 없게 된 죽음이 존재하지 않도록 하기 위해서. 그러나 사실보다 더 사실적인 박제표본은 '사실성의 회복/보전'이라는 가장된 이미지를 통해 그 사실 자체를 은폐한다.

> 이처럼 도처에서 우리는 이상하게 원본과 유사한 세상에 살고 있다. 사물들은 거기서 자기 자체의 각본에 의해 이중화되어 있다. 그러나 이 이중화가 전통에서와는 달리 그들 죽음의 촉박함을 의

> 미하지는 않는다. 그들은 이미 그들이 생존에서 축출되는 것보다 더욱 잘 죽음으로부터 축출되어 있다. 그들 모델의 빛 속에서 훨씬 더 잘 미소 지으며, 훨씬 진본과 같은 것들, 초상집에서의 얼굴들도 그러하다(보드리야르 2001: 39).

〈인체의 신비전〉에 등장하는 박제표본들은 예전의 미라 등과 같은 사체보존 방식들과도 동일한 선상에서 이해될 수 없다. 후자가 새로운 삶을 위한 준비로서의 관계성, 초월성과의 관계성 안에서 육(肉)적인 의미를 넘어선 것이었다고 하면, 그러므로 신비한 것이 되었다고 하면, 〈인체의 신비전〉에 등장하는 표본들은 하나도 '신비'하지 않다. 그들은 '저 너머에도 아무것도 없음'을 웅변하고 있을 뿐이기 때문이다.

여기서 앞서 잠시 언급된 바와 같이 모든 것의 의미획득은 관계 내지 맥락형성 가능성과 연관되어 있다는 사실을 다시 기억해 보자. 자식 때문에 산다는 부모들의 말은 그저 그런 습관적 언명으로 치부될 수도 있겠지만, 의미구성이라는 측면에서 보면 중요한 의미를 지닌다. 부모에게 자식이라는 존재가 그 관계망의 중심이 되고 의미획득의 준거가 되는 것은 보편적 상식이기도 하지만, 의미론적으로도 '정당'하기 때문이다. 의미는 항상 무엇과 무엇 간의 관계를 전제하며, 의미의 부재는 관계망의 부재를 암시한다.

이는 오늘날처럼 죽음이 거의 모든 초월성과의 관계를 잃어버린 상황에서 끝, 종말로서의 죽음과 그 죽음으로 향하는 길, 임종에 적극적이고 긍정적 의미가 부여되기 어려울 수밖에 없음을 짐작하게 해준다.[5] 하물며 죽음에 대한 긍정적 의미획득이 미궁에 빠진 상황에서 죽음의 지울 수 없는 흔적이며, 어쩔 수 없이 직면해야 하는 '사체'

5) 초월성의 문제와 죽음의 의미구성 간의 관계에 대해서는 이 책의 7장 참조.

는 오늘을 사는 우리에게 해결하기 어려운 숙제를 안겨 주었다. 의미가 부여되지 않는 사체를 매개로는 어떤 상징적, 종교적 의례화도 기본적으로 불가능하기 때문이다.[6] 오늘날 우리 사회에서의 화장(火葬) 논의가 전통적인 화장의 논의와는 전혀 다른 차원에서 이루어지고 있는 것도 이런 상황과 관련된다. 우리 시대의 화장은 상징, 의례, 초월성과는 무관한, 죽은 몸을 도구합리적으로 잘 처리하기 위한 방책이지 싶다.

그러나 그럼에도 불구하고 종이관을 둘러싼 설왕설래[7]에서 미루어 짐작할 수 있듯이 인간의 죽은 몸을 그저 하나의 '쓰레기'로 치부하기도 어려운 노릇이니 가히 진퇴양난의 딜레마라 할 것이다. 이런 상황에서 이제 의(과)학적 언어는 아무런 감정적 동요도 수반하지 않는 '인간박제'를 선보임으로써 그에 대한 하나의 대답을 주고자 한다.

그런데 체험학습 기제로서의 박제된 몸은 우리가 살아가는 데 유용한 도움을 주어야 하는 '도구'로서만 기능한다. 그것은 "생명과 건강의 소중함", "우리의 (현재적 — 글쓴이) 삶의 소중함"을 보여주는 "교육기회"로만 의미를 가진다. 다시 말해 죽음과 아무 관련성도 갖지 못

---

6) 우리 사회의 화장 논쟁도 이와 관련해 설명해볼 수 있다고 생각한다. 죽은 몸은 이제 그저 신속하고 위생적으로 처리되어야 할 '쓰레기'에 지나지 않는 것인가. 인류가 그 자신의 전 역사를 통해 그 긴 시간 동안 무덤(장례)에 쏟아 부은 시간과 노력과 자본은 무엇을 의미하는 것일까 곰곰 되씹어볼 일이다. 동시에 우리 사회에서의 화장 논의가 — 출산력에 대한 폭력적 통제로 나타났던 가족계획사업에서처럼 — 지나치게 도덕적 우월성으로 치장되어 있으며, 국가, 시민단체 그리고 언론 모두 발 벗고 나서서 이 중요한 문제를 행정정책 차원과 시민운동의 도덕적 차원으로만 단순하게 환원시키려 함에 의문을 제기하지 않을 수 없다(이 책의 11장 참조).

7) 화장할 때 종이관을 쓰면 돈도 덜 들고, 더 빨리, 더 깨끗하게 소각 가능하다는 기사를 보며 그렇다면 대체 관이라는 것은 왜 쓰나, 하는 질문이 생겼었다.

하는 인체표본은 거꾸로 삶 안으로 회귀함으로써 관계성을 회복하고, 자신의 의미를 완성하려 시도하는 것이다. 근대적 죽음은 죽어서까지 그 현세적 효용성을 증명함으로써 초월성과 연관 없는 자신의 마지막 의미획득 가능성을 보여주려 하는 것일까.

그러므로 박제를 통해 죽은 몸을 세밀히 관찰할 수 있지만, 우리가 그곳에서 죽음을 보지 않는 것 또는 못하는 것은 어찌 보면 당연하다. 거기에 죽음은 없으므로.[8]

죽음의 명백한 증거이자 실체인 주검이 손 하나 까딱하지 않고도 처리되는 현실 속에서 오늘 우리는 주검을, 죽음을 '체험'하진 않지만, '학습'한다. 그리고 그 학습은 우리의 현실보다도 '리얼'하다. 이는 우리의 삶에 생물학적 의미 이상을 부여하기 위하여 죽은 몸을 상징적으로 처리해온 인간들이 초월성의 허울을 피해가기 위해 근대의 이름으로 만들어낸 새로운 의식(儀式)일까?

글쓴이는 이 글에서 우리 시대 몸의 소멸에 대한 이해가 지니는 사회이론적 함의를 '초월성이 결여된 이미지 시대의 대응'라는 개념적 도구를 통해 해석해 보고자 하였다.[9] 그 결과로 의(과)학이라는 외피를 쓴 죽음은 박제화된 상태로 우리 눈앞에서 죽음의 가치중립성, 논리적 이해 가능성을 변호하지만 그 자리에 있는 건 보다 건강한 삶의 이미지뿐이라는 것을 주장하였다. 박제표본이 된 죽음은 삶과의 관련성 안에서 의미를 완결하고, 더 이상 죽음과는 아무런 관련성을 갖지 않게 된다. 그것은 우리가 죽음으로부터 얼마나 멀리 와 있는지를, 그리고 오늘날의 죽음이 당하는 '굴욕'을 드러내 보여줄 뿐이다(Howson 2004). 그것은 동시에 기호와 정보의 과잉이 낳는 '내파'(*im-*

---

8) 그러므로 이는 예컨대 당시 종교적 상징들과의 깊은 관련성 안에서 이해될 필요가 있는 서구 중세의 '죽음의 춤' 그림들 안에서 보이는 이미지들(진중권 1997: 122~151)과는 아주 많이 다른 지점에 서 있는 것이다.

9) 몸의 현재적 의미와 특성에 관한 일반적 논의로는 천선영 2003a 참조.

plosion)의 과정, 즉 의미소멸의 과정을 보여준다. 과도하게 증식되어 가는 기호 안에서 '실제'는 중화, 분해되어 가고 결국 그 자신의 의미, 관계성을 상실한다(배영달 2005: 101~102). 그러기에 우리는 죽음을 눈앞에서 목도하지만, 거기 죽음은 없다 말하는 것이다.

그런데 조작 가능한 몸이 오늘을 사는 우리의 기본적 가치지향이라는 사실을 되새겨 본다면, 더 이상 조작되지 않는 몸으로서 죽은 몸의 부가가치는 기본적으로 '0'이다.[10] 부가가치 제로의 상태, 아니 마이너스로 치닫는 상태로부터 그 방향을 돌려놓은 것이, 그것을 부가가치를 생산하는 '작품', '학습기제'로 되살려낸 것이, 바로 다름 아닌 — 죽음에 의미론적 사형을 선고한, 죽음으로부터 그 독자적 의미를 앗아가는 데 일등공신이라 할 수 있을 — 근대의학/해부학이라는 사실은, 역설이다. 아니 그것은 역설인 동시에 논리적으로 당연한 귀결이기도 하다. 인식론적으로 몸과 인간을 분리시키고, 몸에의 기계적 개입을 도덕으로부터 분리시켜 낸 것 또한 그들이기 때문이다(브르통 2003: 55~56, 91). 그리하여 오늘의 이러한 현실을 "합리성의 궁극적 실패"(Bauman 1992)로 그 자신을 드러내는 근대적 죽음, 그 '수치'를 의(과)학의 이름으로 '반전'시키려는 근대의 몸부림으로 읽을 수 있지 않을까 생각해 보는 것이다.

10) 이 책의 9장 참조.

4. 닫는 글: '체험학습'되어야 하는 죽음 앞에서 다시 생각하는 삶과 죽음

결코 죽지 않을 것 같은 생기 넘치는 젊은이들만이 전형적인 근대인으로 상정되는(쉴링 1999: 279), 그래서 몸의 쇠락과 소멸은 당혹스럽기 짝이 없고, 죽음에 대한 소통이 더 이상 자연스럽지 않게 되어버린 세상에서도, 아니 그렇기에 더욱 죽음에 대한 소통은 불가피하다. 흐르는 물은 흐르려는 욕구를 갖지 않지만, 벽에 부딪힌 물은 흐르려 하기 때문이다. 그런데, '진짜 같다'를 입에 달고 사는 세상. 진짜가 가짜 같고, 가짜가 진짜 같은 세상. 아니 가짜가 진짜보다 진짜 같은 세상. 아니 그도 아닌 뭐가 진짜인지 알 수 없는 세상에서 우리는 과연 어떻게 살고, 죽어가는가. 이런 세상에서 우리는 몸의 소멸을 어떻게 직면하고 어떻게 소통하는가.

영화 속 '트루먼 쇼'도 모자라 계속적으로 전파를 타고 있는 각종 '리얼 트루먼 쇼'들이 많은 관심을 끌고 성공하는 이유는, 흔히 말하듯 타인의 사생활을 몰래 엿보는 듯한 묘한 재미를 넘어 '진짜'에 대한 갈망에 있을지도 모른다는 생각이 든다. 그런데 그렇다고 하더라도 상황은 절망적이다. 우리가 이른바 '진짜'를 경험하는 것은 TV라는 이미지 생산매체 안이기 때문이다.

몇해 전 대박 드라마 〈파리의 연인〉의 엔딩을 둘러싼 논쟁을 지켜보면서 재미있는 연상이 떠올랐던 기억이 있다. 사회이론적 차원에서 볼 때 그 당시의 소동을 '허구 속에서의 실재 논쟁'으로 읽을 수 있을 것 같다. 허구인 드라마를 보았던 시청자들이 '지금까지 여러분들이 보신 드라마의 내용은 견습작가인 드라마 속 여주인공이 작성한 연습 시나리오의 내용이었습니다'라고 하는 드라마 속 설정을 수용하지 못하고 '속았다', '시청자를 우롱했다'며 흥분했던 것도 흥미롭지만, 특히 허구를 생산하는 일을 직업으로 하는 드라마 작가의 변(辯)이 일품이었다. "드라마 속에서 보여졌던 일들이 현실에서도 일어날 수도 있다는 것"을 보여주고 싶었단다. 그래서 그것을 위해 시나리오 속에 시나리오를 설정하고, 그것이 드라마 속 시나리오 밖에서 '실제로' 재현되는 상황을 시나리오 속에 삽입했다는 이야긴데, 결국 그들은 허구 속에서, 그 허구가 실제일 수 있음을 보여주기 위해, 허구를 허구라고 보여주는 전략을 택했다고 말하는 것이다.

이와 관련해서 영화 〈매트릭스〉 속에서 매트릭스 프로그램 안에 들어간 네오에게 모피어스가 매트릭스 속 TV를 통해 '시뮬레이션된 현실'과 '진실의 사막'을 보여주는 장면도 함께 기억해 보면 더 재미있다. 매트릭스 시스템 안에서 보는 진실은 과연 진실인가?

우리는 수많은 이미지들을 생산하고 소비하며, 그 안에서 생활한다. 그러므로 그 이미지들은 결코 '허구'가 아니며, 허구여서도 안 된다. 우리 삶의 의미가 그 안에서 구성되고 있기 때문이다. 만약 그렇게 된다면 우리는 우리 삶 자체를 부정해야 할지도 모른다. 그리고 보드리야르가 말하듯 기호와 기호의 교환이 그 자체로 실제가 되어가고 있다면(Baudrillard 1988a, 1988b) 더 이상 허구와 실제를 구분한다는 것은 의미가 없는지도 모른다.

더구나 보드리야르가 '이미지의 살상력'(보드리야르 2001: 25)을 말할 때처럼, 그 이미지들은 강력하다. 그리고 그들은 이제 — 실제를 '보좌'하기 위해서가 아니라 — 그들 자신을 위해 존재한다. 박제되어 우리 눈앞에 서 있는 인체표본의 이미지 또한 더 이상 무언가의 그림자가 아니라 그 자체로 어떤 '사실'을 강변하는지도 모른다. 그런데 그 '사실'의 내용이라는 것이 숨겨져 있는 그 무엇이 있다는 게 아니라, 그 무엇도 없음이라는 데 문제의 핵심이 있다(보드리야르 2001: 9). 박제된 죽음이 궁극적으로 말해주는 것은 '죽음의 상징적 가역성(可逆性)의 중단'(이재우 1995: 183)이다. 초월성의 부재, 그리고 있지만 없는 죽음!

오늘날 일상화된 병원에서의 죽음이 지극히 '특정한' 상태로만 존재하며, 그래서 분명 있지만 없듯이,[11] 박제된 죽음도 우리 눈앞에 있지만 없다. 모든 초월성에 대한 개념이 도전받는 오늘날, 더 이상 상징적으로 죽음을 이해할 수 없게 된 우리는 죽음을 눈앞에 세워 하나의 이미지로 전시하고 감상하지만, 그것은 죽음을 인정하기 때문이라거나 받아들일 수밖에 없기 때문이라기보다는, 그것이 없음을 믿기 때문에 가능한 일이 아닐까 싶다(그도 아니면 소멸로서의 죽음이 없어지지도 못하게 하여, 그 의미를 또 한 번 박탈하는지도 모른다). 그러므로 박제된 죽음의 이미지는 실제의 죽음과는 아무 상관없이 산 자들의 교육용으로 존재할 수밖에 없고, 더 궁극적으로는 그 이미지 자체를 위해 존재하는 것이라 해야 마땅하다. 그것은 이런 의미에서 '실체 없는 대체물'이다. 디즈니랜드와 라스베이거스가 가짜의 가짜스러움을 웅변함으로써 우리 일상/실존의 가짜성과 '허구성'을 가려주듯, 박제된 사체는 죽음의 실체를 보여준다기보다는 죽음의 부재를 웅변한다. 'real'을 갈망하지만 정작 'real'을 'real'로 체험할 능력을 상실한 우리가 귀엽기 짝이 없는 코끼리와 사자들의 재롱 쇼를 보며 즐기듯, 우리는 더 이상 위험하지도 공포스럽지도 않은, 게다가 교육적이기까지 한 우리의 죽은 몸을 완상(玩賞)한다.

그리하여 살아 있는 동안 몸에 온갖 정성을 쏟아 붓는 우리는 정작 그 몸의 'real'한 소멸 앞에선 그저 침묵할 수 있을 뿐인지도 모른다. 아니면 그동안 '체험학습'한 성과를 읊어내야 하리라.

"오늘날 죽는다는 것은 생각할 수 없을 만큼 비정상적이다. 이것에 비하면 다른 모든 것은 무해한 것이다. 죽음은 불법행위이고 교정될 수 없는 변태다"(보드리야르, 김열규 2001a: 40에서 재인용)라고 말해지

11) 이 책의 9장 참조.

는 세상. 지금도 우리는 과연 "벼이삭이 꽃만큼 아름답고, 낙엽이 꽃보다 더 아름다울 수 있다"(공지영) 주장할 수 있을 것인가.

제 2 부

제4장 근대적 죽음에 대한 사회구조적 고찰

제5장 근대적 죽음이해에 대한 유형적 분석

제6장 죽음이 두려운 또는 두렵지 않은
서로 다른 이유들

제 4 장

근대적 죽음에 대한 사회구조적 고찰

1. 여는 글

오늘을 사는 근대인들은 죽음이라는 피할 수 없는 실존적 과제를 어떻게 받아들이는가? 우리는 죽음에 대해 이전 시대의 사람들과 다른 사유구조 형태를 가지고 있는가? 우리가 살아가는 이 사회는 그 구성원들의 '구조적 유한성'에 대해 어떻게 대응하는가? 보다 쉽게 풀어 말한다면 우리는 어떻게 죽어가는가? 우리는 이전과 '다르게' 죽어가는가? 그리고 만약 그렇다면 그 이유는 무엇인가? 이러한 일련의 상호 관련된 질문에 대한 사회학적 대답을 찾고자 하는 것이 이 글의 목적이다.

죽음 자체는 지극히 보편적인 현상이지만 이에 대한 인식과 대응은 사회적, 문화적으로 규정되어 온 측면이 강하다. 따라서 각 시대, 각 사회의 죽음인식과 죽음 대응방식에 대한 분석은 그 시대와 사회의 구조적, 문화적 특성들을 이해하는 데 중요한 척도가 될 수 있다. 이러한 인식을 바탕으로 이 장에서는 우리 시대 죽음의 성격과 특성에 대해 묻는다. 분석을 위해 이 글에서 사용되는 방법은 근대적 죽음을 둘러싸고 있는 사회적, 문화적 '조건'들에 대한 일련의 사회구조적 분석이다. 죽음이라는 실존적 한계상황과 대면하는 근대적 상황조건과 행위양식들, 그리고 문화적 조건들에 대한 고찰을 통해 우리 시대 죽음의 성격에 대해, 나아가서는 이 시대의 삶을 규정하는 구조적 조건들에 대해 성찰할 수 있게 되기를 희망한다.

그런데, 근대사회가 윤리/도덕적 측면에서 옛날보다 퇴보한 것으로, 또는 '타락'한 것으로 생각하는 경향이 있는 것 같다. 죽음이라는 문제와 관련해서도 이전 시대의 사람들은 흔히 준비된 상태에서 경건한 죽음을 맞이했던 반면, 오늘날은 그렇지 못한 것으로 대비되기 쉽다. 이러한 비교의 맞고 그름을 떠나, 글쓴이는 만약 우리 시대에 죽음에 대한 인식과 태도의 변화가 있었다면, 그 이유의 상당부분은 사회구조의 변화와 그에 상응하는 문화적 가치 내지 의미구조의 변화에 대한 분석을 통해 설명될 수 있고 또 설명되어야 한다고 생각한다.

이러한 전제하에서 이 글에서는 근대의 사회구조적, 문화적 요인들 중 특히 죽음의 문제와 관련해서 중요한 의미를 가지는 요인들을 분석한다.[1] 급격한 의학(기술)의 발전과 그에 수반되는 사회적 결과들, 전(全) 사회적 수준에서의 구조적 변동과정, 임종과정과 장상례(葬喪禮)의 전문화와 산업화, 그리고 죽음에 대한 긍정적 의미부여

1) 이 글은 기본적으로 근대사회라고 하는 특정한 사회구조를 상정하고 이를 논의의 근간으로 한다. 따라서 각각의 지역사회에서 관찰할 수 있는 역사적, 문화적 차이에 대한 고려는 일단 배제되고 있다. 물론 죽음을 이해하는 방식과 죽음을 대하는 태도 등은 지역사회의 독특한 구조적 조건, 각 시대에서의 지배적 가치와 그 변화를 반영한다.

이 글에서 고찰하는 근대적 죽음의 구조적 조건들이 어느 정도까지 오늘의 한국사회에서 그 적합성을 확보할 수 있는가 하는 등의 문제는 이 짧은 글 안에서 다루기에는 어렵고, 이후의 작업에서 다루어질 수 있을 것으로 생각한다.

가능성을 열어주던 전통적 설명구조들의 기능약화 등이 우리 시대 다른 죽음관(*Todesbild*)의 사회구조적, 문화적 조건으로 논의될 것이다. 그런데 사회구조적 변동과 의식구조의 변화는 상호 유리(遊離)된 것이 아닌 만큼 양자(兩者)는 밀접한 관련성 하에 관찰되어야 할 것이다. 때문에 근대적 죽음의 사회구조적, 문화적 조건을 살펴보는 일은 근대사회의 죽음인식을 — 개인적 수준에서이건, 사회적 수준에서이건 간에 — 분석하는 데도 유용하리라 생각한다.[2)]

2. 근대적 죽음의 사회구조적, 문화적 조건들

1) 의(과)학의 급속한 발전

근대인의 죽음관에 가장 큰 영향을 미친 요소의 하나로 무엇보다도 먼저 과학기술과 의학의 급속한 발전을 들어야 할 것이다. 물론 그 눈부신 발전에도 불구하고 인간생명의 유한성이라는 삶의 실존적 바탕에 하등의 변화가 일어난 것은 아니다. 그러나 의(과)학의 발전은 우리가 이전에 불가능하다고 여겼던 많은 일들을 — 적어도 원칙적으로는 — 가능하게 하였다.

오늘날의 의(과)학은 우리에게 보다 길고 건강한 삶을 약속한다. 일반적 장기이식 정도는 화젯거리조차 되지 않는다. 불치병이라고 여겨졌던 많은 질병의 치유도 가능해졌다. 임종과정에서의 고통을 감소시키는 방법들이 개발되고 있으며, 다양한 기술과 방법들이 생명연장을 위해 동원된다. 그 최종목표는 '삶의 양적/질적 극대화'일 것이다. 생명문제에 대한 의(과)학적 개입(*Manipulation*)은 사실 이제

---

2) 근대사회의 다양한 죽음인식 유형에 대해서는 이 책의 5장 참조.

막 시작단계에 들어선 것에 불과하고 의료전문인들의 눈에는 그 개입의 정도가 아직은 미흡하게 보일지도 모른다. 그러나 생명문제에의 의학(기술)적 조작은 그 가능성에 대한 생각만으로도, 삶과 죽음의 물화(物化)에 '이미' 결정적 역할을 하고 있다.[3]

오늘날 죽음에 대해 새로운, 이전과 다른 사유가 불가피한 것으로 보이는 중요한 이유 중 하나는 이렇듯 바로 의(과)학의 지속적이고도 급속한 발전에 있다. 물론 죽음은 생물학적 사실일 뿐 아니라 사회적, 문화적 현상이다. 죽음을 전적으로 과학과 기술의 측면에서 설명하는 것은 불가능하다. 그러나 오늘날 죽음에 대한 사회적 담론 형성의 우선순위에서 그 사회문화적 측면이 현저히 뒤로 밀리고 있음은 쉽게 관찰할 수 있다. 근대인의 죽음이해와 관련된 담론은 의(과)학의 발전방향과 속도에 거의 전적으로 의존한다. 인문사회과학적 담론은 논의의 주도권을 잡지 못함은 물론이고, 의(과)학의 발전 속도에 발을 맞추는 것조차 버거워하는 것 같다. 이미 벌어진 일들을 정당화해 주는 역할을 수행하거나 윤리라는 명분으로 과학을 비난하며 뒷북을 요란하게 쳐댈 뿐이다.[4] 의(과)학의 발전은 우리에게

---

3) 장기이식, 그리고 장기이식을 가능하게 하는 뇌사의 인정 문제 등과 관련하여 전(全) 사회적인 수준에서도, 그리고 종교집단들에서도 긍정적인 입장이 지배적이라는 사실은 특별히 우리의 관심을 끈다. 물론 장기이식을 통해 다른 이에게 새로운 생명을 선사할 수 있다는 인본주의적인 측면은 충분히 종교적인 가치로 수용되고 권장될 수 있을 것이다. 그러나 생명문제에 대한 의(과)학적 개입의 끝에 무엇이 기다리고 있는지에 대한 종교적, 윤리적 성찰은 상대적으로 충분치 않아 보인다. 이 책의 12장 참조.

4) 장기이식이나 뇌사문제와 관련된 담론을 분석해 보면 우리는 이러한 사실을 금방 확인할 수 있다. 여기서 자세히 논의할 수는 없지만 한 가지 문제만 간단히 짚어보면, 무엇보다도 먼저 이 문제들은 의(과)학의 발달로 인해 '새로 발생한' 문제들이라는 점이 생각되어야 한다. 뿐만 아니라 무엇이 사회적 쟁점이 되는가, 무엇이 언제, 왜, 어떻게 논의되어

삶과 죽음을 새로 정의하고, 몇 천 년 이래로 그다지 크게 변하지 않았던 삶과 죽음에 대한 사유를 근본적으로 수정할 것을 요구하는데 말이다.5)

이제 우리가 만일 — 하루가 다르게 발전하는 의(과)학의 발달에도 불구하고 — 죽는다면 아니 죽어야 한다면, 그것은 더 이상 '내재적 유한성' 때문이 아니라, '아직' 특정 질병이나 상태를 치료할 약과 방법이 개발되지 않았기 때문이다. 우리의 죽음은 실존적 유한성을 통해서가 아니라 적절하게 치료 또는 대응되지 못한 (그러나 원칙적으로는 더 합당한 치료나 대응이 가능했던 내지는 가능해질) 질병이나 사고 때문으로 설명된다. 우리는 우리의 '때'가 다해서 죽는 것이 아니다. 죽음은 더 이상 자연스럽지 않다. 우리가 죽어야 하는 것은 의(과)학이 충분하게 발전되지 못했기 때문이며, 새로운 의학기술을 지불할 재력이 없기 때문이다. 인간의 필연적 유한성은 피할 수 있는 그리고 통제가 가능한 (또는 가능해야 할) 여러 원인들로 해체된다.6)

나아가 의(과)학의 영역이 임종과정과 죽음의 시간에까지 확장되면서 우리는 스스로의 또는 가까운 이들의 죽음에 대해 그가 언제, 어떻게 죽어야 하는지 또는 언제, 어떤 상황에서 죽은 것으로 판정되어야 하는지에 대한 '결정'을 내려야만 한다. 죽음은 더 이상 우리가 받아들일 수밖에 없는 운명이 아니라, 결정되고 통제되어야 할 사안이 되었다. 우리의 삶은 더 이상 신의 선물이 아니며, 오히려 의(과)학의 선물이다. 죽음 그 자체를 '아직' 물리치지는 못했지만, 최소한 임종과정은 이제 — 그 발전의 끝을 쉽게 짐작할 수 없는 — 과학기술

야 하는지도 거의 전적으로 그때그때의 과학기술적 수준에 달려 있다.

5) 미셸 푸코는 해부학의 경우를 한 예로 들고 있다. 그에 의하면 해부학의 발전은 죽음을 '도구적'(*instrumentell*)으로 대상화시키지 않고서는 불가능한 일이었다.

6) 이 책 2장의 바우만 이론 논의 부분 참조.

적 통제하에 놓여 있다.

장기이식이 가능해지면서 죽음의 '상태'(*Zustand*)가 아니라 임종의 '순간'(*Zeitpunkt*)을 결정하는 것이 중요한 문제로 대두되었다. 사람들이 인지적으로 함께 체험할 수 있었던 죽음의 상태확인과 달리, 뇌사(腦死)를 기준으로 하는 임종의 정확한 순간은 의학전문가들만이 알 수 있고, 결정할 수 있다. 비전문가들은 그 결정으로부터 철저히 배제되어 있고, 그 결정을 재고(再考)할 능력도 힘도 없다. 그런데 설사 임종의 순간에 대한 의(과)학적 설명이 지극히 객관적이고 전적으로 확실하다 할지라도, 아직 몸이 따뜻하고 심장이 뛰고 있는 '사람'을—그 상태가 의학기기들의 작동에 도움받은 인위적인 것이라 하더라도—시체(屍體)로 규정하는 일이 가지는 사회문화적 의미는 대단히 크다. 뇌사문제를 둘러싼 격렬한 토론들은 이 문제가 가지는 깊은 함의를 반영한다.

'의식'의 상실은 이제 바로 인간의 죽음으로 설명되고, 의식작용을 통제하는 뇌만이 한 인간에게 본질적인 것으로 이해된다. 왜? 그것은 뇌를 제외한 모든 다른 신체부분들은 한 인간의 정체성에 대한 걱정 없이, 기계의 고장 난 부품처럼 대체될 수 있는 것으로 여겨지기 (또는 여겨져야 하기) 때문이다(Feldmann 1997).[7]

따라서 이 문제를 둘러싼 오늘날의 논쟁은 '인간이란 무엇인가'하는 실존적 문제에까지 필연적으로 연결되며, 뇌사가 사회적으로 임종의 타당한 기준으로 받아들여짐은—다시 한 번 강조하거니와 그 기준이 얼마나 객관적이고 정확한가의 여부와는 무관하게—그 실존적, 사회문화적 함의가 실로 크다 하겠다. 우리가 사는 고도로 산업화된 사회는 무궁무진한 기회와 새로운 가능성들을 열어주는 한편,

---

7) 뇌의 이식 가능성이 제기되는 날도 멀지 않을지 모른다. 그리고 우리는 모든 신학적, 철학적 논의의 바탕이 되는 인격(*Person*)의 정의에 대해 다시 머리를 싸매야 할지도 모른다.

그 부산물로서 새로운 양태의 '잠재적 위험'(*risk*)들을 양산하고 있다. 의(과)학의 발달에 따른 새로운 가능성의 증가는 그로 인해 파생되는 — 때로는 새로운 가능성보다 더 많은 — 새로운 문제들을 제기한다. 즉 가능한 모든 것은 해도 좋은가 또는 해야 하는가.

2) 사회구조적 변동

(1) 가속화되는 사회의 기능적 분화와 개인화 과정

임종의 과정이 친숙한 삶의 공간 안에서 이루어졌던 전(前)근대사회에서 일반적으로 죽음이 큰 무리 없이 받아들여졌던 것으로 보인다면, 그것은 아마도 죽음 앞에 선 이와 그 죽음을 지켜보던 이들이, 그들이 사는 동안 어디에 속해 있었는지 그리고 이제는 어디로 가는지 '알고' 있었기 때문이기도 할 것이다. 그리고 이런 사회에서는 임종과 장례 등 죽음을 둘러싼 모든 과정들이 정교하게 사회적으로 규정된 규칙들을 따라 가족, 친지와 지인들에 의해 — 보통은 아이들도 배제되지 않았다 — 수행되었다.

근대사회에서 이런 기능들은 더 이상 공동의 과제로 여겨지지 않는데 그 중요한 이유 중 하나는 사회가 기능적으로 분화되어 더 이상 전체로서의 사회가 그 개별적 구성원의 죽음을 통해 위협을 느끼지 않기 때문이다(Luhmann 1984; Nassehi & Weber 1989). 인간이 유기체로서의 '몸'을 가지고 있고, 죽을 수밖에 없는 존재라는 사실은 지금까지 존재했던 모든 인간사회가 부딪혀 해결해야 했던 아주 '난감한' 문제(Bourdieu 1993)였고, 이 문제를 이해, 해석하고 정당화하는 일은 사회의 중요한 과제 중 하나였다.

근대에 와서 상황은 달라지고 있다. 개인들이 다가올 자신의 죽음이나 '유의미한 타자'의 죽음 앞에서 여전히 타격을 입고 고통받는 동안, 전체로서의 사회는 그러한 것으로부터 이전보다 (상대적으로) 훨씬 영향을 덜 받는다. 기능적으로 분화되고 전문화된 사회에서 한 개인이 사라진다고 해서 달라지는 것은 (원칙적으로) 아무것도 없기 때문이다. 사회 각 부분체계들의 증가하는 독립성과 현대적 도시생활양식에서의 증가하는 복잡복합성(*complexity*) 때문에 오늘날의 도시에서는 마치 아무도 사망하지 않는 것처럼 느껴지기도 한다(Aries 1998).

오늘날 죽음이 사적 영역의 문제로만 여겨지는 것은 니클라스 루만의 체계이론적 관점에서 보면 사실 '기능적으로 필수불가결'하다고 말할 수 있다. 사회의 자기준거적이고 자기생산적인 각 부분체계들은 자신의 기능적 역할을 원활히 수행하기 위해 그러한 '불필요한 짐'으로부터 벗어날 필요가 있으니 말이다. 기능적으로 분화되고 복합성이 고도로 증대된 근대사회에서 죽음은 구성원 전체, 사회 전체의 문제이기보다는 그저 개인적 수준의 문제일 뿐이다.

기능적으로 분화된 사회체계들은 그들의 구조적 한계 때문에 사회구성원의 죽음을 '총체적인 인간의 죽음'으로 이해할 수 없다. 예를 들면, 보험회사에게 보험가입자의 사망은 보상해 주어야 할 '경제적 손실'을 의미할 뿐이고, 어떤 조직 내에서 구성원의 사망은 다른 구성원으로의 대체 필요성을 의미할 뿐이며, 병원에서 환자의 죽음은 자신들의 한계를 드러내는 치부일 뿐이다. 죽음과 어떻게 대면할 것인가 하는 문제와 관련해서 기능적으로 작동하는 근대적 사회체계들과 개인적 의미부여라는 과제 사이에는 넘어서기 어려운 간극이 있다(Nassehi & Weber 1989).

사회적 분화과정과 무관하지 않게 다른 한편에서는 전(全) 사회적 수준에서의 개인화 과정[8]이 진행되어 왔다. 가속화되는 개인화 과정

8) 이때의 개인화 과정이라는 것은 개인적 파편화 또는 개별화 등을 의미하는 것이 아니라 근대의 전 사회적 차원에서의 구조적 변화를 담고 있는 개념이다. '사회적 개인화 과정'(*Gesellschaftlicher Individualisierungs-*

속에서 개인들은 전통적인 사회적 연대나 통제의 틀로부터 벗어나게 되었고, 사회적으로 규정된 종교적 또는 다른 규범화된 사고와 행위 양식들로부터도 해방되었다.[9] 이러한 변화과정이 이 글의 주제와 관련해서 중요한 것은 이제 생활세계 안에서 개개인 스스로가 '사회적인 것'(*the social*)을 (재)생산해 내는 단위가 된다는 점에 있다(Beck 1986).[10] 이는 개인이 그것을 원했다기보다는 외부에서 동원할 수 있는 절대적 판단기준 같은 것이 더 이상 (구조적으로) 존재하지 않는 사회적 조건과 더 깊이 관련되어 있다.

그런데 이는 곧 개인들이 감당해야 할 정서적 고통의 증가를 의미하는 것이기도 하다. 근대인들은 그들이 인간적 배려와 주위 사람들의 도움이 절실히 요구되는 위기상황 앞에서 '고립'을 실감한다. 죽음 앞에서는 두말할 나위도 없다. 이런 느낌은 비단 임종자에게만 해당되는 것이 아니고, 임종자의 가족과 주변 사람들에게도 적용된다. 근대사회에서 죽음의 사회적 실체성은 의료/간호의 전문화와 병원에서의 임종 그리고 장의(葬儀) 전문가에게 위탁된 장례의식 등을 통해 우리의 일상생활에서 마치 사라진 것처럼 보이지만, 그렇다고 해서 개개인의 아픔과 실존적 상실감이 경감된 것은 결코 아니다. 오히려 유한성의 문제를 둘러싼 긴장관계 해결을 위해 무엇으로부터도, 그

---

prozeß)이라는 말도 이런 맥락에서 사용된 것이다.

9) 이것이 근대인들이 모든 것으로부터 자유로운, 말 그대로 자유인이 되었음을 의미하는 것은 물론 아니다. 이전과는 다른 사회구조적, 제도적 구속들이 근대인의 삶을 규정하고 구속한다. 새로운 양식의 사회적 통제, 결합 등에 대해서는 Beck 1986: 5장 참조.

10) '사회적인 것'은 달리 말하면 '사회성'의 최소단위라 할 수도 있을 터인데, 사회적 행위, 사회적 상호작용, 사회적 소통 등을 생각할 수 있을 것이다. 이 문장은 더 이상 어떤 집단에 파묻힌 개인이 아닌, '주체적으로 간주될 수밖에 없는' 개인이 사회성을 형성해 내는 단위로 인식되는 상황을 말하는 것이다.

누구로부터도 도움을 받을 수 없게 된 근대인이 치러야 할 대가는 크다(Beck 1997).

가장 보편적이고도 원초적인 집단으로 간주되는 가족도 일련의 급격한 사회변동 앞에서 흔들리고 있다. 단독가구의 수는 날이 갈수록 증가하고 있으며, 많은 사람들은 보통 4명 이하로 구성된 핵가족 안에서 살고 있다.[11] 앞서 언급한 대로, 사회가 그 구성원의 구조적 유한성 앞에 더 이상 큰 타격을 받지 않는 반면, 이렇게 작은 수의 성원들이 '사랑'이라는 이름으로 정신적으로 깊이 상호 의존되어 있는 근대적 가족에서 가족구성원의 죽음은 이전보다 훨씬 더 감당하기 어려운 과제가 된다.[12] 부부로만 구성되어 있는 가족의 경우 반려자의 죽음은 곧 가족의 와해를 의미한다.

이러한 일련의 사회변동 과정에서 보다 중요하게 고려되어야 할 것은 아마도 의식구조의 변화일 것이다. 근대인들은 자신이 어떠한 "정체성을 부여해 주는 해석체계들"(Habermas)이나 "상징적 의미세계"(Berger & Luckmann) 등에 구속되지 않은 '자신(만)의 삶'을 살고, 그리고 죽는 것으로 이해하는 경향이 있다. 그런데, 죽음에 대한 한 인간의 의식이 — 사회적으로 규정된 — 자신 스스로에 대한 생각과 밀접히 관련되어 있음을 고려한다면, 근대인들이 자신들을 '외부세계'로부터 격리 내지 분리된 독립적 개체로 인식한다는 점은 죽음인식 분석에서 대단히 중요한 의미를 지닌다(Elias 1982). 스스로를 고립된 존재로 생각하는 인간은 그런 존재로 죽을 수밖에 없기 때문이

11) 단독가구의 비율이 계속적으로 증가하고, 평균 가구원 수는 반대로 지속적인 감소추세에 있다. 독일 제3의 도시 뮌헨의 경우 전체 가구 중 절반 이상이 단독가구인 것으로 조사된 지 이미 오래되었고, 2008년 대한민국의 평균 가구원 수는 3명 이하로 떨어졌다.

12) 역사적으로 볼 때 가족이 늘 '사랑의 공동체'였던 것은 아니다. 널리 알려져 있듯이 가족이 정서적 안정과 유대를 가장 중요한 목적으로 하는 사적인 공간으로 받아들여지게 된 것은 근대에 들어와서 일이다.

다. 이러한 의식의 변화는 우리가 이전과 '다르게' 죽어가는 중요한 요인 중 하나이다.[13)]

(2) 사회적 변동에 따른 '유의미한 죽음' 체험의 급격한 감소

사회구조적 측면에서 볼 때 중요하게 고려되어야 할 것은 개인적인 그리고 가족적인 삶의 형태 변화뿐 아니라 놀랄 만한 평균수명의 증가이다. 농업기술의 눈부신 발전, 공공보건제도 개선과 위생상태 향상, 건강·의료 관련 전문기관들의 광범위한 확산 그리고 전반적인 생활수준의 향상은 인간 수명의 급격한 증가를 가져왔다. 오늘날 우리들은 1백 년 이전의 사람들보다 평균적으로 거의 두 배 가까이 오래 산다.[14)] 영유아 사망률도 현격히 감소했다.[15)] 그런데 이러한—아주 단순한 그리고 긍정적으로 여겨지는—사실 안에 우리의 죽음인식에 적

---

13) 우리가 이런 상황을 사실로 인정한다면, 그리고 이러한 조건하에서 죽음의 어떤 의미구조가 존재할 수 있다면 또는 해야 한다면, 그것은 더 이상 전사회적 수준에서가 아니라, 구체적 개인들 수준에서만 가능할 것이라 추론할 수 있다(Nassehi & Weber 1989: 382). 죽음이 사회적 의미맥락으로부터 유리되어 사적인 영역에로 후퇴하는 현상을 데이비드 클락은 "Public absence, private presence of Death"(Clark 1993)라는 말로 표현한다.

14) 한국인의 평균수명은 지난 1960년에 52.4세였는데 1995년에는 73.5세로 늘었고, 2008년 현재 80세에 육박하고 있다. 약 50년 사이에 평균수명이 30년 가까이 늘어난 것이다.

15) 독일의 한 통계에 따르면 19세기 말까지만 해도 10명 중 한 명이 생후 1년을 넘기지 못하고 사망했다(Noelle 1997: 12). 한국의 영아사망률은 1970년에 1천 명당 45.4명이었는데, 이후 지속적으로 감소해서 1996년에는 8.5명으로 낮아졌고, 현재는 4명 이하로 떨어졌다. 참고로 영아사망률은 출생 후 1년 미만 사망아 수/1년간 출생아 수에 1,000을 곱해서 산출한다.

잖이 영향을 미친 중요한 사회적 의미가 숨어 있다.

오늘날 가족구성원의 사망은 '일상적'인 일이 아니다. 불과 몇십 년 전만 해도 어린아이들은 가족 내에서 또는 주위에서 자주 '죽음과 관련된 사회적 상황들'을 경험하면서 성장한 반면, 오늘날 많은 젊은이들은 개인적으로 '의미 있게 다가오는' 죽음을 대면하지 않고 성인이 된다.[16] 19세기 초반 스무 살이었던 사람은 이미 그 나이에 20세기 후반 쉰 살이었던 사람만큼 많은 사망의 경우를 경험했다고 한다. 동일한 시간적 범위 안에서 우리가 경험하는 죽음의 수 자체가 급격히 줄어든 것이다. 그리고 또 하나 중요한 것은 평균수명의 증가로 근대인들은 자신들이 노인이 될 '당연한 권리'가 있는 것처럼 생각하기에 이르렀다는 것이다. 죽음이 마치 전적으로 '노인들만의 문제'(Hahn 1968)인 것으로 여겨지는 경향이 없지 않다.

이러한 사회적 상황의 점진적 변화는 역설적으로, '유의미한 타자' 사망의 자연스러운 수용을 방해한다. 만약 그 죽음이 갑작스러운, 뜻밖으로 여겨지는 경우라면, 더욱 그러하다. 이러한 죽음은 근대인에게는 이해될 수 없는 어떤 것이다. 전근대사회에서 영유아가 갑작스레 숨지거나[17] 어려서 조실부모(早失父母)하는 것이 '있을 수도 있는'

16) 오늘날 많은 사람들은 애완동물의 죽음을 통해 난생처음 죽음이라는 문제와 진지하게 만나게 된다(Wiedenmann 1993: 210). 물론 이러한 현상은 애완동물들이 이전과 달리 가족 내에서 '준(準)가족성원'으로 여겨지는 분위기와도 관련이 있다. '반려동물'이라 하지 않는가.

17) 전통사회에서 영유아는 보통 '완전한 사회적 인간'으로 받아들여지지 않았는데, 이것은 당시 영유아의 사망률이 상당히 높았고 그것이 또한 상대적으로 '자연스러운' 것으로 받아들여졌던 것과도 관련이 있다 하겠다. 즉 영유아의 사망은 지금과 비교해볼 때는 아주 자주 일어나는 일이었고 또 운명적인 것으로 받아들여지는 경향이 있었다. 그러나 오늘날 영유아의 사망은 한 가족에 돌이킬 수 없는 심리적, 사회적 결과를 초래한다. 이는 이제 더 이상 '불행한 일이지만 있을 수도 있는' 일이 아니라, 많은 이들에게 상상하기 어려운 비극이다. 영유아 사망률이 지

일이라 생각되었다면, 오늘날 이런 경우는 마치 '천재지변'과도 같은 것이다(Feldmann 1997). 물론 이것이 근대사회에서 갑작스러운, 예기치 않았던 죽음이 절대적으로 감소했음을 의미하는 것은 아니다. 많은 사람들은 오늘 이 시간에도 각종 사고와 재난으로, 전염병으로 인해 뜻하지 않은 죽음에 직면한다. 그러나 중요한 것은 '근대'라고 하는 특정한 논리와 구조를 가지는 사회에서 살아가는 우리는 '그럼에도 불구하고' 스스로가 노인이 되리라 기대하며, 아무도 그 기대를 허황된 것이라 생각지 않는다는 것이다. 삶의 계산 가능성, 예측 가능성에 대한 믿음은 근대를 지탱하는 큰 힘이기도 하다.

'유의미한 죽음에 대한 체험'이 급격히 감소하면서 관찰되는 또 하나의 중요한 사실은 죽음이라는 삶의 실존적 과제가 더 이상 '중요한 사회화의 대상'으로 여겨지지 않고, 이에 따라 삶의 '선취적 의미구조'(*Antizipierte Sinnstruktur*) 밖으로 밀려나고 있다는 것이다(Hahn 1968).[18] 이제 죽음이라는 문제는 사회화 과정에서 더 이상 필수 불가

극히 낮고, 한 자녀가 일반화된 오늘날의 상황에서 자녀의 사망은 치명적이다. 더구나 가족이 이전과 달리 경제적이나 정치적인 결속공동체가 아니라 일차적으로 '사랑의 공동체'로 여겨지는 오늘날 그 타격은 더욱 심각하다.

18) 이러한 사실과는 별도로 근대인들은 사실 ― 거의 반강제적으로 ― 매일 여러 방송매체들을 통해 각종 사고, 재난, 전쟁으로 인한 사망보도를 접하며, 영화와 드라마 등에서는 숱한 사람들이 죽어 나가고 우리는 그 죽음의 아주 자세한 과정까지도 함께 접하게 된다. 이렇게 간접적이고 또는 허구적인 죽음의 경험들이 실제적인 죽음인식에 어떤 영향을 미치는지에 대해서는 학자들 사이에서도 의견이 분분하다. 어떤 이들은 이런 간접적 경험들이 실제적인 경험을 대체한다고 보기도 하고, 어떤 이들은 그 경험들이 실제와 유리된 죽음관을 만들어낼 수도 있다고 우려한다. 지그문트 바우만의 경우 이러한 현상을 사회구조적 죽음해석전략과의 연관성 안에서 살펴보고 있어 인상적이다. 관련논의는 책의 2장 참조.

결한 것으로도, 피할 수 없는 것으로도 여겨지지 않는다. 또한 근대인들은 죽음에 대해 어떤 정형화된 의미 부여구조 내지는 사회적 행위구조를 갖고 있지 않다. 사람들은 죽음에 어떻게 대응해야 하는지를 알지 못할 뿐 아니라 거의 무방비하다. 다가온 죽음 앞에서 근대인들이 경험하는 불안감과 당혹함은 어쩌면 우리가 사랑하는 이들의 죽음을 이전보다 더 적게 경험하는 대가로 치르는 비용인지도 모른다. 죽음 앞에서 근대인들은 문자 그대로 말문을 잃는다. 그런 상황에 합당한 '언어' 자체를 잃어버린 건 아닐까. 어설픈 위로조차 건네기 어렵다. 임종을 앞둔 이들을 대면할 때의 암담함, 그 무거운 침묵은 어디에서 유래하는가? (Bauman 1994)

오늘날 죽음이 실존적으로 유의미하게 체험되지 못한다는 것과 죽음 앞에서 근대적 개인들이 무방비 상태로 노출되어 있다는 것을 임종상황 경험 횟수의 감소나 전통적인 행위양식들의 부적합성 때문이라고만 설명하는 것은 충분치 않아 보인다. 오히려 근대사회에서 죽음의 실존적 체험 가능성이 구조적으로 방해받고 있다는 사실이 보다 중요하게 고려되어야 한다. 지그문트 바우만은 이러한 현상 뒤에 이 시대 상징구조의 체계가 숨겨져 있다고 본다. 그에 의하면 근대인들이 죽음 앞에서 느끼는 무력감(無力感)은 합당한 교육이나 훈련을 통해 없어질 수 있는 것이 아니다. 그러한 감정은 죽음이 근대사회의 구조상 근본적으로 소통 불가능(Bauman 1994)하다는 데서 기인하는 것이기 때문이다.

근대인들에게 사용가능한 언어, 상징체계는 도구적 성격을 지니는 '생존의 언어체계'뿐이다. 이 생존의 언어체계는 특정 '목적'에 지향되어 있는 행위를 위한 '도구'의 언어이다. 어떠한 행위의 의미는 오로지 그것이 지향하는 목적으로부터 유래하며, 그 도구의 유용성은 그것이 특정 목적을 달성하는 데 적합한지의 여부에 따라 결정된다. 이러한 언어 상징체계는 죽음을 다른 모든 것과 마찬가지로 이러한 도구화된 삶의 한 요소로밖에 받아들이지 못한다. 그런데, 만약 죽음이 단순한 소멸, 그 이상의 어떤 의미도 지니지 못하는 모든 목적, 계획들의 종말로만 보여진다면, 목적합리적으로 지향된 근대적 언어체계를 가지고 우리가 할 수 있는 말이란 실제로 없다. 이러한 구조적 상황에서는 우리가 어떤 말을 하든지, 어떤 행동을 하든지 간에 그것은 의미 없고, 부적절한 말과 행위가 될 뿐이다. 죽음은 근대사회에서 '전형적인 타자'(Bauman 1994)이고 그에게 우리가 건넬 수 있는 말이란 없다.[19]

3) 죽음의 전문화와 의료화

(1) '병원'의 개념과 목적

다음으로 이야기될 수 있는 것이 '죽음의 전문화와 의료화'이다. 오늘날 많은 사람들은 병원에서 태어나고, 병원에서 죽는다. 병원은 근대인들의 탄생지이자 임종지이다. 그런데 전문화된 근대적 의료기관인 병원은 본디 무엇하는 곳인가? 대부분의 사람들은 병원의 목적과 기능이 — 물론 병원에 대한 정의가 역사적으로 변천되었음에도 불구하고[20] — 질병과 상해, 고통의 원인을 진단하고, 의료(복지)적인 도움을 통해 그 원인을 제거함으로써 환자들을 이전의 '건강한 또는 건강하다고 사회적으로 규정되는 상태'로 되돌려 놓는 데 있다는 것에 동의할 수 있을 것이다.[21] 모든 가능한 치료방법을 동원하여 환자들

---

19) 관련한 자세한 논의는 책의 2장 참조.

20) 병원의 정의 변화과정은 정경균 외 1991: 149~152 참조.

21) 이렇게 생각하면 아이를 낳는다는 '자연스러운' 일이 이제는 병원이라는, 병을 치료하는 곳에서 이루어지고, 그렇지 않은 경우가 오히려 낯설게 되어버린 오늘의 상황이 아이러니컬하다 아니할 수 없다. 아이를

의 건강을 회복시키는 것이 병원의 가장 큰 목적과 기능이다. 때문에 생명의 구제와 유지는 병원이라는 의료체계 안에서 절대적인 가치이며, 의료진들이 이 가치를 지키는 데 전력을 다하도록 요청받는 것은 당연하다. 의료현장에서는 "죽음과 죽음의 전령인 질병과의 전쟁"(Schott 1986)[22]이 선포된다.

그런데 이러한 맥락에서 우리가 기억해야 할 중요한 사실 하나는 임종 또는 죽음이 병원의 본래적 업무에 속하지 않는 것으로 여겨진다는 데 있다(Nassehi & Weber 1989). 즉 건강한 상태로 회복될 수 있다는 희망이 존재하지 않는다면 병원과 의사의 임무는 종결된 것이다.[23] 때문에 임종과 죽음이라는 상황이 병원에서 일상적임에도 불구하고, 임종을 앞둔 환자와 그 보호자들에게 병원과 의료진이 충분한 심리적 위안을 주지 못한다고 심심치 않게 보고되는 것은 어쩌면 이러한 병원의 구조적 조건하에서 당연한 일일지도 모른다. 환자

낳는 것도 병이다?

22) 의학적 담론에서 사용되는 언어들을 분석하면, 죽음 또는 질병과의 싸움은 마치 군사적 전쟁수행과 유사한 점이 많다. 즉 내적으로는 박테리아, 암세포 등을 '박멸'하는 데 진력하고, 밖으로는 새로운 병의 치료방법 개발과 사회보건적 대응 등을 통해 질병의 원인이 되는 환경을 제거하는 등 새로운 영역들을 계속해서 '점령'해 나갈 것이 요구된다(Schott 1986: 71).

23) 물론 이러한 전통적 직업인식에 대한 교정이 시도되고 있기는 하다. 예를 들면 독일연방의사협회에서는 오늘날의 사회적 상황변화를 직시하면서 의사들의 역할을 환자들의 생명과 건강을 수호하며 건강을 회복하도록 돕는 것에서 한 발 더 나아가 회복 가능성이 없는 환자의 불필요한 고통을 경감하고 임종환자를 죽음의 순간까지 돕는 것으로 규정하고 있으며, 생명을 지켜야 하는 의사들의 의무가 모든 의료상황에 무차별적으로 적용될 수 없다고 명시한 바 있다. 의사의 임무에 대한 재(再)정의는 오늘날의 변화된 상황에 적응하기 위해서 불가피한 것임에는 분명하다. 그러나 이러한 선언적 언명을 통해 근대적 의료기관의 '본질' 자체가 쉽게 변화될 수 있는 것은 아닐 터이다.

의 죽음은 의사에게 있어서 마치 변호사가 재판에서 패소한 것에 비길 수 있고, 자기 자신의 능력의 한계가 드러나는 것으로 받아들여질 수 있기 때문이다.[24)]

생명의 구조(救助)를 신봉(信奉)하는 근대적 의학윤리는 (비의도적으로) 죽음이라는 실존적 한계상황에 대한 적절한 대응을 어렵게 하고 죽음에 대한 긍정적 이해를 방해하는 중요한 요인 중 하나(Parsons, Fox and Lidz 1972)가 되어왔다.

병원에서 죽음은 조직의 성격상 부정적으로 규정될 수밖에 없다. 환자의 사망은 '구조적으로' 희망되지 않으며, 병원이라는 조직의 계획 속에 포함되지 않기 때문이다.[25)] 그러므로 죽음은 '극단적인 경우'로만 머물러 있어야 한다. 모든 노력에도 불구하고 어떤 환자가 사망했다면, 그것은 단지 '불의의 사고'일 뿐이다(Nassehi & Weber 1989). 이러한 죽음이해는 병원이라는 고립된 조직 안에서의 문제라기보다는 죽음을 어떠한 특정한 형태로만 인식하도록 하는 사회 전반적 가치와 의미, 지식구조가 투영된 하나의 표징으로 이해될 수 있을 것이다.

---

24) 한 의사의 입을 빌려보자. "청진기를 목에 걸던 그날부터 … 내가 절대 용납해서는 안 되는 것은 바로 죽음이라는 결과였다. … 그들은 의사라는 존재인 나에게 삶을 요구했다. 아무리 고통스러운 치료라고 하더라도 살 수 있다는, 완치될 수 있다는 의사의 처방을 요구하고 있었다. … 우리는 소설 같은 데서 가족들에 둘러싸여 죽음을 맞이하는 화목한 분위기의 모습을 읽어볼 수 있다. 이 분위기에서 제외된 단 한 사람은 담당의사뿐이다. 히포크라테스는 말했다. '가망이 없는 환자가 죽음이 임박한 시점에서 의사는 서둘러 그 방을 떠나라!' 왜냐하면 그런 경우, 환자를 계속 치료하다가 환자가 죽음에 이르게 되면 다른 사람들로부터 그것이 무능한 의사의 실책 때문이라는 말을 듣기 십상이기 때문이다. 환자의 죽음을 지켜보는 의사들은 마치 자기 자신의 일에 참패한 것처럼 상처를 받곤 한다"(이지숙 1996: 54~55).

25) 많은 대형병원에서 장례식장이 수익률 면에서 '효자'노릇을 하고 있다지만, 그렇다고 해서 '서자'(庶子)의 자리를 벗어날 수 있는 것은 아니다.

(2) 병원: 현대인의 임종지

이미 언급했듯이 역설적이게도 병원은 근대사회의 대표적인 '임종지'이다.[26] 의학의 지속적인 발달로 불치병이라고 여겨졌던 많은 만성질병이 '원칙적으로' 치료 가능해짐에 따라 병원은 점차 중환자들의 장기요양소가 되었고, 거의 불가피하게 병원은 임종지가 되어갔다(Aries 1976). 병원 안에서의 임종은 오늘날 당연한 일로 받아들여진다. 우리는 병원에서 태어나며, 병원에서 죽어간다. 죽음은 점점 더 개인적인 일이 되어가고 있지만, 역설적으로 그 사적(私的)인 죽음은 전문가와 전문조직의 손에 맡겨져 있는 것이다.

이러한 부정할 수 없는 현실에도 불구하고 — 여전히 스스로를 치료기관으로 규정하는 — 병원이라는 전문화된 의료기관에서 죽음은 본질적으로 용납될 수 없는 어떤 것이다. 건강의 회복을 궁극적 목적으로 하는 이 조직에서 죽음은 여전히 구조적 딜레마로 남아 있다.[27] 병원이라는 조직의 내재적 성격을 염두에 둔다면, 임종과 죽음의 의료화와 물화(物化)는 거의 필연적이다. 그리고 이러한 구조적 상황에서

---

26) 1996년도 독일의 경우 병원에서 약 60~70%, 그리고 양로원과 기타 노인보호기관에서 10~12%의 사람들이 사망한 것으로 조사된 바 있다.

27) 병원이 이미 근대인의 대표적 임종지가 되었고, 앞으로도 그 비율의 계속적인 증가가 예상된다면, 우리는 병원이라는 조직과 보건의료전문직 양성교육의 목적을 재검토할 필요가 있을 것이다. 병원은 이제 죽음에 대항해서 싸우는 곳만이 아닌, 죽음까지도 내재적으로 포함하는, 삶을 위해 자신의 역할을 수행하는 곳으로 인식되어야 할 터이다. 이를 위해 전문기관을 만들고 관련 (재)교육을 받은 전문인력을 양성하는 일도 중요할 것이다. 전문인력과 기관을 통한 해결 모색이라는 것의 한계가 분명하다 하더라도 우리는 어떤 사회적 문제의 해결도 오늘날의 사회구조적 조건 밖에서 이루어질 수 없다는 사실과 가정에서의 죽음을 이상화(理想化)하는 등의 소극적 방법으로는 이 문제를 아주 부분적으로만 해소할 수 있을 뿐이라는 사실을 직시해야 한다.

의 죽음은 임종자가 죽음을 받아들이고 죽음과 화해할 수 있는 여지를 축소할 뿐 아니라, 주변의 성원들에게도 임종자의 고통에 적극적으로 함께 참여하고 체험할 수 있는 기회 또한 박탈할 가능성이 높다.

> 이 모든 것들로 인해 그 어느 때보다 강력하게, 죽어가는 것과 죽음을 산 자의 시선 밖으로 그리고… 사회의 정상적인 삶의 배후로 밀어 넣는 사태가 발생한다. 오늘날의 사람들처럼 조용하게 위생적으로 고독감을 조장하는 사회적 조건 속에서 죽게 되는 건 역사상 유례없는 일이다(엘리아스 1996: 107).

(3) 제도, 조직으로서의 병원

다른 근대적 조직과 마찬가지로 병원에서는 관료제적 행정부서들이 도구적 지식과 행정적 규약, 정해진 절차와 규칙들에 따라 업무집행을 감독한다. 조직의 유지와 확장, 원활한 작동이 그들의 일차적 과제이고, 무엇보다도 먼저 경제적인 효율성의 실현이 중요하다. 이를 위해 각종 규칙과 절차의 실천 그리고 그에 대한 지속적인 통제가 중요하다. 병원이라는 조직에서 커뮤니케이션 참여자들의 — 환자, 의사, 행정직 관료 등 — 개인적 성품과 인간성 등은 원칙적으로 중요하게 여겨지지 않으며, 그들은 모두 특정한 '역할의 수행자'로서(만) 이 조직에 부분적으로 참여한다.[28] 참여자들의 커뮤니케이션 근거는 개인적 동기나 정서적 느낌과 무관한 추상적인 규칙과 서류철이다(Berger, Berger & Kellner 1987).

피터 버거 등의 관찰에 의하면 관료제적 소통에서의 익명성은 조

---

28) 관료제적 조직에서 우리가 가장 흔히 듣게 되는 말 중 하나는 "그건 제 담당이 아닌데요"라는 말일 것이다. 근대의 대표적인 조직형태인 관료제적 조직은 사회의 기능적 분화가 극화된 한 형태이다.

직의 기술적이고 실용적인 필요성이나 요구를 넘어, "관료제적 윤리의 공리(公理)"이다. 관료제에서 익명성은 사회적 제 관계의 근간으로 기능하며, 나아가 '도덕적으로' 정당화되는 경향이 있다.[29] 그리고 이런 상황에서 흔히 일어나는 인간의 도구화, 나아가서 비인간화의 구조적 위험은 근대사회의 지식과 행위의 기술화, 물화 과정에서 우리가 치러야 하는 비싼 대가이다.[30] 그것은 가장 인간적인 목적을 추구해야 할 (적어도 그렇게 기대되는) 병원에서도 마찬가지이다.[31]

병원에서 이루어지는 수단-목적 지향적인 커뮤니케이션은 의료진들의 개인적 성향 때문이 아니라 조직에 내재된 논리에서 기인한다. 때문에 육체적, 정신적으로 지쳐 있고, 인간적·정서적 도움을 필요로 하는 환자 또는 환자보호자들과, 스스로의 의무를 육체적·물리적 질환 또는 비정상을 수리하는 데 있다고 보는 병원의료진과의 갈등은 이미 예정된 것이라고 할 수 있다. 의사와 환자는 서로 다른 의미구조를 따르고 있으며, 서로 다른 자기이해와 목적을 가지고 행위

29) 관료제적 체계의 보다 일반적인 성격에 대해서는 Berger, Berger & Kellner 1987: 44 이하 참조.

30) 근대사회의 구조적 딜레마는 지식과 행위의 기술화, 물화가 근대를 근대이게 하는 조건이기도 하다는 데 있다. 예를 들면 사람을 생화학적인 물(物)로 보는 것이 가능해진 다음에서야 의학적 진료과정의 합리적 모형설정이 가능해졌으며 치료에 있어서 기계적 도구의 도입과 생체연구, 의약산업의 합리적 운영, 진료비와 의료보험 수가 계산 등이 가능해졌던 것이다(Ridder 1983: 114).

31) 독일 마부룩 대학 사회학과에서 했던 조사에 따르면 의사가 회진하면서 환자 한 명당 머무르는 시간은 평균적으로 1.5분이었으며, 다른 한 조사에 따르면 2.5분인 것으로 나타났다(Becker 1992: 46, Bierich 1992: 7). 이러한 연구결과를 근거로 의사나 병원조직에 도덕적인 비난을 가하는 것은 성급한 일이다. 그보다는 관료제적인, 그리고 목적합리적으로 지향된 조직에서 인간적인 배려를 위한 시간과 공간이 절대적으로 부족할 수밖에 없다는 점이 먼저 지적되어야 한다.

한다. 다시 강조하거니와 이 불행한 상황의 근본적 원인은 개인적인 차원에서 찾을 수 있는 것이 결코 아니며, 그보다는 병원이라는 조직의 성격에서 유래되는 지극히 제한된 사회적 소통의 체계에서 찾아야 할 것이다.[32]

(4) 병원에서 임종자들의 위상

구성원들의 적극적 참여와 성취적 업적을 요구하는 근대사회에서 질병은 바람직하지 않은 것으로 간주되며, '일탈적 행위'로까지 규정되는 경향이 있다. 독립적이고, 자주적일 것을 요청받는 근대인의 이상(理想)은 발병(發病)을 통해 심하게 위협받는다. 가능한 한 빨리 다시 건강한 상태를 회복하기 위해 노력해야 하는 것은 환자의 당연한 '의무'이며, 이를 위해 전문가의 지시에 따라 합당한 치료를 받아야 한다. 따라서 전문적인 지식을 가진 것으로 여겨지고 일방적으로 도움을 주는 위치에 있는 의료진과 도움을 받아야 하는, 아니 도움을 받을 수밖에 없는 처지에 있는 환자 사이에는 애초부터 그 역할과 지위에 서열적 분화가 있다.

환자와 보호자는 건강의 회복을 위해 의료진의 지시를 '믿고' 따를 수밖에 없고, 또 그래야 하는 것으로 기대된다. 환자의 자율성은 제한될 수밖에 없다. 병원에서 환자는 — 그의 이전 사회적 지위 등과 무관하게 — 더 이상 스스로를 책임질 수 있는 성숙한 시민이 아니며,

---

32) 의사와 환자는 질병에 대한 태도와 의사의 임무에 대해 서로 합치할 수 없는 생각을 가지고 있다. 한 조사에 따르면 의사들은 자신을 무엇보다도 먼저 "의학적인 지식과 그에 따른 기술적용에 관한 과학자 내지 전문가"로 이해하는 데 반해, 환자들은 — 물론 그들도 의사를 의료전문인으로 생각하지만 — 동시에 "기타의 인간적인 여러 질문들에 대한 상담자, 개인적 대화를 위한 상대, 협조자"로의 모습을 의사의 중요한 본질적 역할로 생각하는 경향이 많다(Rössler 1992: 13~14).

전문적 도움을 필요로 하는, 힘없고 의존적인 '보호대상자'에 불과하다. 나아가서 의료진과 환자 사이에는 상당한 전문적 지식의 차이가 존재한다.[33] 의료전문가들(만)이 환자의 건강회복을 위해 무엇이 행해져야 하는지를 알고 있는 것으로 생각되기 때문에 그들의 말은 가히 절대적이다. '착한 환자'는 그저 자신에게 주어진 '환자역할'[34]을 성실하게 — 가능한 한 수동적으로 조건 없이 그리고 질문 없이 — 수행하면 된다. 자신에게 주어진 이러한 새로운 지위와 역할을 거부하는 환자들은 종종 무시되고, 나아가 제재당하기 일쑤이다(Rohde 1973; Ziegler 1982).

병원에서 환자들은 탈인격화될 뿐 아니라, 자신들에게 친숙한 생활세계와 사회적 관계로부터 유리되고, 사회 여타 영역에서의 삶으로부터 격리된다. 특히 환자들에게 병원은 "전체주의적 제도"(*Totale Institution*)[35]의 성격을 가진다. 이 용어는 환자들의 전면적 의존성을 암시한다. 근대사회의 전형적 특성 중 하나인 공적 공간과 사적 공간, 근무시간과 자유시간 등의 구분을 통한 시공간적 구별은 하루아침에 무너지고, 환자들은 24시간 지속적으로 관찰당하며, 강요된 규칙의 준수가 요구된다. 때문에 환자들은 심리적, 사회적 고립감과 지위상실감에 빠지기 십상이다(Rohde 1973; Feldmann 1990). 더 이상 회복 가능성이 없는, 임종을 앞둔 환자들은 두말할 필요도 없다. 무력감과 고립감의 정도가 배가될 뿐만 아니라,[36] 자신의 존재 자체가

33) 지식기반사회로의 급격한 진전은 여러 분야에서 전문가와 일반인들 사이의 거리를 계속 증가시키는 경향이 있다.

34) 이 개념(*Sick Role*)은 탤컷 파슨스(Talcott Parsons)로부터 유래하였다. 여기에서는 병원이라는 관료제적 조직의 성격에서 파생되는 환자의 수동적 성격을 표현하기 위해 차용되었다.

35) 이는 어빙 고프만(Erving Goffman)에게서 유래된 개념이다.

36) 전염병 또는 AIDS환자 등의 경우 그 정도는 상대적으로 더 심해진다. 전염의 가능성에 대한 두려움과 사회적 몰이해로 인해 그들은 다른 환

조직 안에서 비(非)기능적 내지는 반(反)기능적이라는 사실 앞에서 절망한다. 그들의 존재는 그 자체로 질병과의 싸움, 건강한 상태로의 회복이라는 병원의 공식적 목표를 정면으로 부정한다. 그들은 고독 속에서 죽음의 순간만을 기다리며, 임종 직후 가능한 한 빨리 병실 밖으로 — 장기이식을 위한 수술실이나 또는 시체실로 — 옮겨져야 할 것이다.

병원이라는, 일상생활세계로부터 격리된 조직에서의 사망은 이렇게 우리 시대 죽음관(觀)의 의료화, 기술화를 초래했으며(Feldmann 1995),[37] 임종과 죽음이 일상화된 병원에서조차도 관료주의, 기술중심주의, 위생주의의 영향과 — 사실 무엇보다도 더 중요한 것으로 지적되어야 할 — 인간의 유한성에 대한 선취적 의미구조의 결여로 죽은 사람 그리고 남은 사람들에 대한 인본적인 태도와 행위양식은 구현되기 쉽지 않아 보인다(Nassehi & Weber 1989).[38]

자들로부터도 고립된다. 병원에서 임종자들의 상황에 대한 더 자세한 논의는 Ferber 1970: 243~244 또는 Nassehi & Weber 1989: 238~239 참조.

37) 이러한 상황은 하버마스의 표현을 빌리면 일종의 "생활세계의 식민화"(*Kolonialisierung der Lebenswelt*)로 볼 수 있겠다. 하버마스는 기술적 생산양식과 관료제의 인지적 범주들이 자신들의 사회체계적 범위를 넘어서 일상생활까지 침투해서 지배적 역할을 하게 되는 현상을 이러한 용어로 표현하였다. 이러한 현상이 일어나면 생활세계의 소통 메커니즘이 제대로 작동하지 않게 되고 생활세계의 상징적 재생산이 어려워진다(Habermas 1988).

38) 호스피스 등 임종자들의 권익과 '인간다운' 죽음을 보장하기 위한 사회적 노력들이 있지만 아울러 이를 통해 죽음의 물화와 의료화를 촉발한 근대적 구조의 근본적 변화를 기대하는 것은 어렵다는 것이 함께 인식될 필요가 있다.

4) 장상례 의식의 전문화와 최소화

(1) 장상례(葬喪禮) 의식의 종교적-상징적 그리고 사회적 기능[39]

의식(*Ritual*), 의례적 의사소통과 그 행위양식들은 개인적으로 또는 사회적으로 중요한 삶의 순간에 어떤 '형태'(*Form*)를 부여한다. 즉 이들을 통해 삶의 중요한 사건들은 시간과 공간 안에서 구조화되며, 사회적 상호소통성을 확보할 수 있게 된다. 이러한 사회적 소통방식은 사회의 다른 정형화된 행위양식들과 마찬가지로 거의 자동적으로 작동, 기능하기 때문에 참여자들은 특별한 준비나 지식 없이도 그 순간들에 함께 참여하고 상황을 재현할 수 있다.

그런데, 의식 또는 의례의 가장 중요한 특징 중 하나는 그들이 기본적으로 도구적, 목적합리적 성격을 지니지 않으며, 일상적 커뮤니케이션의 규칙에 매여 있지도 않다는 사실이다. 의식이나 의례에서 다루어지는 것은 보통 일상적으로 경험할 수 있는 것이 아니며, 그것의 상징적인 성격이 보다 중요하다. 상징적 행위로서의 의식은 말하자면 생활세계의 경계 밖에 있는 그 어떤 것과 우리를 연결해 주는 '다리'와 같은 역할을 한다(Luckmann 1985).

이 글에서 특히 관심을 갖는 부분은 의식, 의례적 의사소통과 그

---

39) 이 책에서 다루어지지는 않지만 의식과 의례는 사회통제의 역할도 수행하며, 장상례(葬喪禮)도 예외는 아니다. 누가, 언제, 어디서, 어떻게, 얼마나 오래 장상례를 수행해야 하는지는 사회적으로 규정되고, 이에 따라 '정상적인 장상례'와 '비정상적인 장상례'가 구분된다. 조선과 같은 유교적 지향을 가지고 있었던, 효와 충이 국가이데올로기로 강조되던 사회에서 상례와 제례는 사회적으로 대단히 중요한 의미를 가지고 있었다. 개인적 그리고 공식적 상례, 제례들은 상세하게 규정된 사회적 규약들에 따라 행해져야 했으며, 사회적 통제와 통합에 중요하고도 효과적인 도구로 사용되었다.

행위양식들이 우리 삶의 다양한 위기와 한계상황의 극복을 돕고, 생활세계로의 재통합을 가능하게 하는 역할을 수행한다는 것이다. 이들은 삶의 위기나 한계상황들을 경험적 생활세계를 넘어선 어떤 '다른 실제세계의 영역'들과 연관시킴으로써 이해되지 않고 받아들일 수 없는 사실과 사건이 이해 가능하도록, 소통 가능하도록 도와준다. 경험할 수 없는 것들을 경험 가능한 것으로 바꾸어 주고, 표현할 수 없는 것들을 — 사회의 일반적 지식체계와 의미관계 안에서 — 표현 가능하도록 돕는 사회적으로 정형화되고 확립된 상호소통과 행위의 수단(Berger & Luckmann 1995a; Nassehi & Weber 1989)인 것이다.

'유의미한 타자'의 사망이라는 한계상황은 쉽게 이해되거나 받아들여질 수 있는 것이 아니다. 그것은 망자(亡者)도 함께 속해 있었던 일상생활 세계의 자명성과 연속성을 치명적으로 파괴한다. 상식적인 수준의 지식과 방법으로는 이 새로운 상황을 정의하고 해석할 수 없다. 매장의식과 장례의식을 통해서 '유의미한 타자'의 죽음은 비로소 하나의 사회적 형태를 갖게 되며, 그 상황에 대한 설명과 정당화가 비로소 가능해진다. 그러므로 매장과 장례의식은 우리의 삶에 있어서 — 어쩌면 가장 — 두려운 위협에 대한 사회적 대답방식이라고 할 수 있다(Berger & Berger 1983).

매장과 장례의식은 다른 의식이나 의례와 마찬가지로 종교적, 상징적 그리고 사회적 성격을 지니며, 두 가지 중요한 기능을 수행한다. 먼저, 일종의 '통과의례'(*Rites de Passage*)로서 사자(死者)를 그가 지금까지 속했던 사회로부터 분리해 내고 새로운 세계로 인도되는 것을 돕는다.[40]

---

40) 많은 문화권에서 죽음은 하나의 '다리'로 인식되었다. 따라서 죽은 이에게 새로운 정체성을 부여하고, 살아 있는 이들로부터 그들을 분리해 내는 일은 매우 중요한 일이었다. 이 과정이 성공적으로 이루어지지 않으면 사람들은 사자(死者)가 현세를 떠나지 못하고 방황하게 되며, 산 자

두 번째로 산 자들을 위로하고, 그들이 다시 일상세계로 복귀하는 것을 돕는다. 사랑하는 이의 사망으로 인한 갑작스러운 커뮤니케이션의 단절은 남겨진 사람들에게 큰 상처와 메워질 수 없는 슬픔과 공백으로 남게 되는데, 장상례의 역할은 바로 이 단절된 커뮤니케이션을 '기정사실화'하는 동시에, 이를—이전과는 다른 방법으로—다시 연결하는 데 있다. 남겨진 자들은 이 과정을 통해 자신의 슬픔을 표현할 수 있게 되는 동시에 통제할 수 있게 된다. 살아 있는 사람들은 장상례를 치르며 비로소 죽은 자를 죽은 자로 인식하게 되고, 죽음의 의미를 상징적으로 이해할 수 있게 된다. 그리고 이런 의식을 통해 상주(喪主)들은 공동체의 일원으로서의 안정감을 느끼게 되며, 참여하는 다른 성원들도 삶의 한계상황과 상징적으로 친숙해지게 된다. 그러므로 이 의례들은 결과적으로 산 자들이 '위기상황'에서 벗어나 자신들에게 주어진 새로운 상황에 적응하고, 새로운 역할을 받아들이도록 함으로써 그들이 성공적으로 다시 일상으로 복귀하는 것을 돕는 기능을 한다.

(2) 근대사회에서 장상례의 성격

위에서 설명한 장상례(葬喪禮)의 성격과 사회적 기능은 시대와 공간을 넘어 보편성을 지니고 있다고 말할 수 있다. 그리고 이 보편성은 종교적 설명체계의 보편성과 밀접히 연관되어 있다. 그렇다면 종교적 의미체계가 그 보편성을—적어도 상당부분—상실한 것으로 보이는 오늘날, 장상례 의식은 어떤 구조와 성격을 가지고 있는가? 기능적으로 분화되고, 감정중립적인 근대사회에서 그 의식들은 어떤 역할을 수행하는가?

들에게 부정적 영향을 미칠 수도 있다고 생각했다.

물론 아직까지도 많은 경우에 전통적인 종교적 의식이 장상례에 동원되는 것이 사실이다. 많은 이들이 제도교회를 등지고 있는 서구사회에서 교적을 유지하는 사람들의 상당수는 교회의 이러한 '의례적 역할'에 큰 기대를 가지고 있다는 통계조사도 나온 바 있다(Nassehi & Weber 1989; Hügen 1990). 그런데, 사람들이 삶의 위기나 한계상황에 직면했을 때 종교적 상징과 도움을 요청하게 되는 것을 일종의 사회적 습관 또는 관습이라고만 설명할 수는 없을 것이다. 우리는 이와 관련해서 사람들에게 별다른 다른 대안이 없다는 점에 주목해야 한다. 세속화가 상당정도 진척된 사회에서도 삶의 중요한 순간들 — 예를 들면 출생, 결혼, 그리고 무엇보다도 죽음[41] — 을 동행해 주는 세속화된 의식의 발달은 미미하다고 할 수 있다. 전통적 의례 이외의 다른 의례는 덜 발달된 상태에 있거나 폭넓은 설득력을 얻는 데 실패하고 있다. 그런데 사람들은 위기상황에 처했을 때 — 그들이 종교적 상징에 중요한 가치를 두고 있는지, 또는 종교적 의미에서의 사후세계에 대한 믿음이 있는지의 여부와 무관하게 — 계속해서 도움과 위로를 필요로 한다. 그리고 이때 전통적 종교의례는 사람들이 선택할 수 있는 거의 유일한 대안으로 보인다. 설사 그것의 종교적 의미가 더 이상 별다른 감흥을 주지 못한다 해도 말이다.

그런데 한계상황에 직면한 사람들의 갑작스런 종교적 귀의는 한편으로 대안의 부재 또는 전통사회의 잔재(Fuchs 1969)로 설명되기도 하지만, 보다 깊은 의미에서는 근대사회에서 "전적으로 내재적으로만 현존을 정당화하는 데서 결과하는 (초월성과 연결된 상징적 — 글쓴이) 의미구조의 결여"(Hahn 1974) 때문으로 설명되기도 한다. 과학기술적 설명, 합리적 내재성, 세속적인 성공과 업적 중심의 근대적 사고구조

---

41) 이 중에서도 죽음의 문제는 가장 덜 '세속화된' 영역으로 남아 있다고 말할 수 있다. 그리고 이러한 사실은 역으로 근대사회에서 죽음의 의미있는 통합이 쉽지 않음을 암시해 주는 것이기도 하다.

는 죽음이라는 — 합리적으로 설명하기 어렵고 논리적으로는 이해되지 않는 — 사건 앞에서 가장 강하게 도전받지만, 근대사회는 경험적 '내재성'을 벗어난 어떤 의미구조도 제공해줄 수 없다. 이런 상황에서 위기에 처한 개인들이 유일하게 선택할 수 있는 방법은 '오래된' — 그러나 외면해 오던 — 친구를 다시 찾는 것밖에 없지 않겠는가.

그러나 종교적으로 제도화된 상호 소통양식과 행위양식이 계속해서 한계상황 극복에 일정정도 도움을 주고 있다는 점은 근대인들에게 죽음이 점점 더 이해되지 않는, 어떤 '이물질' 같은 것이 되어가고 있다는 사실 자체를 뒤집기에는 역부족인 듯하다.

근대사회에서 장상례(葬喪禮)는 한편으로는 전문화되고, 다른 한편으로는 (일반적으로) 최소화되는 경향을 보인다. 장상례가 전문적인 기업에 의해 수행되는 사무적이고 기계적인 일의 하나가 된 지 오래다. 장상례 의식이 더 이상 가족, 친지 또는 친구들에 의해 수행되지 않고 전문적으로 그 일을 수행하는 '전문가'들에게 맡겨진 오늘, 직계가족이라 하더라도 그들이 장상례 과정에 적극적으로 참여하는 것은 그리 환영받지 못한다. 업자들은 점점 더 완벽한 서비스를 약속한다. 상주는 그저 사망통보만 하면 된다. 나머지는 모두 그들이 알아서 처리할 것이다. 이러한 전문화와 상업화 과정에서 가족들조차 '구경꾼' 또는 '타인'으로 남겨진다. 전문화된 장례의식에서는 더 이상 죽음 그리고 죽은 자와의 소통이 허락되지 않는다.

장상례 의식의 전문화와 더불어 근대사회에서 죽음이 점점 더 사적 영역으로 후퇴하고 있음도 기억해야 한다. 많은 사람들이 병원이라는 공공기관에서 사망하지만, 죽음 자체는 지극히 사적인 문제로 인식되는 역설과 유사하게, 공공장소에서 사회적 전문가들의 손을 빌려 치러지는 장상례는 오늘날 지극히 개인적인 일이다. 사람들이 맺는 여러 사회적 관계나 각종 인연은 많은 경우 사회기능적 역할을 매개로 이루어지며, 이러한 관계들은 보통 정서적으로 중립적이며, 대체가능한 관계들이다. 이러한 사회적 관계는 전근대사회의 전(全) 인격적인, 감정적인, 특수한 관계들과 대비된다. 근대사회에서 개인적으로 '친밀한' 관계들은 비교적 작은 범위에 머무르는 경향이 있으며, 장상례는 그들에게'만' 문제상황이 된다.

그런데 이와 관련해서 앞에서도 언급한 바와 같이 그 범주 안에 속하는 사람들 간의 친밀도는 증가하는 경향이 있다는 점도 다시 기억될 필요가 있다. 그 범주 안에 속한 이들에게 '유의미한 타자'의 죽음은 예전에 비해 훨씬 더 비극적인 사건일 수 있다.

장상례 의식이 지극히 사적인 것이 되어가는 또 하나의 중요한 이유는 근대사회가 이 문제를 사회적 수준에서 해결해야 할 중요한 과제로 여기지 않는다는 데 있을 것이다. 사회의 기능적 분화로 인해 전체로서의 사회는 개인의 죽음을 통해 거의 타격을 입지 않는다는 사실을 앞에서 이미 언급했다. 원칙적으로 모든 개인들이 대체 가능한 역할을 수행하는 존재로 인식되는 사회에서, 어떤 상징적 의미세계와 연관된 상호주관적인 '슬픔의 방식'이 발견되리라고 기대하는 것은 부질없는 욕심인지도 모른다(Nassehi & Weber 1989).[42]

이렇게 보았을 때 한계상황에 직면한 인간적인 아픔과 고통이 더 이상 사회적으로 처리될 수 없다는 것은 적절한 사회적 관계의 결여 때문이라기보다는 보편적인 '상호소통적 의미지평 상실'을 암시하는 것으로 봐야 할지도 모른다.

그리고 그 결과로 '유의미한 타자'의 죽음 앞에 직면한 개인들의 고통과 슬픔은 여러 가지 측면에서 이전보다 증가하고 있다고 볼 수 있다. 이에 비해 더 절실해진 상호주관적인 나눔은 더 이상 이루어지지 않으며, 의미를 부여해 주는 상징적 의례의 결여로 상주들은 그들의 아픔과 함께 사회로부터 고립되어 있다고 느낄 가능성이 크다.

---

42) 3년상은 고사하고, 오늘날 직계가족이 사망했을 때 1달 동안 '공식적으로 슬퍼할 수 있는' 사람들의 수는 얼마나 될까?

5) 보편적이고 구속력 있는 의미체계의 결여

(1) 죽음의 탈주술화(*Entzauberung des Todes*)?

죽음을 특별하지 않은, 지극히 평범한 일로 바라보려는 노력은 인간역사에서 그리 새로운 것은 아니다. 이미 고대에 에피쿠로스(Epicouros)는 '죽음이 왔을 때 나는 없고, 내가 있을 때 죽음은 없으니 죽음과 나는 아무 관련이 없다'고 주장하면서 죽음에 의미를 부여하는 일은 의미가 없다고 주장했다.[43] 그러나 역사적으로 볼 때 죽음을 그렇게 태연히 대하는 일에는 성공적이지 못했다.

근대에 들어와서야 비로소 죽음의 물화, 세속화 시도가 본격적으로 나타나게 된다. 죽음은 이제 더 이상 다른 삶으로의 이행도, 신의 부르심이나 저주, 또는 벌도 지시하지 않는다. 죽음은 어떠한 '초월성'(*Transzendenz*)으로도 정당화될 수 없게 되었다(Fuchs 1969: 63). 언제나 삶의 종착역 이상을 의미했던 죽음은 삶의 절대적이고 단호한 종점이 된다. 어떠한 종교적, 상징적 의미도 부여되지 않는 삶의 종점으로서의 죽음은 그저 이제 하나의 덧없는 '사고'(事故)에 지나지 않는다(Pöhlmann 1991).

종교적 구원에 대한 믿음뿐 아니라 사회적, 정치적인 구원에 대한 믿음도 그 당연성과 구속성(*Verbindlichkeit*)을 상실했다. 죽음과 삶 사이에는 더 이상 어떠한 연관도 존재하지 않으며, 죽음과 삶 사이를 연결해줄 수 있는 것은 아무것도 없다(Beck 1997: 126). 죽음이라는 현상에 의미를 부여할 수 있는 가능성은 대안 없이 약화 또는 상실되

---

43) 의식적으로 감지되지 않는 모든 것, 직접적으로 손에 잡히지 않는 모든 것들을 배격하는 에피쿠로스식의 사고방식은 현대인들에게는 그리 낯설지 않다. 그러나 이런 발상은 고대사회에서는 '사고의 혁명적 전환'으로 여겨졌을 것이다.

었다. 한스 요아킴 베버는 이를 두고 근대사회에서 “죽음의 자리가 비어 있다”라고 말한다.

물론 죽음은 아직까지도 다른 어떠한 것보다 종교적 감정을 불러일으키는 사건임에 분명하다(Schmied 1985). 그리고 앞서 언급된 바와 같이 설득력 있는 대안이 존재하지 않는 상황에서 사람들이 한계상황에 직면했을 때 전통적 종교제도로 다시 돌아가는 것은 어찌 보면 당연한 일이고, 이러한 상황에서나마 종교가 그들에게 주는 도움이 비하될 필요는 없다. 그러나 다시 강조하거니와 이러한 현상을 전통적이거나 종교적인 상징과 의미체계의 복원을 의미하는 것으로 해석하는 것은 무리가 아닌가 한다. 그들이 근대에 형성된 형이상학적 공백을 보편적인 설득력을 가지고 채워 주지는 못하기 때문이다.

그렇다면 근대적 합리성과 근대과학은 어떤 대안을 제시하는가? 전통적인 의미상징이 결정적으로 약화된 것은 사실이지만, 그렇다고 해서 근대성이 한계상황에 직면한 사람들에게 적절한 위로와 위안을 제공할 수 있는 것도, 죽음에 대한 긍정적 이해를 돕는 것도 아닌 것 같다. 보편적 설득력을 지니는 죽음의 ‘근대적’ 의미구조는 아직은 존재하지 않는 것처럼 보인다. 어찌 보면 근대사회는 죽음의 상호소통적인 극복, 그리고 문화적 이해 가능성을 위한 상징적인 고리를 잃어버린 것은 아닐까? 죽음은 근대사회에서 더 이상 상호소통적 또는 상징적으로 규정되지 못한다(Nassehi 1992).

막스 베버는 일찍이 초월성에 대한 믿음의 상실이 근대사회에서 ‘정체성을 유지시켜 주는 의미관계의 형성’에 중대한, 매우 해결하기 어려운 문제를 초래할 것이라 지적한 바 있다(Weber 1988). 어쨌든 의미부여가 되지 않는 죽음은 ‘무의미한 현상’, 나아가서는 ‘무의미한 고통의 근원’이 될 수밖에 없다. 문화적 의미관계들의 연결고리로부터 밀려나온 죽음은 비(非)이성(*Unvernunft*)의 대표적 상징으로, 무(*Nichts*)가 되어간다(Ebeling 1984).

(2) 사회적 다원화의 결과

다양성의 증가, 다원화는 근대적 세계를 규정짓는 중요한 표지 중의 하나이다. 이를 통해 얻는 자유와 개방성을 낮추어 평가해서는 안 되겠지만 그에 따른 '대가'도 간과할 수 없다.

① 구속력 있는 의미체계의 상실

전통적으로 우리의 생활세계는 안정적이고 유기적인 전체로서의 통합체로 인식되었으며 죽음은 그 유기적 통합체에 내재적으로 속한 중요한 요소였다. 사회적으로 통합된 삶의 의미체계는 죽음에 대한 — 사람들이 큰 의문 없이 따를 수 있었거나 적어도 '왜'(*Warum*)라는 질문에 대한 대답을 제공받을 수 있던 — 설명체계이기도 했다.

그러나 이제 '왜'라는 질문에 대한 대답의 전형은 없다. 전통적으로 보편적 구속력을 지니던 의미설명체계들은 그 기능을 상실했거나 그 영향력과 설득력에 상당부분 타격을 입었다.

서로 다른 생활세계의 세계관들이 시장상황에서 경쟁하는 시대에 사람들에게 주어진 의미의 '선택 가능성'은 그저 단순히 다양한 물건들 중에서 입맛에 맞는 것을 고를 수 있다는 것만을 의미하지는 않는다. 이 새로운 현상 안에는 죽음에 대한 의식을 근본적으로 변화시키는 데 일조를 한 요인이 숨어 있다.[44]

다원화된 사회에서는 어떤 세계관도, 어떤 가치관도 (원천적으로) 그 절대적 보편성, 구속력, 설명력을 보장받을 수 없다. 근대적 다원주의는 그 근본적 성격으로 인해 모든 것을 — 일상적인 행동양식에서부터 사회적 의미와 가치구조까지 — 불안정한 것으로 이해하게 하는

---

44) 이에 대한 설득력 있고 자세한 논의는 Berger 1992: 1장 참조.

경향이 있다. 피터 버거는 이러한 상황을 "이단에로의 강요"(*Zwang zur Häresie*)라고까지 표현했다. 그에 따르면 이단은 오늘날 하나의 가능성을 넘어서서 피할 수 없는 어떤 것이다(Berger 1992).

의미체계의 종주(宗主)라고 할 수 있는 종교적 가치의 상대화도 많은 부분 이러한 근본적인 사회적 구조변동과 관련하여 설명할 수 있을 것이다. 버거는 세속화가 아닌 다원화가 종교적 가치의 상대화에 있어 가장 근본적이고 중요한 원인이라고 본다.45) 그리고 버거와 루크만에 따르면 바로 이 다원화가 근대사회에서 의미문제를 발생시키는 가장 중요한 요인이기도 하다(vgl. Berger & Luckmann 1995a).

이제 사람들은 무엇인가를 고를 수 있는 가능성을 가지고 있을 뿐 아니라, 그 가능성에 대해 잘 알고 있다. 그러나 이러한 상황을 벗어날 수 있는 가능성은 없다. 근대의 다원주의는 선택을 가능하게 할 뿐만 아니라 선택을 강요한다. 사람들은 자신이 다른 결정을 할 수도 있었다는 사실을 외면할 수 없다.46) 이러한 근대적 삶의 구조적 성격은 사람들을 쉽게 상대주의로 빠지게 하며, 개인들에게 인식적 실향(失鄕) (Berger, Berger & Kellner 1987)을 경험하게 한다.47)

반대적 입장과 어느 정도 화해하지 않는 어떠한 입장도, 반대적 테제를 어느 정도 인정하지 않는 어떤 테제도, 그 안에서 반대적 경향이 관찰되지 않는 그 어떠한 경향도 찾아보기 어렵게 되었다는 것은 근대의 중요한 징표이다(Höhn 1996). 다원화의 결과로 어떠한 종교

---

45) 버거에 따르면 (이른바) '종교의 위기'도 여기서 기원하며, 세속화 과정도 우리가 이 두 가지 요소를 함께 고려할 때만이 더 잘 이해할 수 있다(Berger 1996: 43).

46) 이는 니클라스 루만의 비필연성/우연성(*Kontingenz*) 개념과 유사한 내용을 담고 있다.

47) 그래서 버거는 근대의 다원주의가 역설적으로 광신주의(*Fanatismus*)의 한 중요한 원인이 된다고 본다.

인, 정치가 또는 학자도 그리고 어떠한 세계관이나 종교적 설명체계도 세계를 구속력 있게 설명하는 것이 거의 불가능하게 되었다. 이는 죽음의 문제에서도 마찬가지이다. 장 지글러의 표현에 따르면 "모든 이에게 보편적으로 받아들여질 수 있는 실존적 지식의 담지자"(Zigler 1982)가 부재(不在)한 것으로 보인다. 그리고 보다 더 근본적인 것은 상호 공유하는 존재론적 사유 자체가 부재한다는 사실이다. 이러한 상황 때문에 근대사회에서 상호주관적으로 인정되는 상징적 죽음인식의 구성이라는 것이 과연 가능할 것인가(Nassehi & Weber 1989) 하는 의구심을 떨치기 어려운 것이다.[48]

② 죽음에 대한 보편적 의미구조 형성의 불가능성과 비(非)필요불가결성

생활세계의 분화와 다양화, 지속적인 변화[49] 속에 통합적 세계관이나 보편적 의미구조의 구성은 구조적으로 가능하지 않을뿐더러 이제 필수불가결한 것으로 인식되지도 않는다.

사회의 기능적인 부분체계로의 분화는 근대사회의 중요한 표징 중 하나이다. 이로 인해 사회의 어떤 부분체계에도 전체를 아우르는 역할이 부여되지 않는다. 각 부분체계는 서로 다른 특수한 내부적 코드에 따라 움직이며 다른 부분체계들로부터 높은 자율성을 가진다. 그

48) 만약 우리가 사망원인으로 환원된 죽음만을 이해할 수 있고, 또 그에 대해서만 사회적으로 소통할 수 있다면 그것은 죽음이 보다 높은 수준에서의 상호주관적 의미구조에 효과적으로 편입되어 있지 못하다는 것을 보여주는 한 표지가 아닐까 한다.

49) 끊임없이 변화할 것이 요구되는 그러나 늘 그러한 능력이나 상황에 있는 것은 아닌 근대의 개개인들에게 불안정성이 관찰되는 것은 어쩌면 피할 수 없는 일이다(H. G. Verster).

러므로 어떤 중앙화된 통제나 절대적인 진실에의 요구는 그만큼 받아들여지기 어렵다(Gabriel 1996). 사회는 더 이상 보편적 의미구조를 요청하지 않는다고 말할 수 있다. 설사 그것이 요청된다 하더라도 그것은 사회체계의 내재적 필요성에서 연유하는 것이 아니라 일종의 '가상현실'이다.

이러한 구조적 조건하에서 죽음을 삶 안으로 통합시켜 내는 일은 점점 더 개인의 또는 아주 작은—서로가 서로에게 '유의미한 타자'인—집단의 개별적 과제로 남겨진다. 즉 죽음은 위에서 설명한 사회구조의 급격한 변화에 따라 오늘날의 사회구조 속에서는 개인적 수준에서만 실존적 의미의 문제로 등장한다. 글의 앞부분에서 언급한 사회적 개인화 과정의 증가, 그리고 이와 연관된 '나만의 삶'이라는 인식의 증가는 이러한 경향을 가속화시키고 있다.

3. 닫는 글

지금까지 근대사회의 구조적 성격과 그것이 우리의 죽음인식 그리고 죽음의 양상과 갖는 연관관계에 대해 살펴보았다. 작금의 현상과 상황을 한마디로 요약한다면 근대사회에서 '죽음의 보편적이고도 구조적인 비소통성'(Nassehi & Weber 1989)이라 말할 수 있을지도 모르겠다. 이를 윤리적 차원에서 부정적으로 또는 긍정적으로 평가하는 것이 이 글의 목적은 아니다. 그러나 오늘날 죽음이라는 현상의 '긍정적' 의미가 상당히 퇴색되었다는 것은 부정하기 어려운데, 글쓴이는 그 원인이 개개인이나 사회의 도덕적 타락이나 윤리적 의식의 부재로 설명될 수 있는 것은 아니며, 근대사회의 구조적 성격으로부터 연유하는 것이라고 주장했다.

근대인들이 죽음에 대해 모든 것을 알고 있거나, 죽음을 완벽하게 통제할 수 있는 것은 물론 아니다. 그러나 죽음의 신비적 형상과 그로 인한 두려움과 불확실성이 그 위력을 많이 상실했다는 것은 간과할 수 없다. '구속력 있는' 죽음의 의미이해구조는 그 힘을 잃어가고 있고, 이에 따라 각 개인들은 설득력 있는 의미구조와 지평 안에서 자신의 유한성을 위치 짓는 데 큰 어려움을 겪고 있다. 나아가 생명의 문제에 기술적 개입 '가능성'이 열린 오늘날, 인간의 삶과 죽음에 대한 상징적이고 종교적인 이해는 갈수록 더 어려워지고 있다.

그러나 전략적-목적합리적 사유가 지배적인 시대를 사는 근대적 인간도 죽음이라는 문제 앞에서 자연과학적인 원인설명을 통해 '만족'을 얻지는 못하는 것으로 보인다. 오히려 근대인들에게 — 모든 사회적, 상징적 의미체계로부터 유리된 — 죽음은 점점 더 이해 못할 고통과 슬픔이 되고 있다. 여기에 근대의 아킬레스건이 있다. 근대는 과연 죽음을 이해 가능, 소통 가능한 것으로 끌어안을 수 있을 것인가? 만약 그것이 가능하다면, 아니 가능해야 한다면, 그 '가능성의 조건'은 무엇인가?

이와 관련해서 사회학자들이 성찰적 또는 반사적 근대(*Reflexive Moderne*)라고 칭하는 오늘의 근대가 초기근대적 사회와 구분되는 몇 가지 중요한 징후를 보이고 있다는 점은 기억할 필요가 있다.[50] 예컨대 고도로 산업화되고, 기술화된 사회는 무궁무진한 기회와 가능성들을 열어주는 한편, 그 부산물로서 새로운 양태의 잠재적 위험들을 양산하는데, 이 새로운 형태와 양상의 문제와 어려움들이 계속적인 근대화, 즉 기술적인 지식의 계속적 축적과 과학적 발전을 통해

50) 큰 맥락에서 보면 우리는 여전히 '근대'에 존재하는 것으로 이해된다. 그러나 그럼에도 불구하고 현 사회는 초기근대사회와 분명히 구분되는 어떤 특성들을 지닌다. 이때 현재적 근대는 근대라는 시대가 출발할 때 가지고 있었던 목표의 대가, 반대급부가 여실히 드러나고 그 영향이 가시화되는 사회로 이해된다(Bauman 1994: 21, 1999: 276).

해결 내지 제거될 수 있는 문제가 아니라는 인식이 점차 확산(Giddens 1997)되고 있음도 그 중 하나이다. 탈신성화된 것은 종교뿐이 아니다. 계몽을 통한 발전에 대한 순진한 믿음과 근대과학에 대한 맹목적 신뢰도 그 광채를 잃은 지 오래다. 모든 것을 통제하고 조정할 수 있다는 근대적 이상은 자신의 이상향적인 성격을 많이 잃어버렸다.[51] 이러한 변화가 앞으로 죽음이해의 변화에 어떠한 영향을 미칠 것인지, 그리고 이러한 변화가 어떠한 방향으로 진행될지는 짐작하기 쉽지 않다.

그러나, 근대사회가 스스로 자신의 '한계'를 성찰하는 단계에 이르렀다면, 그리고 한계 또는 경계에 대한 인식은 그것을 넘어선 어떤 것에 대한 또 다른 인식을 전제로 할 수밖에 없다는 칼 야스퍼스의 지적을 떠올린다면, 근대사회에서 '초월성의 재발견'[52] 가능성, 또는 지금과는 '다른' 죽음이해 가능성은 열려 있다(또는 닫혀 있지 않다) 할 것이고 이에 대한 사회적 담론의 사회학적 관찰이 요구된다.[53]

---

51) '보장사회' 또는 '보험사회'의 위기에 대한 담론 또는 오늘날의 사회 자체를 잠재적 위험의 사회(*Risikogesellschaft*)로 이해하는 것은 이러한 인식을 반영하는 좋은 예들이다.

52) 이 책에서 사용되는 초월성의 의미에 대해서는 2장 주 20 참조

53) 근대사회에서 초월성 담론 가능성에 대한 사회학적 논의의 단초는 이 책의 7장과 8장 참조.

제 5 장

근대적 죽음이해에 대한 유형적 분석

1. 여는 글

인간생명의 유한성에 대한 표상들은 각 시대의 의미/가치체계와 사회의 구조적 조건들과 밀접하게 연관되어 있다. 그러므로 우리가 죽음을 이해하고 의미를 부여하는 방식은 개별적 존재가 자신의 실존적 한계상황을 표상함을 넘어서 사회가 그 구성원들의 삶에 미치는 영향력을 보여주는 중요한 증거가 될 수 있다. 이러한 맥락에서 볼 때 죽음에 대한 의미부여 방식은 각 시대, 사회에서의 지배적 가치와 그 변화를 읽어낼 수 있는 척도가 될 수 있을 것이다(Feldmann 1995).

이 글에서 글쓴이는 우리 시대의 죽음 이해방식을 유형적으로 분석해 보고자 한다. 근대사회에서 죽음 이해방식은 다양한 형태와 형상으로 드러나는데[1] 이는 초기근대적 특성이라 할 수 있는 일의성

1) 글쓴이는 이 자리에서 근대(*Moderne*) 개념에 대한 논쟁을 반복할 의도가 없으며 또한 그것이 지금 하고자 하는 논의에서 그리 유용하다고 생각하지도 않는다. 이 글에서 사용되는 '근대'라는 개념은 아주 엄격하고

(一意性)과 단일성의 종언 그리고 급속히 진행되는 사회의 분화와 개인화 과정을 반영한다 하겠다. 그러므로 이 글에서 다루는 죽음이해 유형들은 근대적 죽음인식의 다양한 측면을 보게 해주는 거울의 역할을 한다고 볼 수 있다.

물론 이 유형들이 생각 가능한 모든 유형을 포괄하는 것은 아니며, 몇몇 개념은 논리상 중첩되는 부분도 있다.[2] 그리고 각 유형적 개념 가운데는 이미 학문적 담론수준에서 개념화된 것들도 있고 글쓴이가 재구성한 것들도 있는데, 이들 간에는 성찰수준과 추상성 정도 등에서 적지 않은 차이가 존재한다. 예컨대 어떤 유형적 개념은 아직 스스로 완결적이지 못한 측면도 있고, 어떤 개념들은 모든 유형을 가로지르는 인식론적 기반 내지는 근대적 죽음인식의 공통되는 조건으로 간주되는 것이 더 타당하게 보일 수도 있다.[3] 그리고 어떤 유형에서는 문화적 의미해석과 가치 또는 태도가, 또 다른 유형에서는 사회구조적인 측면과 행위양식적인 측면이 보다 더 중요하게 부각된다. 따라서 과연 이들을 동일선상에 놓고 분석하는 것이 타당한가 또는 가능한가 하는 의문이 제기될 수도 있다.

그러나 이러한 우려에도 불구하고 죽음에 대한 본격적인 사회학적 논의가 그리 활발하지 않은 상황에서 임종과 죽음에 관한 다양한 이

좁은 의미에서의 근대를 의미하지 않는데, 현재 사회학의 일반적 담론 또는 우리의 일상생활에서 사용되는 맥락 안에서 이해한다면 별 무리가 없으리라 생각된다. 그리고 글쓴이가 이 장에서 별도로 근대라는 사회구조의 특성들을 다루지는 않지만, 논의 안에서 글쓴이가 이해하는 근대사회의 내재적 성격과 특질들이 드러나리라 생각한다. 그것은 주로 사회의 기능적 분화, 전 사회적 수준에서의 개인화, 목적합리성과 과학성의 관철 그리고 관료제적 지배 등과 관련된 것들이다.

2) 그러나 이들 또한 서로 다른 근대적 죽음인식의 차원과 관점을 반영하고 있고, 서로 다른 강조점을 가진다고 생각했기 때문에 분리 고찰하였다.

3) 그러나 그 안에서 유형적 개념을 유추해낼 수 있는 것 또한 사실이다.

미지를 투영하는 죽음인식 방식들을 유형적으로 구분하고 그 유형을 동시에 고찰하는 일은 근대적 죽음이해에 대한 학문적 논의를 구체화시키는 데 작은 도움을 줄 수 있으리라 생각한다. 이 글의 일차적 관심은 근대적 죽음인식 논의의 다양성을 드러내 보이고 그 각각에 대한 보다 깊은 사회학적 이해를 시도하며 그 다양한 유형들을 관통하는 구성적인 기본구조, 해석 표본을 찾아볼 수 있는지를 고민하는 데 있다. 이런 작업이 오늘의 죽음이해에 대한 앞으로의 사회학적 논의에 중요한 디딤돌이 될 수 있을 것이라 기대한다.

그런데 자신의 유한성에 의미를 부여하려는 인간적 노력은 인류역사만큼이나 오래된 것이고 죽음이해 표현방식들은 그만큼 다양하고 포괄적인 스펙트럼을 포함하고 있다. 더구나 사유의 모범답안을 기대하기 어려운 오늘날, 아주 다양한 죽음이해방식들이 동시적으로 존재할 것이라 예상된다면, 앞서 말한 대로 여기서 언급되는 개념들이 근대의 죽음인식 표현방식들을 전체적으로 다 보여준다고 생각하기도 어려울뿐더러, 몇몇 유형들은 그것이 전적으로 근대적 개념인가라는 의혹을 불러일으킬 수도 있을 것이다. 그러나 글쓴이가 더 중요하게 생각하는 것은 설사 오래된 유형적 개념이라 할지라도 그들이 근대적인 구조적 조건하에서 이전과 다른 사회적 맥락 안에서 관찰되고 새로운 함의와 역동성을 부여받는다는 사실이다.

또 하나 지적해야 할 것은 이 글의 목적이 어느 하나의 유형을 특별히 강조 또는 부정하거나, 인문사회과학적 담론 안에서 이미 어떤 식으로든지 한번 '걸러진' 근대적 죽음인식에 대한 사유형식들이 얼마나 '실제'(*Wirklichkeit*)와 가까운지를 확인하거나, 그 유형들의 학문적 적절성과 엄밀성을 검증하는 데 있지 않다는 것이다.[4] 나아가 개인

4) 이 글은 기본적으로 근대라고 하는 특정한 사회구조를 상정하고 논의를 시작한다. 따라서 각 개별 사회에서 관찰될 수 있는 역사적, 문화적 차이에 대한 고려는 일단 배제되고 있다. 물론 학문적 담론을 통해 성찰

을 각각의 범주에 자리매김하는 것도 이 작업이 의도하는 바가 아니다. 그보다는 오히려 서로 다른 죽음 이해방식들이 한 개인 안에서도 동시적으로 또는 생애사적으로 시차를 두고 나타날 수 있다고 보는 것이 더 타당할지도 모르겠다.

이어지는 글에서는 먼저 죽음에 대한 표상(*Todesbilder*)의 의미와 그 역사적 변화를 간략하게 설명하고, 다음으로 9개의 죽음인식 유형들을 제시하고 분석한다. 글의 뒷부분에서는 이렇게 다양하게 나타나는 근대적 죽음해석 표현방식들을 관통하는 구성적인 특성과 의미의 기본구조가 찾아질 수 있는지가 시론적으로 논의될 것이다. 근대적 죽음이해 유형에 대한 사회학적 분석은 그 자체로도 충분한 의미를 가지고 있다고 여겨지지만, 그 유형들 안에 깔려 있는 공통적이고도 본질적 인식요소들, 적어도 그 단초를 발견할 수 있다면 우리 시대 죽음이해뿐 아니라 사회의 의미/가치체계 전반에 대한 보다 깊은 이해가 가능하리란 기대에서이다.

된 근대적 죽음의 이미지들이 과연 실제와 얼마나 일치하는가, 개별 단위의 국가 문화 수준에서 또는 개인적 수준에서 얼마나 적합성을 확보할 수 있는가 하는 등의 문제는 앞으로 더 깊이 연구되어야 할 과제들이다.

2. 근대적 죽음이해에 대한 유형적 분석

1) 죽음에 대한 표상의 의미와 역사적 변화

인간이 죽음을 자신의 한계로서 인식하고 받아들인다는 것은 죽음에 무조건적으로 항복한다는 것을 의미하기보다는 죽음이라는 실존적 문제와 일종의 '씨름'을 한다는 것을 의미한다 하겠다. 이 쉽지만은 않은 씨름의 사유적 결과로 인간은 자신의 유한성에 의미부여를 가능케 하는 이런저런 사유전형들을 만들어 왔다(Hügen 1990).

그런데 인간의 의식 속에 형성된 — 각 시대의 종교적, 철학적 담론들과 깊은 연관을 지닌 — 죽음에 대한 사유유형들은 인지적 차원의 죽음해석 방식은 물론이고 나아가 이 문제에 대한 정서적, 감정적 대응방법들까지도 담아내게 된다. 그러므로 죽음에 대한 인식표상은 사회구조적 조건과 그 변화과정뿐 아니라 개인적 수준에서의 생활환경과 체험들과도 깊은 관련이 있다. 때문에 죽음에 대한 인식은 역사적으로 변화할 뿐만 아니라, 한 시대 안에서도 다양한 방법으로 표출되며 개별적 존재들 안에서 서로 다른 표상들이 공존하기도 한다(Schott 1986).

죽음에 대한 태도 그리고 그와 연관된 죽음에 대한 표상들이 변화한다는 것은 필립 아리에스가 이미 고전이 된 자신의 저서 《죽음의 역사》에서 실감나게 보여준 바 있다.[5] 그러나 그가 말해주고 있듯이

---

5) 아리에스가 제시하는 몇몇 특정하고도 구체적인 역사적 자료의 정확성과 서술 내용의 실제적 타당성에 부분적으로 문제를 제기하는 사람들이 없지는 않지만, 그럼에도 불구하고 아리에스가 최초로 그것도 아주 인상적인 방법으로 서구 문명사의 죽음인식과 태도에 대한 '큰 그림'을 그려 보여주고 있음은 부인하기 어렵다.

죽음에 대한 인식이 과거에는 아주 더디게 변화했고 따라서 그것의 변화양상이 특정 시대를 살던 사람들에게는 종종 인식되지 않았던 것도 사실이다. 이러한 상황은 근대에 들어서 급격히 변화하기 시작했다. 오늘날에는 한 세대 내에서도 일상적 실제의 전면적이고 근본적인 변화 가능성이 상존한다. 이는 인류역사에서 그 유례를 찾아볼 수 없는 새로운 현상이라 할 수 있다(Aries 1976, 1997). 아리에스에 따르면 우리는 인류역사상에서 자신들의 죽음에 대한 표상이 동일한 시대 안에서도 급격하게 변하고 있음을 직접 경험하는 최초의 증인들이다.

어떻든 임종과 죽음은 상이한 태도와 행위양식들 안에서 서로 다르게 경험되었으며 이에 따라 죽음에 대한 개념들도 변화했다. 각 시대, 각 사회의 지배적인 죽음 이해방식들을 통하여 죽음은 개별적 인간들의 의식 안에서 서로 다른 의미와 해석의 가능성을 획득한다. 따라서 사회문화적으로 구성되고 중재된 죽음 이해방식들에 대한 체계적 탐구는 죽음의 문제를 이해하는 사회학적 연구에서 적절한 연구대상 중 하나임에 틀림없다.

무엇보다도 죽음에 대한 표상들을 통해 우리는 근대적 사유와 가치체계를 규정짓는 하나의 중요하고도 근본적인 단서를 발견할 수 있을 것이다. 그 표상들이 각 개인의 자기이해, 삶에 대한 태도 나아가 사회구조 및 문화적 의미관계 형성과 아주 밀접하게 연관되었다고 생각되기 때문이다. 물론 급속한 사회구조의 변화 그리고 점증하는 복합성과 다양성을 염두에 둔다면 이러한 작업이 쉽지 않은 일임은 분명하지만 말이다. 우선은 근대적 죽음 이해방식을 표상하는 다양한 유형들을 차근차근 고찰해 보기로 하자.

2) 근대적 죽음이해의 유형들

(1) '나'의 죽음(*Der eigene Tod: Mein Tod*)

여기에서 거론되는 '나'의 죽음이라는 개념은 죽음인식의 주체와 관련된 철학적 논의와는 조금 다른 맥락을 가지고 있다. 글쓴이는 이 개념을 통해 우리 시대의 중요한 특징 중 하나인 죽음인식의 '개인화'와 더불어 이제 죽음이 기본적으로는 자기 자신과의 연관성 안에서만 의미를 부여받을 수 있는 것으로 보인다는 사실, 그리고 이제 죽음은 '나'에 의해서 표현되고, 구성되고, 결정되어야 한다는 점을 강조하고자 한다.

그런데 근대에서 '나의 죽음'이라는 인식은 당연히 근대적 의미에서의 '나의 삶'이라는 인식과 그 맥을 같이한다. 전(全)사회적 수준에서의 개인화 과정[6]이 진행된 근대에서 각 개인들은 전통적인 사회적 연대와 통제의 틀로부터 벗어나게 되었고, 사회적으로 규정된 규범화된 사고와 행위양식들로부터도 해방되었다. 사람들은 이제 '자신의 생애를 스스로 조직하고 선택할 것'을 강요받는다. 이때 근대적 의미에서의 주체적 삶이란 것이 이 세상 모든 것으로부터 자유로운, 말 그대로의 '자유인'을 의미하거나 전적으로 개인적인 의지나 취향을 좇아서 이리저리 부유(浮游)하며 사는 삶, 또는 개인이 자신의 삶을 오롯이 혼자 결정하고 책임지는 삶을 의미하는 것은 물론 아니다. '사회적 삶의 새로운 전형'으로서의 '나의 삶'은 이전과는 다른 구조적, 제도적 구속 안에서 규정되며, 새롭게 등장한 사회적 관계, 의무와

6) 이때의 개인화 과정이라는 것은 개인적 파편화 또는 개별화 등을 의미하는 것이 아니라 전 사회적 차원에서의 구조적 변화를 담고 있는 개념이다. '사회적 개인화 과정'(*Gesellschaftlicher Individualisierungsprozeß*)이라는 말은 이러한 맥락에서 사용되었다.

권리 안에서 자리매김된다.[7]

이러한 변화과정이 이 글과 관련하여 중요한 이유는 이제 — 어떤 집단이 아닌 — 각 개인이 생활세계에서 '사회적인 것'(*the social*)을 재생산해 내는 '기본단위'가 된다는 것이다(Beck 1986). 그것은 한편으로는 '기회'로 다른 한편으로는 '잠재적 위험'으로 받아들여졌다. 이는 사회의 전반적이고도 근본적인 변화와 맞물리면서 나타난 우리의 근대적 삶이 그 이전보다 훨씬 더 많은 '비필연적' 영역들을 제공하고, 선택과 결정의 가능성을 제공한다는 사실에서 연유한다. 비필연성/우연성이 증가한 사회에서 근대인이 스스로 조직하는 삶을 살아내야 하는 것은 배부른 선택이 아닌 필연이다.

근대적 삶은 어디에서도, 누구에게서도 '보호'받는다고 느끼지 못하며, 실존적으로 늘 불안정하다. 보편적 구속력과 설득력을 지니는 의미체계라는 건 근대인들에게 낯선 존재다. 사회에 대한 교과서적 해석과 사회적 행위의 전형(典型)들이 적어지고 그 영향력을 잃어가는 만큼, 바로 그만큼 근대인은 이전 시대의 사람들보다 '성찰적/사유적'이 되어갈 수밖에 없다(Berger 1992). 삶은 서로 다른 여러 의미지향들의 시장적 상황 안에서 '스스로의 각본과 연출에 의해' 조립되고, 완성되어야 한다(Hitzler & Honer 1994). 이러한 사회구조적 성격 때문에 근대적 존재에게서는 스스로를 자기 삶의 주인으로 여기는 경향이 강하게 나타난다.

이러한 인식의 지평하에서 '나'라는 존재는 오로지 사회적으로 구현된 '나의 삶'을 통해서만 어떤 의미를 부여받을 수 있다. 그리고 그렇다면 '나의 죽음' 또한 나의 삶에 근거해서만 그 의미부여가 가능하다. 나의 삶의 실패는 전(全)존재적 실패이며, 자신의 종말은 완벽한 의미에서의 전(全)존재적 종말이다(Beck 1997). 자신의 유한성과의

---

7) 새로운 양식의 사회적 통제, 결합 등에 대해서는 Beck 1986: 5장 참조.

고독한 투쟁은 전 사회적 수준에서의 개인화 과정에 가속도가 붙으면 붙을수록 늘어나는 '세금' 같은 것일지도 모른다(Beck 1997).

나아가 계속적인 의(과)학의 발전으로 근대적 '나의 삶'에는 종말의 '때'를 스스로 선택하고, 연출할 수 있는 가능성[8]이 — 물론 동시에 잠재적 위험도 함께 — 열렸다. 더 넓어지고 많아진 가능성으로 인해 우리는 죽는 방식을 선택할 수 있을 뿐 아니라, 나아가 선택을 강요받는다. 유언을 하고, 장례방법과 장소에 대한 희망을 이야기하고, 유산을 분배하는 전통적 의미에서의 수준을 넘어 우리는 이제 '나의 삶'이 어떤 특정한 상황에서 — 의료보조기기의 도움으로 — 인위적으로 연장되기를 원하는지, 장기이식에 동의하는지, 나아가서 나의 삶이 그리고 '나의 죽음'이 어떤 의미가 있는지를 스스로 결정해야만 한다. 그리고 '나'라는 존재의 종말은 — 어떤 외부적 가치체계에 기댐 없이 — 궁극적으로 지나온 나의 삶을 통해서만 의미부여될 수 있는 것으로 상상된다.

(2) 범속한 죽음(*Der banale Tod*)

사회적 의미관계들과의 연결고리를 상실한 죽음은 그것이 받아들여질 만한 것이 되기 위해 가능한 한 단순하고 범속(凡俗)한 것으로 취급되어야 할 필요가 있다. 이런 시각에서 오늘날 사회 곳곳에서 관찰되는 죽음의 '범속화'(*Banalisierung*) 현상에 대한 이해도 가능해진다. 개별적 죽음들이 가려지고 잊혀지는 사이, 인간의 보편적 운명으

8) 생명문제에 대한 의(과)학적 개입(*Manipulation*)은 사실 이제 막 시작단계에 들어선 것에 불과하고 의료전문인들의 눈에는 아직은 그 개입의 정도가 미흡하게 보일지도 모른다. 그러나 생명문제에의 의학(기술)적 조작은 그 가능성에 대한 생각이 가능하다는 것만으로도, 삶과 죽음의 물화(物化, *Versachlichung*)에 결정적 역할을 하고 있다.

로서의 죽음은 익명적이고 '일반화된 타자의 죽음'으로 포장되어 상품 시장에 나와 있다. 우리는 매일 숱한 사망소식을 여러 매체를 통해 거의 강제적으로 접한다. 때로 우리는 그 죽음들의 아주 상세한 부분까지도 함께 접하면서 마음 아파한다. 그러나 그것뿐이다. 그러한 '체험'이 우리의 삶에 직접적으로 영향을 미치는 것은 거의 없다. 우리들은 그 모든 불행한 죽음의 소식에도 불구하고, 스스로는 '노인'이 될 것을 굳게 믿으며, 미래를 계획한다.

싸구려 상품으로 포장되어 우리 앞에 놓여 있는 '범속해진 죽음'은 그 자체로 너무나 일상적이 되어 더 이상 우리에게 어떤 특별한 감정도 불러일으키지 못한다. 이렇게 일상의 삶 속에서 '연습'되는, 실존적으로 유의미하지도, 치명적이지도 않은 죽음의 경험들은 마치 예방주사와 같은 효과를 가진다고 지그문트 바우만은 말한 바 있다. 사람들이 수많은 '가짜 죽음들'에 '면역'되어 실제의 죽음 앞에서조차 무감각해지고 있다는 것이다. 죽음의 공포는 그의 보편적 현존(*Omnipräsenz*)을 통해 이렇게 역설적으로 인간의식 밖으로 내몰려지고 있는 것인가?

장 지글러(Jean Ziegler)는 맑시즘적 전통 안에서 근대의 죽음이 범속화되었다는 주장을 전개하는데, 그에 의하면 이런 상황을 초래한 주범은 자본주의 체제 자체이다. 근대자본주의 상품사회에서 죽음은 억압될 뿐만 아니라 모든 의미부여 가능성을 박탈당했다. 왜냐하면 모든 것은 생산, 교환 그리고 효용의 논리 안에서만 존재하며 죽음은 비생산, 비효용의 대명사가 되어 버렸기 때문이다. 죽음의 의미적 내용들은 사라져 버렸고, 죽음이라는 사건에 대한 사회적 담론은 금지되고, 침묵이 강요된다. 언젠가는 다가올 죽음을 이해 또는 설명할 그 어떤 사회적 기제도 제공하지 못하는 이런 사회구조 속에서 죽음의 유의미적 통합은 거의 불가능하다. 자본주의 사회는 죽음을 금기시하고, 죽어가는 이들에게 그 어떤 사회적 지위도 부여하지 않는 것을 넘어서, 죽음의 존재 자체를 부정한다. 죽음은 무(無, *Das Nichts*) 그 자체이다.

지글러는 오늘날 죽음이 이렇게 철저하고 체계적으로 배제, 소외되는 진정한 이유 내지는 책임이 자본주의 사회체계에 있다고 주장한다. 그에 따르면 우리 모두는 자본주의 사회의 전략에 말려든 희생자들이다. 상품자본주의의 극복만이 죽음을 해방시킬 수 있고 우리를 마비상태로부터 벗어나게 할 수 있으며, 죽음이라는 실존적 사건에 그 본래적 가치와 의미를 되돌려줄 수 있다(Ziegler 1982). 따라서 "죽음의 재발견"을 위해서는 자본주의 사회의 근본적 변혁이 그 선결과제다.

지글러의 자본주의 상품사회에 대한 강한 비판을 그대로 다 수용하기는 어렵다 하더라도 몇 가지 논점은 여전히 유효한 것으로 보인다. 먼저 그의 논의에서는 개인의 심리체계가 아닌 '특정한' 사회구조가 '특정한' 죽음 이해방식을 유발한다는 것이 명백하게 드러난다. 그리고 삶이 그 자체로서의 의미로 읽어지지 않는 사회에서는 죽음 또한 자율적 의미를 잃어갈 수밖에 없다는 것, 나아가 보다 더 큰 의미관계 안에 자리매김될 수 없는 어떤 것은 — 거의 필연적으로 — 가려지거나 이해, 설명할 가치조차 없는 보잘것없는 것으로 간주되어야만 한다는 사실 등을 우리는 그의 죽음 논의 안에서 읽어낼 수 있다.

어떤 이들은 근대사회에서 죽음은 더 이상 두려움의 대상이 아니라고 한다. 이 말을 지금 논의된 맥락에서 다시 생각해 보면 어떠한 의미인가? 근대인들은 이전 시대 사람들보다 심리적, 정서적으로 보다 강하고 인지적으로 보다 합리적인가? 그들은 전(前)시대인들보다 평균적으로 더 '성숙'한가?

지글러의 주장을 바탕으로 이러한 상황을 관찰하면 전혀 다른 그림이 그려질 수도 있다. 도대체 왜 그리고 무엇 앞에서 사람들이 두려움을 가져야 하는가? 죽음 이후의 세계만이 무(無)인 것이 아니라 이제 죽음 자체가 무(無)로, 그 어떠한 의미도 부여될 수 없는 것으로 인식된다면, 사람들이 그 무(無) 앞에서 어떤 인간적인 감정을 가질 필요가 있는가? 두려움을 가져야 할 이유는 더더구나 없다. 전통사회의 사람들이 깊은 종교심에서 죽음을 두려워하지 않았다면, 이제 우리는 죽음이 문제로, 의식적으로 성찰될 과제로 떠오르지조차 않기 때문에 죽음을 두려워하지 않는지도 모른다.

죽음과 싸워 이겨야만 하는 이유도 이제 없다. 무엇을, 누구를 대상으로 싸울 것인가? 죽음에 대항하고, 죽음을 넘어서려는 노력은 죽음의 의미상실과 더불어 그만큼 그 매력을 상실해 간다. 죽음이 무화(無化)될수록 불멸성의 요청도 그 의미를 잃어가는 것이다.

사회적 의미관계의 연결망과 유기적으로 연결되지 않은 죽음은 앞서 언급한 바와 같이 — 그것이 그럼에도 불구하고 견디고 참아낼 수 있는 어떤 것으로 받아들여지기 위해서 — 필연적으로 가능한 한 단순하고 범속한 것으로 여겨져야 한다고 말할 수 있다. 죽음을 이해 가능한 것으로 만들어 주는, 그리고 죽음에 대한 공포와 두려움을 이겨낼 수 있게 도와주는 수단과 개념들을 제공하지 못하는 사회에서 죽음을 삶 안으로 통합시켜 내는 것은 상당히 어려운 일이고, 이런 사회에서 죽음의 유의미성 자체가 부정(否定)되는 경향이 관찰된다(Ziegler 1982). 그리고 죽음이 무화(無化)되면서 근대인에게 남은 유일한 두려움의 대상은 이제 죽음이 아니라 오히려 임종과정(*Dying*)이다.[9]

(3) 갑작스러운 죽음: 임종 없는 죽음(*Tod ohne Sterben*)

오늘날 많은 이들은 건강한 장수(長壽)와 함께 짧고 고통이 없는,

---

9) 이 장의 이어지는 부분 참조.

그래서 의식의 지평으로 떠오르지 않고 맞이할 수 있는 죽음을 선호한다. 한 연구에 의하면 조사대상의 80% 이상이 일종의 '덜컥 죽음'을 원하고 있었다(Schmied 1985). 갑작스럽게 찾아오는 예측할 수 없는 죽음은 예전에는 보통 객사(客死)와 함께 불행하고 끔찍한 죽음의 형태로 여겨졌지만, 근대에서는 '소망스러운 죽음'의 한 전형으로—적어도 '나 자신의 죽음'인 경우에는—떠올랐다.

죽음 자체는 아직 어찌할 수 없는 운명이라 하더라도, 적어도 이제 인간은 자신이 원하는 시기에, 고통 없이 죽음을 맞이할 수 있어야 할 것이다. 그러나 현실은 역설적이게도 정반대이다. 오늘날 죽음은 오히려 상대적으로 아주 적은 경우에만 갑작스럽게 찾아오며, 임종의 과정은 전근대사회에서보다 훨씬 길어졌다. 임종과정의 연장은 인간의 주된 사망원인이 이전의 전염병, 천재지변 등으로부터 만성퇴행성 질환으로 옮아간 것에서도 그 원인을 찾을 수 있겠지만, 생명연장과 관련한 첨단 의학기술의 급속한 발전도 그 중요한 원인 중 하나일 것이다(Schmied 1985; Wiedemann 1993).

많은 근대인들이 죽음 그 자체보다 오랜 임종과정에 수반되는 육체적 그리고 정신적 고통(고립감, 상실감, 무기력감 등)에 더 많은 두려움과 공포를 갖고 있다는 보고들이 나오고 있다(Schmied 1985). 오늘날 대부분의 임종이 병원에서 이루어진다는 것과 임종기간이 날로 늘어나는 경향이 있음을 염두에 둔다면, 사실 '갑작스러운 죽음'에의 소망은 일면 아주 인간적이고 자연스러운 소망이라 할 수도 있을 것이다. 그러나 이 지극히 인간적이고 자연스러워 보이는 소망은 다른 한편으로 근대사회의 한 구조적 특징으로 이해될 수도 있을 것이다(Beck 1997). 즉 삶과 죽음 사이의 연결고리가 끊어져 둘 사이의 상호이해가 불가능하고, 죽음이 의식의 지평으로 떠오르는 것이 구조적으로 불가능해진 사회에서 죽음의 문제는 오로지 '연장 가능한 삶과 조작 또는 통제될 수 있는 임종과정'으로 변용(變容)되어서만 사회적 소통이 가능하다고 볼 수 있기 때문이다(Nassehi & Weber 1989).

즉, 이와 같은 상황에서는 오로지 '임종'만이 '해결되어야 할 문제'로 떠오른다. 의식체계에 떠오르지도 않는 죽음을 사람들은 느낄 수 없을뿐더러, 그것은 '문제'조차 되지 않는다. 죽음의 자리에 이제 임종이 자리 잡는다. 죽음과 달리 임종은 현재적이고, 경험적이고, 조정과 통제가 가능한 것으로 여겨진다. 보험회사와 제약회사, 병원과 의사, 약사, 상담심리사 등은 이러한 인식 확산의 직간접적 수혜자들이다(Beck 1997).

근대인들에게 죽음은 'No Problem', 임종은 'A Serious Problem'인 셈이다. 이러한 와중에 인간의 유한성 자체에 대한 보다 근본적인 성찰이 결여된 것은 아닌가 하는 의혹을 불러일으키는 '좋은 죽음'과 '고통 없는, 편안한 죽음'에 대한 논의가 무성하다. 근대인들은 가능한 한 오래 건강하고 젊게 살다가 어느 날 갑자기 어떠한 흔적도 남기지 않고, 사라지고 싶어 한다. 근대인들이 알고, 느끼고, 고통스러워하는 것은 죽음이 아니라 임종이다. 그러므로 근대사회는 고통스러운 임종을 제거하는 데 진력을 다하는 것이다.[10)]

(4) 피할 수 있는 죽음(*Der vermeidbare Tod*)

오늘날 우리가 죽는 것은 우리의 '때'가 다했기 때문에 또는 우리가 유한적 존재이기 때문이 아니다. 우리는 특정 개인을 죽음으로 이끈 어떤 특정 원인의 결과로 인해 — 질병, 사고, 범죄, 과음 또는 잘못된 식습관 등 — 죽는다. 지나친 흡연과 음주 때문에, 잘못된 (식)생활습관 때문에, 운동을 게을리했기 때문에, 의료진의 지시에 따르지 않았기 때문에, 특정 질병을 치료할 수 있는 방법이 아직 개발되지

10) 2장 주 24 참조.

못했기 때문에, 나아가 새로운 의학기술을 지불할 충분한 경제적 능력이 없기 때문에 죽어간다. 만약 그렇지 않았다면 … 어쩌면 죽지 않을 수 있었는지도 모른다. 죽음은 이렇게 하나의 '비(非)필연성'이 되어간다. 죽음은 (거의) 스스로의 잘못 때문으로 여겨진다. 그리고 이런 의미에서 생존은 우리 자신의 손에 달려 있으며 아주 개별적인 사건이 된다. 나의 죽음이 나의 어떤 행위 또는 행위하지 않음에 근거한다면, 나의 생존은 전적으로 나 개인의 일이며 개인의 책임으로 환원될 수밖에 없기 때문이다.

인간의 구조적 유한성은 피할 수 없는 일이지만, 각각의 죽음은 그렇지 않다. 개별적인 죽음들은 원칙적으로는 통제되고 지배되고 피할 수 있었던 원인 내지 이유를 가진다. 그런데 이러한 사유는 근대사회에 내재하는(*inhärent*) 자기이해 방식 그리고 계몽적인 존재양식과 밀접히 연관되어 있다. 모든 것을 원칙적으로 조정/통제/지배 가능한 것으로 상정하는 근대사회의 야심과 자기신뢰는 어떠한 장애물도, 핑계, 구실도 용납하기 어렵다. 인간이성이 구현되는 장(場)으로서의 근대세계에서 기대되지 않았던 것들, 예측되지 않았거나 예측할 수 없는 것들은 혐오의 대상이 되고 제거되어야 하는 것으로 받아들여진다(Bauman 1994).

그 어느 것도 운명, 신의 의지 또는 통제 불가능한 것으로 규정되거나 해석될 수 없으며 그렇게 되어서도 안 된다. 따라서 편재(偏在)적이고 극복될 수 없는 그 무엇으로서의 인간의 유한성에 대한 사유는 근대사회에서 원천적으로 용납되기 쉽지 않다. 죽음은 근대사회라는 거대하고도 대담한 세계의 기획에서 이성의 수월성이 제공하는 약속에 대한 철저한 부정을 의미하기 때문이다. 이성에 의해 계획되고 통제되어야 할 세계에서 죽음이란 것은 운명이라고 불릴 만한 것들의 '최후의 잔재(殘在)'라 할 것이다(Bauman 1994).

근대에서 이 불쾌한 존재를 제거하기 위해 동원되는 전략의 범위는 넓고 종류도 다양하다. 침묵, 죽음과 사체(死體)의 추방, 임종자들의 격리, 죽음의 범죄화 등이 그것이다. 그러나 그 중에서도 가장 과격한 전략은 죽음의 존재 자체에 대한 부정이다. 이 과정에서 피할 수 없는 인간의 실존적인 '한계상황의 극한'으로서의 죽음은 치료 또는 해결, 그리고 피할 수 있었을 개별적 '죽음의 경우'들로 해체 내지는 재구조화된다.

죽음은 넘어설 수 있는 고통, 치료 가능한 원인으로 환원되어야 한다. 싸워야 할 상대는 더 이상 유한성이 아니며, 목표는 더 이상 불멸(不滅)이 아니다. 우리는 죽음에 이르는 원인들과 전쟁을 한다. 질병과 사고의 원인을 찾아내고 예방하기 위해 우리가 할 수 있는 일, 해야 하는 일 그리고 하지 말아야 할 일들의 목록은 길기만 하고, 우리는 그 일들에 너무 몰두하여 그것들이 결국에는, 공허하고 허무한 일이라는 점에 대해 고민할 겨를이 없다. 끝이 보이지 않는 이 투쟁에서의 부분적 실패는 또다시 우리가 무엇을 어떻게 고쳐야 하는지에 대한 대답을 제공한다. 어떤 질병이 영원히 절대적으로 치료될 수 없다는 것은 생각하기 어렵다.[11] 그 과정에서 우리는 많은 부분적 승리를 얻어낼 수도 있다. 죽음으로 이어지는 스무 가지 원인을 제거할 수 있다면, 그만큼 우리가 피해자가 될 가능성이 줄어드는 것이라는 상상이 가능하기 때문이다.

(5) 관리통제되는 죽음(*Der verwaltete Tod*)

비인간적인 임종상황에 대한 비판이 급속히 증가하고 있다. 오늘날 죽어가는 이들은 마지막 순간까지 그저 의학적 치료의 '대상'(*Objekt*)으로만 여겨진다는 비판이 그 일례다. 물론 근대사회는 이러

---

11) 2장 주 18 참조.

한 비판을 다양한 방법으로 수용하려 나름의 노력을 했다. 호스피스 등 임종과정에서의 인간적 배려를 보장하기 위한 노력이 지속적으로 확산되었고, 고통완화 의학(*Die palliative Medizin*) 등이 도입되었다. 이러한 맥락에서 이루어지는 일련의 일들은 "어떤 죽음은 다른 여타의 죽음보다 아름다울 수 있다"(Kearl 1989)라는 모토 아래 임종과정에 수반되는 육체적, 정신적 고통을 덜고 가능한 한 인간적이고 품위 있는 임종을 가능하게 하려는 제도 확립의 노력으로 이어지고 있다고 볼 수 있을 것이다.[12)]

이러한 생각들이 근대에만 있었던 것은 아니다. '좋은 죽음'과 '나쁜 죽음'에 대한 인식들 그리고 '좋은 죽음'에 대한 희망은—그 구체적 내용은 각 시대나 문화 안에서 조금씩 다르겠지만—인류역사 이래로 존재했다고 말할 수 있다.

그러나 이러한 인식은 근대라는 특정한 사회구조적 조건하에서 질적으로 새로운 차원과 내용을 획득한다. 그것은 무엇보다도 먼저 의(과)학의 발전과 깊게 연관되어 있다. 고통완화 의학의 발전은 '고통 없는 임종'의 새로운 장(場)을 열었다. 모든 것을 이성적 통제와 질서 안에 자리매김하려는 근대는 그 계획의 명백한 방해자인 죽음 자체를 정복하지는 못했지만 적어도 임종과정을 조정과 통제의 장으로 편입시키는 데 성공한 것이다. 고통은 이제 필연이 아니다.

그리고 또 하나의 근대적 특징으로, '인간적인' 임종과정에 체계적으로 도움을 줄 수 있는 특별한 '조직'과 '제도'가 만들어져야 했다는 점에 주목해야 한다. '인간적인 것'이 근대사회의 구조 안에서 기능하기 위해선 조직화, 제도화가 필수적이다. 존엄사(尊嚴死), '품위 있는 죽음'은 오늘날 사람들이 그저 바라고 희망할 수 있는, 그런 기원

---

12) '소극적 안락사'라는 말이 어느 날 언론에서 사라졌다. 그 자리는 '존엄사'가 대신하고 있다. 안락사와 존엄사가 '실질적'으로 얼마나 다른 것인지 모르겠으나, 적어도 양자의 등장 맥락은 그리 다르지 않은 듯하다.

(祈願)의 대상이 아니다. 그것은 우리 스스로가 준비하고 만들어 가야 하는 것이고 또 만들 수 있는 것이다. 품위 있는 죽음의 제도화는 그에 대한 사회적, 법적 규칙을 요구한다. 무엇이 인간적이고 품위 있는 죽음인가가 사회적, 법적으로 설명되고 규정되어야 하고, 그것을 위해 무엇이 행해질 수 있고, 무엇이 행해져서는 안 되는지가 결정되어야 한다.

'인간적인 임종'을 위한 노력, 특히 제도화된 규정의 인본주의적인 측면이 간과되어서는 안 될 것이다. 이것들이 비인간적이라 강하게 비판받아 온 근대의 임종상황을 개선하려는 시도인 것은 분명하며, 임종의 과정을 보다 인간적으로 만들어 가려는 모든 노력은 필요하고도 중요한 일이기 때문이다. 그러나 그럼에도 불구하고 이들을 인본주의적 측면에서만 바라볼 수는 없다.

우리는 이들 안에서 근대의 의(과)학기술의 눈부신 발전의 이면(裏面)을 보고 있는지도 모른다. 이러한 노력과 움직임들이 언제부터 그리고 어떤 조건들 아래서 어떤 방식으로 담론화되고 퍼져 나갔는지를 잘 관찰한다면, 이 모든 일들이 — 인본주의적 차원을 넘어 — 시대의 구조적 성격을 드러내는 표지일 수도 있다는 생각에 이르게 될 것이다. 글쓴이는 이 문제를 둘러싼 일련의 움직임이 본질적으로 고통 — 죽음으로 향하는 고통은 말할 것도 없고 — 을 받아들일 수 없는 상태, 따라서 임종과 죽음을 맞대면하는 데 특별한 어려움을 지니고 있는 오늘의 상황을 드러내 보여주는 '구조적 징표'의 성격도 가지고 있다고 생각한다. 그리고 이들은 우리사회가 고통에 대한 유의미한 해석 내지는 보정(補正)을 가능케 하는 개념 내지는 체계를 갖고 있지 못함을 역설적으로 웅변하는지도 모르겠다.

죽음이 무(無)로 여겨지는 사회에서 죽음으로 가는 길목에서의 고통이라는 것 또한 무의미한 것일 수밖에 없다. 이런 상황에서 임종과정에서의 고통은 자신을 넘어서는 의미를 지시하지 못하며 결과적으로 스스로의 의미조차 상실한다. 죽음에의 고통이라는 것은 최대한 완화되어야 할 어떤 것이고, 죽음은 이제 그를 가능케 해줄 것으로 기대되는 의(과)학의 관리와 통제하에 들어가게 되는 것이다.

(6) '행복한 죽음'(*Happy Death*)

'행복한 죽음'이라는 구상은 일종의 빈정거림이나 또는 반어(反語)적 표현으로 여겨질 수도 있겠지만 그보다는 훨씬 더 깊은 의미를 지니고 있는 것으로 보인다. 죽음에 대해 긍정적인 생각과 태도를 갖자는 것이 '행복한 죽음 운동'과 임종과 죽음에 대한 사회적 인식의 전환을 목적으로 하는 여타 사회운동의 가장 중요한 이념 중 하나이다. 그들은 임종과 죽음, 상례(喪禮)가 죽어가는 이들에게 뿐만 아니라 그 가족과 친지, 주변 사람들에게도 인간적 성숙을 가져올 수 있는 가능성과 기회를 제공한다고 생각하며 죽음의 순간을 — 행복에 겨운 경험까지는 아니더라도 — 자신을 풍부하게 하는 하나의 경험으로 인식할 수 있다고 믿는다(Christian-Widmaier 1989).

성숙한 자세로 죽음을 맞이하는 것, 죽음에 대해 긍정적 사유와 행위양식을 갖는다는 것 자체에 우리가 굳이 반론을 제기하거나 의심의 눈초리를 보낼 필요는 없을 것이다. 그러나 죽음은 대부분의 경우 당사자와 주변 사람들에게 엄청난 심리적, 정서적 두려움 그리고 육체적 고통을 동반하며, 이별의 슬픔과 일상성의 심각한 단절을 의미한다. 죽음은 기본적으로 수용되기 어려운 난제이며 보통사람들이 '행복하게' 경험할 수 있는 일이 아니다. 그렇다면 이러한 운동들은 어떠한 사회적 맥락에서 발생하였으며 그 논리적 바탕은 무엇인가?

게하르트 슈미트(1985)는 '행복한 죽음 운동'의 사회적 뿌리를 비판적으로 관찰하는 사람들 중 하나이다. 그에 따르면 이 운동은 근대사회에서 관찰되는 죽음의 억압과 금기(禁忌)에 대항하겠다는 의지로 시작되었으나, 이러한 운동의 전개과정에서 죽음에 동반되는 정서적, 육체적 고통을 지나치게 '무시'하는 것이 아닌가 하는 의혹을 갖게 한다. 즉, 이들은 모종의 이상적인 죽음을 상정하고 죽음의 한 면만을 지나치게 강조함으로써 죽음의 또 다른 본질적 측면을 '무의식적으로' 감추고 억압하는 결과를 낳고 있지는 않은가?

죽음은 필연적으로 고통스러워야 한다고 주장하는 것도, 죽음이 때로 '해방 내지는 승화의 경험'으로 인식될 수도 있음을 부정하는 것도 아니지만, '행복한 죽음'이라는 개념 안에서는 죽음 현상에 수반되어 온 단절, 이별, 슬픔 등의 보편적인 인간정서에 대한 배려가 부족하고 질병, 육체적/정신적 쇠락과 결코 무관하지 않은 죽음의 문제가 지나치게 미화(美化)되어 있다는 느낌을 지우기 어렵다. 망자(亡者)를 마치 산 자처럼 분장하고 치장한다는 미국의 근대 장례문화에 대한 보고서(Berger & Lieban 1960)와 너무나 깔끔하고 위생적이어서 죽음의 '흔적'을 거의 찾아볼 수 없는 최신시설을 갖춘 장례식장들의 모습이 겹쳐 떠오르는 것이 우연은 아닐 것이다. 죽음의 지나친 미화를 통해 '실제적인' 죽음의 모습이 거의 필연적으로 우리 의식 밖으로 내몰리는 경향이 있는 것은 아닐까 의심스러운 것이다.

이 운동의 주창자들은 죽음을 그 전체로서 받아들이지 않는 것은 아닐까. 죽음에 수반되는 고통과 슬픔을 수용하는 데, 그리고 죽음에 그 모든 것을 포함하는 '적절한' 의미를 부여하는 데 어려움을 겪고 있는 근대사회의 딜레마가 '행복한 죽음'이라는 상징적 표제어로 그 모습을 드러내고 있는지도 모를 일이다.

(7) 사회적 죽음(*Der soziale Tod*)

인간이 생물학적으로 죽기 이전에 이미 사회로부터 제외, 분리되어 소속감을 잃게 되고, 하나의 인격으로서(*als Person*) 고사(枯死)할 수 있다는 사회적 상황(H. J. Weber 1994)은 '사회적 죽음'이라는 개념적 도구를 통해 유형화되고 있다. 이때 '사회적 죽음'이란 단순한 사회적 지위, 역할의 축소나 상실을 의미하는 것을 넘어, 사회적 참여기회 자체의 상실 그리고 이와 관련된 사회적 정체성의 상실과 밀접하게 연관된다(Feldmann 1990, 1997). 즉 지금 이야기되는 '사회적 죽음'의 상태는 한 인간이 생물학적으로 아직 살아 있음에도 불구하고, 사회적 그리고 상징적 자본 모두를 '이미' 잃어버린 상태라 할 수 있을 것이다.

노인과 병자, 그리고 — 누구보다도 먼저 — 죽어가는 이들은 자주 그들이 이전에 적극적으로 참여했던 사회로의 통로를 잃어버리게 된다. 특히 오늘날처럼 성공과 업적이 중시되는 사회에서 더 이상 생산적이지 못한 사람들에게는 일종의 '낙인'이 찍히고, 그들은 더 이상 적극적 의미에서의 사회구성원으로 받아들여지지 않는다(Fuchs 1969). 과장해서 이야기하면, 그들은 '방해요인 또는 비용발생요인'에 불과하다. 성취의 원칙에 근거해서 사회적 배제를 실행하는 메커니즘을 가진 근대사회 체계 안에서 인간들은 "먼저 사회적으로, 그다음에 심리적으로, 그리고 마지막으로 물리적으로"(Feldmann 1989) 사망한다.

오늘날 사람들이 두려워하는 것은 실제적 죽음이라기보다 살아서 사회로부터 버림받는 이 '사회적 죽음'이다. 근대사회에서 물리적이고 생물학적인 죽음은 지극히 의학적인 사건이 되어가는 반면, '사회적 죽음'은 점점 더 내면화되는 경향이 있다(H. J. Weber 1994). 노베르트 엘리아스는 한 인간이 생존하는 데 다른 인간들의 존재가 갖는 결정적 의미를 강조하면서, 죽어가는 인간이 '아직 살아 있으면서' 살아 있는 자들의 사회로부터 배제되는 고통과 공포에 대해 이야기한다(Elias 1982).

'사회적 죽음'에 대한 증가하는 두려움은 근대사회의 전반적인 구조적 조건과 밀접히 연관되어 있다. 계속적으로 늘어나는 임종기간, 죽음을 병리적으로 바라보는 시선의 증가, 죽어가는 자들에 대한 인간적인 관심과 배려의 부족, 지속적인 성취에의 압력 그리고 가족의 규모와 단위의 변화 등의 상황에서 사람들은 생물학적으로 사망하기 이전에 이미 가족으로부터, 사회로부터 버림받는다. '사회적 죽음'이라는 개념은 특정한 범주의 사람들에게 사회구조적으로 행해지는 체계적 배제와 사회적 멸시의 메커니즘을 담고 있는데, 이 메커니즘은 사회구성원에 대한 선별, 조정과 통제 그리고 사회적 소통에의 참가허락 여부와 연관된 것이다. 사회적 죽음이라는 개념은 또 다른 한편으로 어떤 한 사회체계 안에서 인간이라는 존재에게 부여되는 가치 그리고—공동체 안에서—의미 있는 삶의 범위가 규정되는 윤리적, 규범적 차원을 반영한다(H. J. Weber).

죽어가는 이들이 사회로부터 배제되는 더 일반적이고 근본적인 이유는 아마도 살아 있는 이들이 죽어가는 이들과 자신을 동일시하기 어렵다는 데서 찾아질 수도 있을 것이다(Elias 1982). 그러나 그것은 일반적이고 자연스러운 일이라고 할 수 있다. 문제는 그런 상황이 근대사회에서의 죽음에 대한 유의미적이고 상징적 선취(先取) 가능성 약화 내지는 삶에로의 통합 가능성 약화로 훨씬 더 심화되는 것으로 보인다는 사실이다. 이러한 구조적 조건에서 근대인들은 그 존재를 부정(否定)당한 채, 친숙하던 세계와 단절된 상태에서 인간으로서의 사회적 인정을 상실한 채 외로이 죽어간다.

피터 버거는 삶의 활력이 '신성시'되는 사회에서 죽음은 거의 필연적으로 무의미한 사건이 될 수밖에 없다고 말한다(Berger & Berger 1983). 그런데 누군가 그 무의미한 사건을 향해 가고 있다면 그 또한 더 이상 사회에 통합될 수 없는, 사회적 의미를 상실한 존재로 인식될 수밖에 없을 것이다. 이런 맥락에서 보자면 '사회적 죽음'의 영역은 계속 넓어지고 있는 중이다.

또 하나 지적되어야 할 '사회적 죽음'의 중요한 영역이 있다. 오늘날 사회적 죽음은 육체적 상태에 대한 의학적 진단의 치명성과 깊은 관련이 있다. 회복 불가능성이 진단되는 바로 그 순간부터 환자는 사회에서 '공식적으로' 포기된다. 의학적 치료의 모든 과정은 중지되고 치명적 진단을 선고받은 이와의 사회적 소통은 이때부터 완전히 다른 새로운 질(質)을 획득한다. 치명적인 의학적 진단은 말하자면 우리 시대에서 '사회적 죽음의 선고'와 같은 것이다(Sudnow 1973).

우리 시대 '사회적 죽음'의 내용과 현실을 극적으로 보여주는 가장 전형적인 한 예는 AIDS 환자들에게서 찾을 수 있다. 죽어가는 이들에게 이미 강하게 존재하는 사회적 배제나 멸시는 에이즈 환자들에게는—합리적으로 증명될 수 있는 수준을 넘어선—전염 가능성에 대한 공포 그리고 그 질병 자체에 대한 사회적 편견과 거부감이 맞물리면서 몇 배로 증폭된다. 이런 의미에서 에이즈라는 의학적 진단은 앞으로 다가올 생물학적 종말뿐 아니라 동시에 그때부터 이미 시작되는 사회적, 심리적 죽음의 판결이기도 하다.[13]

(8) 억압된 죽음(*Der verdrängte Tod*)

산업사회로 들어오면서 죽음이 점점 더 사회의 주변부로 밀려나고, 억압되고 있다는 인식은 아마도 근대적 죽음인식 중에서 가장 널리 퍼져 있고 또 동시에 가장 많이 비판받아 온 테제라 할 것이다.[14] 일상적인 대화 또는 신문 방송에서는 이 테제가 자주 거의 선험적(先驗的)으로 전제되는 경향이 관찰되기도 한다.[15] 그런데 무차별적으

---

13) AIDS의 사회적 의미와 결과에 대해서는 Rühmann 1985 등 참조.

14) 어떤 금욕적인 또는 청교도적인 이유에 근거한 죽음에 대한 무관심, 또는 죽음에 대해 묻지 않음을 이야기하는 것은 아니다.

15) 그러나 아리에스가 19세기 말에 유럽에서 관찰했던 그리고 1970년대까지도 부분적으로 관찰되던 사회적 담론이나 출판물에서 죽음이라는 테마의 배제는 이제 그 타당성을—적어도 부분적으로는—잃어가고 있다. 죽음은 그저 이전보다 더 많이 이야기되고, 보다 더 많이 글로 표현되는 데서 그치는 것이 아니다. 비인간적인 근대적 임종과정에 대한

로 사용되는 거의 모든 개념이 그러하듯이 각각의 개별적 상황에서 '억압된 죽음'이 정확하게 무엇을 의미하는 것인지, 그 사회적 소통의 대상이 무엇인지가 분명치 않은 경우가 많다. 정확하게 규정되지 않은 채 생산되는 사회적 담론들은 '억압'이라는 말의 진술준거나 그 개념적 정확성을 의심하게 만든다. 이러한 불확실성과 혼란은 비단 일상적 담론이나, 미디어에서의 논의에 국한되는 것은 아니다. 학문적 담론에서도 학자들이 서로 다른 개념적 바탕에서 출발하여, 그에 대한 서로 다른 분석과 진단을 내놓기 일쑤이다.[16] 이 장에서는 — 글쓴이의 판단으로는 이와 관련된 논의를 가장 사회학적으로 전개하는 것으로 보이는 — 아르민 나쎄히(Armin Nassehi)와 게오르크 베버

비판, 그리고 대안으로서의 호스피스운동, 죽음의 심리적 대응에 대한 관심의 증가 등 실제적이고 구체적인 논의의 증가가 관찰된다. 죽음이 오늘날 터부라고 단정 지어 말하는 것은 일견 경솔한 것으로까지 보인다. 그런데 위에 언급된 상황들이 현재적 근대사회에서 일어나는 임종과 죽음에 관련된 사회적 인식의 변화를 보여주기는 하지만 그렇다고 그것이 오늘날 죽음이 구조적으로 잘 통합되었다거나 사회적 의미나 그 소통성을 다시 회복했다는 직접적 근거라고 보는 것도 문제가 있다. 이에 대한 보다 정확한 연구를 위해서는 '억압된 죽음'에 대한 더 명확한 개념정의가 필요할 것이며, 관련된 사회적 관계가 구체적으로 그리고 동시에 광범위한 사회적 소통의 구조 안에서 확인되어야 할 것이다.

16) 예를 들면 슈미트(Schmied 1985) 같은 이는 근대사회의 구조적 변동에 따라 죽음과 관련된 경험이 생애사적으로 급격히 감소하였다는 것을 전제로 '억압된 죽음'이라는 이미지에서 그런 상황적 변화에서 유래한다고 여겨지는 거의 자연스러운 결과적 현상, 즉 사회적 담론의 감소를 본다. 따라서 근대사회에서 죽음이 억압되고 있다는 테제는 그에게 별 의미가 없는 그리고 적절하지 않은 개념 설정이다. 푹스(Fuchs 1969)는 이 현상을 전통적인 죽음인식의 잔재로부터 유래하는 하나의 파생물로 본다. 그 전통적 잔재가 사라지면, 근대적인 의미에서의 '자연스러운 죽음'(이 글의 다음 항 참조)이 자신의 자리를 차지하게 될 것이며 죽음이 억압되어 있다는 문제는 저절로 없어질 것이다.

(Georg Weber)의 연구(1989)를 토대로 이야기를 진행하려 한다.

'억압'이라는 용어 자체는 사실 굉장히 복잡하고, 역사적으로 그리고 여러 학문영역에서 서로 다른 맥락에서 사용된 개념이다. 이 말은 본래 심리분석치료에서 나온 용어다. 그러나 사회학자들은 죽음의 억압이나 터부(*Taboo*)란 용어를 사용할 때 죽음에 대한 심리적이고 개인적인 차원의 거부반응을 나타내는 기제라기보다는, 죽음에 대한 근대적 태도의 한 사회적 기호(記號)로서, 즉 사회적 의미구조의 구성이라는 차원에서 하나의 지식사회학적 개념으로 이해한다.[17] 따라서 죽음의 억압이라는 현상은 개인적 수준에서가 아니라 사회구조적, 사회문화적 관계 안에서 관찰되어야 한다. 따라서 사회학자들이 죽음의 억압을 이야기하는 것은 개인적 차원에서의 죽음에 대한 단순 침묵이나 부정(否定)이 아닌, 죽음이 근대 산업사회에서 체계적으로 배제/금기시된다는 점을 지적하는 것이라 보아야 할 것이다.[18] '억압된 죽음'은 이런 관점에서 근대사회 또는 근대성 자체의 한 구조적 표지로 읽힌다. 그렇게 본다면 죽음의 억압은 우리 시대의 특별한 사회적 특징 중 하나이다.

그런데 '억압된 죽음'이라는 개념은 사회과학적 담론 안에서 근대문

---

17) 사실 또 하나의 다른 억압 테제가 지적될 수 있다. 신학적인 테제가 그것이다. 이런 주장을 펴는 이들에 따르면 근대적 인간의 '세속적 존재양식'(*säkulares Dasein*)이 죽음이 억압되는 이유이다. 모든 초월성의 상실로 인해 죽음은 근대인들에게 불가용(不可用)하게 되어 버렸다는 것이다(Fischer 1989: 109, Thielecke 1980, 1983).

18) 실제적으로 '억압'(*Verdrängung*)이라는 사회학적 개념이 심리분석적인 본래적 의미로부터 얼마나 효과적으로 분리될 수 있는지는 의문이 남는다. 그러나 우리가 그 개념의 명확한 규정에만 매달려 있을 필요는 없다고 생각한다. 이 장의 맥락에서 더 중요한 것은 이 개념적 구상에서 근대사회에서 죽음에 긍정적인 의미를 부여하는 것이 구조적으로 방해받고 있다는 주장을 관찰하는 일이다.

화 비판과 연관되어 주장된 경향이 있다(Schott 1986). 적지 않은 문화 비평가들은 이 개념을 빌려 근대사회에서 공동 의미부여 기제가 부재하다고 성토했다. 때문에 이 테제는 이미 그 개념 안에 어떤 도덕적 편견을 담고 있다는 비판을 받기도 했다.

나쎄히와 베버의 연구는 이 문제에 대한—단순한 문화비평 차원을 넘어—사회이론적이고 지식사회학적인 접근을 시도한다는 점에서 주목된다. 그들은 죽음의 억압을 근대라는 특정한 사회구조로부터 유래하는 사회적 억압으로 이해한다.[19] 이런 의미에서 죽음의 억압이라는 현상은 본래적으로 근대적이며, 근대사회의 구조적 요소로 관찰되어야 할 필요가 있고, 따라서 그 형성과 발전 또한 근대성 분석을 통해 증명되어야 할 것이다(Nassehi & Weber 1989).

근대사회에서는 기술적, 도구적 생산양식 그리고 높은 체계합리성, 목적합리성이 스스로의 안정화 기제로서 사용되며, 관료제적으로 조직된 관리체계들이 사회의 지배적 위치를 점유하고 있다. 여기에서 하버마스의 표현을 빌리면 '생활세계의 식민화'와 같은 현상들이 나타나는데, 즉 경제적이고 정치적인 도구적 합리성이 사회의 지배양식으로서 일상적 세계의 사회적 소통에까지 영향을 미치게 되어 이 때문에 일상세계 특유의 '소통적 합리성'이 위축될 가능성이 높다는 것이다. 이러한 사회적 맥락에서 죽음은 가장 비생산적이고 파괴적인 사건으로 인식될 가능성이 높고, 근대적 개인이 죽음을 의미 있게 선취(先取)하는 것이 대단히 어려워진다.

나아가 나쎄히와 베버는 근대적 체계 안에서 죽음의 문화적 가치/의미구조로의 비통합성과 설득력 있는 상징적·상호주관적 의미구조의 결여 때문에 죽음은 이제 지극히 개인 내부적인 문제가 되었다고 주장한다. 그들의 결론적 견해에 따르면 죽음은 근대사회에서 구조

19) 엘리아스도 이와 유사한 맥락에서 '억압된 죽음'이라는 개념을 사용한다(Elias 1982: 21~).

적이고 체계적으로 그 의미체계로부터 배제되고 나아가 '억압'되며, 죽음의 의미부여는 — 그것이 도대체 가능한 것이라면 — 개인적 수준에서만 가능할 뿐이다.

이렇게 나쎄히와 베버는 '억압된 죽음'이라는 테마를 근대사회의 상호주관적인 의미구성에 있어 죽음의 비통합성과 사회적 비소통성에 주목하여 분석하고 있으며, 그 원인이 근본적으로는 근대적 사회구조 자체에 있다고 본다. 즉 근대사회가 그 기본적 구성원리 때문에 그 구성원들에게 진지한 실존적 죽음과의 대면을 어렵게 하고 있다는 것이다.[20] 그러나 그들이 이러한 자신들의 분석에서 필연적으로 어떤 부정적인 결과를 보는 것은 아니다. 그들은 오히려 오늘을 사는 우리가 임종과 죽음을 대함에 있어 새로운 양식을 숙고하고 다른 길과 방법을 모색하도록 요청하는 시기에 서 있음을 주목한다(Nassehi & Weber 1989; Nassehi 1992).

---

20) 앞으로 이 분야에서 더 발전적인 논의는 아마도 사회적 담론 분석에서 이루어질 수 있을 것이다. 즉 누가 무엇을 왜, 어떻게 억압하는지가 보다 구체적이고 실제적인 수준에서 관찰되어야 할 것이다. 이러한 관찰을 통해 우리는 죽음의 억압이라는 사회적 의미가 사실은 특정한 방식으로 '소통'되고 있다는 것을 확인할 수 있을지도 모른다. 예를 들면 글쓴이의 견해로는 "오늘날 죽음이 억압되고 터부시되고 있다"라는 언명이 마치 이미 증명된 사실로서(*als eine schon bewiesene Tatsache*) 끊임없이 소통되는 과정이 관찰된다. 이는 다시 말하면 사회적 담론이 아주 단순하고 거의 맹목적으로 죽음이 오늘날 억압되고 있음을 '가정'하고 나아가 '기정사실화'한다는 것을 보여준다. 또한 죽음의 억압은 거의 모든 경우에 부정적으로 평가절하된다. 만약 누군가가 죽음을 금기시한다면 그는 아직 성숙하지 못한 인간으로 여겨진다. 성숙한 인간은 죽음을 금기시하지 않을 것이고, 또 하면 안 되기 때문이다. 이 맥락에서 '억압된 죽음'에 대한 보다 깊고 중요한 사회학적 논의가 이루어질 수 있을 것으로 생각한다. 덧붙여 이야기하자면 억압 테제의 반대자들에게는 왜 그리고 어떻게, 합당하지도 적절하지도 못한 테제가 사회적으로 힘을 얻고 있는지에 대한 분석도 재미있는 과제가 될 것 같다.

(9) 자연스러운 죽음(*Der natürliche Tod*)

우리는 여러 가지 의미에서 '자연스러운 죽음'에 대해 이야기할 수 있다. 예를 들면 모든 생명체가 걸어가야 할 공통적 운명을 강조하는 차원에서 또는 동양적인 자연관, 인간관 안에서 그러하다. 그러나 지금 여기서 말하고자 하는 것은 자연과학적이고 목적합리적인 근대적 관점에서의 자연스러운 죽음이다. 이런 관점에서 자연스러운 죽음이란 생물학적인 삶의 끝에서 자연법칙에 따라 마치 다 타버린 초처럼 그렇게 '자연스럽게' 스러져 가는 것을 말한다(Fuchs 1969).

베르너 푹스가 강력하게 주장했던 이러한 의미에서의 죽음은 지극히 생물학적인 설명이며 자연의 지배를 그 근본적 목적으로 하는 근대 기술과학적 인식론으로부터 많은 영향을 받았다.[21] 이들에 따르면 죽음은 전적으로 삶의 자연적 소멸을 의미하며, 죽음 후에 남는 것은 오로지 하나의 사물(*Ding*)로서의 사체(死體)뿐이다. 죽음은 그 이상도 그 이하의 어떤 것도 아니다(Schulz 1976).

전적으로 생물학적 원인으로 환원되는, 더 이상 돌이킬 수 없는 종말로 상정되는 인간의 죽음은 삶과 죽음에 대한 형이상학적이고 종교적인 생각들을 정면으로 부정한다. 죽음은 그저 아주 단순한, 그리고 당연한 '사실'(*Faktum*)에 불과하며, 그 어떠한 것으로부터도 위로받을 필요가 없다. 이를 통해 푹스는 인간의 유한성 인식에 대한 급진적 전환을 선포한다(Fuchs 1969).

---

21) 푹스는 정확한 자연과학적인 원칙의 구현을 그 인식의 이상으로 하고 물질론적인 인간이해를 바탕으로 하는 맑스적 전통에 서 있는 사람이다. 정작 인간의 유한성에 대해 진지하게 논의한 바 없는 칼 맑스는 그의 글에서 죽음은 '유적 존재에 대한 속(屬)의 승리'("*Sieg der Gattung über das Gattungswesen*")라고만 짧게 언급한 바 있다(Marx 1968: 539; Nassehi & Weber 1989: 209).

죽음에 대한 신비적-종교적 투영으로부터 거리를 두고, 내재성[22]의 세계 안에 인간의 삶을 전적으로 자리매김하는 이러한 사유는 "현실에 대한 지식의 진보"(Fuchs 1969) 라는 측면에서 일견 근대적으로 보이기도 한다. 만약 이러한 죽음관이 아직까지도 관철되지 못하고 있다고 한다면, 그것은 전통적 잔재들이 아직 다 청산되지 않은 까닭일 뿐이다. 푹스에 의하면 객관적인 근대적 죽음관의 관철은 — 전근대적 죽음인식에 깊이 관여되었던 — 형이상학적, 종교적 잔재에 의해 방해받고 있다. 그것이 사라지기만 하면 합리적이고 과학적인 근대 문명사회에 걸맞은 죽음에 대한 인식, 즉 자연스러운 죽음관이 관철될 것이다(Fuchs 1969). 그런데 푹스가 말하는 죽음관이 보편화되기 위해서는 사실 그것 외에도 다른 중요한 전제들이 필요하다.

> 생물학적으로 정상적인 삶의 진행을 저해 내지 방해하는 모든 요소들은 제거되어야 한다. 가장 일차적으로는 각종 질병과 사고들이 그 대상이다(Fuchs 1969: 181).

위의 진술을 통해 푹스는 그가 원하든 원하지 않든 '자연스러운 죽음'이라는 개념의 한 중요한 전제를 발설한다. 즉 그가 이야기하는 의미에서 자연스러운, 즉 전적으로 생물학적 의미만을 가지는 죽음은 사회구성원들이 모든 외부의 폭력적 — 질병도 하나의 폭력적 요인으로 이해(Fuchs 1969) — 요소와 침입으로부터 보호되는 것을 중요한 사회적 계약으로 이해하는 사회를 가정한다(H. J. Weber 1994). 이러한 안전사회에 대한 가정은 근대에 계속적으로 증가하는 자연에의 지배, 그리고 의(과)학의 현저한 발달로부터 힘을 얻고 있다.

---

22) 여기서 내재성(*Immanenz*)은 경험되는, 또는 경험적으로 검증될 수 있다고 여겨지는 세계 안에 머무르는 상태를 말한다.

근대사회에서는 인간들이 비교적 오랜 삶을 누린 다음 '자연스러운' 이유를 통해 사망하게 되리라는 비교적 높은 가능성과 일종의 확신이 존재한다. '때 이른' 죽음은 확실히 크게 감소하였다.[23] 이것은 — 삶의 전반적인 합리화와도 연관된 — 인류역사상 초유의 (삶과) 죽음의 통제에 대한 증거로 받아들여지고 있다(Feldmann 1997).[24] 자연스러운 죽음은 그 너머에 위치하는 일종의 — 아직 극복되지 못한 — '기술적 한계'와도 같은 것이다(Marcuse 1997).[25]

자연스러운 죽음의 구상은 인간 누구나에게 자연으로부터 부여받은 삶의 길이가 보장되어야 한다는 주장을 포함한다(Fuchs 1969). 말하자면 모든 인간에게는 생물학적으로 자연스럽게 죽을 '권리'가 있다. 그 권리를 보장하는 것, 즉 죽음의 전횡(專橫)과 자의성, 우연성을 완전히 없앨 수 없다면 적어도 그것을 최소화하는 것이 의(과)학과 정치적 결정의 목표가 되어야 한다. 이 안에 '자연스러운 죽음' 개념의 사회정치적, 사회비판적 함의가 존재한다. 그런데 이러한 요구는 인간애와 같은 어떤 가치적 지향에 근거하는 것이 아니라 사회정책적인, 사회경제적인 목표를 염두에 두고 있는 것이다. 업적지향성이 강한 근대사회는 자신의 안정적 기능을 위한 기초가 되는 모든 성원의 생물학적 삶의 안정(Fuchs 1969)을 원하기 때문이다.

여기서 우리는 근대에서 말해지는 '자연'은 이미 지극히 인공적인

---

23) 불과 몇십 년 전의 평균 기대수명과 현재의 그것을 비교한다면 그 엄청난 차이에 놀라지 않을 수 없다.

24) 근대사회는 크게 다음의 3가지 방법을 통해 죽음을 통제하려고 시도한다. 때 이른 죽음의 방지, (살인, 사형제도, 전쟁 등으로 인한) 폭력적인 죽음의 배제, 그리고 임종과정에서 고통의 최소화가 그것이다.

25) 마르쿠제는 생명의 연장, (의학기술의 발전에 따른) 고통 없는 죽음의 실현, 그리고 모든 형이상학적, 종교적 죽음 이미지들의 해체를 통한 죽음의 접근 불가능성, 그에 수반되는 강력한 힘과 공포 제거에 대한 믿음을 갖고 있었다(Marcuse 1997: 111; Nassehi & Weber 1989: 223).

것이며 사회적, 정치적, 경제적인 의미를 지닌다는 것을 다시 한 번 확인할 수 있다. 근대적 맥락에서 자연스러운 죽음은 지극히 '생물학적인 죽음'이며, 그 '자연스러움'은 의(과)학의 발전, 그리고 정치적, 경제적 보장을 통해 획득되어야 하는 것이다.

3. 근대적 죽음이해의 구성적 의미구조

지금까지 살펴본 죽음인식 유형들은 — 서로 다른 관점과 차원에서 죽음 이해방식을 담아내지만 — 그들 모두가 '근대'라는 특정한 사회구조에서의 죽음인식을 표현하는 방식이라는 점에서는 동일하다. 이 절에서는 — 시론적 수준이긴 하지만 — 이들 죽음인식 유형을 관통하는 것으로 보이는 근본적 특성과 의미구조를 뽑아내어 몇 가지로 정리해 보았다. 근대적 죽음이해 유형들에 대한 사회학적 분석은 그 자체로도 충분한 의미를 가지고 있다고 여겨지지만 그 유형들 안에 깔려 있는 공통적이고도 본질적인 인식요소들의 단초를 발견해낼 수 있다면 우리 시대 죽음이해뿐 아니라 사회전반의 의미와 가치체계에 대한 더 깊은 이해가 가능하리란 기대에서이다.

1) 죽음의 재(再)자연화(*Renaturalisierung des Todes*)

우리의 근대적 인식은 기술도구적, 전략적 합리성에 의해 상당부분 지배받는다. 죽음(인식)과 관련해서도 종교나 철학, 예술 등은 더 이상 결정적 역할을 하지 못하는 것으로 보인다. 도구적 합리성이 그 사유의 방향을 결정하는 경향이 강하게 나타나고 있는 것이다.

이런 경향은 근대적 실존이 계속 발전하는 의(과)학기술과 (공공)건강관리기관들에 의해 보장되는 동시에 통제당하는 것과 깊은 관련이 있다. 죽음은 여타의 상징적 의미를 박탈당한 채 — 우리가 매우 성공적으로 그 경계를 늘려온 — 그 '기술적 한계'만을 보여주는 어떤 것으로 인식되는 듯도 하다. 그리고 인간이 그 '기술적 한계'를 어디까지 넘어설 수 있을지에 대해서는 '합리적' 예측이 어려운 지경이다.

요약하면 오늘의 죽음은 '재자연화'하는 것으로 보인다. 그러나 이때 '자연'의 의미는 사뭇 다르다. 전통사회에서 죽음이 자연적이었다고 한다면 그것은 어찌할 수 없는 운명이라는 점에서 그러하였지만, 근대사회에서 죽음은 그것이 지닌 모든 초월적 의미를 박탈당하고, 과학기술적 영역 안으로 축소되어 들어앉음으로써 이전과 다른 의미에서의 '자연'에로 귀속되고 있는 것이다.

2) 합리적인 그리고 비합리적인 죽음이해의 대별

전근대를 퇴행적, 비합리적으로 그리고 근대를 진보적, 합리적으로 포장하려는 시도는 근대적 의미구조에서 매우 강하게 나타난다. 전근대적 세계 인식은 — 부정적 맥락에서 — 마술적, 종교적인 것으로 묘사되고 근대적 인식은 과학적, 이성적인 것으로 그려진다. 이러한 이분법적 사고는 이미 광휘(光輝)를 상당정도 잃어버리기는 했으나 아직도 그 흔적이 강하게 남아 있고 근대인들의 사고에 적지 않은 영향을 미치고 있다.

죽음과 관련해서도 이러한 이분법적 도식은 아직도 여전히 많이 남아 있는 것으로 보인다. 오늘날 회자되는 죽음의 이미지들은 대부분 무미건조할 뿐 아니라 냉정하다. 죽음에 대한 생물학적, 과학적 설명을 넘어서는 설명 가능성들은 마치 금지된 것처럼 보인다. 그리고 이러한 죽음이해가 이성적이고 합리적인 것으로 받아들여지는 경향이 농후하다.

이런 상황에서는 지금 이 삶의 자리에서 세속적 성공을 증명할 수 없는 자, 좌절하고 실패한 자들만이 어떤 상징적, 종교적 의미세계를 통해 하나의 해답을 찾으려 하는 것으로 여겨질 수 있으며, 죽음의 문제와 관련해서도 도구적 합리성을 넘어서는 '다른 합리성'이 들어설 자리는 매우 협소할 수밖에 없을 것이다(Ferber 1963).

3) 죽음 자체 — No Problem, 임종과정 — A Problem

임종과 죽음을 둘러싼 근대사회의 대응방식은 여러 가지 측면에서 이중적이다. 예컨대 근대의 성숙한 인간들은 종종 그들이 자신의 죽음에 대해 두려움이 없다고 말한다. 그러나 동시에 '유의미한 타자'의 죽음 앞에서 이들이 보여주는 무력감이나 임종과정에 대한 증가하는 공포 또한 관찰 가능하다. 많은 이들은 죽음 자체는 두렵지 않으나 임종과정에 수반될지도 모르는 고통은 두렵다고 말한다.

이런 언명들의 심층적 측면을 어떻게 해석할 수 있을 것인가? 앞서 언급된 것처럼 만성퇴행성 질환의 만연과 (역설적이게도) 의학의 발달에 힘입은, 보다 길어진 임종에 대한 두려움은 일견 아주 인간적인 것이다. 그러나 우리는 이와 함께 죽음이 어떤 '문제'로조차 떠오르지 않는 근대적 상황에 또한 주목해야 한다. 의식에 떠오르지 않는 것이 어떤 문제로 파악된다는 것은 불가능하다. 더 이상 문제로 떠오르지 않는 죽음이 우리에게 어떤 공포나 두려움, 불안감을 야기할 수는 없다. 그러므로 임종만이 해결되어야 할 문제의 주체로 떠오른다.

지극히 사적이고 정서적인 관계를 맺는 근대 가족 내에서 구성원의 임종과 죽음으로 인한 고통과 괴로움도 날로 증가하는 경향이 있는데, 이런 현상도 죽음이 무화(無化)되고 있는 상황과 무관하지 않다. 죽음이 무(無)로 인식되는 상황에서 임종을 지켜보는 고통과 상실감은 점점 더 이해되지 못할 그 어떤 것이 되어가기 때문이다. 결국 무의미하게 고통당하는 것이니 말이다.

오늘날의 죽음 이해방식에서는 인지적 의미표본이 제공될 뿐이고, 사람들에게 보다 중요해진 감정적이고 정서적인 측면이 간과되는 경향이 있다. 이렇게 건조한 죽음 이해방식들이—근대적 인간이 죽음 앞에서 객관적이고 침착할 수 있다는 것을 표현한다고도 할 수 있겠지만—인간들에게 따뜻한 손을 내밀어 주지 못한다는 사실이 지적되어야 한다. 이러한 상황에서 우리가 다음과 같은 모토 아래 살아야 하는 것은 필연인지도 모른다. 가능한 길고 건강한 삶, 가능한 한 짧고 고통 없는 임종! 그리고 이러한 인식세계 안에서 죽음에게 허락된 자리는 없다.

4) 축출: 죽음에 대한 의미부여의 최소화

일반적으로 전통적 사회에서는 노인, 병자 그리고 죽어가는 이들까지도 그들의 고유한 '사회적 자리'를 가지고 있었다고 말할 수 있을 것이다. 이러한 가정(假定)은 이전의 사회를 이상화하는 것과는 거리가 멀다. 그보다는 전통사회가 인간 실존적인 문제들을 사회적으로 수용하고 완화시킬 수 있는 여러 사회적 메커니즘, 즉 상쇄체계 또는 의미양식들을 가지고 있었다는 사실을 지적하는 것이 더 중요하다. 이런 사회적 메커니즘은 공동체의 존속을 위해서 필수불가결한 것으로 여겨졌다. 물론 인간이 죽음을 하나의 상태에서 다른 상태로의 이전, 또는 진정한, 영원한 삶으로의 전이(轉移)라고 이해하던 시대에 죽음은 보다 쉽게 사회의 의미체계 안으로 통합될 수 있었다는 것도 기억하는 것이 좋겠다.

그러나 기능적으로 분화된 성취지향적 근대사회는 개인의 운명적 상황에 대해서 보다 덜 민감하고 보다 덜 타격을 받을 뿐 아니라, 기능적으로 필요하지 않으며 비생산적으로 여겨지기까지 하는 현상—예컨대 질병, 노화, 고통 그리고 무엇보다도 죽음 같은 것들—들에 별도의 자리를 마련해야 하는 이유를 알지 못한다. 그것은 아마 무엇보다도 먼저 이 사회가 위에 언급한 현상들을 제거하고 극복하는 데 혼신의 노력을 다하고 있기 때문일지도 모른다.[26] 그 중에서도 가장 비생산적이고 파괴적인 현상으로 여겨지는 죽음은 개인적인 그리고 사회적인 의미관계의 연결망과 더 이상 유기적으로 연결되지 않기 때문에 — 그럼에도 불구하고 견디고 참아낼 수 있는 어떤 것으로 받아들여지기 위해서는 — 필연적으로 가능한 한 단순하고 범속한 것으로 여겨져야 한다. 언젠가 다가올 죽음을 이해하고, 죽음인식에 종종 수반되는 공포와 두려움을 이겨낼 수 있는 수단과 개념을 제공하지 못하는 사회에서 죽음의 삶으로의 의미 있는 통합은 상당히 어려운 일이고, 이런 사회에서 죽음은 그 존재의 유의미성 자체가 부정(否定)되는 경향이 있다고 볼 수 있을 것이다.

---

26) 예를 들면 근대사회는 장애아 출산율을 줄이는 데 큰 관심이 있다. 유럽 의회에는 이것을 목적으로 하는 법안이 상정된 바 있다. 그 법안에 따르면 물론 이미 태어난 장애인들은 필요한 사회적 지원을 마땅히 받아야 하지만 그와 함께 장애인의 수를 가능한 한 줄이기 위해 필요한 모든 조치를 강구해야 한다. 그 이유는 장애인들이 국가에 큰 부담이 될 뿐만 아니라 그들의 존재가 스스로를 그리고 주변사람들을 불행하게 할 가능성이 크기 때문이다(Grewel 1992: 30~). 당시 이 법안이 통과되지는 못했으나 여전히 첨예한 논쟁을 불러일으키고 있다. 이는 효용과 기능에 강하게 지향되는 근대사회가 고통과 두려움 등을 소화하는데 '장애'를 가지고 있다는 것을 보여주는 한 예이다. 오늘날의 사회는 모든 고통을 사회적으로 조정/통제하려 하고 조정/통제되지 못한 고통을 다양한 사회적 장치들을 통해 배제 또는 격리시키려는 경향이 있다. 그런데 그러한 사회의 궁극적 목표는 무엇인가? '끔찍스럽게 완벽한 세계'의 구현인가?

5) '자연스럽지' 못한 죽음에 대한 의미적 선취(先取) 가능성의 부재(不在)

인간역사에는 언제나 사람들이 특별히 더 고통스럽게 여기던, 그래서 사회적 소통의 망으로 포섭되기 어렵던 죽음의 형태가 있었다. 예를 들면 폭력으로 인한 죽음, 급사, 요절이 그것이다. 그러나 이러한 죽음의 형태는 오늘날 아주 새로운 형상과 의미를 부가적으로 부여받고 있다.

오늘날 우리는 외부적 폭력에 의해서 죽임을 당하지 않을 것이 또는 어떤 이유에서든지 때 이른 죽음을 당하지 않을 것이 '구조적으로' 기대되는 사회에 살고 있다.[27] '자연스러운 죽음'에 대한 기대가 지극히 정상적인 것으로 여겨지는 사회에서 폭력적 죽음이나 요절 또는 급사 등은 그 어느 때보다 이해되기 힘들다.

어린아이의 죽음을 예로 들어보자. 변화된 사회적 조건들은 명확하다. 오늘날 영유아 사망률은 매우 낮은 수준에 머무르고 있다. 아이의 죽음은 흔한 일이 아니다(출산율의 급격한 감소는 산아제한정책뿐만 아니라 이런 사실과도 유기적으로 연결되었다고 할 수 있다). 그리고 근대의 가족들은 일반적으로 이전보다 훨씬 더 정서적으로 강하게 연결되어 있는 경향이 있다. 가족은 사랑의 공동체[28]로 여겨지며 아이는—더 이상 정치적, 경제적 이유 등으로 설명되지 않는—'사랑의

---

27) 물론 이것이 오늘날 이러한 죽음이 없다는 것을 의미하는 것은 아니다. 근대사회에서 특별한 점은 '자연스러운 죽음'에 대한 기대가 원칙적으로 가능해졌다는 것이다. 갑작스러운 죽음이 옛날보다 절대적으로 감소했다고는 쉽게 말할 수 없으나 이제 우리는 누구나 '노인'이 되리라는 것을 의심치 않으며, 그에 근거해 삶의 장기적 계획을 세우는 사회에 살고 있다.

28) "가정의 약속은 사랑, 나라의 약속은 준법"(서울 경찰청에서 내걸었던 현수막의 표어).

결실'이다. 이러한 근대적 가족의 구조와 사회적 맥락에 비추어 볼 때 아이의 예기치 않는 사망이 무엇을 의미하는지를 짐작하는 것은 그리 어려운 일이 아니다. 어떤 사실이 확률적으로 기대되지 않는 사건일 때 그 사건은 그만큼 받아들이기에 더 고통스러운 일이 된다.

죽음을 유의미적으로 선취하는 것을 도와주는 의미부여 구조가 구성되지 않는 상황에서의 '자연스럽지' 않은 죽음은 더욱이 수용될 수 없는 것이다. 그리고 우리는 이러한 죽음들을 — 유의미적이고 상징적인 이해가능성이 배제된 상태에서 — 그저 재수 없음이나 운명 또한 비참한 사태로 표현할 수 있을 뿐이다.[29]

그런데 우연, 운명, 그리고 비극 등의 개념 자체가 근대적 자기이해를 전면적으로 부정하는 것이라는 데 주목할 필요가 있다. 모든 것을 기본적으로 조정/통제 가능한 것으로 여기는 경향이 강한 근대사회의 이상에 비추어 볼 때 그 예측 가능성과 계산 가능성을 넘어서는 죽음이라는 현상은 본래부터 긍정적으로 이해되기 어려운 것이지만, 죽음의 시기와 형태가 비극적일수록 그 구조적 비통합성과 비소통성은 급속히 증가한다. 다시 말해 근대사회는 보다 적극적인 사회적 연대를 필요로 하는 죽음에 대해서조차도 특별한 대책을 갖고 있지 못할 뿐 아니라, 그 무기력함을 적나라하게 드러내고 있는 것이다.

6) 의미체험의 어려움 증가

보편타당한 것으로 받아들여지는 상호주관적 의미구조가 존재하지 않는 곳에서, 그리고 인지적이고 도구적인 사유가 지배적인 곳에서 어

29) 따라서 근대에는 보다 넓은 의미관계 안에서 위치 지을 수 있는 '순교'(*Opfertod*)는 더 이상 존재하지 않으며 그저 사고로 인한 사망자(*Todes-opfer*)가 존재할 뿐이다. 이 문제에 대해서는 Nassehi & Weber 1989: 262~269 참조.

떤 사건이나 행위의 목적합리적 차원을 넘어서는 의미를 묻는다는 것은 쉬운 일이 아니다. 이런 상황에서 한편에서는 상호주관적으로 구성되고 사회적으로 공인된 의미의 '처방전' 부재에 따른 불안감이 증가하고, 다른 한편으로는 의미 공급처에 대한 비공식적 수요가 증가할 가능성이 높다.

그런데 이러한 점증하는 의미체험의 어려움, 특히 구조적 유한성에 대한 의미체험의 어려움은 이미 언급한 '나의 삶'이라는 표상과도 깊이 관련된 것으로 보인다. 나는 나 자신의 삶을 살 뿐이며, 나 자신의 죽음을 맞이하게 된다. 죽음이 상당한 정도까지 사적(私的)인 사건이 되었다는 것은 사회적 개인화의 한 결과이기도 하지만, 근대의 사회문화적 심층구조에 근거해 설명될 수도 있다(Nassehi & Weber 1989). 즉 개인화 과정에 덧붙여 죽음이 점점 더 일반적인 의미부여 구조에서 배제되는 상황이 근대적 개인들을 더 어렵게 하고 있다. 그들은 외부로부터 어떠한 도움도, 위로도 기대할 수 없다. 자신의 삶과 죽음의 의미는 그 자신으로부터만 찾아질 수 있다.30)

그러나 의미는 언제나 하나의 '사회적 범주'이다. 즉 의미라는 것은 항상 더 큰 맥락과 관계 안에서만 이해되고 체험될 수 있는 어떤 것이다. 엘리아스는 한 사람의 삶이 다른 사람들에게 무엇을 의미하는지와 무관하게 의미를 발견하려는 모든 노력은 헛되다고 말한다. 어떤 한 개인이 스스로의 의미세계를 그를 둘러싸고 있는 세계로부터 떼어낸다면 그 의미세계는 사회적 소통 가능성을 잃게 되고 그로 인해 본래의 의미를 상실할 수밖에 없다(Elias 1982).

그러므로 어떤 의미부여 구조라 해도 그것은 '상호관계' 안에서만 형성될 수 있는 것이다. 그런데, 앞에서 현재는 그 관계성의 구성이 상대적으로 지극히 작은 집단 내에서만 가능하리라고 이야기한 바 있

30) 이에 대한 자세한 논의는 이 책 2장 참조.

다. 그런데 문제는 여기에서 끝나지 않는다. 의미의 본질적 구성요인으로서의 관계성이라는 것은 단순히 수적인 차원을 말하는 것이 아니다. 그보다 훨씬 더 중요한 것은 어떤 현상/사건이 다른 현상/사건에 의미를 부여할 수 있을 때만이 그 자신의 의미를 획득한다는 사실이다. 다시 말하면 어떤 현상/사건은 (의미의) 연결고리 안에서만 의미를 가질 수 있고 의미로서 체험될 수 있다. 그렇다면 전적이고 완벽한 종말로서의 죽음은 과연 어떤 (의미의) 연결고리 안에 놓일 수 있을 것인가? 여기에 우리 시대의 또 하나의 딜레마가 있는 것이다.

7) 전적으로 현세지향적인 태도, 그러나 …

사실 근대인들에게 현세주의적 만족추구 외에 또 다른 어떤 대안이 가능할 수 있겠는가? 어떤 초월적인 확실성도 가용(可用)하지 않다. 근대는 기본적인 자기인식방식 때문에 경험적으로 규정될 수 없는 영역, 통제할 수 없는 불확실성 그리고 부정성(否定性)을 용인할 수 없으며, 우리가 사는 사회는 그 모든 것을 배제하고 제거하는 데 진력하는 사회이다. 이런 맥락에서 현존재(現存在)의 현세적인 방향설정은 당연한 논리적 귀결일 것이다.

만약 죽음이 제거될 수 없다면 죽음은 적어도 현세적으로 설명될 수 있는 어떤 것이 되어야 한다. 그러므로 이때 죽음은 어떤 설명되지 않는 또는 설명하기 어려운 질문도 남겨놓지 않는 절대적인 종말이어야만 한다. 이러한 방법으로 죽음을 통제하려는 근대의 대담하고도 과감한 시도는 어느 정도 성공적이었다고 말할 수 있다.

그럼에도 불구하고 우리는 아직도 여전히 비어 있는 틈새를 관찰할 수 있는데, 그것은 죽음이라는 것이 기본적으로 우리의 합리적, 이성적 능력으로써 다 설명할 수 있는 사건이 아니기 때문이다. 설사 우리가 더 이상 죽음 이후의 환생이나 부활, 그리고 구원을 믿지 않는다 하더라도 죽음 자체가 우리의 경험적 체험을 넘어서는 현상이라는 자체를 부정할 수는 없다. 이러한 것은 다음과 같은 진술에서도 쉽게 확인할 수 있다.

> "나는 죽음이 끝이라고 믿는다."
> "나는 죽음 이후에 무엇이 기다리는지 알지 못한다."

그 어느 누구도 완벽하게 죽음을, 그리고 그 이후를 '완벽하게 경험적으로' 설명할 수는 없다. 우리는 죽음에 대해 이야기할 때 어떤 확정적인 언어형식도 사용할 수 없다. 아직도 우리는 죽음을 '경험'할 수 없으며 죽음은 우리에게 여전히 가려진 채로 있다. 우리는 그저 '개념'들을 통해 죽음을 바라볼 수밖에 없다(Nassehi 1992). 이것이 근대의 딜레마가 여전히 건재할 수밖에 없는 또 하나의 이유이다.

4. 닫는 글

이 장에서는 그동안 근대사회 내에서 제기되어 온 죽음 이해방식들을 개념적 도구로 사용하여 근대적 죽음인식 유형을 재구성하고 설명, 분석해 보았다. 인간의 구조적 유한성에 대한 의미부여와 극복이 인류 보편의 과제라고 한 알로이스 한(Hahn 1968)의 말에 동의한다면, 우리는 앞으로도 이 어려운 '숙제'를 피해갈 수 없다. 그런데 앞으로 어떤 다른 대답들이 더 발견될지 모르지만, 우리가 그 과제를 근대라는 사회적 틀과 조건하에서 풀어갈 수밖에 없으리라는 것은 분명하다. 따라서 지금까지 살펴본 근대적 죽음 이해방식들은 만족스럽지는 않더라도 근대인들이 이 어렵고도 중요한 문제를 풀어가는 방식에 대한 이해의 실마리를 제공할 것이다.

근대적 죽음인식을 긍정적으로 또는 부정적으로 평가하는 것이 이 글의 주된 의도는 아니다. 그러나 지금까지 살펴본 죽음에 대한 근대적 이미지들이 근대인들의 지적인 의혹도, 정서적 갈망도 충분하게 해소시켜 주지 못한다는(Schott 1986) 느낌을 지울 수 없다. 그렇다고 해서 근대적 죽음인식을 병리적인 것으로 이해하려 든다면 그것 또한 성급한 일이 될 것이다. 이 이해유형들 모두 근대적 실존에 대한 나름의 성찰에서 유래한 것이기 때문이다. 그럼에도 불구하고 그들이 '왜'(*Warum*)라는 삶의 근본적 질문에 적절한 대답을 주지 못한다는 점은 지적해야 하겠다.

그리고 그 중요한 이유 중 하나는 지금까지 살펴본 근대적 죽음 이해방식에서 공통적으로 드러나는 특징에서 찾아볼 수 있을 듯하다. '초월성[31]의 전면적 배제 내지 결여'가 그것이다. 바로 이 지점에서

31) 초월성(*Transzendenz*) 개념에 대해서는 2장의 주 20 참조.

글쓴이는 오늘의 사회에서 생물학적 종말을 넘어서는 죽음이해가 어려워지고 죽음의 긍정적 통합 가능성이 구조적으로 감소하는 근본적 이유, 적어도 그에 대한 중요한 단서를 발견한다.

우리 모두는 언젠가 인간의 합리적 이해능력을 결정적으로 넘어서는 한계상황, 죽음에 직면할 것이다. 이러한 한계상황의 경험은 근대사회에서 소통 불가능한 것인가? 만약 가능하다면 언제, 어떻게 그것이 가능해질 수 있는가? 그 조건은 무엇인가?

글쓴이는 이 질문들 안에 오늘날의 죽음문제를 읽는 하나의 열쇠가 있다고 생각하며, 후속작업에서 현재의 논의를 다음의 두 가지 초점과 방향에서 발전시키고자 한다. 근대사회에서 초월성 담론의 사회적 소통 가능성에 대한 사회이론적 검토가 그 하나이고, 다른 하나는 경험적 조사를 통해 이 글에서 검토한 죽음인식 유형의 유용성과 타당성을 검토하는 일이다.

제 6 장

죽음이 두려운 또는 두렵지 않은 서로 다른 이유들

> 이 세상이나 삶은 그 자체로는 실상 슬픈 것도 아름다운 것도 아닌 것인지 모른다. 우리가 그 세상이나 삶에서 어떤 뜻을 읽어 건져낼 때 그것은 비로소 슬프거나 아름다움의 빛을 띠게 되는 쪽일 것이다(이청준 산문집 《야윈 젖가슴》 중에서).

만약 이 말이 맞는다면 우리의 죽음 또한 그 자체로는 실상 슬픈 것도 아름다운 것도, 나아가 두려운 것도 아니리라. 그런데도 '두려움'이라는 단어가 죽음을 생각할 때 또는 죽음 앞에서 가장 먼저 떠오르는 말 중 하나라는 것이 분명하다면, 이 단어는 우리가 죽음에서 읽어 건져내는 뜻과 아주 밀접한 관계에 있다 할 것이다. 그리고 이 근친관계는 시간과 공간을 넘어 일정정도의 보편성을 획득하는 것으로 보인다.

그렇다면 죽음이 '두려움'이라는 매개를 통해 해독되는 이유는 무엇인가? 그 두려움의 원천은 무엇인가? 왜 우리는 죽음을 두렵다 하고 또는 두렵지 않다 하는가? 우리가 죽음을 두려워하는 또는 두려워하지 않는 이유들은 시대에 따라 변화했는가? 죽음에 대한 두려움은 이전보다 더 증가했을까, 감소했을까? 이 글에서는 이러한 질문들을 죽음이라는 현상이 지니고 있는 확실성과 불확실성이라는 동시적 역설을 통해 풀어 보고자 한다.

1. 죽음, 그 불확실성과 확실성의 동시적 존재

우리는 우리 모두가 종국에는 죽으리라는 사실을 잘 '알고' 있다. 스피노자에 의하면 죽음은 증명될 필요가 없는 유일한 진실이다. 이 세상에서 죽음의 존재보다 더 확실한 것은 아마도 없을 것이다. 존재했던 생물체들은 모두 그 운명을 공유했으며, 첨단생명공학의 시대에 살고 있는 우리들도 아직은 그 운명으로부터 자유롭지 못하다. "mors certa!" 이 죽음의 확실성은 인간사회로 하여금 구성원들의 개별적 유한성을 뛰어넘어 집단적 영속성을 보장받기 위한 여러 장치를 고안하도록 요청했다.

그러나 죽음의 '때'는 아무도 모른다. "hora incerta!" 우리는 죽음이 언제, 어디서, 어떻게 우리에게 찾아들지 알지 못한다. 그리고 죽음 이후에 무엇이 우리를 기다리고 있는지도 알지 못한다.[1] 그것은 의(과)학이 하늘을 찌를 기세로 나날이 발전하는 오늘에도 여전히 유효하다. 이러한 죽음의 '확실한 불확실성'은 그에 대한 수없이 많은, 서로 다른 종교적, 철학적 해석을 잉태시켰다. 그리고 이 불확실성을 둘러싼 사유는 오늘도 끊임없이 계속되고 있다.

그런데 우리가 삶을 꾸려가는 데 죽음이 결정적 역할을 하는 중요한 이유 중 하나는 바로 이 확실성과 불확실성이라는 역설의 절묘한

---

1) 죽음을 완벽한 의미에서의 끝이라고 하는 사람들도 그 주장을 과학적으로 증명할 수는 없다. 그런 의미에서 이러한 주장 또한 하나의 '믿음'이라 해야 할 것이다.

결합에 있는 듯하다. 죽음의 확실성과 죽음의 때와 그 이후의 불확실성, 그리고 그에 대한 인식은 인간에게 삶을 죽음으로부터 유예받은, 그러나 정해지지 않은 기간으로 이해하게 한다. 바로 그 때문에 우리는 '죽음을 살아내고 있다'고 말해야 할지도 모른다.

여기서 우리가 다시 한 번 강조하고 넘어가야 할 중요한 사실 하나는 인간이 그 확실성과 불확실성을 '이미 알고' 있다는 것이다. 우리가 죽음에 대한 생각을 늘 하며 사는 것은 아닐 것이되 그 생각으로부터 온전히 자유로운 사람 또한 없다 할 것이다. 인간은 죽음을 '아직 살아 있는 동안 이성적으로 사유'한다. 이 죽음에의 생각을 통해 죽음은 생물학적 소멸 그 이상의 어떤 것으로 우리의 삶 안에, 우리의 문화와 역사 안에 자리매김하게 되는 것이다. 그리고 죽음은 그것을 '알고' 살아야만 하는 인간에게 확실성과 불확실성의 동시적 역설 그 자체이다. 명약관화한, 무엇보다도 확실한 생물학적 현상이 인간이 경험해야 하는 (거의) 모든 불확실성의 원천이 되고 있는 것은 아이러니가 아닐 수 없다.

2. 두려움과 두렵지 않음의 동시적 근원으로서 죽음의 확실성/불확실성

전통사회에서도 죽음의 확실성과 불확실성은 두려움의 원천이기도 하고 동시에 두렵지 않음의 원천이었으며 지금도 그러한 것으로 보인다. 그러나 그 안에 담겨 있는 이야기는 서로 다른 것 같다.

두려움이라는 감정상태와 관련하여 가장 먼저 떠오르는 것은 불확실성이다. 어둠 속을 걷는 것은 종종 무섬증을 동반하지만, 그 어둠 속에서 정체를 알 수 없는 어떤 존재의 출현은 두려움을 낳는다. 무섬증은 담력을 키우는 것으로 극복될 수 있을지 모르지만, 정체를 알 수 없는 두려움은 대처할 방법을 알 수 없을 뿐 아니라 나의 의지와 무관하게 존재하므로 무기력증으로 이어지기가 쉽다.

그런데 죽음이 우리에게 두려운 존재였다면, 아니 두려운 존재라면, 그 중요한 원인 중의 하나도 그 불확실성이라 할 것이다. 물론 그 불확실성이 제거된 것처럼 보이던, 적어도 그렇게 믿어지던 시대도 있었다. 인간은 신의 뜻과 자연의 섭리를 믿었으며 그 믿음은 인간이 죽음 앞에서의 두려움을 넘어서는 중요한 기제 중 하나였고, 그 기제는—그 힘이 많이 약화되었기는 하나—오늘에도 여전히 기능하고 있다. 믿음 안에서 인간은 그들이 어디서 왔으며, 그들 존재의 의미는 무엇인지, 그리고 종국에는 어디로 가는지 '알고' 있었고 그 '앎'이 그들을 해방시켜 주었다. 또한 그 앎의 확실성은 인류역사에서 많은 이들이 두려움을 이기고 죽음을 향해 자발적으로 걸어 들어가도록 했다.

전통사회에서도 물론 보다 억울하고, 보다 슬픈 그리고 보다 두렵게 느껴지던 죽음들이 있었을 터이다. 그리고 우리는 이전에는 죽음이 지금보다 '자연스럽게' 받아들여졌던 것으로 생각하곤 하지만, 정말 그러했을지는 의문이다. 노베르트 엘리아스가 말한 대로 우리는 전통사회에서의 삶이 상대적으로 짧고 불안정했으며, 매우 폭력적인 상황에 자주 노출되었다는 점을 기억해야 한다. 전염병이 한 번 돌고 나면 일정지역 사람들의 반수 이상이 졸지에 목숨을 잃기도 했다. 이런 상황에서 죽음의 불확실한 때와 그 이후는 진정 그들에게 두려움의 대상이 아닐 수 없었다.

그럼에도 불구하고 만일 우리가 전통사회에서의 죽음에서 지금과 다른 어떤 긍정적인 측면을 찾아낼 수 있다면, 그것은 아마 임종과 죽음의 과정이 보통은 친숙한 삶의 공간 안에서 가족과 친지, 이웃이 함께한 가운데 진행되었고, —앞서 언급한 대로—죽음 앞에 선 이와 그 죽음을 지켜보고 함께 준비하던 이들이 그들이 어디서 왔으며, 사는 동안 어디에 속해 있었는지 그리고 이제는 어디로 가는지 '알고' 있었다는 것과 관계가 있을 것이다. 그 확실성이 그들로 하여금 죽음을 더 쉽게 받아들일 수 있게 하는 기제로 작동했음은 분명한 듯하다. 삶의 의미 나아가 죽음의 의미에 대한 질문과 대답들은 그들의 몫이 아니었다. 그것은 주어져 있는 것이었다. 단지 그것을 받아들일 것인가, 거부할 것인가 하는 선택이 있었을 뿐.

그리고 그들이 두려워하였던 것은 그 '앎'을 나눌 수 없는 '객사와 횡사'였다. 객지에서의 갑작스러운 죽음은 인간의 의식 안에서, 그리고 공동체 안에서 그 의미가 재해석될 시간을 남겨주지 않는다는 점에서 동서양에서 공히 '나쁜 죽음'의 전형이었다.

그러나 동시에 그 확실한 앎이 두려움의 원천이 되었음도 자명하다. 그것은 종종 죽음 이후에 닥칠 심판 내지 응보와 관련된 것이었다. 인간의 힘으로 어찌할 수 없는 크고, 무겁고, 꽉 막힌 벽으로서의 죽음의 무서운 자기완결성은 두려움의 대상이 되고도 남음이 있다. 더구나 이러저러한 이유로 신에게 선택받지 못했음이 또는 스스로를 구원하지 못했음이 증명(?)된 이들에게 죽음은 두려운 것일 수밖에 없었을 것이다. 굿을 하고, 치성을 드리며, 불사를 일으키고, 천도를 위한 기도를 바치는 인간들의 마음속에는 '운명적 업보'를 벗으려는 절박함이 담겨 있다 할 것이다.

덧붙여 서구 중세 때의 이른바 '면죄부' 파동은 전근대사회에서 죽음의 확실성과 불확실성 문제를 둘러싸고 벌어졌던, 역사적으로 큰 의미를 지니는 사건이라 할 것이다. 중세 교회는 심판의 확실성에 대한 믿음을 바탕으로 역설적으로 삶 안에서 인간들이 느끼는 죽음에 대한 불확실성과 두려움을 증폭시키고, '메멘토 모리'(죽음을 기억하라)라는 명제를 인간통제의 효과적 도구로 이용했던 것으로 보인다. 심판의 판결은 나와 있되, 즉 사후운명은 이미 결정되어 있되, 인간이 그것을 알아낼 방도는 없는 것이다. 죽음을 둘러싼 확실성과 불확실성의 역설을 이처럼 교묘하게 잘 이용한 예도 인류역사에 흔하지는 않은 듯하다.

3. 오늘 우리는 왜 죽음을 두렵다 또는 두렵지 않다 하는가?

1) 근대인들은 죽음을 더 두려워하는가?

이렇듯 확실성과 불확실성의 동시적 역설로서 죽음은 그 자체로 인간에게 두려움, 그리고 나아가 그 두려움을 넘어서게 하는 원천이었다. 그렇다면 오늘 우리는 왜 죽음을 두렵다 또는 두렵지 않다 하는가? 아니 먼저 이렇게 물어보자. 우리는 이전보다 죽음을 더 두려워하는가? 흔히 그렇다고들 이야기한다. 그리고 이러한 논의에서 종종 전통사회에서의 죽음이해는 보다 긍정적인 것으로, 오늘의 그것은 보다 부정적인 것으로 대비되어 설명된다. "오늘날 죽음이 억압되고 터부시되고 있다"라는 언명은 마치 이미 증명된 또는 증명될 필요조차 없는 하나의 사실로 (거의) 선험적(先驗的)으로 전제되면서 사회적으로 소통되고 있음을 어렵지 않게 관찰할 수 있다.[2)]

그러나 '억압된 죽음'이라 할 때 '억압'이라는 말의 진술준거나 그 개념적 엄밀성은 종종 의심스러우며, 오히려 일부 사회적 담론이 아주 단순하고 거의 맹목적으로 오늘날 죽음이 억압되고 있다는 것을 '가정'하고, 나아가 '기정사실화'하는 것은 아닌가 의심이 간다. 따라서 우리는 억압되고 있는 죽음이라는 '실체가 불분명한' 담화의 확산이나 그에 대한 도덕적 비판의 대열에 무비판적으로 합류하기보다는, 근대사회에서의 죽음이 억압되고 있다면 그것의 사회학적 의미는 무엇인지 그리고 누가 무엇을, 왜, 어떻게 억압하는지를 더 구체적이고 실제적인 수준에서 관찰하는 것이 필요하지 않을까 한다. 그

---

2) 산업사회로 들어오면서 죽음이 점점 더 사회의 주변부로 밀려나고, 억압되고 있다는 생각은 아마도 근대적 죽음인식 유형들 중에서 가장 널리 퍼져 있고 또 동시에 가장 많이 비판받아 온 테제라 할 것이다.

리고 죽음에 대한 억압이 확인된다 해도 그것이 항상 부정적인 것인지 다시 논의될 필요가 있다.

여하튼 오늘의 죽음은 금기시 또는 억압된다고 말해지는 경향이 있으며, 그 이유로 곧잘 등장하는 것이 요즘 사람들이 이전보다 죽음을 더 두려워한다는 점이다. 정말 두려움의 총량이 증가했는가? 그렇게 단정하기는 쉽지 않아 보인다. 물론 이런 주장이든지 그 반대의 주장이든지 간에 구체적 자료들을 통해 증명하기 어렵다. 일단 자료가 많지 않기도 하지만 그 자료들에서 끌어내지는 이야기의 신빙성도 의심스럽기 때문이다. 인간의 의식 속에 꼭꼭 숨어 있는 죽음에 대한 인식들을 끄집어내는 일은 그리 쉬운 일이 아니다. 단지 여기에서는 단편적인 도덕적 논의의 문제점만을 지적하고자 하며, 일단 논의의 초점을 우리가 죽음을 두려워하는 또는 두려워하지 않는 이유들이 달라져 왔음에 맞춰 보고자 한다.

2) 죽음에 대한 두려움을 제거할 수 있으리라는 '근대적 믿음'의 해체

죽음의 확실성과 그에 대한 앎이 인간을 죽음의 두려움으로부터 해방시켜 주리라는 믿음은 초기근대에 다시 한 번 그 저력을 드러낸다. 그러나 죽음은 이제 자연의 섭리나 신의 의지가 아닌 인간의 힘으로 통제되어야 한다. 이러한 새로운 믿음은 근대적 의(과)학에 대한 신뢰를 바탕으로 한다. 근대는 어떤 의미에서 또 하나의 믿음의 역사이다. 목적합리적인 계산에 근거한 발전, 계속적인 성장과 증가할 안전성에 대한 믿음 말이다. 근대의 강한 믿음 중 하나는 우리 삶에서 일어날 수 있을 것으로 생각되는 모든(적어도 거의 모든?) 위험이나 리스크(*Risk*)[3]들이 합리적으로 통제되고 적어도 사회적으로 보장될 수 있으며 또 그래야 한다는 것이다. 근대 국민국가는 집단적 생존과 안전보장에 대한 약속 그리고 사회적인 위험 조정능력에 대한 요구에 부응해야 했다. 만약 남아 있는 위험이나 리스크가 있다면 그것들은 적어도 계산되고 통제될 수 있어야 한다. 이들은 보다 나은 상황진단, 보다 정확한 계획 그리고 보다 충분한 지식의 축적을 통해 원칙적으로 제거할 수 있는 것으로 간주된다.

그러나 오늘날 인류 스스로에 의해 생산된 새로운 리스크들은 그것이 생성되고 퍼져 나가는 정도의 가속화, 넓어지는 영향력의 범위, 그리고 과학기술의 복잡복합성 증가 등으로 합리적 지식을 통한 계산/예측 가능성과 통제성을 정면으로 부정한다. 물론 우리가 어떤 측면에서 이전보다 훨씬 더 높은 수준의 안정성을 누리는 것은 사실이다. 그러나 새로운 리스크에 대한 불안감이 급속도로 증가하는 것 또한 부정할 수 없다. 우리는 근대사회의 내적 근거인 성장과 발전에 대한 믿음이 그 광휘를 잃어가는 시대에 살고 있다. 모든 이를 위한 모든 경우에서의 안전을 보장하겠다는, 모든 것을 계산/예측 가능하고 나아가 통제 가능한 것으로 만들려는 근대적 계획은 그 명확한 한계를 드러내고 있다. 나아가 계속적인 성장에 대한 근대적 믿음은 이제 스스로의 한계를 인식하고, 성찰하는 지점에 이르렀다.

우리의 논의와 관련해서 중요한 것은 의(과)학적 발전과 각종 보험과 보장제도가 노화와 죽음과의 직면(直面)을 결코 대체하지는 못함이

---

3) 니클라스 루만은 위험과 리스크를 다음과 같이 구분한다. 리스크는 사람들 스스로가 어떤 돌이킬 수 없는 결정을 하거나 유보함으로써 야기되는 미래에 대한 불확실성으로 경험된다. 반면 위험은 자신들의 어떤 결정과는 무관하게 외부로부터 어떤 피해를 입게 될 수 있다는 것을 암시한다. 예를 들면, 핵사고는 핵발전소 운영기관에게는 하나의 리스크인 반면, 주변 거주민들에게는 위험요소가 된다. 이렇게 리스크는 자기준거적인, 그리고 위험은 타자준거적인 가능한 피해의 측면을 각각 강조한다(Luhmann 1990; Nassehi 1997: 267~). 근대사회에서는 위험보다 리스크가 더 중요한 요소로 떠오른다.

명백해졌다는 것이다. 막스 쉘러는 성장에 대한 믿음이 죽음의식을 약화 또는 제거하는 데 일조한다고 말한 바 있다. 기술적/과학적 발전을 통한 효과적 통제에 대한 확신, 삶의 안정성 증가에 대한 믿음, 사회보장 수준의 향상에 대한 기대 그리고 합리적 설명의 마력은—어느 기간 동안은—마치 실존적 유한성과의 투쟁까지도 사회적으로 규정할 수 있는 어떤 것으로 여겨지게 했다. 확실하고, 계산되고, 예측될 수 있는 것들을 그 중심으로 하는 근대사회의 구성원리에서 불확실성은 그 '자리'를 잃어버렸다. 그러나 이제 이러한 생각들은 다시 '탈주술화'(*Entzauberung*)의 과정에 들어선 것으로 보인다. 우리는 이제 죽음에 대한 이성적인 설명이 우리의 실존적 한계상황을 제거하지도, 이해 가능하도록 만들어 주지도 못한다는 것을 알아 버렸다. 과학은 죽음을 유의미하게 해석하지 못하며 우리를 그 두려움으로부터 해방시켜 주지도 못할 것이다.

이렇게 근대사회의 계산과 통제의 이상(理想)에 심각한 균열이 관찰되기 시작한 이래로, 적어도 사회일각에서는 불확실성의 회귀현상이 나타났다. 그리고 이러한 상황은 종교적 상징과 신화적 설명들에 새로운 자리를 마련하는 것으로 보인다. 이를 통해 기성종교의 부활을 전망하는 것은 너무 성급한 것이겠지만, 죽음에 있어 불확실성의 영역을 확실성의 영역에 포함시키려 했던, 즉 합리적 설명을 통해 죽음의 두려움으로부터 벗어나고자 했던 인류의 시도는 적어도 주춤거리고 있는 것으로 보인다.

3) 더 이상 두렵지 않은 죽음의 자리를 대체하는 '길고 고통스러운 임종의 과정'

이렇게 초기근대의 이성적 이상은 그 파생적 결과물로 근대적 확실성의 해체라는 원치 않는 아이를 낳았다. 죽음은 여전히 불확실하고, 두려움을 야기하는 존재로 남았다. 그러나 이 아이에게는 그 기원을 함께하나, 전혀 다른 논리적 전개과정을 펼쳐 보이는 동생이 한 명 있다. 이 동생은 죽음의 문제와 관련해 변형된 형태의 근대적 확실성을 주장하게 된다. 그런데 사실 동생의 논리가 훨씬 더 득세하는 것으로 보이기도 한다. 관련해서 죽음을 두려워하지 않는—적어도 그렇다고 말하는—일단의 사람들의 존재와 그 특성을 잘 관찰해야 한다. 이들은 죽음에 있어 불확실성의 영역을 확실성의 영역으로 끌어들이려 시도하지 않는다. 즉 이들에게는 불확실성이란—어떤 식으로든지 포함/설명되어야 하는—두려움의 원천이 아니라 사고(思考)에서 원천적으로 배제되어야 하는 어떤 것이다. 확실한 것은 우리가 언젠가는 이 세상을 떠나야 한다는 것이고, 언제, 어떻게 그 일이 나에게 찾아올지 그리고 그 이후에 무슨 일이 벌어질지는 아무도 모른다. 아니 알 필요도 없다. 설사 그 무언가가 있다고 해도 '나'와는 아무런 관계가 없는 일이기 때문이다. 이 새로운 일단의 '에피쿠로스'들은—서구 고대에서와 달리—이제 소수가 아니다. 예측 가능한 세계는 죽음으로써 완전히 끝난다. 그러니 죽음은 더 이상 이해와 설명의 대상이 아니다.

여기서 죽음을 두려워하지 않는다고 말하는 것의 의미를 근대적 맥락에서 다시 생각해 보자. 그것은 어떻게 해석될 수 있을까? 근대인들은 전(前)시대인들보다 심리적, 정서적으로 더 강하고 인지적으로 더 합리적인가? 우리는 그들보다 평균적으로 더 '성숙'한가? (이러한 주장을 하는 이들이 있다면 그들은 근대사회에서 죽음의 억압을 주장하는 이들과는 정반대의 입장이라 말할 수 있을 것이다.) 그러나 이러한 상황은 아주 다른 시점에서 관찰될 수도 있다. 왜 그리고 무엇 때문에 도대체 사람들이 두려움을 가져야 할 것인가? 죽음 이후의 세계만이 무(無)인 것이 아니라 죽음 자체가 이미 무(無)로, 그 어떠한 의미도 부여될 수 없는 것으로 인식된다면, 그 무(無) 앞에서 어떤 인간적인 감정을 가질 필요가 있는가? 두려움을 가져야 할 이유는 더욱 없다. 전통적 사회의 사람들이 깊은 종교심에서 죽음을 두려워하지 않았다면, 근대인들은 죽음이 '문제'로서, 의식적으로 성찰될 과제로서 떠오르지조차 않기 때문에 죽음을 두려워하지 않는지도 모른다.

죽음과 싸워 이겨야만 하는 이유도 이제 없다. 무엇을, 누구를 대상으로 싸울 것인가? 죽음에 대항하고, 죽음을 넘어서려는 노력은 죽음의 의미상실과 더불어 그만큼 그 매력을 상실해 간다. 죽음이 무화(無化)될수록 불멸성에 대한 요청도 그 의미를 잃어가는 것이다.

그런데 이제 정말 죽음에 대한 두려움은 사라졌는가? 안타깝게도 그렇지는 않은 것 같다. 죽음이 무화(無化)되면서 이제 임종과정(*Dying*)이 두려움의 새로운 대상으로 떠오르고 있는 것이다. 그렇다! 죽음을 두려워하지 않는다 주장하는 오늘의 근대인들에게 두려움은 아주 사라져버린 것이 아니다. 단지 그 대상이 바뀌었을 뿐이다.

인류역사에서 줄곧 두려움의 원천이었으며, 그와 동시에 인간적 상상력의 근원적 원천이었던 예측 불가능한 죽음과 그 이후는 이제 '질환과 임종과정'에게 그 자리를 넘겨주었다. 두려운 것은 더 이상 죽음이 아니라 만성퇴행성 질환이며 그에 수반되는 장기적 임종과정이다. 오늘의 근대인들은 죽음 그 자체보다 오랜 임종과정 동안에 자주 동반되는 육체적/정신적 고통, 고립감, 외로움, 상실감 그리고 무기력 등에 훨씬 더 많은 두려움을 갖고 있다. 많은 이들은 보다 길고 건강한 삶과 함께, 보다 짧고 고통이 없는, 그래서 의식의 지평으로 떠오르지 않고 맞이할 수 있는 죽음을 선호한다. 이러한 상황에서 '바람과 함께 사라지는' 객사나 횡사는 더 이상 두려움의 대상이 아니라 오히려 소망스러운 일로 여겨질 수도 있다.

임종기간의 급속한 연장과 친숙한 사회적 환경으로부터 유리되어 병원이라는 관료제 조직에서 홀로 죽어가는 근대적 임종상황의 증가를 염두에 둔다면, '갑작스러운 죽음'에의 소망은 일면 아주 인간적이고 자연스러운 소망이라 할 수도 있을 것이다. 그러나 이 지극히 당연해 보이는 소망은 다른 한편으로 현 시대의 구조적 특징 중 하나로 이해될 수도 있을 것이다. 즉 삶과 죽음 사이의 연결고리가 끊어진, 그래서 둘 사이의 상호 이해가 불가능하고, 죽음이 의식의 지평으로 떠오르는 것이 구조적으로 불가능해진 그러한 사회에서 죽음의 문제는 오로지 '연장 가능한 삶과 조작/통제될 수 있는 임종과정'으로 변용(變容)되어서만 사회적 소통이 가능하다고 볼 수 있기 때문이다

즉, 이와 같은 상황에서는 죽음과 달리 임종만이 현재적이고 경험될 수 있는 것이며, 조정과 통제가 가능한 것으로 여겨지고, 따라서 임종만이 '해결되어야 할 문제'로 떠오른다. 의식체계에 떠오르지도 않는 죽음을 사람들은 느낄 수 없을뿐더러, 그것은 '문제'조차 되지 않는다. 두려움의 대상은 더구나 아니다. 죽음의 자리에 이제 임종이 자리 잡는다. 이를 통해 죽음은 일상적 삶의 악몽이 되었다. 우리의 근대적 삶은 죽음과의 싸움이 아닌 '죽음의 원인들'과의 싸움을 선포했다. 죽음 자체를 제거하는 것이 삶의 현실적 목표가 될 수는 없겠지만, 질병과 사고의 원인을 제거하고 건강한 삶을 꾸려 나가는 것은 우리 삶의 아주 타당하고도 합리적인 목표가 된다.

4. 죽음, 그 역설성의 회복을 위하여

확실성과 불확실성의 그리고 두려움과 두렵지 않음의 동시적 원천이었던 죽음이 그 역설적 위치를 통해 발휘했던 힘과 능력은 이제 상당부분 그 빛을 잃어버렸다. 오늘날 죽음의 확실성은 그의 원천적 배제를 낳고, 그 불확실성은 임종에 대한 고민으로 환원되는 경향이 농후하다. 그러나 앞에서 언급하였듯이 초기 근대적 과학/지식의 단선적 발전, 그리고 그를 통한 문제해결 방식에 대한 의문이 강력히 제기되는 것 또한 사실이며, 이로써 죽음의 불확실성에 대한 새로운 사회적 소통의 여지가 생기고 있는 것 또한 부정할 수 없는 듯하다. 사실 어떻게 보면 지금까지의 모든 인류역사는 확실성과 불확실성을 동시에 지닌 존재로서의 죽음, 그리고 인간의 근원적 두려움의 원천이면서 동시에 그것을 넘어서고자 하는 욕구의 원천이기도 한 죽음에 대해 인간이 끊임없이 연주해온 이해와 설명의 변주곡(變奏曲)이 아니었나 싶기도 하다. 이렇게 본다면 우리가 추구해야 할 것은 죽음에 대한 '완벽한' 이해나 설명이 아니라 — 가능하지도 않겠지만 말이다 — 서로 다른 역설적 이해와 설명의 공존을 너그럽게 용납하는 일인지도 모른다. 왜냐하면 그것이 죽음의 본질적인 성격이기 때문이다. 그리고 그 역설의 계속되는 변주과정 속에서 비로소 죽음은 나/우리에게 자신의 모습을 드러낼 것이다.

제3부

제7장 근대사회에서 '초월성'에 대한 담론 형성 가능성과 조건에 대한 사회이론적 고찰
- 죽음의 이해 문제와 관련하여

제8장 죽음과 종교
- 오늘 종교가 죽음의 문제에 '다시' 주목해야 하는 사회학적 이유

제 7 장

근대사회에서 '초월성'에 대한 담론형성 가능성과 조건에 대한 사회이론적 고찰

죽음의 이해 문제와 관련하여

1. 여는 글

우리는 무엇이 어떤 '맥락'(*Kontext*) 안에 놓일 때만 그것을 '이해'할 수 있다. 여하한 관계성도 부여되지 않은, 고립된 사고/대상/현상/행위 등은 그 자체로 아무런 '의미'도 전달하지 못한다. 사회학적으로 볼 때 의미란 보다 포괄적 맥락 안에서 어떤 것을 이해 가능하도록 해주는 선취된 지시/연결구조라고 할 수 있으며, 그 구조 안에서만 우리는 무언가의 의미를 파악할 수 있다.

이런 이론적 입장을 바탕으로 글쓴이는 이미 이 책의 다른 글에서 인간의 실존적 종말은 사망의 원인에 대한 생의학적 설명이나 죽음에 대한 인지적 파악을 통해 '이해'될 수 있는 것이 아니라는 것을, 즉 그러한 방법을 통해서는 죽음을 의미구조 안으로 편입시키기 어렵다는 사실을 확인한 바 있다. 존재의 끝으로서의 죽음은 우리가 일상적으로 사용하는 경험적이고 내재적인 의미기제들만 가지고는 충분히 이해하기 어렵다. 최소한 생물학적 종말을 넘어선 어떤 것으로 죽음을 이해하고자 한다면, 또 죽음이 그러한 것으로 담론화되어야 한다면, 이때 필연적으로 '초월성'의 문제가 등장한다. 따라서 죽음의 문제와 관련해 근대사회에서 초월성의 담론형성 가능성과 그 조건을 검토함은 우리 시대가 죽음의 의미문제를 어떤 방식으로 다룰 수 있는가 하는 물음과 밀접히 관련된다.

그런데 근대사회라는 구조적 조건하에서 초월성에 대한 사회적 소통은 가능한가? 만약 가능하다면 그것은 어떤 형태일 것인가? 이 문제는 우리가 근대사회와 문화 안에서 죽음의 이해 내지는 사회적 소통 가능성의 조건을 이야기할 때 중심이 되는 과제 중 하나이다. 근대사회에서는 이 문제와 관련해서 서로 상반되는 성격이 동시에 나타나는 것으로 보인다. 즉 한편에서는 전통적인 종교적/상징적 의미설명체계의 설명력 약화와 현세적/경험적 사회적 소통의 득세가 관찰된다. 하지만 다른 한편에서는 과학과 기술의 발전 가능성에 대해 거의 맹목적으로 신봉할 수 있었던 초기 산업화사회와 달리 오늘의 사회에서는 '내재성의 내재적 불완전성' 또한 점차 재인식되는 것으로 보인다. 그리고 이러한 역설적 상황은 죽음이라는 한계상황의 극한 앞에서 명백하게 드러나곤 한다.

이러한 사회구조적 조건에 대한 인식을 전제로 이 장에서는 근대의 초월성 문제에 대한 사회이론적 논의를 시도하고자 한다. 글쓴이는 서로 다른 사회이론의 틀 안에서 초월성의 소통성 문제가 어떻게 자리매김되고 다루어질 수 있는가, 그리고 그 안에서 죽음이라는 현상은 어떤 의미를 갖는가에 관심을 가지며 이를 위해 피터 버거, 토마스 루크만을 중심으로 한 현상학적 지식사회학과 니클라스 루만의 사회체계이론을 그 논의대상으로 선택하였다. 이 두 이론은 초월성 문제를 일반사회이론의 틀 안에서 본격적으로 다루는 몇 안 되는 이론들에 속할 뿐 아니라, 그 방법론적 입장과 기본적 관심의 적지 않은 차이에도 불구하고, 근대사회에서 초월성의 '내재적 소통' 가능성과 필요성을 이론적으로 보여준다는 점에서 시사하는 바가 많다.

초월성의 문제는 경험적 세계를 넘어서는 영역에 대한 논의를 포함하므로, 스스로를 경험과학으로 이해하는 사회(과)학에서 그동안 상대적으로 소홀히 다룬 경향이 없지 않다. 그러나 우리가 앞으로 보게 되겠지만 초월성의 문제는—죽음이나 종교 등의 주제와 관련해서만 보더라도—사회학적으로 보다 심도 있게 탐구될 필요가 있다. 물론 이때 사회학적 관심은 경험세계를 넘어선 어떤 다른 세계의 실제적 존재여부 규명 등에 있는 것이 아니라 초월성에 대한 사회에서의 '내재적 소통' 가능성에 있다.

2. 초월성 문제에 대한 사회이론적 고찰

1) 피터 버거, 토마스 루크만의 현상학적 지식사회학에서 초월성의 문제

(1) 공유되는 의미구조로서의 생활세계, 그 사회적 구속성

현상학적 지식사회학[1]의 대표주자격인 피터 버거와 토마스 루크만의 이론적 기본명제인 "실재(實在)가 사회적으로 구성된다"라는 언명은 그들 이론의 인간학적 전제와 연결(Berger & Luckmann 1995a) 되어 있으며, 그 전제는 인간이 외부로부터의 장기적 도움을 필요로 하는, 지극히 '불완전한' 상태로 태어난다는 사실로부터 출발한다. 신생아는 출생 후 타인들과 그리고 외부환경과의 관계를 통해 비로소—본질적 의미에서—인간이 되어 간다고 말할 수 있으며, 이 과정에서 비교적 안정적이라고 여겨지는 자신의 세계를 구성한다. 그리고 인간은 이 구성된 상호주관적 세계라는 매개를 통해서만 실재를 경험할 수 있다. 그리고 바로 이런 맥락에서 실재는 사회적으로 구성되는 것이다. 그런데 이 구성된 생활세계가 바로 인간의 의미세계이며 문화이다. 즉 이들의 이론 안에서 문화는 인간이 자신의 주관적, 상호주관적 경험을 바탕으로 의미세계를 구성해 가는 과정에서 획득되는 것이다. 그러므로 이런 의미에서의 문화는 가장 거대한 의미구조라 할 수 있다. 그리고 사회는 공유되는 의미구조를 바탕으로 한 "의미공동체"(Berger & Berger 1983) 인 것이다.

---

1) 본격적인 의미에서 현상학적 사회학의 시작은 알프레드 슈츠(Alfred Schütz) 부터라고 본다. 피터 버거와 토마스 루크만도 슈츠의 제자들이다.

우리는 이렇게 의미적으로 구성된 세계/사회 안에서 태어나고 자라면서, 이 세계를 당연한 것으로 받아들이며 내면화한다. 그래서 우리는 이 세계 안에서 무엇이 옳은 것이고 그른 것인지, 무엇을 해야 하는지 또는 하지 말아야 하는지 그리고 나아가 세상은 왜 이러하고 저러하지 않은지 '이미' 알고 있다. 선(先)성찰적으로 인지되고 수용된 이 세계야말로 바로 타인들과의 소통과 이해를 보장하는 근거이며, 의미의 공유를 가능하게 하는 원천이다.

여기에서 우리는 현상학적 지식사회학 안에서 이해되는 의미의 중요한 속성을 발견하게 된다. 즉 의미는 어떤 특정한 경험이나 그 경험 안에 내재한 고유한 특성에서 유래하는 것이 아니라, 인간의 의식 안에서 구성되는 것이다. 다시 말하면 버거와 루크만이 말하는 의미라는 것은 주관적인 그리고 상호주관적인 지식의 영역을 서로 관련지어 줌으로써 일상세계 안에서 이루어지는 우리의 다양한 경험들을 해석 가능하게 하고, 세상을 어떤 하나의 연결된 전체로 인식하도록 도와주는 "의식의 복합적 형태"(Berger & Luckmann 1995a)이다.

(2) 한계상황 앞에서의 생활세계: 정당화의 필요성

사람들은 일반적으로 자신이 경험하는 세계를 객관적인, 그리고 이미 주어진 세계로 받아들이는 경향이 있지만, 사실 이 의미세계는 — 지금까지 살펴보았듯이 — 기본적으로 인간들에 의해 만들어진 역사적 구성물이며, 따라서 기본적으로 불안정하고 가변적인 것이다. (삶의 계속되는 일상적 상황 속에서는 잘 드러나지 않는) 생활세계의 이러한 구성적 성격은 우리가 '한계상황'이라 부르는 개인적 또는 집단적, 나아가 전(全)사회적 차원에서의 급격한 변화 또는 위기상황 앞에서 종종 그 모습을 전격적으로 드러낸다. 이때 사회는 여러 가지 방법으로 그에 대응하는데 이를 버거와 루크만은 '정당화'라는 개념을 통해 설명한다. 즉 일상적인 설명과 이해기제로 해결되지 않는 비일상적 상황에 직면하면, 사회는 다양한 정당화 기제들을 동원한다. 여기에는 전(前)이론적 상식, 전통, 우화, 신화 그리고 다양한 학문적, 전문적 지식 등 다양한 도구들이 포함된다.

(3) 종교적 정당화의 기능과 역할: 초월성의 사회적 소통

그러나 가장 높은 차원의 정당화는 상징적/의미적 세계관의 구성과 관련된 것으로, 이들은 이 세계의 모든 것들을 하나의 거대한 설명틀 아래 위치 지운다. 그리고 근대 이전 이러한 차원의 정당화 영역은 종교에 거의 전적으로 귀속되었다. 오늘날 사회 일각에서 종교의 사회적 역할에 대한 강한 의문이 제기되지만, 인류역사에서 종교가 사회적 위기에 대응하는 가장 성공적이고 효과적인 정당화 기제였다는 것은 부정하기 어렵다(Berger 1988). 그리고 종교가 사회적으로 규정된 실재와 객관화된 제도들을 정당화하는 데 가장 유효한 매개였던 이유는 종교가 사회적으로 구성된—그래서 태생적으로 불안정한—실재들을 인간행위와 의미부여 영역을 벗어나 있는 절대적이고 성스러운 세계들, 즉 초월적 세계와 연관시킴으로써 그들에게 존재론적으로 정당한 지위를 부여할 수 있었기 때문이다. 즉 종교는 하나의 "코스모스"(*Kosmos*) 안에 "노모스"(*Nomos*)를 건설한다. 사실 인류역사에 수많은 다른 의미기제들이 존재했고 그리고 지금도 존재하지만, 이러한 '단언적' 자기주장을 하는 의미기제는 종교 외에는 없다고 해도 과언이 아니다.[2]

다시 말하거니와 종교적 경험들은 인간사(人間事)를 초월적 영역과 연관시켜 일종의 "실존의 일반적 질서"(*General order of existences,*

2) 이러한 종교의 성격은 오늘날 종교의 사회적 기능과 관련해 볼 때 긍정적 측면과 부정적 측면을 동시에 가지고 있는 것으로 보인다.

Geertz)를 확립한다. 이를 통해 인간의 삶은 이제 어떤 하나의 '유의미한 전체'로서 자신을 드러내게 된다. 그리고 이런 의미에서 고통, 불의, 불평등, 전쟁, 재해 등 인간이 살며 경험하는 모든 '한계상황'들을 그들의 일상적 삶의 일반적 질서 안으로 다시금 편입시키는 일은 종교로 대표되는 상징적 의미세계의 구성에서 가장 중요한 위치를 차지하고 있다고 해도 지나치지 않다.

그런데 인간의 유한성, 즉 죽음은 삶의 모든 일상적 질서를 파괴할 뿐만 아니라 사회 내에 존재하는 다른 정당화 기제들이 두 손을 들어버리는 그러한 절대적 한계상황의 전형이다. 따라서 죽음의 정당화는 상징적 의미세계의 구성에서 가장 중요한 역할 중 하나이다(Berger & Luckmann 1995a).

여기서도 종교적 정당화의 역사적 강점이 분명하게 드러난다. 종교는 한계상황들을 설명하고 이해 가능한 것으로 만드는 데 다른 여타의 정당화 기제들보다 훨씬 더 정교하고 발전된 방법과 절차들을 가지고 있을 뿐만 아니라, 초월성 영역과의 연관성 안에서 존재의 최종적 의미를 중재할 수 있다. 따라서 종교는 다른 정당화 기제들보다 인간의 실존적 한계상황들을 보다 용이하게 설명하고 체제 내적으로 통합시켜 낼 수 있을 뿐만 아니라, 그것을 넘어 죽음에 본질적 의미들을 부여할 수 있도록 도와준다.

(4) 초월성 경험의 보편성

그런데 버거와 루크만에 의하면 초월성 경험은 사실 인간의 본질적 속성에 이미 내재된 것이다. 초월성 경험은 가능한 것일 뿐만 아니라 보편적이고, 부정될 수 없는 어떤 것이다. 인간은 자신이 세계에 속해 있음을 알지만, 동시에 그 세계와 자신이 동일자(同一者)가 아님도 알고 있다. 즉, 인간은 지극히 자연스럽게 자신에게 귀속된 또는 자신에게 향한 경험과 자신을 넘어서는 경험들을 구분하게 되며 이것이 바로 초월성 경험을 가능하게 하는, 그리고 '다른' 실재들의 존재를 가능케 하고 유지시켜 주는 인간의식의 전제조건이다.

이때 초월성은 어떤 초현실적인, 신적 체험이나 비실체적인 힘의 영향력 등만을 의미하는 것이 아니라, 오히려 자연스러운 우리의 인식, 그리고 지극히 현실적인 경험들을 넘어서는 모든 것을 의미한다. 이런 맥락에서 이야기되는 초월성은 일상적인 생활세계 너머의 지식영역과 실재, 그리고 경험적 세계를 넘어 존재하는 감춰진 질서를 지시한다. 이 세계는 상호작용과 사회적 소통 안에서 "두 번째 실재"로 구성될 수 있는 그런 세계이다(Berger 1991; Mörth 1986).

이때 여기에서 일상 너머의 실재는 터무니없는 환상의 세계나 초(超)세계와 관련된다기보다 지극히 정상적인 인간경험들을 토대로 하거나 전제한다. 재삼 강조하지만 피터 버거와 토마스 루크만의 견해에 따르면 초월성의 가능조건들은 이미 우리 일상적 행위와 경험 안에 내재되어 있다. 일상생활 중에 우리는 끊임없이 한계 내지 경계들을 ― 그것이 신체적, 공간적이든지 아니면 시간적이든지 간에 ― 만난다. 그리고 그것을 알고, 느낀다. 동시에 우리는 그것을 의식적으로 또는 무의식적으로 넘어서려 노력한다. 그 한계 내지 경계는 (궁극적으로는) 우리의 실존적 한계, 즉 자신의 종말에 대한 인식으로 우리에게 다가온다(Schütz & Luckmann 1994).

우리의 일상은 이런 의미에서 이미 초월성을 포함하고 있다. 루크만에 의하면 초월성에 대한 인식은 우리가 생활세계를 발견하는 것과 같은 일종의 자명성의 영역에 속한다. 개인적 수준에서뿐만 아니라 사회적 수준에서도 생활세계의 한계는 생활세계 안에서 이미 인식되고 있다. 그런데 이러한 인식은 이론적으로 얻어지는 것이라기보다는, 일상적 생활 안에서 그리고 그 일상의 혼란과 균열의 발견에서 유래하는 것이다. 이런 시각에서 보자면 '내재성' 안에 완전히 닫혀 있는 경험이란 존재하지 않는다(Luckmann 1996).

(5) 초월성의 퇴각 또는 초월성의 재발견?

버거와 루크만은 모든 경험들은 아직 경험하지 못한 것 또는 더 이상 경험될 수 없는 것을 동시적으로 암시하며 이를 통해 우리는 항상 초월성을 함께 경험한다고 주장한다. 그러나 이런 초월성의 영역은 일상적 세계의 의미체계가 정상적으로 작동하는 한 보통의 경우엔 수면 아래 머물러 있게 된다. 물론 그렇다고 해서 그것이 사라지는 것은 결코 아니며 특정한 상황적 조건에서 이 초월성의 지평은 경험의 핵으로 떠오른다.[3)]

다가올 자신의 죽음에 대한 선취된 인식은 생활세계의 근본적 초월성에 대한 가장 핵심적 상징이다. 즉 죽음이라는 테마 앞에서 초월성은 가장 극적으로 그 모습을 드러낸다. 그런데 바로 이 지점은 근대적/세속적 세계관이 자신의 한계를 명백히 드러내는 장소이기도 하다. 죽음은 과학적, 이론적, 합리적 설명을 통해 이해될 수 없는 현상/사건의 전형을 보여준다. 그들은 죽음을 파악할 수 있게 도와주지도 못할뿐더러, 그것을 이겨내는 데도 아무런 도움을 주지 못한다(Berger 1991).

그럼에도 불구하고 '경험적이고 현세적이고 실용주의적' 근대세계는 평상시에는 초월성의 영역과 무관하게 잘 굴러가는 것처럼 보인다. 초월성의 퇴각과 무력화에 대한 이야기들도 낯설지 않다. 그럼에도 불구하고 피터 버거는 이러한 세속적 의식(意識) 또한 하나의 사회적 구성물임을 잊지 말아야 한다고 강조한다. 그리고 이러한 세속

---

3) 버거와 루크만은 지극히 일상적인 초월성의 경험에서부터 일상세계와의 단절을 암시하는 초월성의 경험까지 다양한 차원과 수준의 초월성을 이야기한다.

적 세계관들이 인간의 실존적 한계상황 앞에서 그 무기력성을 드러내는 한 우리는 언젠가 다시 초월성의 지평과 만날 것이다. 과학과 기술의 발전에 대한 단선적이고 거의 맹목적인 믿음에 심각한 균열이 관찰되는 오늘의 사회적 상황도 이에 한몫을 할 것이 틀림없다.

더구나 버거와 루크만이 초월성의 경험을 인간본성에 내재된 속성으로 이해하고 있다는 점을 상기한다면 이들에게 초월성이란 감춰져 있을 수는 있지만 사라질 수는 없는 것이다. 이와 관련해 버거는 오늘이 자리에서의 "초월성 재발견"을 강조한다. 이는 물론 부정적 의미에서의 '재주술화'(*Wiederverzauberung*)를 말하는 것이 아니며, 실재 인식의 개방성을 다시 확인하는 것이다. 초월성의 표지들에 열린 자세를 갖는다는 것은 우리의 일상적 경험들을 다시 '보다 적절한 관계' 안에서 인지하는 것을 의미한다(Berger 1991).

이러한 인식을 바탕으로 버거와 루크만은 오늘의 종교가 초월성 경험의 시각을 사회적으로 소통하는 데 여전히 중요한 역할을 할 수 있다고 믿는다. 초월성에 대한 사회적 소통 가능성을 보장함으로써 종교는 우리로 하여금 이 세상을 다른 시각에서 바라볼 수 있도록 도와줄 수 있으며, 경험적, 물질적 세계 이해를 비(非)필연적인 것으로 만듦으로써 일상적 경험을 보다 적절한 관계에서 재인식하도록 도와줄 수 있으리라는 것이다.

2) 니클라스 루만의 체계이론에서 초월성의 문제

(1) 종교체계의 코드 : 내재성/초월성

니클라스 루만의 체계이론4) 안에서 종교는 특정한 코드를 가지고 있는 기능적으로 분화된 체계들 중 하나다. 이런 이론적 입장에서 종교에 대한 그의 관심은 일차적으로 종교적인 사회적 소통이 어떻게 스스로를 다른 사회적 소통유형으로부터 구별하고, 규정하는가 하는 것을 '사회학적'으로 관찰하는 데 있다.

기능적으로 분화된 사회에서 모든 사회체계들은 다른 체계와 구분되는, 다른 체계로 수렴될 수 없는 자신만의 사회적 소통코드를 가지고 그 논리에 따라 작동한다. 이는 사회의 모든 체계가 원활하게 작동하기 위해서는 그 자신의 복합성을 극히 단순화시키고, 우연성 내지는 비필연성을 통제 내지 감소시키는 것이 필수불가결하다는 루만의 견해와 직접적인 관련이 있다.

종교체계에서 독특한 것은 이 체계가 자신 안에서 이루어지는 이러한 작업을 자신만을 위해서 하는 일로 여기지 않는다는 점이다. 즉 종교체계에서 통제되어야 할 것으로 여겨지는 우연성이나 비필연성은 체계 특유의 또는 체계적 환경의 수준을 넘어 세계(전체)의 비필연성이다. 규정되지 못하는/않는 세계를 규정이 가능한 세계로 옮기는 일은 종교가 지금도 여전히 자신의 중요한 역할로 여기는 것 중 하나다.

그런데 루만이 보기에 종교에 의해 규정되고 정의되는 세계는 내부적으로 닫혀 있는 세계가 아니다. 즉 종교체계는 전체로서 세계의 무규정성을 세계의 본질적 비필연성을 제거하지 않는 상태에서 조정하려고 시도한다.[5] 이러한 "의미지평의 닫혀 있는 개방성"(Luhmann 1991)을 제공하는 것은 그 자체로 종교의 중요한 사회적 기능이기도 하다.

전(前)근대사회에서, 즉 기능적 분화가 사회의 일차적 분화양식이 아니던 때는 종교와 사회는 본질적으로 구분되지 않았다고도 볼 수 있다. 종교는 전체로서의 사회 자체를 표상하고 있었다. 그러나 동시

4) 루만의 체계이론 일반에 관해서는 천선영 2001b 등 참조.

5) 신(神) 또는 도(道)의 개념은 이와 관련된 가장 대표적인 개념들이라 할 수 있다.

에 종교는 역사적으로 볼 때 보다 빨리 사회로부터 독자적 체계로 분화한 부분체계 중 하나이기도 하다. 그 이유는 일차적으로 세계를 규정 가능한 것으로 만들려는 종교의 체계적 요구와 관련되어 있다. 종교는 자신의 존재가 모두에게 그리고 모든 경우에 정당한 것으로 여겨지길 원했고, 바로 그 때문에 종교는 역설적으로 사회로부터 자신의 영역을 축소시킬 수밖에 없었다(Nassehi 1996a). 그래야만 "모두에게 그리고 모든 경우에" 적용되는 종교적 소통을 안정적으로 지속시킬 수 있기 때문이다. 어쨌든 이를 통해 종교체계는 이후의 다른 체계들의 기능적 분화에도 많은 영향을 미쳤다. 그리고 기능적으로 분화되어 간 사회의 다른 부분체계들은 역으로 종교체계의 변화에 영향력을 행사해 왔다.

근대사회는 기능적 분화양식을 그 주된 분화양식으로 선택하고 있다. 여기서는 종교체계 또한 사회적 소통의 '하나의' 특수한 양식으로 인식된다. 전(全)사회적 차원에서의 기능적 분화의 결과로 종교의 역할은 이제 더 이상 보편적 상징체계나 의미론 또는 규범적, 도덕적 질서를 사회에 제공하는 것에서 찾아질 수 없으며, 오히려 종교는 종교적 체계'만'의 특수한 사회적 소통방식을 사회에 공급해야 한다.

내재성/초월성의 구분이 바로 니클라스 루만이 제시하는 종교체계만의 특유한 소통코드이다. 이 코드를 통해 종교체계의 세계관련성을 잘 파악할 수 있다. 이 코드 안에서 전체로서의 세계와 세계경험의 의미지평이 관찰된다(Luhmann 1989). 종교체계는 기본적으로 초월성의 영역이 소통하는 영역이며, 이렇게 내재성과 초월성을 종교의 중심코드로 파악하는 것은 종교를 어떤 특정한 시대와 공간에서의 적용 가능성과 무관하게 정의할 수 있게 해준다(Luhmann 1987). 또한 사회적으로 설득력이 큰 이 코드(구분양식)는 근대사회에서 종교를 다른 체계들과 효과적으로 구분시켜 준다.

물론 여기에서 사회학적 체계이론이 관심을 갖는 것이 초월성 그 자체라기보다는 초월성과 내재성의 구분, 그리고 초월성의 사회 내재적 소통성에 있음을 기억할 필요가 있다. 그리고 내재성을 세계에 대한 관찰이라 한다면, 초월성은 세계의 내재적 관찰을 다른 시각, 외부적 시점에서 관찰함을 의미한다. 그리고 이를 통해 세계의 내재적 관찰은 비필연적인 것으로 보여진다. 즉, 이 이론의 관심은 도달할 수 없는 다른 세계로의 이동이 아니며, 초월성의 관점을 통해 세계가 내재적으로 배증(倍增)되는 현상이다. 이런 의미에서 초월성은 실제로 다른 세계를 창조하는 것은 아니지만, 세상에 대한 지금과는 다른 시각과 관점을 가능하게 한다. 이 관점을 통해 종교는 마치 자신이 이 세계를 다른 곳에서 관찰하는 것처럼 서술할 수 있으며, 이를 통해 "2차적 의미"(Luckmann 1989)를 제공할 수 있게 된다.

이 이론틀 안에서 내재성은 경험적이고 익숙한, 그러나 동시에 잠복해 있는 불안정성과 가변성에 끊임없이 시달리는 우리의 일상적 삶을 표상하며, 초월성은 안정적이고 안전하며 지속적인 어떤 속성을 표상한다. 그러나 이러한 초월성은 — 앞서 이야기했듯이 내재성이 배증된 것이기 때문에 — 우리의 내재적인 일상적 삶 안에서만 소통될 수 있다. 이를 통해 역으로 이제 모든 내재적 일상은 초월성과의 관련성 안에서 경험될 수 있다. 이 과정의 결과로 초월성에 대한 사회의 내재적 소통이 가능한 것이다. 이런 맥락에서 '초월적 기제의 내재적 논제화(論題化)'는 종교체계를 지탱해 주는 토대이다.

(2) 오늘의 사회에서 종교적 소통의 가능성과 조건

그렇다면 오늘의 사회구조적 조건에서 종교적 소통이란 무엇을 의미하며 어떠한 조건에서 가능한가? 이에 대해 루만은 먼저 개인적 차원에서 종교적 소통이 원칙적으로 거부될 수 있음과 — 버거와 루크만과 달리 — 종교의 사회적 기능에 대한 인간학적 또는 우주론적 설명이 더 이상 설득력이 없음을 지적한다.

즉, 그가 보기에 근대인이 경제, 정치, 법 또는 교육체계 등에 참여하는 것은 일종의 사회적 강요인 반면 종교적 정향/지향을 갖거나 종교적 사회체계의 활동에 참여하는 것은 필수불가결한 것이 아니다. "인간은 종교 없이 태어나고, 살고, 죽을 수 있다"(Luhmann 1989). 그러므로 루만은 종교의 필수불가결성은 더 이상 인간학적 또는 존재론적 영역에서 찾아질 수도 규명될 수도 없다고 본다. 그러나 이것이 그가 종교적 소통의 무의미성과 불필요성을 주장한다는 것을 의미하지는 않는다. 오히려 그는 종교적 소통이 근대사회의 구조와 변화에 걸맞게 이루어지지 않을 이유가 없음을 강조한다. 이에 대한 루만의 가장 기본적인 이론적 전제는 종교적 소통의 '사회적' 필수불가결성이다. 개인적 차원에서 볼 때 종교는 더 이상 필수불가결한 것이 아니지만, 사회적 소통의 전체를 의미하는 사회 차원에서 볼 때는 그렇지 않다는 것이다. 근대사회에서 종교는 (기본적으로) 개인들의 어떤 특정한 문제들을 해결해 준다기보다는 하나의 사회적 기능을 수행한다(Luhmann 1989). 어떠한 다른 사회의 부분체계들도 초월성의 문제를 그 기제로 해서 작동하지 않는다. 종교체계는 초월성의 문제를 자신의 코드로 삼기 때문에 다른 부분체계들과 구분되는 소통의 형태를 사회 안에서 구현한다. 즉 내재성/초월성의 구분을 통한 체계조작은 다른 방법으로는 해결이 가능하지 않은 문제들에 대한 특정한 소통의 형태를 사회 안에 지속시키는 역할을 한다. 이런 의미에서 근대사회에서 종교적 소통은 가능할 뿐만 아니라 필요하다. 그리고 바로 여기에서 근대사회에서 종교체계의 사회적 기능과 영향력이 유래한다.

때문에 이제 종교를 향한 보다 중요한 질문은 종교체계가 이 과제를 자신의 환경과 다른 부분체계들과의 관계 속에서 어떻게 경쟁력 있게 소통하는가라는 문제와 관련된다. 물론 종교는 — 제한된 영역에서지만 — 예전의 형태와 방법 그대로도 여전히 자신의 존재를 주장할 수 있다. 그러나 종교체계가 오늘날의 변화에 보다 발전적으로 적응하려면 어떻게 그에 적합한 체계프로그램들을 만들어 내는가가 중요하다.

그런데 루만이 보기에는 바로 이 코드의 프로그램화 과정에 오늘의 종교가 안고 있는 많은 문제들의 중요한 원인 하나가 잠복해 있다. 코드의 실제적 전화(轉化)는 체계코드로부터 직접 유추될 수 있는 것이 아니기 때문에 모든 체계들은 그 작동을 위해 구체적 프로그램들과 의미론적 장비들을 필요로 한다. 이런 의미에서 내재성/초월성을 그 코드로 한다는 사실만으로 종교를 종교라고 규정하는 것은 아직 불충분하다. 물론 내재성/초월성의 코드와 관련해서 종교는 모든 것에 관해 논의하고 모든 것을 자신의 영역으로 주장할 수 있겠지만, 종교가 오늘날의 상황에 적절한 코드프로그램을 제시하지 못하는 한 종교가 이 문제들에 대해 자신만의 독특한 문제 적응양식으로 반응할 수는 없을 것이다. 종교가 자신만의 목소리를 내기 위해서는 내재성/초월성의 코드가 종교적 의미 내지 성찰과 사유 그리고 소통구조를 통해 특정한 방향으로, 그리고 집중적으로 드러날 수 있어야 한다. 그리고 근대사회에서 사회적 반향은 구조적 제한, 복합성의 축소, 선택적 코드화와 프로그램화를 통해서만 가능하기 때문에(Luhmann 1986) 종교체계도 사회적 반향력을 향상시키기 위해서는 자신의 복합성을 매우 강하게 축소하고 자신만의 관련영역을 발견해야만 한다.

(3) "의미의 의미"

종교적 소통의 영역으로 루만은 특별히 "의미의 의미"(*Sinn des Sinnes*)에 대한 물음을 제시한다. 이때 종교적 소통의 사회적 연결 가능성의 확보는 그 대답의 완결성이나 특정성에 있다기보다 질문 그 자체에 있다. 다른 어떠한 기능체계도 이 질문을 할 수가 없기 때문이다. 오늘날 적지 않은 사람들이 세속적 성공이나 여타의 기제들을 통해 자신들의 삶의 의미를 발견하는 것이 사실이라 하더라도, 그것을 넘어서는 요구는 종교를 통해서만 채워질 수 있는 것이다. 그런데 이때 종교가 제공할 수 있는 대답은 사실 사회의 다른 관찰들을 통해 제한되거나 부정될 수 있는 것들이다. 그러나 그러한 사실이 이러한 영역에서의 종교적 소통의 효과를 무위(無爲)로 돌리지는 못한다. 왜냐하면 — 다시 한 번 강조하거니와 — 루만에 따르면 종교적 소통의 힘은 특정한 질문에 대한 특정한 대답을 통해 규정된다기보다는 그 질문 자체에서 연유하는 것이기 때문이다(Luhmann 1987). 종교적 코드에 근거한 이 질문 안에서 사회는 "두 번째 의미"6)의 체험, 긍정적이고 적극적인 의미 체험으로의 통로를 열어놓게 된다.

(4) 죽음의 사회적 소통성과 종교

사회의 지속적인 분절화와 기능적 분화, 그리고 생활세계와 체계세계 간 단절의 증가라는 구조적 상황에서 모든 의미의 의미를 또는 전체의 의미를 묻는 종교적 질문은 오히려 점증하는 가치를 가질 수도 있다. 예를 들자면 개인들의 개인성은 오늘의 사회에서 규정되지 않은 영역으로 남아 있다. 그런데 사회적으로 지시된 분할성과 인격적인 개인성 사이의 '차이의 통일성'은 종교적 소통 안에서 담보될 수 있다(Nassehi 1996a). 그리고 죽음을 하나의 통일된 인격체의 종말로서 드러내 보여주는 것은 그 중에서도 아주 각별한 의미를 갖는다.

루만의 이론틀 안에서 죽음은 근본적으로는 소통이 불가능한 삶의

6) 이 "두 번째 의미"는 버거와 루크만이 말하는 "두 번째 실재"와 내용상 상당부분 유사한 것으로 보인다.

마지막 역설에 대한 사회적 소통을 의미한다. 그리고 그것은 생물학적 체계와 사회체계에 있어 확실한 앎이기도 하고 동시에 불확실한 앎이기도 한 죽음에 대한 소통, 그리고 궁극적으로 사회적 소통 안에서만 이야기될 수 있고, 따라서 그 안에서만 존재하는 죽음의 의미와 관련된 것이다(Luhmann 1989).

그런데 사회적 소통 안에서 모든 한계, 경계들은 항상 그 너머 또는 그 이후와 관련되어 소통된다. 이미 언급하였듯이 의미부여는 보다 큰 맥락 안에서만 가능해지기 때문이다. 이것은 죽음이라는 현상에도 마찬가지이다. 자기생산적으로 끊임없이 연결 소통을 생산하는 사회적 소통 안에서 죽음은 항상 '그 너머 또는 이후'와 관련된다. 그러나 죽음이라는 한계상황의 '그 너머'는 (본래적으로는) 소통적인 내재적 세계와는 절대적으로 분리된 '외부'로서 머무를 수밖에 없다. 죽음을 매개로 한 절대적 경계에 대한 사회적 소통능력을 회복시킬 가능성, 즉 죽음을 구분할 뿐 아니라 다시 연결하는 경계로서 복구시키는 가능성은 종교적 체계에서만 존재하는 것으로 보인다. 왜냐하면 종교체계만이 역설 자체를 자신의 '정당한' 출발점으로 하고 있고, 모든 의미형태의 지평성, 즉 세계 자체를 소통하기 때문이다.

종교체계의 죽음문제와 관련한 일종의 '관할권'은 오늘의 사회구조적 상황을 통해서도 설명될 수 있다. 전근대사회에서 죽음은 전(全)사회적인 문제 그 자체였다. 그러나 기능적으로 분화된 근대사회에서 죽음은 모든 기능체계들 안에서 각기 다른 모습으로 등장하고, 각 체계들은 자신들의 체계코드에 근거해 이 문제를 처리하려 노력하기는 하지만, 각 체계논리의 '태생적' 한계 때문에 죽음은 극히 제한적 의미로만 소통될 수 있을 뿐이며, 죽음은 어느 체계에서도 중심테마가 될 수 없다. 그들의 체계조작적 한계는 인간실존의 '마지막' 문제를 해결하지 못할 뿐 아니라 그 '마지막'에 대한 질문 자체를 허락하지 않는다. 그러나 죽음은 종교체계에서 아직도, 아니 오늘날에 더욱 중요한 중심테마이다. "존재의 전체성"에 의구심을 품게 하는 죽음은 궁극적으로 종교 안에서 담보되어야 할 문제이다(Luhmann 1996).

3) 두 이론의 입장 비교 : 이론구성적 차이와 결론적 유사성

이 글의 목적은 특정한 사회구조를 가지고 있고 그에 따른 특정한 논리를 (재)생산하는 근대라고 하는 사회구조적 조건에서 초월성에 대한 사회적 소통의 가능성과 그 가능성의 조건들을, 죽음의 문제와의 관련하여 이론적으로 검토하는 데 있다. 이를 위해 피터 버거와 토마스 루크만을 중심으로 하는 현상학적 지식사회학과 니클라스 루만의 체계이론이 고찰되었다. 물론 이 장에서의 초점은 두 이론을 전체적으로 비교하는 데 있지 않고, 초월성/의미/종교/죽음이라는 특정 영역에서의 두 이론의 비교에 맞춰져 있다. 그런데 우리는 이미 이들 이론이 매우 다른 이론적 출발점을 가지며, 이론구성과 전개에서도 거의 여하한 유사점도 지니지 않는다는 것을 쉽게 확인할 수 있었다. 그러나 글쓴이가 흥미롭게 관찰하는 부분은 두 이론이 적어도 초월성/의미/종교/죽음이라는 특정 주제와 관련해서는 놀랄 만큼 결론적 유사성을 보인다는 점이다. 여기에서는 이 유사점들을 중심으로 두 이론적 논의의 공통적 의미를 추출하고자 한다.

먼저 두 이론은 근대적 일상생활이 기본적으로는 초월성에 대한 요청 없이도 비교적 잘 기능한다는 점, 적어도 그렇게 보인다는 점에 동의한다. 그러나 초월성 경험의 가능성들은 — 서로 다른 맥락이긴 하지만 — 이론적으로도 실제적으로도 열려 있다고 본다. 피터 버거, 토마스 루크만은 그들의 현상학적 지식사회학을 통한 접근에서 인간학적 입장에 기초한 인간실존의 본질적 경험구조에 천착한다. 즉 우리는 일상생활 안에서 — 그렇게 인식하지 못할 뿐이지 — 끊임없이 (예를 들면 수면, 꿈, 헤어짐을 통해서) '넘어섬'을 경험한다. 이러한 경험은 오늘의 사회에서도 여전히 유효하다. 인간실존에 본질적으로 포함된 이러한 초월성의 경험은 현대사회에서 잘 드러나 보이지는 않지만 사라졌거나 사라질 수 있는 것은 결코 아니다. 이러한 설명틀 안에서 초월성은 대단히 넓은 의미에서 이해되며 이전의 좁은 의미에서의 종교개념에 근거한 초월성 설명은 상대화되는 경향이 있지만 그 대신 일상성 안에서의 초월성의 발견에 대한 가능성은 확대된다. 버거와 루크만은 그와 동시에 또한 근대사회의 제도적 차원에서 종교가 해야 하는 가장 중요한 역할 중의 하나는 또한 초월성의 관점에 입각한 담론 가능성을 제도적으로 보장해 주는 일이라고 말한다.

니클라스 루만의 경우는 근대사회가 기능적 분화를 그 중심분화양식으로 하고 있다는 확고한 이론적 입장을 바탕으로, 그 안에서 종교라는 사회체계만이 가지는 유일한 체계코드로서의 내재성과 초월성의 구분에 주목하고 이러한 코드를 통해서만 설명될 수 있는 문제들이 있음에 주목한다. 즉 종교적 사회체계만이 그 사회적 정당성을 보장해줄 수 있는 특정한 질문과 문제가 있다는 것이다(Luhmann 1987). 그것은 바로 '전체로서의 의미'(*Sinn des Ganzen*) 그리고 '의미의 의미'에 대한 질문과 그와 관련된 문제들이다. 그리고 이러한 구분에 근거한 사회적 소통은 다른 사회부분체계들 안에서는 불가능하다. 따라서 루만은 결과적으로 근대사회에서 종교가 스스로를 다른 부분체계들과 구분해 내고 기능을 특화시켜 내야 한다는 입장에서 초월성의 내재적 소통성에 주목하고 있다.

근대사회에서 종교체계에의 참여는 — 교육이나 정치, 경제활동 등과 달리 — 개인에게 의무사항이 아니다. 즉 개인적 차원에서 종교는 필수불가결한 것이 아니다. 버거, 루크만과 달리 루만은 종교의 필수불가결성을 인간학적 차원이 아닌 사회기능적 차원에서 찾고 있다. 사회 내에 내재성/초월성에 근거한 소통에 대한 수요가 있다면, 그것은 오로지 종교로 지칭되는 사회부분체계 안에서 해결이 가능하므로, 전(全)사회적 차원에서 종교의 기능과 역할이 이야기될 수 있다.

피터 버거와 토마스 루크만은 인간학적 측면에, 니클라스 루만은 그 사회적 필요성에 주목하기는 하지만 그들은 공히 근대사회에서 초월성 문제에 대한 가능성과 필요성, 그리고 그 안에서의 종교의 역할에 대해 동의한다. 이때 두 이론 모두 사후세계의 존재여부 증명이나 중세식의 역사설명에 관심을 갖지 않는다는 것은 자명하다. 관심의 초점은 오히려 오늘의 사회에 있어 초월성의 내재적 소통 가능성, 즉 사회적 사실의 상징적 구성의 문제에 있다.

초월성 담론은 오늘의 사회에서 필연적인 것으로 보이지는 않는다. 그러나 그렇다고 해서 초월성의 사회적 소통이 불가능한 것은 아니다. 물론 전통적인 종교적 설명체계의 설명력 내지 구속력의 약화와 그 공간을 채워줄 수 있는 대안의 부재로 초월성의 내재적 소통, 나아가 죽음의 이해는 점점 더 어려운 일이 되어가고 있다. 그러나 오늘날과 같이 생활세계와 사회체계적인 세계 간의 단절이 심화된 그리고 경험적 인식의 내재적 불완전성이 점점 더 가시화되는 사회에서 '넘어섬'에 대한 소통의 욕구는 상대적으로 증가하는 측면이 있다. 사실 우리의 사고가 초월성에 열려 있다는 것은 경험세계 밖이 아닌, 경험세계 자체의 내재적 불완전성과 그에 대한 우리의 인지에 근거하기 때문이다. 초월성은 이러한 맥락에서 내재적 일상세계를 넘어서는 지식, 인식체계로의 연결구조로 이해된다.

그런데 두 이론의 초월성과 관련된 논의에서 죽음은 아주 중요한 위치를 점하고 있다. 죽음은 근본적으로 모든 통제적 전략, 안정성 그리고 예측 가능성을 부정한다. 죽음은 아마도 합리적인 사고를 통해 이해될 수 없는 가장 대표적인 현상일 것이다. 버거와 루크만은 죽음이 생활세계의 근본적 초월성을 표상한다고 말한다. 이것이 죽음의 문제가 예로부터 종교영역의 과제로 여겨진 이유일 것이다.

이러한 오래된 생각은 기능적으로 분화되고 개별화된 오늘의 사회에서 새로운 의미를 획득한다. 한 인간의 죽음이 사회 전체의 문제로 여겨지던 전근대사회에서와 달리 특정한 목적, 기능들로 분화된 오늘날의 사회 부분체계들은 죽음의 문제를 자신의 과제로 여기지 않는다. 죽음의 문제는 그저 자신의 기능과 관련되어 특화/해체된 모습으로 등장한다(특정 조직 구성원의 상실은 다른 구성원으로의 대체 필요성을 의미하고, 피보험자의 사망은 보험료를 지불해야 하는 상황에 불과하며, 병원에서 환자의 죽음은 조직의 한계를 드러내는 치부로 여겨질 뿐이다). 다시 말하면 그 어떤 기능체계 안에서도 죽음의 실존적 측면에 대한 질문은 대두되지 않는다. 이에 반해 종교는 '의미의 의미, 전체로서의 의미'를 묻는 사회체계로서, 근대사회에서 한 인간의 죽음을 부분이 아닌 총체적 인간의 죽음으로 이해할 수 있는 거의 유일한 사회체계로—개인을 둘러싼 유의미한 타자들(*Signifikante Anderen*)로 구성된 1차적 공동체를 제외하고는—보인다. 파편화된 개인과 그 개인의 인격적 개별성 사이의 통합의 여지가 오늘날에는 종교적 소통체계에서만 관찰되는 것이다. 심화되는 사회의 분절화와 기능적 분화 그리고 생활세계와 사회체계 간의 단절이라는 상황 속에서 '전체로서의 의미'를 묻는 종교적 질문과 입장들은 사회적으로 점점 더 중요하고도 배제할 수 없는 역할을 수행한다. 그리고 이때 종교에게 요구되는 것은 죽음의 문제에 대한—가능하지도 않은 일이겠지만—완벽한 '대답'이라기보다는 죽음의 의미에 대한 실존적 질문들을 사회적 의미체계 안에서 정당하고 타당한 것으로 인정, 보장하는 일이라 하겠다.

다시 말하거니와 버거와 루크만의 현상학적 지식사회학과 루만의 체계이론은 적어도 이 장의 주제와 관련해서는 결론적으로 상당한 유사성을 보이며, 관련된 문제에 대한 종교체계의 보다 적극적인 인식과 관심을 촉구하고 있다.

이러한 논의는 오늘날 종교의 사회적 역할을 이야기하는 데도 중요한 의미를 가진다고 생각된다. 물론 종교는 다양한 형태로 사회에 참여할 수 있다. 그러나 그에 앞서 무엇이 우선이고, 본질적인 것인가 또는 무엇이 종교(체계)만이 끌어안을 수 있는 문제인가에 대한 보다 깊은 성찰과 고민이 있어야 하는 것은 아닐까 한다.[7]

3. 닫는 글

사실 우리는 초월성 자체가 죽어버린 시대에 살고 있는 것처럼 보인다. 나날이 눈부시게 발전하는 기술과 의(과)학이 삶의 주도권을 잡고 있는 시대에 초월성을 이야기한다는 것 자체가 시대착오적으로 여겨질지도 모르겠다. 그러나 이미 언급했듯이 지금 여기서 초월성을 이야기해야 하는 이유는 우리가 경험한 내재적 불완전성과 함께 살아가야 한다는 데서 기인한다. 경험은 끊임없이 비경험적 영역을 암시한다. 초기근대의 직선적이고 단순인과적인 발전관에 근거한 환상의 소멸은 우리를 더욱더 어렵게 한다. 예측과 계산이 가능하지 않은 비경험적 영역들을 비합리적이라 배제시켰던 이른바 근대적 합리성 자체가 이제 그 합리성을 의심받고 있는 것이다. 이런 사회적 조

7) 이러한 주장이 종교의 사회참여를 비판하는 것으로 읽히지 않기를 바란다. 지금까지 종교는 많은 사회운동에 참여해 선구자적 역할을 했고, 그것이 우리의 오늘을 있게 한 썩은 밀알이 되었음은 분명하다. 그러나 이제 거의 모든 분야의 사회운동은 엄밀히 말해 종교 없이도 가능하다. 이제 종교는 이러한 상황을 보다 적극적으로 인정하고, 참여/비참여의 구도에서 벗어나 자신만이 할 수 있는 역할에 더 관심과 힘을 쏟아야 한다고 생각한다. 그것은 바로 사회에 '제 2차적/초월적 의미'를 제시하는 지극히 '실천적인' 종교적 운동일 것이다. 오늘 이 시점에서 초월성을 논하는 것은 현실 외면과 연결되는 것이 아니며, 오히려 어떻게 우리가 가장 '종교적'으로 '이 세상 한가운데' 존재할 것인가에 대한 질문과 연관되는 것이다.

견하에서 이 장에서는 오늘날 초월성의 자리는 과연 어디인가, 어디서, 어떻게 초월성에 대한 논의가 가능할 것인가 하는 문제의식을 가지고 이를 사회이론적으로 검토하였다.

죽음의 문제를 화두로 삼은 것은 죽음이라는 현상이 우리로 하여금 초월성에 대한 '미련'을 버리지 못하게 만드는 가장 극적인 체험이라는 생각 때문이다. 어쨌든 오늘날 종교가 초월성의 자리, 그에 대한 질문을(보다 구체적인 예로는 죽음의 자리, 그 의미에 대한 질문을) 사회적으로 정당한 것으로 자리매김하는 데 가장 중요한 역할을 할 수 있으리라는, 그리고 해야 한다는 사실은 분명해 보인다(이 책 7장 참조). 그러나 루만이 지적하듯이 종교가 고유한 체계코드(내재성/초월성)를 가지고 있다는 사실 그 자체만으로는 너무 부족하다. 문제는 초월성 담론의 사회적 의미망을 창출할 수 있는 구체적인 통로와 방법의 확보이다. 글쓴이가 이 문제와 관련한 해법을 이야기할 수 있는 능력을 갖춘 것은 아니다. 다만 루만의 견해를 빌린다면, 근대사회에서 사회적 반향은 구조적 제한, 복합성의 축소, 선택적 코드화와 프로그램화를 통해서 가능하기 때문에 종교체계가 자신의 사회적 반향력을 향상시키기 위해서는 역설적으로 자신의 복합성을 매우 강하게 축소하고 자신만의 관련영역을 끊임없이 발견해 나가야 한다는 것을 강조하고 싶다.

제 8 장

죽음과 종교

오늘 종교가 죽음의 문제에 '다시' 주목해야 하는 사회학적 이유

1. 여는 글

죽음은 우리가 평소 질문하지도, 의심하지도 않는 경험세계와 일상세계의 지평을 전면적으로 뛰어넘으며, 우리의 개인적 그리고 공동체적 삶의 원천적 한계와 불안정성을 백일하에 드러내 보인다. 특히 죽음의 원칙적인 '무(無)규정성'은 안정된 삶을 보장하려는 모든 준비와 노력의 의미와 효과를 되묻게 한다. 죽음이라는 사건을 어떤 방식으로든지 통제하여 일상성을 지켜내는 것은 지금까지 존재했던 모든 인간공동체의 공통된, 핵심적 과제 중 하나였다.

인간의 생활세계를 잘 정돈된 전체로서 표상할 임무를 띤 모든 문화(종교)적 가치체계와 의미구조에서 죽음은 가장 중요한 위치 중 하나를 차지했다고 말할 수 있다. 죽음은 개인적 삶뿐 아니라 전사회적 수준에서의 삶의 일상성, 당연성에 대한 심각한 도전이기 때문이다.

때문에 유한성에 대한 인간의 인식이 오늘 우리가 문화 또는 종교라고 부르는 모든 것의 근원과 맞닿아 있다고 보는 시각은 그리 낯설지 않다. 삶에서 가장 특별하고 중요한 사건으로 받아들여졌던 죽음은, 역사적으로 볼 때 우리에게 알려진 (거의) 모든 문화권에서 어떤 '의미 있는 전화(轉化)'로 여겨졌으며, 이때 종교적 설명은 가히 절대적인 것이었다. 죽음과 종교는 오랫동안 불가분의 관계로 여겨졌다.

근대에 들어와서야 이러한 시각에 큰 변화가 일어나기 시작했다. 여러 차원의 다양한 문제가 그 원인으로 지적될 수 있겠지만, 이 장에서는 장례(葬禮) 문화와 근대적 가치체계의 변화를 중심으로 그 이유를 간단히 살펴보고 그럼에도 불구하고 오늘 우리가 어떠한 면에서 종교가 '다시' 죽음의 문제에 새롭게 주목해야 한다고 주장할 수 있는지 사회학적으로 고찰하고자 한다.

2. 죽음문제와 관련된 근대적 변동의 양상[1)]

근대에 들어와서 죽음에 대한 전통적 인식에 일련의 중대한 변화가 나타났다. 죽음은 이제 더 이상 신비스럽지도, 두렵지도 않다는 것이 그것이다. 고도로 발달된 산업사회에서 죽음은 이제 우주적인 또는 종교적인 어떠한 상징적 의미세계와도 단절되어 그저 생물학적인 측면에서의 단순하고도 완전한 종말로 여겨진다. 인간유한성 인식의 물화(*Verdinglichung*)와 범속화(*Profanisierung*) 현상이 곳곳에서 관찰된다. 이와 관련한 근대적 문화양상들을 두 가지 예를 통해 간단히 살펴보고자 한다.

1) 매장, 장례의식의 전문화와 최소화

(1) 매장, 장례의식의 종교적-상징적 그리고 사회적 기능[2)]

의식(*Ritual*), 의례적 의사소통 또는 행위양식들은 개인적으로 또는 사회적으로 중요한 삶의 순간들에 어떤 '형태'(*Form*)를 부여한다. 즉

---

1) 2절의 내용은 이 책 4장 2절과 대동소이하다.

2) 이 장에서 다루어지지는 않지만 의식/의례는 보통 사회통제의 역할도 수행하며, 장상례(葬喪禮)도 예외는 아니다. 누가, 언제, 어디서, 어떻게, 얼마 동안 장상례를 수행해야 하는지는 사회적으로 규정되고 이에 따라 '정상적인 장상례'와 '비정상적인 장상례'가 구분된다. 유교적 지향을 가지고 있었던, 효와 충이 국가 이데올로기로 강조되던 조선과 같은 전통적 사회에서 상례, 제례는 사회적으로 대단히 중요한 의미를 가지고 있었다. 개인적 그리고 공식적 상례, 제례들은 상세하게 규정된 사회적 규약들에 따라 행해졌으며, 사회적 통제와 통합에 중요하고도 효과적인 도구로 사용되었다.

이들을 통해 삶의 중요한 사건들은 시간과 공간 안에서 구조화되며, 사회적 상호소통성을 확보할 수 있게 된다. 이러한 사회적 소통방식은 사회의 다른 정형화된 행위양식들과 마찬가지로 거의 자동적으로 작동, 기능하기 때문에 참여자들은 특별한 준비나 지식이 없이도 그 순간들에 함께 참여하고 상황을 재현할 수 있다.

의식, 의례적 의사소통 또는 행위양식들의 가장 중요한 특징 중 하나는 그들이 기본적으로 도구적, 목적합리적 성격을 지니지 않으며, 일상적 커뮤니케이션의 규칙에 매여 있지도 않다는 사실이다. 의례에서 다루어지는 것은 보통 우리에게 일상적이지 않으며, 일차적으로 상징적 성격을 지닌 것이다. 상징적 행위로서 의식은 말하자면 생활세계의 경계 밖에 있는 그 어떤 것과 우리를 연결하는 '다리'(*Brücke*)와 같은 역할을 한다(Luckmann 1985). 이 장에서 논하고자 하는 것은 의식, 의례적 의사소통 또는 행위양식들이 우리 삶의 다양한 위기, 한계상황의 극복을 돕고, 생활세계로의 재통합을 가능하게 해주는 역할을 수행한다는 것이다.

의식은 위기 또는 한계상황들을 우리의 경험적 생활세계를 넘어선 어떤 '다른 실제세계의 영역'과 연관시킴으로서 본래는 이해되지 않고 받아들일 수 없는 사실이나 사건을 이해할 수 있도록, 상호소통할 수 있도록, 의미적 선취(*Antizipation*)가 가능하도록 도와준다. 의식이나 상징들은 이렇게 경험할 수 없는 것들을 경험 가능한 것으로 바꾸어 주는 그리고, 표현할 수 없는 것들을 사회의 일반적 지식체계, 의미관계 안에서 표현 가능하도록 도와주는 역할을 수행하는 사회적으로 정형화된, 그리고 확립된 상호소통과 행위의 수단이다(Berger & Luckmann 1995a; Nassehi & Weber 1989).

한계상황으로서의 '유의미한 타자'(*Signifikanter Andere*)의 사망은 쉽게 이해될 수 있는 것이 아니다. 그것은 (망자도 함께 속했던) 일상생활의 자명성, 확실성, 연속성을 치명적으로 파괴한다. 일상을 지탱해온 지식과 방법으로는 이 새로운 상황을 정의하고 해석할 수 없다. 매장의식과 장례의식을 통해서 비로소 '유의미한 타자'의 죽음은 어떤 형태를 갖게 되며, 그에 대한 설명과 정당화가 가능해진다. 매장과 장례의식은 우리의 삶에서 — 어쩌면 가장 — 두려운 위협에 대한 정형화된 사회적 대답방식이라고 할 수 있다(Berger & Berger 1983).

매장과 장례의식은 다른 의식들과 마찬가지로 일차적으로, 그리고 명시적으로 목적합리적인 성격보다는 종교적, 상징적 그리고 사회적 성격을 지니며, 두 가지 중요한 기능을 수행한다. 먼저, 매장과 장례의식은 일종의 '통과의례'(*Rites de Passage*)로서 사자(死者)를 그가 지금까지 속했던 사회로부터 분리하고 새로운 세계로 인도되는 것을 돕는다.[3] 두 번째로 이 의식은 산 자들을 위로하고, 그들이 다시 성공적으로 일상세계로 복귀하는 것을 돕는다.

친밀한 관계에 있던 이의 사망으로 인한 갑작스러운 커뮤니케이션의 단절은 남겨진 사람들에게 큰 상처와 메워질 수 없는 슬픔과 공백이다. 매장과 장례의식의 역할은 바로 이 단절된 커뮤니케이션을 '기정사실화'하는 동시에, 단절된 커뮤니케이션을 (이전과는 다른 방법으로) 다시 연결하는 데 있다. 남겨진 자들은 이 의식들을 통해 자신의 슬픔을 표현할 수 있게 되는 동시에 통제할 수 있게 된다. 살아 있는 사람들은 이런 의식을 통해 죽은 자를 죽은 자로 인식하게 되고, 죽음의 의미를 상징적으로 이해할 수 있게 된다. 그리고 공동체적으로 이루어지는 의식을 통해 상주(喪主)들은 공동체의 일원으로서 안정감을 느끼게 되며, 참여하는 다른 성원들도 삶의 한계상황에 상징적으로 친숙해지게 된다. 그러므로 이 의례들은 결과적으로 산 자들이 '위기상황'에서 벗어나 자신들에게 주어진 새로운 상황에 적응하고, 새로운 역할을 받아들이도록 함으로써 그들이 성공적으로 다시 그들

3) 4장의 주 40 참조.

의 일상으로 복귀하도록 돕는 기능을 수행한다.

(2) 근대사회에서 매장과 장례의식의 성격

매장과 장례의식의 성격 그리고 그 사회적 기능은 시대와 공간을 넘어 인간사회에서 보편성을 지니고 있다고 말할 수 있다. 그리고 그 보편성은 종교적 설명 또는 의미체계의 보편성과 밀접히 연관된 것이었다. 그렇다면 종교적 설명체계들이 그 보편성을—적어도 상당부분—상실한 것으로 보이는 오늘날 매장과 장례의식은 어떤 구조와 성격을 가지고 있는가? 기능적으로 분화되고, 감정중립적인 근대사회에서 그 의식들은 어떠한 역할을 수행하는가?

물론 많은 경우에 아직까지도 전통적인 종교적 의식들이 매장, 장례의식에 동원되는 것이 사실이다. 많은 이들이 제도교회를 등지고 있는 서구에서 그나마 사람들을 교회 안에 남아 있게 하는 것은 교회의 이러한 '의식, 의례적 역할'에 대한 기대 때문이라는 통계조사도 있다(Nassehi & Weber 1989; Hügen 1990). 물론 사람들이 삶의 위기, 한계상황에 직면했을 때 종교적 상징과 도움에 의존하는 것을—아주 단순하게—일종의 사회적 습관 또는 관습이라고만은 설명할 수 없을 것이다. 우리는 이와 관련해서 사람들에게 어떤 다른 대안도 주어져 있지 않다는 점에 주목해야 한다.

세속화가 상당정도 진척된 사회에서도 삶의 중요한 순간들을—예를 들면, 출생, 결혼, 그리고 무엇보다도 죽음[4]—동행해 주는 세속화된 의식의 발달은 미미하다고 할 수 있다. 전통적 의식 이외에 다른 의식들은 아직 그리 매력적이지 않아 보인다. 그런데 사람들은 그

4) 그 중에서도 죽음의 문제는 근대사회에서도 가장 덜 '세속화된' 영역으로 남아 있다고 말할 수 있다. 그리고 이러한 사실은 근대사회에서의 죽음의 의미 있는 통합의 어려움을 반증해 주는 것이라 하겠다.

들이 위기상황에 처했을 때 — 그들이 종교적 상징에 중요한 가치를 두고 있는지, 또는 사후세계에 대한 종교적 믿음이 있는지의 여부와 무관하게 — 계속해서 도움과 위로를 필요로 한다. 그리고 이때 종교적 전통의식은 사람들이 선택할 수 있는 거의 유일한 대안으로 보인다. 설사 그 의식의 종교적 의미가 그들에게 더 이상 별다른 감흥을 주지 못한다 해도. 이렇게 본다면 제도화된 상호소통양식 그리고 행위의 양식이 계속해서 한계상황 극복에 도움을 주는 것이 사실이라 해도, 그렇다고 해서 이것을 종교적 구속력이나 설득력의 증가로 설명할 수 있는 것은 아닌 듯하다.

한계상황에 직면한 사람들의 갑작스런(?) 종교적 귀의는 이렇게 한편으로 대안의 부재 또는 전통사회의 잔재(Fuchs 1969)로 이해되기도 하지만, 보다 깊은 의미에서는 근대사회에서 "전적으로 내재적으로만 현존을 정당화하는 데서 결과하는 의미구조의 결여"(Hahn 1974) 때문으로 설명되기도 한다. 과학기술적 설명, 합리적 내재성, 세속적인 성공, 업적 중심의 근대적 사고구조는 죽음이라는 합리적으로 설명되기 어려운, 논리적으로 이해되지 않는 사건 앞에서 가장 강하게 의문시되지만, 근대사회는 더 이상 경험적 '내재성'을 벗어난 어떤 의미구조도 제공할 수 없다. 이런 상황에서 위기에 처한 개인들이 선택할 수밖에 없는 거의 유일한 길은 '오래된' — 그러나 오랫동안 찾지 않았던 — 친구를 다시 찾는 길뿐인 것으로 보인다.

그러나 이러한 사실이(즉, 한계상황에서 종교적 의식의 지속적인 동행이) 근대로 오면서 매장과 장례의식의 전통적 설명논리 내지 구조들이 그 구속적 의미, 설득력을 점차 잃어갔고, 이에 따라 근대인들에게 죽음은 점점 더 이해되지 않는, 이질적인 현상이 되었다는 사실을 뒤집지는 못한다.

2) 보편적이고 구속적인 의미체계의 결여

죽음을 가능한 한 특별한 사건이 아닌 평범한 어떤 것으로 보려는 노력은 그리 새로운 것은 아니다. 이미 고대에 에피쿠로스(Epicouros)는 죽음이 왔을 때 나는 없고, 내가 있을 때 죽음은 없다며 죽음과 나는 아무 관련이 없다고 주장하면서 죽음은 아무 의미가 없다고 주장했다.[5] 그러나 역사적으로 죽음을 그렇게 태연히 대하는 일은 성공적이지 못했다. 근대에 들어와서야 비로소 죽음의 물화, 세속화 시도가 본격적으로 나타나게 된다. 죽음은 더 이상 다른 삶으로의 이행을 의미하지도, 신의 부르심이나 또는 저주, 벌을 의미하지도 않는다. 죽음은 이제 어떠한 '초월성'으로도 정당화되지 않는다(Fuchs 1969). 언제나 삶의 종착역 이상의 의미를 가지고 있었던 죽음은 절대적이고 단호한 의미에서 삶의 종점이 된다. 그리고 어떠한 종교적, 상징적 의미도 부여되지 않는 삶의 종점인 죽음은 이제 그저 하나의 덧없는 '사고'(*Unfall*)에 지나지 않는다(Pöhlmann 1991).

전 우주적인, 종교적인 구원에 대한 믿음뿐 아니라 사회적, 정치적인 구원에 대한 믿음도 그 당연성, 구속성을 상실했다. 죽음과 삶 사이에는 이제 어떠한 연관도 존재하지 않는다. 죽음과 삶 사이를 연결해줄 수 있는 것은 이제 아무것도 없다(Beck 1997). 이전에 주로 종교적 상징을 통해 이루어졌던 죽음이라는 현상에의 의미부여 가능성은 별다른 대안 없이 약화 또는 상실되어 버렸다. 근대적 합리성과 근대과학은 전통적인 상징들을 결정적으로 약화시켰지만, 그렇다고 해서 그들이 한계상황에 직면한 사람들에게 적절한 위로와 위안을 제

---

5) 의식적으로 감지되지 않는 모든 것, 직접적으로 손에 잡히지 않는 모든 것을 배격하는 이러한 사고방식은 사실 현대인들에게 낯설지 않다. 그러나 이런 발상은 고대에서는 '사고의 한 혁명적 전환'이라 할 만한 것이었다.

공하거나, 죽음에 대한 여하한 긍정적 이해에 기여한 것 같지도 않다. 한스 요아킴 베버는 이를 두고 근대에 "죽음의 자리는 비어 있다"라고 말한다.

물론 죽음은 아직까지도 다른 어떠한 사건보다도 종교적 감정을 불러일으키는 사건임에 분명하다(Schmied 1985). 앞서의 언급처럼 어떠한 설득력 있는 대안도 존재하지 않는 상황 속에서 사람들이 위기, 한계상황에 직면했을 때 전통적인 종교적 방법에로 회귀하는 것은 어찌 보면 당연한 일이고, 이러한 상황에서 종교가 그들에게 수행하는 역할은 절대 비하될 것은 아니다. 그러나 다시 한 번 강조하거니와 이러한 현상을 전통적이고 종교적인 상징, 의미체계들의 부활을 의미하는 것으로 해석하는 것은 무리가 아닌가 한다. 그들이 근대에 형성된 형이상학적인 공백을 아주 설득력 있는 방법으로 채우고 있다고는 생각되지 않기 때문이다.

근대에서 설득력 있는 죽음의 의미구조는 존재하지 않는 것처럼 보인다. 근대사회는 죽음의 의미구조에 설득력을 부여할 수 있는, 죽음의 상호소통적인 극복, 그리고 문화적 이해 가능성을 위한 상징적 고리를 잃어버린 것은 아닐까. 죽음은 근대사회에서 더 이상 상호소통적 또는 상징적으로 규정되지 못한다(Nassehi 1992). 막스 베버는 일찍이 초월성에 대한 믿음의 상실이 근대사회에서 '정체성을 유지시켜 주는 의미관계의 형성'에 중대한, 매우 해결하기 어려운 문제를 초래할 것이라 지적했다(Weber 1988). 어쨌든 의미부여가 되지 않는 죽음은 이제 그저 '무의미한 현상', 나아가서는 '무의미한 고통의 근원'이 될 뿐이다. 죽음은 사회문화적 의미관계들의 연결사슬로부터 밀려나와 의미적으로 선취(先取)할 수 없게 되었다. 죽음은 비이성(非理性)의 대표적 상징으로 무(*Nichts*)가 되어간다(Ebeling, 1984).

(1) 전(全)사회적 차원에서 다원화의 결과

다양성의 증가, 다원화는 근대적 세계를 규정짓는 중요한 표지 중 하나이다. 이를 통한 자유와 개방성의 증가를 낮춰 평가해서는 안 되겠지만 이러한 '개방성의 대가'도 간과할 수 없다.

① 구속력 있는 의미체계의 상실

전통적으로 보아 우리의 생활세계는 안정적이고 유기적인 통합체로 인식되었으며 죽음은 그 유기적 통합체에 내재적으로 속한 하나의 중요한 요소였다. 사회적으로 통합된 삶의 의미체계는 곧 사람들이 큰 의문 없이 따를 수 있었거나 적어도 '왜'(*Warum*)라고 하는 질문에 대한 하나의 대답을 제공하던 죽음에 대한 설명체계이기도 했다.[6] 그러나 이제 이 사회의 누구에게나 받아들여지는 '왜'라는 질문에 대한 대답의 모형은 없다. 전통적으로 보편적 구속력을 지니던 의미설명체계들은 그 기능을 상실하거나 적어도 그 영향력과 설득력에 상당 부분 타격을 입었다.

오늘날에는 서로 다른 생활세계들, 세계관들이 시장상황에서 경쟁하는 시대이다. 그의 결과로 사람들에게 주어진 '선택 가능성'은 그저 단순히 사람들이 다양한 물건들 중에서 입맛에 맞는 것을 고를 수 있다는 사실만을 의미하지 않는다. 이 새로운 현상 안에는 우리의 의식을 근본적으로 변화시키는 데 일조를 한 중요한 요인이 숨어 있다.[7] 이렇게 다원화된 사회에서는 — 원천적으로 — 어떠한 세계관도, 어떠한 가치관도 그 절대적 보편성, 구속력, 설명력을 보장받을 수 없다. 근대적 다원주의는 그 근본적 성격으로 인해 모든 것을 — 일상적인

6) 2장의 주 2 참조.

7) 이에 대한 설득력 있고 자세한 논의는 Berger 1992: 1장 참조.

행동양식에서부터 정체성 형성과 밀접히 관련되는 의미, 가치구조까지—상대적으로 불안정한 것으로 이해하게 하는 경향이 있다. 피터 버거는 이러한 오늘의 상황을 "이단(異端)에의 강요"로까지 표현했다. 이에 따르면 이단은 오늘날 가능성이 아니라 피할 수 없는 어떤 것이다(Berger 1992).

의미체계의 종주(宗主)였던 종교적 가치의 상대화의 근원도 상당정도는 이러한 근본적인 사회적 구조변동과 관련지어 설명될 수 있다.[8] 버거는 그 가장 근본적이고 중요한 원인을 세속화가 아닌 다원화에서 찾는다. 다원화는 버거와 루크만에 따르면 근대사회에서의 의미문제 발생의 가장 중요한 요인이다(Berger & Luckmann 1995c). 이제 사람들은 무언가를 고를 수 있는 가능성을 가지고 있을 뿐 아니라, 그러한 사실에 대해 잘 알고 있으며, 나아가서 그러한 현실에서 벗어날 수 없다. 근대의 다원주의는 사람들로 하여금 선택을 가능하게 할 뿐만 아니라, 선택을 강요한다. 이제 사람들은 어떤 선택 앞에서 자신들이 다른 결정을 할 수도 있었다는 사실을 외면할 수 없다.[9] 그리고 서로 화해할 수 없을 것으로 보이는 서로 경쟁하는 다양한 요소들을 상호 관련시킬 수밖에 없는 경험은 사람들을 쉽게 상대주의에 빠지게 하며, 개인들에게 인식적 실향(失鄕)을 경험[10]하도록 한다(Berger, Berger & Kellner 1987).

반대되는 입장과 어느 정도 화해하지 않는 어떠한 입장도, 반대적

8) 이렇게 버거에 따르면 세속화가 아니라 다원주의가 더 근본적인 이른바 '종교의 위기'의 원인이며, 세속화 과정도 우리가 이 두 가지 요소를 함께 고려할 때 보다 잘 이해할 수 있다(Berger 1996: 43 참조).

9) 이는 니클라스 루만의 비필연성/우연성(*Kontingenz*) 개념과 유사한 내용을 담고 있다.

10) 그래서 버거는 근대의 다원주의가 역설적으로 광신주의(*Fanatismus*)의 한 중요한 원인이 되기도 한다고 본다.

테제를 어느 정도 인정하지 않는 어떤 이론적 입장도, 그 안에서 반대적 경향이 관찰되지 않는 그 어떠한 경향도 찾아보기 어렵게 되었다는 것은 근대의 한 징표에 속한다(Höhn 1996). 다원화의 결과로 종교인도, 의사도, 정치가도, 학자도 그리고 어떠한 세계관, 종교적 설명체계도 세계를 구속적으로 설명하는 것이 거의 불가능하게 되었다. 이는 죽음의 문제에서도 마찬가지이다. 장 지글러의 표현에 따르면 이는 "모든 이에게 보편적으로 받아들여질 수 있는 실존적 지식의 담지자"(Ziegler 1982)가 부재(不在)한 때문이다. 그러나 보다 더 근본적인 것은 상호공유하는 존재론적 사유 자체가 부재한 상황일 터이다.

이러한 상황에서 우리는 근대사회에서 상호주관적으로 인정되는 상징적 죽음인식의 구성이라는 것이 과연 가능할 것인가라는 의구심을 버릴 수 없다.

② 근대적 생활세계에서 죽음의 보편적 의미구조의 불가능성과 비(非)필요불가결성

생활세계의 분화와 다양화로, 개개인의 생애사도 그 공통분모가 적어지고 지속적으로 변화선상에 있는[11] 오늘날의 근대사회에서 전사회적으로 통합된 통일적 세계관 또는 만인에게 구속적인 의미구조의 구성은 구조적으로 거의 불가능할 뿐 아니라 이제 더 이상 필수불가결한 것으로 인식되지도 않는다.

근대사회의 한 근본적 표징의 하나인 체계의 기능적 분화로 인해 어떤 부분체계에도 전체를 아우르는 역할이 부여되지 않는다. 각 부분체계들은 각자가 서로 다른 특수한 내부적 코드에 따라 움직이며

---

11) 끊임없이 변화할 것이 요구되는 그러나 늘 그러한 능력이나 상황에 있는 것은 아닌 근대의 개개인들에게 불안정성이 관찰되는 것은 피할 수 없는 일이다.

다른 부분체계들로부터 높은 자율성을 가진다. 중앙화된 통제나 절대적 진실에의 요구는 그만큼 받아들여지기 어렵다(Gabriel 1996). 죽음이라는 현상의 삶으로의 의미통합은 점점 더 개인의 또는 아주 작은—서로가 서로에게 '유의미한 타자'인—집단의 개별적 과제로 남겨진다. 죽음은 위에서 설명한 사회구조의 급격한 변화에 따라 오늘날 개인적 수준에서만 실존적 의미의 문제로 등장한다. 사회적 개인화 과정의 증가, 그리고 이와 연관된 '나만의 삶'이라는 인식의 증가는 이러한 경향을 가속화시키고 있다.

3. 오늘 종교가 죽음의 문제에 '다시' 주목해야 하는 사회학적 이유

근대사회가 많은 중요한 부분에서 이전의 전통적 사회와 구분되며 이러한 사실이 우리의 죽음관(*Todesbilder*)에도 지대한 영향을 미쳤음은 분명해 보인다. 이를 윤리적 차원에서 긍정적/부정적으로 평가하는 것이 이 글의 목적은 아니다. 그러나 위에서 잠시 살펴본 바와 같이 죽음이라는 현상이 오늘날의 사회에서 그 긍정적 의미가 상당정도 퇴색되었다는 것은 부정하기 어려운데, 그 원인은 어떤 개개인이나 사회의 도덕적 타락으로 설명될 수 있는 것은 아니며, 근대사회의 구조적 성격에서 기인한다는 것이 글쓴이의 입장이다.

근대인들이 죽음에 대해 모든 것을 알고 있거나, 죽음을 완벽하게 통제할 수 있는 것은 물론 아니다. 그러나 죽음의 신비적, 종교적 형상과 그로 인한 두려움, 불확실성 등은 그 위력을 많이 상실했다는 것은 간과할 수 없다. 서로 다른 변화의 영역과 수준에도 불구하고, 잠정적으로 사회의 다양화와 개인화에 따라 '구속력 있는' 죽음의 의미에 대한 이해구조가 상실되었고 이에 따라 각 개인들은 설득력 있는 의미구조와 의미의 지평 안에서 자신의 유한성을 위치짓는 데 많은 어려움을 겪게 되었다. 생명의 문제에 인간적, 기술적 개입의 '가능성'이 열린 오늘날의 상황에서 생물학적, 자연과학적 관점을 넘어선 상징적이고 종교적인 인간의 삶과 죽음의 이해의 입지는 점점 좁아지고 있다.

그러나 전략적-목적합리적 사유가 지배적인 시대에 사는 근대적 인간도 죽음이라는 문제 앞에서는 자연과학적인 원인설명을 통해 '만족'을 얻지는 못하는 것으로 보인다. 여기에 근대의 딜레마가 있다. 더구나 사회학자들이 성찰적 또는 반사적 근대(*Reflexive Moderne*)라고 칭하는 오늘의 근대는 초기근대적 사회와 구분되는 몇 가지 중요한 징후를 보이고 있다.[12] 우리가 사는 고도로 산업화되고 기술화된 사회는 무궁무진한 기회와 새로운 가능성을 열어주는 한편, 그 부산물로서 새로운 양태의 잠재적 위험(*Risk*)들을 양산하는데, 이 새로운 형태와 양상의 문제와 어려움들이 계속적인 근대화, 즉 기술적인 지식의 계속적 축적과 과학적 발전 그리고 보다 나은 조직구성을 통해 해결되거나 제거될 수 있는 문제가 아니라는 인식이 확산되고 있다(Giddens 1997).

탈신성화된 것은 종교뿐만이 아니다. 계몽을 통한 발전에 대한 순진한 믿음과 근대과학에 대한 맹목적 신뢰도 그 광채를 잃은 지 오래다. 모든 것을 통제하고 조정할 수 있다는 근대적 이상은 자신의 이상향적인 성격을 많이 잃어버렸다.[13] 이러한 변화가 오늘의 죽음이해의 변화에 어떤 근본적 영향을 미칠 것인지 그리고 이러한 변화가 어떠한 방향으로 어디까지 진행될지 지금으로서는 짐작하기 어려우

---

12) 2장의 주 13 참조.

13) 보장사회 또는 보험사회의 위기에 대한 담론이나 오늘날의 사회 자체를 잠재적 위험의 사회(*Risikogesellschaft*)로 이해하는 것은 이러한 인식을 반영하는 좋은 예이다.

나, 근대사회가 스스로 자신의 한계를 성찰하는 단계에 이르렀다면, 그리고 한계 또는 경계에 대한 인식은 그것을 넘어선 것에 대한 또 다른 인식을 전제로 할 수밖에 없다는 칼 야스퍼스의 지적을 떠올린다면 근대사회에서의 '초월성의 재발견'[14] 가능성은 이제 또 다른 차원에서 열려 있다(또는 닫혀 있지 않다) 할 것이고, 이에 대해 종교계도 보다 깊은 관심을 가져야 할 것으로 보인다. 아래에서는 우리들의 죽음인식에 영향을 미치는 것으로 여겨지는 현재적 근대사회의 몇 가지 특징을 짚어 보고자 한다.

1) 사회의 기능적 분화에 따른 파생적 결과

전근대사회에서 보통 죽음은 무리 없이 받아들여졌다고 우리가 말할 수 있다면 그것은 아마도 죽음 앞에 선 이들이, 그리고 그 죽음을 지켜보고 함께 준비하던 이들이 그들이 사는 동안 어디에 속해 있(었)는지 그리고 이제는 어디로 가는지 '알고' 있었기 때문이기도 할 것이다. 그리고 임종은 물론 매장, 장례의식 등의 전(全)과정들은 아주 정교하게 사회적으로 규정된 규칙들을 따라 가족, 친지, 이웃 등의 일차집단들에 의해 — 보통은 아이들도 배제되지 않았다 — 수행되었다.

근대사회에서 그런 기능들은 이제 더 이상 공동의 과제로 수행되지 않는데 그 중요한 이유 중 하나는 사회의 기능적 분화의 결과로 더 이상 전체로서의 사회가 그 개별적 구성원의 죽음을 통해 위협받는다고 느끼지 않기 때문이다(Nassehi & Weber 1989; Luhmann 1984). 인간이 유기체적인 '몸'(*Körper*)을 가지고 있고, 언젠가는 죽을 수밖에 없는 존재라는 사실은 언제나, 모든 사회에서 부딪혀서 해결해야

---

14) 초월성의 재발견(*Wiederentdeckung der Transzendenz*)대하여는 2장의 주 20 참조.

했던 아주 '난감한' 문제였다. 이 문제를 이해하고, 해석하고 그리고 정당화하는 일은 지금까지 존재했던 모든 인간사회의 중요한 한 과제였다. 근대에 들어와서 상황은 달라졌다. 개인들이 자신의 다가올 죽음이나 '의미 있는 타자'의 죽음 앞에서 여전히 타격을 입고 고통받는 동안, 전체로서의 사회는 그러한 것으로부터 상대적으로 이전보다 훨씬 영향을 덜 받는다. 오늘날의 기능적으로 분화되고 전문화된 사회에서 한 개인이 사라진다고 해서 달라지는 것은 원칙적으로 아무것도 없다. 사회 각 부분체계들의 독립성 증가와 현대적 도시 생활양식의 복합성의 증가로 마치 오늘날의 도시에서는 더 이상 아무도 사망하지 않는 것처럼 보이기까지 한다(Aries 1998).

오늘날 죽음이 그저 단지 사적 영역의 문제에 머무르는 것으로 보이는 것은 체계이론적 관점에서 보면 사실 '기능적으로 필수불가결'하다고 말할 수 있다. 사회의 자기준거적이고 자기생산적인 각 부분체계들은 자신들의 기능적으로 분화된 역할의 원활한 수행을 위해 불필요하다고 생각되는 '짐'(*Last*)들로부터 벗어날 수 있어야 한다. 기능적으로 분화되고 복합성이 고도로 증대된 근대사회에서 죽음은 이전과 달리 그 구성원 전체, 그 사회 전체의 문제이기보다는 그저 개인적 수준의 문제일 뿐이다.

더구나 기능적으로 분화된 사회체계들은 구조적 한계 때문에 사회구성원의 죽음을 '총체적인 한 인간의 죽음'으로 이해할 수 없다(Luhmann 1996). 그들은 죽음을 자신의 사회적 기능과 관련해 지극히 한정적이고 부분적으로 이해하고 받아들일 수 있을 뿐이다. 예를 들면, 보험회사들에게 보험가입자의 사망은 보상되어야 할 일종의 '경제적 손실'을 의미할 뿐이며, 병원이라는 의료조직에서 환자의 죽음은 자신의 한계를 드러내는 치부일 뿐이다. 이로써 죽음이라는 문제를 두고 기능적으로 작동하는 근대적 사회체계들과 개인적 의미부여의 과제 사이에는 넘어서기 어려운 틈이 생긴다.[15]

니클라스 루만은 자신의 체계이론에서 이와 관련하여 근대사회에서 종교체계만이 내재성/초월성이라는 내부적 코드를 가지고 있고 이러한 코드를 통해서만 설명될 수 있는 문제들이 있음에 주목한다. 종교적 사회체계만이 그 사회적 정당성을 보장할 수 있는 특정한 질문과 문제들이 있다는 것이다(Luhmann 1987). 그것은 바로 '전체로서의 의미' 그리고 '의미의 의미'에 대한 질문과 그와 관련된 문제들이다. 심화되는 사회의 분절화와 기능적 분화 그리고 생활세계와 사회체계 간의 단절 사이에서 '전체로서의 의미' 그리고 '의미의 의미'를 묻는 종교적 질문, 입장들은 사회적으로 점점 더 중요하고도 배제할 수 없는 역할을 수행한다. 사회적 차원에서 파편화된 개인과 그 개인의 인격적 개별성 사이의 통합의 여지가 오늘날에서는 종교적 소통체계에서만 관찰되는 것이다. 죽음이 전(全)사회적 차원의 문제로 받아들여졌던 전통사회와 달리 종교 외에 어떤 사회체계도 죽음을 그들의 중심과제로 이해하지 못할 뿐 아니라, 죽음을 총체적으로 이해하지 못하는 오늘의 사회에서 종교체계에서만이 죽음이 한 인간의 총체적 종말로 이해될 수 있다는 점은 중요한 의미를 지닌다.

이러한 맥락에서 우리는 죽음이라는 문제가 오늘날에도, 아니 오늘날에 더욱더 종교적 사회체계의 중요한 화두가 되고 있다고 주장할 수 있다.

2) 불확실성의 회귀

근대는 어떤 의미에서 또 하나의 성공적 믿음의 역사다. 목적합리

---

15) Nassehi & Weber 1989: 204 참조. 근대인들이 죽음을 '이해'하고 받아들이기 어려워하는 이유 중의 하나는 이렇게 분절, 분화된 사회 속에서 어느 날 갑자기 한 인간을 인간 그 자체로, '총체적'으로 인식해야 하기 때문인지도 모른다.

적인 계산에 기초한 발전과 지속적 성장, 사회적 안정성에 대해 증가하는 믿음이 그것이다. 근대의 아주 강력한 믿음 중 하나는 우리 삶에 일어날 수 있을 것으로 생각되는 모든(거의 모든?) 대부분의 위험(*Gefahr*)과 리스크(*Risiko*)들이 합리적으로 통제되고 적어도 사회적으로 보장될 수 있으며 또 그래야 한다고 보는 생각이다. 근대국민국가는 집단적 안정과 보장에 대한 약속 그리고 사회적 위험조정 능력에 대한 요구에 근거하고 있다. 사회적으로 안전이 보장되어야 하고, 만약 남아 있는 위험들이 있다면 그들은 적어도 계산되고 통제될 수 있어야 한다. 그런데 그럼에도 불구하고 예기치 않은 일이 발생한다면? 무슨 걱정인가? 보험이 있는데 …. 근대사회는 가히 '보험사회'라 지칭할 만하다. 의료-, 상해-, 생명-, 연금-, 여행-, 자동차-, 산재, 태아보험 등 갖가지 보험에 종합보험까지가 그러하다. 보험사회의 한 극한을 우리는 보험회사를 보험 들어주고 먹고사는 '재보험회사'(*Rückversicherung*)에서 발견한다.

그런데 모든 근대적 보장 내지 보험체계들은 미래에 일어날 수도 있는 일들을 오늘의 기술적, 과학적 체계 안에서 계산하고, 결정할 수 있다는 믿음에 근거한다. 이를 통해 사람들은 무엇이 보장되어야 하는지, 무엇을 보장할 수 있는지, 얼마나 비용이 지불되어야 하는지 그리고 누가 피해의 결과에 책임을 져야 하는지 알 수 있는 것으로 생각한다. 복지국가에서 국가적으로 조직된 필수적 안정장치들의 망은 이렇게 합리적 계산과 통제 가능성을 그 전제로 한다. 이러한 생각의 체계 안에서 모든 위험과 리스크는 상황의 보다 나은 진단, 보다 정확한 계획 그리고 보다 충분한 지식의 축적을 통해 원칙적으로 제거할 수 있는 것으로 간주된다(Nassehi 1997).

합리적 생활방식의 도입, 복지국가의 건설, 그리고 무엇보다도 생각 가능한 모든 종류의 고도의 보장기술들은 인간의 안전한 삶을 보장할 수 있을 것으로 기대되었다. 그러나 이러한 완전한 보장/보험사회에 대한 꿈은 심각한 위협에 직면하게 되었다. 전통적인 위험이 새로운 위험으로 자리바꿈될 뿐이라는 사실을 사람들이 인식하게 되면서 말이다.

외부적 환경으로부터 오는 전통적 위험의 제거는 인류가 자연에의 개입을 통해 스스로 기술적-사회적으로 만들어낸 "생산된 불확실성"(Giddens 1997: 116)이 그 자리를 대체하는 것을 통해 달성된 것이다. 고전적 근대(*Klassische Moderne*)의 지속적 성장, 자연의 극복, 과학적 인식의 힘 증가, 그리고 삶의 합리적 운영을 통한 이상사회 건설의 꿈은 여러 가지 측면에서 위협받고 있다. '현재적 근대'에서 나타나는 인류 스스로가 만들어낸 새로운 리스크들은 자체의 가속도, 넓어지는 영향범위, 과학기술의 복합성의 증가 등으로 인해 합리적 지식을 통한 계산/예측 그리고 통제 가능성을 정면으로 부정한다.

점점 더 사실적인 위협으로 받아들여지고 있는 핵 문제, 전(全)세계를 위협하는 기후변동, 유전자/생명공학을 비롯한 앞으로의 향방을 쉽사리 짐작할 수 없는 과학분야의 급속한 발전 등을 통해 우리는 이러한 새로운 양태의 리스크들의 알기 쉬운 예들을 발견할 수 있다(Perrow 1989). 인류는 그 역사상 처음으로 자연재해나 전염병 때문이 아니라—우리에게 어떤 유토피아의 환상을 제공하기까지 하는—인간의 자연개입, 자연과학적 발전으로 인해 전 인류가 멸망할 수도 있다는 생각을 하지 않을 수 없게 되었다.

사회적으로는 서구사회에서 현재 격론이 벌어지는 연금, 실업보험제도 등의 논란을 통해서도 새로운 리스크들의 예측 불가능성, 비(非)보장성을 엿볼 수 있다. 우리 미래의 청사진이었던 보장 또는 복지사회의 근거가 흔들리고 있는 것이다. 새로운 리스크들은 더 이상 이전의 형태를 통해 충분히 보장될 수 없음이 분명해지고 있다. 그리고 이런 문제가 단순히 비용의 증가로 인한 경제적 부담이나 복지국가의 조직능력의 결여에 그 원인이 있기보다는 우리가 가지고 있던 문제해결을 위한 방법 자체가 더 이상 유용하지 못한 것으로 증명(Giddens 1997) 되고 있다는 사실에 보다 큰 심각성이 있다.

물론 우리가 어떤 면에서 이전보다 훨씬 더 높은 수준의 안정성을 누리고 있는 것은 사실이다. 그러나 새로운 리스크에 대한 불안감이 급속도로 증가하는 것 또한 부정할 수 없다. 우리는 근대사회의 내재적 근거인 성장, 발전에 대한 믿음이 그 공고성을 잃어가는 시대에 살고 있다. 모든 이를 위한 모든 경우에의 안전을 보장하겠다는, 모든 것을 계산, 예측 가능하고 나아가 통제 가능한 것으로 만들려는 근대적 계획은 그 명확한 한계를 드러내고 있다. 우리는 지속적인 성장에 대한 근대적 믿음의 한계를 인식하고, 성찰해야만 하는 상황에 이르렀다.

우리의 논의와 관련해서 중요한 것은 의(과)학적인 발전이, 사회적으로 형성된 각종 보험과 보장제도가 결코 인간의 가장 실존적인 문제, 노화와 죽음과의 직면을 대체해 주지는 못한다는 것이 명백해졌다는 것이다. 막스 쉘러는 성장에 대한 믿음이 죽음의식을 약화 또는 제거하는 데 일조한다고 말한 바 있다. 스스로 확신에 찼던 기술적-과학적 발전을 통한 효과적 통제, 안정성의 지속적 증가에 대한 믿음, 보장수준의 향상에 대한 기대 그리고 합리적 설명의 마력은 — 어느 기간 동안은 — 마치 죽음의 문제, 우리 인간의 실존적 유한성과의 투쟁까지도 사회적으로 규정할 수 있는 어떤 것으로 여겨지게 하는 경향이 있었다. 이제 이러한 생각들은 다시 탈주술화(*Entzauberung*)의 과정에 들어섰다. 기술적-학문적 성장과 죽음에 대한 합리적 설명을 통해 인간의 실존적 한계상황은 제거되지 못했고, 명료하게 이해되지도 못했다. 합리적 근대 합리성의 '합리적' 재고가 요구되는 시점이다. 유한성에 대한 생각들이 초기근대에서 해체되었다면 이제 불멸성에 대한 생각들이 해체되고 있다.16)

4. 닫는 글

죽음은 업적지향적인 산업사회에서 그저 하나의 장애물, 풍요로움을 구가하는 근대 사회복지국가에서 폐기물 또는 우리가 그저 '아직' 넘어서지 못한 잔존하는 위험요소에 불과한가? (Beck 1997)

죽음이라는 현상에는 아직 우리가 자연과학을 통해 설명할 수 없는 무언가가, 구체적인 경험이나 즉물적 파악 가능성을 넘어서는 무엇인가가 있는 것으로 인식된다. 죽음은 여전히 경험할 수 없는, 손에 잡히지 않는 어떤 것이다. 아직까지 죽음의 이유에 대한 의학적 설명이나 죽음에 관한 학문적이고 객관적인 언명과 지식들이 죽음 자체를 '설명'하고 '이해'하게 해주는 것은 아니다. 생물학적 설명 또는 과학기술적 방법으로는 죽음을 삶으로 유의미하게 통합시키는 것이 쉽지 않다. 왜냐하면 죽음은 의미 있는 것으로 체험된 삶의 맥락 안에서만 삶 안으로 통합될 수 있기 때문이다. 지극히 성공적인 근대적 (의미) 설명체계들도 죽음이라는 문제 앞에서는 그 위력을 잃는다. 죽음은 그 성격상 '넘어섬'에 대한 커뮤니케이션 없이 삶 안으로 통합되기 어렵다. 우리는 하나의 사건을 또는 하나의 현상을 보다 더 큰 맥락 안에서만 '이해'할 수 있다. 하나의 사건 또는 현상은 그것이 또 다른 어떤 것에 의미를 부여할 수 있을 때만이 그 자신 스스로의 의미를 획득한다.

따라서 현세적 삶의 극한적 한계상황으로서 죽음은 그것을 넘어선 어떤 의미구조의 맥락 안에서만 비로소 그 '이해 가능성'을 획득할 수 있다. 그런데 자신의 구조적 유한성을 인식한다는 그 자체에 이미 넘어섬에 대한 인식 가능성의 조건이 존재한다. 한 인간의 종말로서 죽음이 단순한 생물학적, 물리적 사실을 넘어서는 그 어떤 것으로 해석

16) Bauman (1994)과 이 책 2장 참조.

되고 받아들여져야 한다면, 이 '넘어섬', 초월성에 대한 질문은 외면할 수 없다. 스스로의 유한성을 인지하고 그 구조적 제한성을 — 거의 강제적으로 — 의식적으로 성찰할 수밖에 없는 인간은 자신의 종말을 선취(先取)적으로 받아들이고 이를 통합적 의미체계 안에서 이해할 것을 강요받는다(Nassehi & Weber 1989). 죽음이 실존적 한계상황으로 인식되는 한, 사회적, 상징적 의미관계 안에서의 죽음의 의미부여는 불가피한 것으로 보인다. 모든 사회는 죽음을 어떤 방법으로든지 이해하고, 상호소통성을 보장해야 하는 과제를 안고 있다. 모든 사회는 '왜'(*Wozu das alles?*)라는 인간의 마지막 실존적 질문에 하나의 답을 할 수 있어야 한다.

이런 맥락에서 볼 때 사회의 어느 부분에서도 이 중요한 인간의 문제가 중심과제로 다루어지지 않는 오늘날, 그리고 다른 한편으로는 근대사회 구성의 내재적, 구조적 한계가 여실히 드러나는 요즈음 죽음의 문제는 이 '넘어섬'의 상호소통성을 중심으로 종교체계 안에서 그 새로운 의미와 역동성을 획득한다. 우리는 아마도 종교에게서 모든 사람들에게 설득력을 가지는 어떤 '정답'을 더 이상 기대할 수 없는지도 모른다. 그러나 적어도 '삶의 (총체적) 의미'에 대한 질문을 사회적으로 '정당한' 것으로 받아들여지게 하고, 죽음 앞에 선 한 인간을 '기능적으로 파편화된 존재'가 아닌 한 총체적 개체로 인식하도록 보장해야 하는 과제가 오늘의 종교에 부여되어 있다 하겠다.

"종교의 힘이란 궁극적으로, 사람들이 죽음 앞에 설 때, 또는 보다 정확하게 말해서 죽음을 향해서 필연적으로 걸어가고 있을 때, 종교가 사람들의 손에 쥐여준 기치(旗幟)의 신뢰성에 달려 있다"(Berger 19881)는 피터 버거의 말이 새삼 새롭게 와 닿는다.

제 4 부

제9장 근대적 죽음이해와 소통방식에 대한 연구
- 의료인의 경우

제10장 도대체 왜들 죽는가?
자살의 이유를 알아야 하는 이유에 대한
사회이론적 함의

제11장 매장과 화장을 둘러싼 사회적 담론분석
- 1990년~2002년 주요 일간지 보도내용을
중심으로

제12장 종교윤리적 생명담론의 논리적 딜레마
- '뇌사'와 '뇌사 후 장기기증' 담론을 중심으로

제 9 장

근대적 죽음이해와 소통방식에 대한 연구

의료인의 경우

> 저번 날 책을 읽었어. 병원에서는 사람이 죽자마자 시트를 머리에 씌운 다음, 바퀴 달린 침대에 싣고 비탈진 통로를 지나 아래로 밀고 내려간다더군. 죽음의 광경에서 빨리 벗어나려고 안달하는 거지. 사람들은 죽음이 전염이라도 되는 것처럼 행동한다구(앨봄 2007: 219).

1. 여는 글

1) 죽음의 억압?

산업사회로 들어오면서 죽음이 점점 더 사회의 주변부로 밀려나고, '억압'[1] 되고 있다는 생각은 아마도 근대적 죽음인식 유형들 중에서 가

1) 이 장에서 사용되는 '억압'(*Verdrängung*)이라는 개념은 본래 프로이트적 심리학에서 유래한 용어인데, 글쓴이는 이 개념을 사회학적 의미에서 원용하고 있다. 즉 여기에서 이야기되는 억압은 오늘의 사회에서 죽음에 대한 긍정적 이해가 구조적이고 체계적으로 저해되고 있다는 가정적 진

장 널리 퍼져 있고 또한 동시에 가장 많이 비판받아 온 테제라 할 수 있을 것이다. 그런데 전방위적이고도 무차별적으로 사용되는 거의 모든 일반적 개념들이 그러하듯이 각각의 구체적이고도 개별적인 상황 안에서 '억압된 죽음'이 무엇을 의미하는지 분명하지 않은 경우가 많다. 그리고 이렇게 명확하게 규정되지 않은 상태로 (재)생산되는 '억압된 죽음'에 대한 사회적 담론들에서 '억압'이라는 말의 진술준거나 그 개념적 엄밀성은 의심되지 않을 수 없다.

그런데 이러한 개념의 불확실성과 혼란은 비단 일상적 담화나 신문이나 방송 등 대중매체에서 떠도는 논의들에 국한되는 것은 아니다. 근대사회에서 죽음의 억압이라는 주제는 학문적 담론에서도 여전히 분명하게 정의되지 않은 채로 남아 있고, 서로 다른 학문분야 또는 이론적 입장을 가진 학자들은 상이한 개념적 바탕에서 출발하기 때문에 그 논의가 최소한의 합의에도 이르지 못하는 경우가 많다

술을 표현하고자 한다(즉 여기에서는 심리학적인 무의식적 억압, 어떤 금욕적/청교도적 이유에 근거한 죽음에 대한 무관심 내지는 종교적 가치관 등에 근거한 불가지론 등을 이야기하는 것은 아니다). 그리고 글쓴이는 회피, 금지, 터부 등의 개념이 보통 죽음의 '사회적 억압'이 가시화 내지는 표면화되는 표지로 암암리에 받아들여지고 있다고 이해한다. 따라서 이 용어들은 이 글에서—엄밀한 학문적 진술로서가 아니라 실생활에서 사용되는 언어를 반영한다는 의미에서—억압과 유사한 의미로 맥락에 따라 선택적으로 사용되고 있다. 그런데 여기에서 글쓴이가 의문을 제기하는 것은 근대에서의 죽음의 억압이라는 명제가 구체적 내용 없이 지나치게 선언적, 포괄적으로 받아들여져 오지 않았는가 하는 것이다. 따라서 이 글은 설사 오늘날의 사회에서 죽음의 긍정적 이해 가능성이 구조적, 체계적으로 감소하고 있다 하더라도, 죽음으로부터, 그리고 그에 대한 인식으로부터 자유롭지 못한 인간들이 이 문제를 어떤 식으로든지 풀어내지 않겠는가라는 질문으로부터 다시 다른 각도에서 이 문제에 접근하고자 하는 것이다. 그러나 이 글의 목적이 죽음담론과 관련해 '억압'이라는 용어의 학문적 엄밀성 자체를 토론하는 데 있지 않기 때문에 그에 관한 더 이상의 논의는 하지 않을 것이다.

(Fuchs 1969; Schmied 1985).

여기서 글쓴이는 우선 한 가지 매우 흥미로운 현상에 주목한다. 죽음이 억압되고 있다는 내용을 담고 있는 담화(談話)의 폭주가 그것이다. 즉 그것이 정확히 무엇을 의미하는지 분명하지 않다고 하더라도 우리는 오늘 우리 시대에 죽음이 억압되고 있다는 것을 '암묵적 사실'로 받아들이고 있는 듯하다. 일례로 우리는 오늘날 많은 이들이 죽음에 대해 진지하게 이야기하기를 어려워하고 외면하려 한다는 것을 반복해서 '담론화'[2] 한다. 그리고 이러한 인식은 우리 스스로가 죽음과 관련된 이야기를 꺼려하는 '정당한 이유'가 되기도 한다.

> … 자꾸 죽는 얘기 하니까, 듣는 사람도 좀 … 듣기 싫어할 것 같고 … 앞으로 어른들은 죽음이 가까워지잖아요. 그니까 그런 말하는 자체가 좀 미안하다고요. 다른 건 아니고(사례 10).

그리고 우리는 '오늘날 죽음이 억압되고 터부시되고 있다'라는 언명이 마치 이미 증명된 또는 증명될 필요조차 없는 하나의 사실(*Fact*)로서 선험적(先驗的)으로 전제되면서 사회적으로 소통되고 있음을 어렵지 않게 관찰할 수 있다.[3] 이는 다시 말하면 사회적 담론이 아주

---

2) 여기서 담론은 "각기 다른 수준과 조합의 규칙을 통해 발생하였음에도 불구하고 총체적으로는 지식이라는 커다란 단위를 이루는"(푸코 1996: 342) 서로 연관성을 지니는 진술들의 덩어리를 말한다.

3) 그러나 필립 아리에스(1997)가 19세기 말에 유럽에서 관찰했던 그리고 1970년대까지도 부분적으로 관찰되던 사회적 담론이나 출판물에서 '죽음이라는 테마의 배제'는 이제 그 타당성을 — 적어도 부분적으로는 — 잃어가고 있다. 죽음은 이제 이전보다 더 많이 이야기되고, 보다 더 많이 글로 표현되고 있을 뿐 아니라 비인간적인 근대적 임종과정에 대한 비판의 증가, 그리고 그에 대한 대안으로서 호스피스에 대한 논의, 죽음의 심리적 대응에 대한 관심의 증가 등에서 살펴볼 수 있듯이 실제적이고 구체적인 죽음에 대한 사회적 논의들이 관찰된다. 일견 죽음이 오

단순하고 거의 맹목적으로 죽음이 오늘날 억압되고 있다는 것을 '가정'하고, 나아가 '기정사실화'한다는 것을 보여준다. 이러한 언명들은 일상생활에서 그리고 신문, 방송과 같은 매체, 나아가 학술적 서적에서도 심심치 않게 등장한다.

> 오전부터 제목이 좀 그래서 그렇긴 하지만…[4)]

> 요즘 사람들은 죽음을 왜곡시키고 있다… 그렇게 생각해요. 교육이… 옛날사람들 같지 않고… 죽음을 못 받아들이고… 일종의 흐름이죠(사례 15).

> … 우리는 죽음을 가능한 한 우리 자신으로부터 멀리 떼어놓음으로써 — 그리 달갑지 않은 죽음에 대한 생각을 숨기거나 억압함으로써 — 또는 나 자신만은 영원히 살 것이라는 굳은 믿음을 고수함으로써, '다른 사람은 죽는다. 그러나 나는 안 죽는다'식으로 — 죽음에 대한 사고를 회피할 수도 있다. 오늘날 선진사회에서는 이러한 사고경향이 강력하게 존재한다(엘리아스 1998: 8).

> … 현대인들의 죽음에 대한 태도에서 가장 흔하게 발견할 수 있

늘날 터부라고 단정지어 말하는 것은 경솔한 것으로 보인다. 그런데 글쓴이는 위에 언급된 상황들이 현재적 근대사회에서 일어나는 임종과 죽음 그리고 그것과 관련된 사회적 인식의 변화를 보여주기는 하지만, 그렇다고 해서 그것이 오늘날 죽음이 구조적으로 잘 통합되었다거나 사회적 의미나 그 소통성을 다시 회복했다는 직접적 근거라고 보기는 또한 어렵다고 생각한다. 이에 대한 보다 정확한 연구를 위해서는 먼저 우리가 '억압된 죽음'에 대한 보다 명확한 개념정의에 동의해야만 할 것이며, 관련된 사회적 관계가 보다 구체적으로 그리고 동시에 광범위한 사회적 담론, 사회적 소통의 구조분석틀 안에서 확인되어야 할 것이다.

4) 2002년 4월 29일 SBS 라디오 '책하고 놀자' 프로그램 출연자가 《자살의 문화사》라는 책을 소개할 때 주저하며 하는 말.

> 는 것으로, 죽음을 가능한 한 멀리하면서 죽음에 대한 생각을 억압하거나 회피함으로써 … (김수정 1998: 115).

물론 전(全)사회구조적 차원에서 우리는 "끝없는 재생, 활동성, 젊음에 대한 새로운 신화 속에서 노화와 죽음"이 "부인되고 거부"되는 현상을 사회학적으로 관찰할 수 있을 터이다(터너 2002) 그러나 이러한 선언적 언명들에 대한 본격적이고도 구체적인 사회과학적 논의는 오히려 지극히 미흡한 실정이다.

글쓴이의 관심을 끄는 또 하나의 사실은 죽음을 금기시하는 태도는 거의 모든 경우에 곧바로 부정적인 것으로 평가절하된다는 것이다. 만약 누군가가 죽음을 금기시한다면 그는 아직 성숙하지 못한 인간으로 여겨진다.

> 저는 아직도 … 이런 손님(환자 — 글쓴이)들을 봐서 그런지, 또 덜 성숙돼서 그런지, 아직도 죽음이 저는 두렵거든요 … (사례 10).

충분히 성숙한 인간은 죽음을 금기시하지 않을 것이고, 않아야 하기 때문이다! 이러한 암묵적 인식과 상황 때문인지 적지 않은 사람들, 그 중에서도 교육수준이 높은 사람일수록, 그리고 스스로 종교적이라고 믿는 경향이 강한 사람일수록 오늘 이 시대에 팽배한 죽음의 억압을 이야기하면서도 자신만은 예외로 여기는 것 같은 느낌을 강하게 받게 된다. (이른바) 지식인/지성인들도 별다르지 않은 듯하다. 그들은 오늘날 죽음이 억압되고 있다는 '사실'을 전제로 이야기를 풀어가면서도 그들 스스로는 그러하지 않다고 생각하고 믿는 경향이 있는 것 같다는 의구심을 지우기 어렵다.

그런데 이렇게 본다면 '죽음의 억압' 테제는 근대사회에서 죽음에 대한 하나의 전형화된 담화구조를 부여하는 역설적 기능을 수행하는 것으로 보인다. 그리고 이런 의미에서 죽음의 억압은 사실 근대사회에서 계속적으로 재생산되고, 선포되는 일종의 '합법적이고' 공식적인 '죽음소통방법'일지도 모른다.

2) 문제의 제기

어쨌든 지금까지의 논의에서 우리는 적어도 다음 두 가지 사실을 확인할 수 있었다. 오늘날 죽음이 터부시되고 있다는 담화가 널리 퍼져 있으며, 동시에 그것을 부정적이고 미성숙한 것으로 규정하는 담화가 또한 존재한다는 것이다(물론 그것이 실재하는지, 그리고 그것이 그렇게 부정적이기만 한 것인지 여부는 또 다른 차원의 이야기이다).

그런데 글쓴이는 근대사회의 상호주관적 의미구성에서 죽음의 비(非)통합성과 사회적 비(非)소통성에 대해 주목하여 글을 쓴 바 있으며, 그 논문에서 그 비통합성과 비소통성의 원인이 근본적으로는 근대적 사회구조 자체에 있다고 봐야함을 지적하였다(Chun 2000). 즉 근대사회에서 죽음의 삶으로의 통합 또는 긍정적 이해 가능성의 감소가 관찰된다면 그것의 일차적이고도 근원적인 원인과 책임은 어떤 특정한 개인이나 집단에 환원될 수 있는 것이 아니다. 오히려 근대사회는 자신의 기본적 구성원리와 삶의 구성양식 때문에 그 구성원들에게 진지한 실존적 죽음과의 대면을 어렵게 하는 것으로 보인다. 그러나 그것이 필연적으로 어떤 부정적 결과를 낳아야 하는 것은 아니며 오히려 오늘을 사는 우리가 임종과 죽음을 대함에 있어 새로운 양식을 숙고하고 다른 길과 방법을 모색하도록 요구하는, 피할 수 없는 변화의 과정에 서 있음을 깊이 성찰하고 그에 대해 보다 많은 관심과 주의를 기울여야 하지 않을까(Nassehi & Weber 1989; Nassehi 1992).

따라서 글쓴이는 억압되고 있는 죽음에 대한 '실체가 불분명한' 담화의 확산이나 그에 대한 도덕적 비판의 대열에 섣불리 합류하기보다는, 근대사회에서의 죽음이 과연 억압되고 있는지, 그것의 사회학적 의미는 무엇인지, 그리고 만약 억압이 관찰된다면 누가 무엇을 왜, 어떻게 억압하는지, 그것은 부정적 의미를 지닐 수밖에 없는 것인지 또는 이러한 현상이 다르게 이해될 가능성이 존재하는지 하는 것들을 보다 구체적이고 실제적인 수준에서 관찰하는 것이 더 필요하고도 중요하지 않을까 생각한다.[5)]

우리가 이러한 관심에서 특정한 조직에 한정해서나마, 그 조직 내에서의 죽음 이해방식을 면밀히 관찰한다면, 우리가 흔히 죽음의 억압이라 부르며, 쉽게 부정적 낙인을 찍는 현상은 그 조직에서 기능적으로 유용하고도 필연적으로 요구되는 것이며, 그 조직 원리 안에서 죽음에 대한 특정한 소통방법을 (재)생산해 내는 하나의 사회적 기제임을 보다 적극적으로 인정해야 할지도 모른다.

3) 연구의 목적 및 방법

(1) 연구 목적

죽음은 — 그것이 경험될 수 없는 현상이기 때문에 — 사회적 맥락에서는 오로지 '사회소통적 표상'이라는 형식으로만 자신을 드러내므로(Nassehi 2001) 우리는 죽음이 어떻게 이해되고, 소통되는지를 근거로 죽음의 사회적 의미를 추정할 수밖에 없다. 그러므로 이 장에서는 — 너무나 당연한 이야기지만 — 존재론적 맥락에서 죽음의 의미를 묻는 것이 아니라, '죽음에 대한 사회적 소통'의 성격과 특성에 관심을 가진다. 그 중에서도 이 장은 '의료인들의 죽음이해'에 초점을 맞추고

---

5) 글쓴이와는 좀 다른 시각의 접근이긴 하지만 토니 월터(Tony Walter, 1991)는 그의 논문에서 일상생활에서 또 학문적 공간에서 성찰 없이 재생산되는 죽음의 터부 담론에 사회학적 의문을 제기하고 있다.

그 소통의 성격을 규명해 보고자 한다.[6)]

그런데 전형적 근대 의료기관인 병원에서 죽음은 흔히 회피, 금기 또는 억압된다고 여겨지며, 이러한 인식은 병원에서의 비인간적인 임종상황과 맞물리면서 쉽게 사회적 비난의 대상이 되고 있다. 이 글에서는 이 같은 기존의 설명이 한편으로는 나태하며, 다른 한편으로는 명백한 한계를 지니고 있다고 보고, 성급한 도덕적 담론에서 한 발 물러나, 병원이라는 사회적 공간에서 죽음이라는 현상이 구체적으로 처리되는 방식을 고찰하고자 한다. 이를 위해 먼저 병원은 무엇하는 곳인가, 병원에서는 어떠한 일들이 어떤 과정을 거쳐 일어나는가 하는 문제들이 다루어져야 할 것이다. 그리고 이후 이러한 성격을 지니는 병원 안에서 죽음은 무엇을 의미하는가 또는 할 수 있는가, 나아가서 병원에 종사하는 이들이 어떻게 죽음을 받아들이고, 이해하고 그에 대해 소통하는지를 살펴보고자 한다. 이때 글쓴이는 병원이라는 공간이 — 현실적으로 — 죽음이 일상적으로 일어나는 곳이라는 점, 그러나 지극히 감정중립적인 기능적 조직이라는 점 그리고 무엇보다도 죽음이 병원에서 추구되는 자기 존재의 목적에 정면으로 충돌하는 현상이라는 점 등, 그 '역설(逆說)의 공존'에 주목한다.

(2) 연구 대상과 방법

이 글에서는 의료인(의사, 간호사)들이 의료현장에서 경험하는 죽

6) 물론 병원 안에서는 여러 행위 주체자들이 존재하고 그들 간의 복잡한 상호작용의 구조와 관계망 그리고 갈등이 존재한다. 그러나 이 장에서는 논지를 명확히 하기 위해 한 단면, 즉 의료인들의 입장에서 '말해지는' 죽음인식, 그리고 죽어가는 환자에 대한 그들의 일반적 인식에 초점을 맞추고 있다. 보다 광범위한 수준에서의, 그리고 행위주체들 간의 죽음인식을 둘러싼 갈등과 그 역동성에 대한 논의는 이후 다른 글에서 다루어져야 할 것이다.

음처리 방식의 사회학적 함의에 관심을 가진다. 의료종사자들은 장의사, 경찰, 소방관 등과 더불어 '직업적'으로 죽음을 많이 접하는 사람들이다. 이러한 직업적 경험이 일상적인 그것과는 다른 맥락과 차원에서 인식, 반응, 대응되리라는 것을 우리는 쉽게 짐작할 수 있다. 그러나 과연 그 과정이 어떻게 일어나는지, 그리고 그 구체적 함의가 무엇인지는 연구를 통해 규명되어야 할 부분이다.

이를 위해 문헌조사, 기존 자료분석 외에 심층면접을 통해 자료를 수집하였다. 글쓴이가 이 글을 통해 알아내고자 하는 것은 어떤 통계적 수치나 계량화될 수 있는 자료라기보다는, 개개인들의 내면 안에 똬리를 틀고 앉아 있는 죽음에 대한 생각들을 그 편린(片鱗)이나마 끄집어내고자 하는 것이므로, 정형화된 설문조사보다는 — 물론 이런 조사도 다른 차원에서 여러 유용한 자료를 제공하지만 — 보다 작은 집단에 대한, 보다 깊은 심층면접이 더 유용하다고 생각하였기 때문이다(Strauss 1994; Flick 1995; Deppermann 1999; 메이슨 1999 등).

그리고 직업적 삶의 고충들, 삶의 어려운 고비들 그리고 죽음에 대해서 이야기한다는 것이 통계적으로 표본추출된 사람들과 어느 날 갑자기 할 수 있는 이야기는 아니라고 생각되었기 때문에, 그리고 그것이 설사 가능하다 하더라도 '질 높은 대화'를 가질 수 없는 것으로 판단하여, 글쓴이와 직간접적 관계를 맺고 있는 분들을 통해 적절한 대화상대자들을 소개받는 방법을 택했다. 이런 조사에서 보다 중요한 것은 표집의 원칙보다 '라포(*Rapport*) 형성의 가능여부'이기 때문이다. 면접은 최소 3년 이상 (종합)병원에서 근무한 사람들을 대상으로 하였고, 상대적으로 직업적으로 죽음의 문제와 부딪히는 빈도가 다른 곳에 비해 현저히 적을 것으로 여겨지는 안과, 치과, 피부과, 성형외과 등의 종사자들과 개인의원 종사자 등은 제외하는 것을 원칙으로 하였다.[7] 글쓴이는 심층면접을 기본적으로 '목적을 지닌 대화'로 이해하고, 가능한 한 편안한 분위기에서 대화가 가능하도록 배려하였고, 면접자의 개입은 최소한으로 한정하였다. 면접내용은 직접적으로 죽음에 대한 피면접자의 의견을 묻기보다는 그들의 직업생활에 대한 일반적 질문들 안에서 자연스럽게 유도되도록 구성되었다. 심층면접 자료수집은 2001년 3월에서 6월 그리고 2002년 3월에서 5월 사이에 이루어졌고, 이 책의 기본자료가 된 사례 수는 총 16건이었다(〈표 8-1〉).

그런데 의료인들의 죽음이해에 대한 연구를 위해서는, ― 앞에서도 잠시 언급되었듯이 ― 그들이 종사하는 근대적 의료기관인 병원에 대한 선(先)이해가 필수적이다. 글쓴이는 그들을 기본적으로 자연인이 아닌 의료인으로 접촉했고(면접 대상자들도 글쓴이에게 자주 그 사실을 상기시켜 주었다), 그들과 나눈 이야기들은 기본적으로 그들의 직업적 경험과 관련되어 있었으므로, 그들의 사고를 이해하기 위해서는 그들의 업무공간에 대한 이해가 선행 또는 병행되어야만 한다. 병원이라는 조직은 무엇 하는 곳인가, 어떤 문제에 대해 대답을 주고자 하는가, 그리고 언제, 어떠한 조건하에서 이 조직은 문제가 해결되었다고 생각하는가, 이 조직이 그 문제를 풀기 위해 동원하는 방식은 무엇인

7) 일부 자료수집 과정에 학생들의 도움을 받았음을 밝혀둔다. 나아가 조사대상의 나이 분포가 주로 20~40대인 것이 표본의 한계로 지적될 수 있겠는데, 이와 관련해서는 두 가지 점을 밝혀 두고자 한다. 먼저, 50대 이상의 의사들을 많이 면접하지 못한 것은 지극히 단순한 이유에서였다. 그 연령대 의사들은 대개 병원에서 어느 정도 높은 지위에 있는 경우가 많아 시간을 얻기가 매우 어려웠다. 가능하다면 추가면접을 할 예정이다. 그러나 나이대의 집중이 연구결과의 심한 왜곡을 가져왔다고 보지 않는다는 점을 동시에 지적하고 넘어가고자 한다. 이 장은 의료인들의 죽음이해에 있어 그들의 직업적 맥락에 관심을 집중하는데 연령이 높아진다고 해서 그 직업의 특성이 극적으로 달라지는 것은 아니기 때문이다. 단지 죽음에 대한 개인적 견해가 연령과 함께 일정정도 달라질 수도 있다고 생각한다면, 이러한 요소들이 면접과정 중에 나타날 수도 있었을 것이다. 덧붙여 지역에 관해서도 특별한 고려는 없었음을 밝혀둔다.

가, 그리고 이 조직 내에서의 사회적 소통구조와 의사결정구조는 어떠한 성격과 모습을 띠고 있는가 하는 것 등이 이 과정에서 고려되어야 할 질문들이다.

다시 정리하자면 이 글은 내용적으로 볼 때 크게 두 부분으로 구성되어 있다. 근대의학과 병원의 조직사회학적 성격을 규명하는 부분이 그 하나이고, 그 조직 내에 몸담고 있는 의료인들의 죽음이해 분석과 관련된 부분이 또 다른 하나이다. 물론 의료인들의 직업적 맥락에서의 죽음이해는 그들이 몸담고 있는 조직의 성격을 필연적으로 반영하므로 이 두 가지는 글의 전개과정에서 서로 유기적으로 연결되어 분석이 시도되고 있다.

〈표 8-1〉 사례 연구 대상

사례	직업	나이	성별	근무지
사례 1	의사	30대 초반	남	종합병원, 서울
사례 2	의사	30대 중반	남	종합병원, 서울
사례 3	의사	30대 중반	남	종합병원, 서울
사례 4	의사	30대 후반	여	종합병원, 서울
사례 5	의사	40대 초반	남	종합병원, 서울
사례 6	의사	40대 초반	여	종합병원, 서울
사례 7	의사	30대 초반	남	종합병원, 서울
사례 8	의사	50대 초반	남	개인의원(종합병원 경력), 서울
사례 9	간호사	30대 중반	여	종합병원, 서울
사례 10	간호사	40대 초반	여	종합병원 호스피스, 광주
사례 11	간호사	20대 중반	여	종합병원, 서울
사례 12	간호사	20대 후반	여	종합병원, 분당
사례 13	간호사	30대 초반	여	종합병원, 서울
사례 14	간호사	20대 후반	여	종합병원, 서울
사례 15	간호수녀	50대 중반	여	호스피스, 춘천
사례 16	간호수사	40대 중반	남	종합병원 호스피스, 광주

2. 근대의학과 병원의 사회적 의미와 성격

1) 근대의학의 인식론적/기술적 전제

근대의학의 역사적 특성 중 가장 중요한 것 중 하나는 그것이 기본적으로 인간을 몸과 정신으로 해체하면서 성립되었다는 것이다(네틀턴 1997: 27). 즉 전인적인 인간을 대상으로 하던 전통의학과 달리 근대의학은 해체된 인간을 그 대상으로 함으로써 근대적인 자연과학이 —정신 영역에 아무런 영향을 미치지 않고도— 인간의 몸에 개입할 수 있는 '합법적' 통로를 개척하였으며 그러한 과정을 통해 비약적으로 발전했다고 말할 수 있다(황상익 1999).

예를 들어 근대 이전의 시대에는 사람의 몸을, 설사 이미 죽은 사람의 몸이라 해도 해부한다는 일은 꿈에도 생각할 수 없는 일이었다. 해부학의 발전은 — 푸코가 이미 지적한 것처럼 — 인간의 몸에 '도구적' 지위를 부여하지 않고서는 불가능한 일이었고, 동시에 해부학의 발전을 전제하지 않고는 근대의학의 성립을 이야기할 수 없는 것이다. 묘지를 파내 다시 참형에 처하던 형벌이 전근대사회에서 가장 극한 처벌방법이었고, "신체발부 수지부모"(身體髮膚 受之父母)라 하여 머리카락을 자르는 일에까지 정신적 의미를 부여하던 동양적 전통을 떠올려 보면 이 둘 간에 놓여 있는 간극의 크기를 짐작할 수 있는데, 근대초기와 마찬가지로 의학도들은 오늘도 여전히 해부학 실험을 통해 비로소 인간을 하나의 물(物)로 인식하게 된다.

> 여학생들 2~30명 됐는데, 처음에는 안 들어간다고 울고불고, 근데 그게 지속되는 게 일주일도 안 가요. (웃음) 하나의 인간으로서 죽음…, 인간이다 이렇게 느껴지는 게 아니고 그냥 하나의 실험대상이고 하나의 그냥 내가 공부하는 대상일 뿐이라고 생각이 되요. 물

> 론 저도 고등학교 때 해부학 실습을 해야 한다던데 내가 잘해낼 수 있을까 하는 공포 내지는 두려움 이런 것이 있었거든요. 근데 실제로는 막상 겪고 나버리면 그냥 그건 아무것도 아니라고 생각이 들죠. 글쎄 … 이걸 객관화라고 해야 하나 … 감정적으로 죽음, 뭐 이렇게 생각되는 게 아니고 하나의 객관적 과학으로서 실험대상, 그렇게 시체를 보게 되는 거죠. 그러니까 … 어떻게 보면 굉장히 냉정해지는 거죠(사례 1).[8]

근대의학적 작업의 가장 중요한 전제는 종교와 마술로부터의 의학의 독립과 함께 환자의 몸과 인격의 분리이다. 어떻게 근대의학이 거의 혁명적이라 할 만큼 몸의 문제에 대한 '정답'으로 자리 잡을 수 있었는가를 묻는다면 우리는 이 분리현상을 무엇보다도 먼저 지적하고 넘어가야 할 것이다. 나아가 사람을 어떤 생화학적인 물(物)로 보는 것이 가능해진 다음에서야 의학적 진료과정의 합리적 모형설정이 가능해졌으며 생체연구와 의약산업의 합리적 조직운영, 치료에서의 기계적 도구의 도입, 의사들의 진료에 대한 계산, 의료보험 수가계산 등이 가능해졌던 것이다. 즉 근대적 의학과 의료조직 형성의 근간에는 '인간의 물화(物化)'가 아주 깊은 뿌리를 가지고 자리 잡고 있다.

그런데 도구적 이성의 확대에 따른 비인간화/비인격화, 인간소외 등의 심각한 사회문제들을 노정하는 근대사회의 구조적 딜레마 중 하나는 바로 여기에서, 즉 지식과 행위의 물화, 기술화가 근대를 근대이게 하는 가장 중요한 조건 중 하나라는 사실에서 기인한다. 근대가 근대이기를 포기하지 않는 한, 수많은 문제점에도 불구하고 우리가 이러한 구조로부터 근본적으로 벗어나기는 어렵다. 그것은 — 좋든 싫든 — 우리가 '선택한(?) 운명' 안에 내재된 삶의 조건인 것이다. 근

8) 심층면접 내용 기록은 화자의 어투를 가능한 한 그대로 옮기는 방식을 취했다.

대의학의 생의학적 모델(*Biomedical model*)에 대한 광범위한 비판도(네틀턴 1997: 29~33) 그 근간을 뒤흔들지는 못한다. 마치 어떻게 하면 '인간의 얼굴을 한 관료제적 조직'을 구성할 수 있을 것인가 하는 논의가 관료제라는 거대한 틀을 부정할 수 없는 것처럼.

2) 병원의 근본적 성격과 목적

위에서 언급한 인식론적 전환을 전제로 비로소 근대적 병원이 그 확고한 자리를 잡아가기 시작한다. 병원이 어떠한 역사적 진화과정을 거쳐 왔는지에 대해서는 여기서 언급하지 않겠다〔정경균 외 1991; Badura(Hg.) 1993〕. 다만 근대적 병원의 시작은 일종의 구휼기관이었다는 것, 긴 시간과 함께 인간의 '고장 난 몸'을 고치는 전문기관으로 받아들여지게 되었음은 지적하고 넘어가도록 하자.

(1) 병원에서 몸의 의미

전문화된 근대적 의료기관인 병원은 무엇 하는 곳인가? 병원의 목적과 기능은—물론 병원에 대한 정의가 역사적으로 변천해 왔음에도 불구하고—무엇보다도 먼저 질병과 고통 그리고 상해의 원인을 진단하고, 전문인들의 의료(복지)적인 도움을 통해 그 원인을 제거함으로써 환자들을 이전의 '건강한 또는 건강하다고 사회적으로 규정되는 상태'로 되돌려 놓는 데 있다.

그런데 병원의 이러한 존재목적은 인간의 몸에 대한 끊임없는 관찰을 통해 비로소 구체화된다. 이런 면에서 몸은 병원에서 일어나는 '모든' 활동의 중심에 놓여 있다. 병원에서 벌어지는 모든 일은 몸을 만지고 두드리고, 듣고 들여다보고, 투입물과 산출물을 기록, 측정하고 또는 마취하고 절개하는 것 등과 직접적으로 관련되어 있다. 병원에서 몸은 지속적으로 통제되고 감시되어야 하는 객체이다. 그 지속적 감시의 목적은 물론 아픈 몸에서 건강한 몸으로의 변화이다.

의료조직에서 벌어지는 모든 행위의 출발점에는 (살아 있는 그래서) '통증을 느끼는 몸'이 있다. 이렇게 몸은 병원이라는 공간 안에서 질병을 통해 우리에게 또 다른 의미를 지니는 실체로 등장한다. 몸의 고통과 통증은 신심 깊은 종교인에게만이 아니라 의료인에게도 '좋은 징후'이다. 그것은 아직 우리의 몸이 반응을 보인다는 것을 의미하기 때문이다. 아프다는 것은 그런 의미에서 좋은 것이다! 시인의 노래에서만이 아니라 의료인들에게도 "아프다는 것은 살아 있다는 가장 구체적인 증거"(정훈소 1998)이며, 그들의 일이 희망을 가지게 되는 가장 구체적인 표징이기 때문이다. 아픔을 느끼는 몸은 의료적 개입 가능성, 변화 가능성을 의미하며, 병원조직의 존재이유, 그 자체이다. 그리고 이러한 아픈 몸을 어떻게 효과적으로 관리통제하고 조작하는가 하는 것이 병원이라는 조직에 부여된 일차적 사명이다.

(2) 병원의 존재목적의 구체화 방식

이렇게 병원이라는 조직은 기본적으로 아픈 몸의 문제를 해결하고자 한다. 그런데 이 조직이 그 문제를 풀기 위해 동원하는 방식은 무엇인가? 그리고 언제, 어떠한 조건하에서 이 조직은 그 문제가 해결되었다고 생각하는가?

병원에서 문제해결을 위해 동원되는 방식을 우리는 '치료'라 부른다. 병원이라는 기관은 사실 끊임없는(!) 치료가 행해지는 곳이다. 매 순간 무엇인가 행해져야 한다.[9] 그렇지 않다면 사실 우리가 병원

---

9) 조직에서 끊임없이 내려져야 하는 결정의 특성에 대한 체계이론적 분석은 Luhmann 2000 참조.

에 머무를 이유 자체가 없다. 그리고 이때 어떤 치료가 좋은 치료인지 아닌지를 판단하는 데 가장 중요한 영향을 미치는 기준은 '생명의 유지 가능성 나아가 몸 상태의 호전'이다. 그들은 기본적으로 인간을 살아 있게 하는 데 최선을 다해야 한다. 이 조직 안에서는 생명을 유지시키기 위한 여러 조작들 외에 의미 있는 다른 일은 없다. 그것이 의학적 행위의 유일한 기준이다. 그리고 이러한 행위는 죽음이 공식적으로 선언되기까지 끊임없이 이루어져야 한다. 그것이 설사 아무런 의미를 지니지 못할지라도….

> … 이 사람이 (수술 후) 거의 가망이 없이, 죽어서 나온 사람이었고, 보호자한테 설명하고, 마음의 준비를 하시라고 설명하고. 원하시는 대로 뭐 데려가고 싶으면 데려가고, 뭐 그런 거에 대한 결정을 해달라고 한 와중에, 이제 우리는 그사이에는 최선을 다해야 되잖아요. 최선을 다해야 하니까, 뭐 혈압이 낮았으니까 피도 많이 주구, 뭐도 많이 하구, 약도 많이 주구 그러는 상황이었고, 그러면서 보호자의 결정을 기다리는 상황이었는데 … 그 기다리는 동안에 하는 일들이 … 나는 (씁쓸한 웃음) 최선을 다하는데 … 솔직히 의미 없는 일이잖아요, 보호자한테는. 의미가 없는 일이었는데, 쓰잘떼기 없는 일을 하고 있을 때 그런 기분 나쁜 감정을 가지고 있는 적이 있었고 … (사례 14).

그런데 이런 맥락에서 본다면 사실 죽음은 모든 의학적 결정 밖에 존재할 수밖에 없을 뿐 아니라, 생명의 구제와 유지는 병원이라는 의료체계 안에서 절대적으로 최고의 가치를 가지며, 의료진들은 이 지상의 가치를 지키는 데 전력을 다하도록 요구된다. 의료현장에서는 "죽음과 죽음의 전령인 질병과의 전쟁"(Schott 1986)이 선포된다. 그것이 바로 병원이 자신의 존재목적을 실현해 내는 유일한 길이기 때문이다.

그런데 의도된 의료적 목적이 달성되었는지에 여부는 다시 몸에 대한 관찰—맥박 수, 혈압, 체온, 각종 검사의 수치, 식사 여부, 배설물에 대한 검사 등—을 통해서만 검증될 수 있는 것이다. 그것이 설사 생명의 유지와 건강회복 여부를 완전하게 보장하지 못한다 하더라도 그 조직이 선택할 수 있는 다른 방법은 존재하지 않는다.

(3) 관료제적 조직으로서의 병원

근대적 병원은 몸의 효과적 통제를 위해 관료제적 원칙을 채택하고 있다. 병원에서는 정교하고도 체계적으로 짜인 분업, 책임과 권한, 권위의 분화와 전문화, 다양한 지위와 직책 그리고 역할에 따른 위계서열이 존재하며, 초(超)개인적인 절차, 규약 내지 규범들이 효과적 업무집행을 감독한다. 이런 관점에서는 조직의 유지와 원활한 기능 그리고 확장이 일차적인 과제이므로 무엇보다도 먼저 효율성의 실현이 가능하도록 조직을 관리해야 한다. 이를 위해 각종 규칙과 절차, 행정적 규약들에 의거한 실천 그리고 그에 대한 지속적인 통제가 중요한 과제로 등장한다.

더구나 병원은 중환자실의 환자 사망 후 처리가 미처 다 끝나기도 전에, 응급실에서 다음 환자의 입원 가능여부를 묻는 전화가 오는, 숨 가쁘게 돌아가는 조직이다(사례 11의 인터뷰 내용 중에서). 이러한 병원이라는 조직에서 환자는 이미 '총체적 인간'이 아니다. 환자는 그저 체계적 의료행위를 행해야 하는, 그리고 그로 인한 몸 상태의 변화가 아주 자세하게 기록으로 남겨야 하는 하나의 객체일지도 모른다.

> … 사실 이거는 … 이렇게 되면 비윤리적 얘기를 할 수밖에 없는데 … (웃음) … 중환자실이었기 때문에 그게 너무나 확연하게 구분이 됐어요. 죽거나 살거나. 살아서 좋아지거나, 죽어서 나가거나예

> 요. 그러니까 … 내 때 어떻게든, 어떻게든 끌고 가느냐의 문제이죠. 왜냐하면 근무시간이 정해져 있잖아요. 3교대가 돌아가잖아요. 나 때 어떻게든 끌고 가느냐, 아니면 나 때 정리하느냐, 이 사람을, 그거거든요. 그리고 되게 많이 돌아가시기 때문에 그걸 생각할 겨를이 없어요. 진짜. '누군가 죽었구나', '아, 어떡해. 내 환자, 속상해' 이게 아니에요. 왜냐하면 그 환자가 죽기까지의 과정이 정말 일초일초를 다투는 상황이에요. 빨리 저 약을 줘서 당장 숨이 끊어지기 전에 연명시켜야 되고, 또 심장박동 수가 몇 회일 때 … 모든 수행하는 게 일초일초를 다투기 때문에 그 사람의 목숨을 생각할 겨를이 없어요. 그리고 나서 딱 돌아가세요. 그러면 한 숨 쉬는 거죠. 그때 숨 돌리는 거예요. 그니까 그 사람이 드라마틱하게 리커버리가 딱 되면. 그걸 끌고 나가는, 정리하는 뒷과정이 남아 있고요. 챠팅을 다 남기지 않으면 의료인으로서는 또 커다란 문제가 생기기 때문에, 일분일초마다 챠팅을 다 남겨야 되요. 그때 당시에 심박동수가 몇 회, 그때 우리는 무슨 약을 썼고, 몇 회가 됐는데 그걸 주자마자 갑자기 너무 튀어 버렸다, 심박동수가. 그러면 그걸 잠재우는 약을 썼고. 하여간에 그런 식으로 어떤 상태에 따르는 수행, 결과, 그거에 대해서 판단하고, 우리가 다시 어떤 일을 했는가에 대해, 그 차곡차곡 일어나는 과정이기 때문에, 그 사람이 눈을 뜨고 있는지 … 사실 그걸 볼 겨를은 없어요.(사례 11).

물론 병원은 한편으로 모든 인간적 고통, 슬픔, 분노와 외로움 그리고 다른 한편으로 위안, 희망, 치유 등의 모든 인간적인 원초적 감정들이 노정되고 "인간존재의 희극과 비극, 그 고귀함과 비속함이" 적나라하게 드러나는 공간이지만 병원시계는 "무심하게"(팍스 1993) 흘러가고, 가야만 하는 것이다.

이러한 무심한 병원이라는 조직에서 사회적 소통의 참여자들의 — 의사, 간호사, 행정직 관료 등 — 개인적 성품과 인간성 등은 원칙적으로 중요하게 여겨지지 않으며, 그들은 모두 특정한 '역할의 수행자'로서(만) 이 조직에 부분적으로 참여한다. 수단-목적 지향적으로 고정된 병원에서의 사회적 소통은 의사 또는 간호사들의 개인적 책임이라기보다는 그 조직에 내재적인 것이다.

그런데 육체적, 정신적으로 지쳐 있는 환자와 환자 보호자들은 종종 인간적이고 정서적 도움을 필요로 하고, 이것을 '구조적'으로 충족시키기 어려운 병원에서 상시 일어날 수 있는 의료인과 비의료인의 긴장과 갈등 가능성에 대해 우리는 어렵지 않게 추측해 볼 수 있다. 그리고 앞서도 잠깐 언급했듯이 환자에게 있어 육체적 통증은 — 그가 범인(凡人)이라고 가정할 때 — 당연히 부정적인 것이지만, 의료인들에게는 그것이 몸이 아직 어떤 식으로든지 반응할 수 있는 위치에 있다는 것을 보여준다는 의미에서 긍정적으로 이해될 가능성이 존재한다. 이렇게 보면 의료인과 환자 사이에는 여러 차원에서 서로 넘어설 수 없는 '간극'(間隙)이 존재한다고 이야기할 수도 있을 것이다.

이 때문에 우리는 의료인과 환자 사이에 존재하는 서로에 대한 기대의 괴리를 종종 발견하게 된다. 즉 예를 들어 의사의 자기이해와 환자의 의사 이해 사이에, 또는 의사의 환자 이해와 환자의 자기이해 사이에 긴장이 존재한다. 한 사회과학적 조사에 따르면 의사들은 자신들을 무엇보다도 먼저 "의학적 지식과 그에 따른 기술적용에 관한 과학자 내지 전문가"로 이해하는 데 반해, 환자들은, 물론 그들도 의사를 의료전문인으로 생각하지만, 동시에 "인간적인 여러 질문들에 대한 상담자, 개인적 대화를 위한 상대, 협조자"로의 모습을 의사의 한 본질적 역할로 생각하는 경향이 많다(Rössler 1992).

그러나 다른 한편 우리는 환자들의 이런 요구의 '이중적 성격'을 잘 이해할 필요가 있다. 아무리 의사가 친절하고, 인간적이라고 해서 환자가 그의 '전문가적 능력'에 대한 요구를 철회하는 것은 아니기 때문이다. 그것은 오히려 의료전문인으로서의 능력을 전제로, 그에 덧붙여서 요구될 수 있는 것이다. 그러므로 환자가 의사를 바라보는 경우에도 의사의 인간적 측면은 여전히 '부가적'인 의미만을 지닌다고 보는 것이 보다 타당할 것이다. 그럼으로 우리는 기본적으로 육체적, 물리적 또는 정신적 질환의 치료를 위해 병원에 전문적 도움을 청하는 것이며, 의료진들의 일차적인 의무 또한 그 욕구를 충족시키는 데 있다는 사실을 또한 적극적으로 인정할 수밖에 없다.

그런데 적지 않은 의료사회학적 책들도 관료제적 병원 안에서 벌어지는 사회적 소통의 일반적 경향을 비인간화 내지는 비인격화라고 비판하면서 환자들의 실존적 공포에 대한 보다 나은 상호소통적인 이해를 강조하는 경향이 강하고, 이때 이러한 상황의 일차적 책임은 감정 중립적이고 사무적으로 환자를 대하는 의료인에게 돌려질 수밖에 없다.

그러나 과연 우리는 의사에게 무엇을 바라는가? 우리는 일차적으로 의사들에게 예상되는 또는 이미 발생한 질환에 대한 정확한 진단과 처방을 기대한다. 그런데 이때 전문가인 의사의 극히 개인적이고, 환자의 감정상태 중심적인 의사소통방식은 오히려 환자에게 불안감이나 부정확성만을 증폭시킬 수 있다. 특히 상태가 중한 환자일수록, 즉 어떤 의료적 결정이 환자의 생명지속 여부와 밀접하게 연관되어 있을수록 의사들의 말과 행위 하나하나는 그의 몸 상태와 관련된 언질이나 은유로 이해 내지 오해될 수 있는 가능성이 높아, 조심스러운 접근이 요구된다.

그러므로 의료적 치료와 그 결정의 책임을 지는 의사의 경우 환자와 '전문가적인 거리'를 확보하는 것은 필수적이라고까지 할 수 있다. 의사들이 보통 환자들 앞에서 상당히 말을 아끼는 경향이 있는 것도, 진단과 예후에 대한 의료적 판단과 결정의 책임으로부터 보다 자유로운 간호사나 의료보조원들과 환자 사이에 보다 더 쉽게 인간적 친밀감이 형성되는 까닭도 상당부분 이런 맥락에서 설명이 가능하다.

> 아무래도 의사는 환자를 보는 시각이 치료를 목적으로 생각하니까 병을 우선으로 생각하는 거 같아요. 저희 같은 경우는 치료하면서 환자가 입원해서 겪는 정서적인 면을 보죠. 보호자 분들의 환경적인 변화와 정서적인 면을 중시하죠(사례 13).

그러나 의사들은 항상 그들의 업무수행의 '객관적' 결과에 기초해서 환자들에게 '증명될 수 있는 희망'을 부여할 수 있어야 한다. 바로 그렇기 때문에 의사들은 자주 판단유보적 언명을 사용하게 되는 경향이 다분히 있다. 아래와 같은 말은 우리가 병원에서 흔히 듣게 되는 언명의 한 예이다.

> 이번 검사의 결과는 아주 좋습니다. 그러나 아직 확실하게 단언할 수는 없습니다. 2주 후 다시 검사해 보고 경과를 보기로 하죠.

3. 병원에서 죽음의 의미

지금까지 우리는 근대의학과 병원의 성격, 그리고 그 조직 안에서의 몸의 의미에 대해 살펴보았다. 그렇다면 이러한 특성을 지니는 병원이라는 사회적 공간 안에서 죽음은 무엇을 의미하는가? 또는 의미할 수 있는가?

1) 더 이상 조작과 통제가 가능하지 않은 몸으로서의 죽음

병원의 구조적 논리에서 볼 때 의학적 개입, 행위의 마지막에 죽음이 놓여 있다. 다시 말하면 죽음은 의사들에게 이제 더 이상 어떠한 의학적 개입도 가능하지 않음을 의미한다. 살아 있는 몸, 변화 가능한 몸을 위해서만 어떤 의학적 결정이 내려질 수 있다. 죽음은 몸이 더 이상 반응하지 않는 상태이다. 죽음은 의학적 맥락에서 조작이 가능하지 않은 몸이라는 '실체'로 존재한다. 그리고 몸이 그러한 상태에 이르게 된 것은 지금까지 관찰되고 측정된 질환의 자연스러운 경과와 예후 또는 그 질환의 치료를 위해 행해진 모든 의료적 처치의 결과이다. 전자의 경우 그것은 '예상되었던 것'이므로 놀랄 일이 아니다.

> … 근데 그렇지 않고 원래 자체 병이 그랬는데 의사인 내가 도와줬지만 그 병 코스 자체가 그렇기 때문이라면 그런 경우는 상당히 뭐라 그럴까 … (목소리가 좀 작아지면서 머뭇거림) 그냥 그러네 … 그냥 죽게 되네, 이렇게 생각하게 되는 경우도 많죠(사례 2).

후자의 경우에 죽음은 그동안 행해진 구체적인 의료적 치료의 내용과 그 결과로 환원되어 설명된다. 환자가 어떤 상태였고, 어떤 치료가 행해졌고 또는 행해졌어야 했는지, 그것이 어떻게 진행되었는지 또는 왜 실패했는지 … 그들은 의료적 용어로만 죽음을 이야기할 수 있다.

> 동료들하고도 … 그런 거에 대해서 … 어 … 어, 어떤 치료를 했는데 안됐더라, 뭐 그런 식으로 얘기할 수는 있지만 …(사례 3).

> 오늘 몇 % burn이 있었는데 참 뭐했다. 무슨무슨 약을 써도 뭐 안되더라 … 이 정도로 끝나지 … 아, 그렇기 때문에 나는 죽음에 대해 이렇게 생각한다는 수준의 이야기는 거의 못 해본 거 같애요. 지금까지도요. 물론 개인적인 성격 나름도 있겠지만 아주 깊이 있는 이야기는 서로 하기를 싫어할는지도 모르죠(사례 5).

이렇게 의학적 일상에서는 철학적이고 존재론적 의미에서의 죽음이라기보다는 '합리적' 설명이 가능한 개별적 죽음들만이 존재한다.[10] 이런 맥락에서 죽음은 질병의 이름 또는 행해진 치료의 성공과 실패로 환원되는 경향이 있다. 각각의 개별적 죽음들은 그 질환의 내재적인, 그러므로 지극히 자연적인 경과의 결과 또는 행해졌던 의학적 결정들에 대한 회고, 반성 내지는 성찰의 맥락에서만 '공식적으로' 드러난다.

'왜' 죽음이 존재하는지, '왜' 지금, 그 사람이 그렇게 죽어야 했는지 등에 대한 존재론적 질문들은 행해지지 않으며, 사실 이는 의사들의 작업영역에 속하지 않는다. 죽음은 의학적 작업의 종결을 의미한다. 따라서 궁극적 마지막으로서의 죽음은 의학적 맥락에서는 그 이전 단계로의 환원 내지는 전환을 통해서만 인식되고 소통이 가능해진다. 어떻게 보면 — 논란의 여지가 없는 — 더 이상 반응하지 않는, 조작

10) 이런 의학적 맥락에서의 죽음이해는 오늘날 지배적 담론으로 자리 잡아가는 것으로 보인다. 다시 말하면 의학적 맥락 밖에서도 이러한 죽음에 대한 설명방식들이 주도권을 잡아가는 경향들이 쉽게 관찰된다.

가능하지 않은 몸이라는 실체로서 죽음은 그 의학적 의미를 이미 획득하는 것인지도 모른다. 우리가 죽음의 억압이라고 부르는 것은 의학적 맥락에선 죽음의 존재에 대한 의학적 경험의 반영물이라 불러야 할지도 모른다(Saake 2001).[11]

2) 병원이라는 공간에서 죽음이해의 특이성

(1) 지극히 감정중립적으로 '처리'되어야 하는 죽음에 대한 요구

아주 중요한 사실 하나는 죽음 또는 임종이 병원의 본질적, 구성적 업무에 속하지 않는 것으로 여겨진다는 데 있다(Nassehi & Weber 1989). 이미 언급한 바와 같이 건강한 상태로의 회복에 대한 희망이 존재하지 않는다면 병원과 의사들의 임무는 종결된 것으로 여겨진다.[12] 더구나 죽음은 질병과의 싸움, 건강한 상태로의 회복이라는

---

11) 병원에서 죽음은 더 이상 어떠한 통제나 조작이 가능하지 않은 몸을 의미한다고 말했다. 그런데 사실 다른 한편에서는 이러한 지형에 균열의 조짐이 드러난다. 뇌사, 장기이식 등의 새로운 의학적 결정 가능성의 등장으로 — 기존의 시각으로 보면 — "(부분적으로) 살아 있는 시체", "1/2 또는 3/4 죽음의 상태"가 생겨나고 있다. (거의) 죽은 몸 또는 죽은 몸으로 규정된 몸은 이제 새로운 의학적 조작의 조건이 되고 있다. 이런 변화가 의료기관에서의 죽음 이해방식에 중요하고도 새로운 함의를 부여할 여지는 충분해 보인다.

12) 물론 이러한 전통적 직업인식에 대한 교정이 시도되고 있기는 하다. 예를 들면 독일연방의사협회에서는 오늘날의 사회적 상황변화를 직시하면서 의사들의 역할을 환자의 생명을 지키고, 건강을 수호하며 건강을 다시 회복하도록 돕는 것에서 나아가 회복의 가능성이 없는 환자의 불필요한 고통을 경감하고 임종환자들을 그 죽음의 순간까지 돕는 것으로 규정하고 있으며, 생명을 지켜야 하는 의사들의 의무가 모든 의료상황에 무차별적으로 적용될 수 없음을 밝히고 있다. 이러한 의사의 임무에

병원의 공식적 목표에 정면으로 부딪히는 현상이므로, 그 존재 자체가 이 조직 안에서 비(非)기능적 내지는 반(反)기능적이다. 그렇다면 이러한 죽음은 병원이라는 공간 안에서 어떻게 소통되는가? 글쓴이는 일단 병원의 (거의) 모든 구성원들이 — 의식적이든 아니든 — 죽음을 한 인간의 존재론적 종말로 인식하지 않고 있다는 사실을 확인할 수 있었다. 그 이유들은 물론 여러 가지로 이야기될 수 있겠다.

먼저 환자의 죽음은, 어떤 처치 중에 결과한 죽음은 특히 더, 의사들에게 마치 변호사가 재판에서 패소한 것과 비견되는 느낌으로 다가올지도 모른다.[13] 때문에 우리는 쉽게 의사들이 죽음을 직시하지 못하고 외면하리라는 추측을 할 수도 있으며, 실제 면접과정에서도 그러한 것들을 적어도 부분적으로 확인할 수 있었다. 병원은 죽음이 일상적으로(=자주) 일어나는 공간이지만 실제로 그 곳에서 말해지는 죽음에 대한 담화들은 지극히 일상적이지(=자연스럽지) 않다.

> 물론 그 사람이 자기의 엄청난 실수로 인해 가지고, 살 수 있는 사람인데 죽어 버렸다, 그렇다면 자기 가슴에 큰 상처가 되고, 그게 아쉬운 걸로 남아 있게 되는 거죠… (그래도) 내가 그 일(환자가 죽은 일 — 글쓴이) 때문에 가슴이 아프다. 더군다나 혹시나 자기 실수 때문에 더 나빠진 것 같으면 자기 가슴에 상처가 되기 때문에 더 말을 안 할 수 있죠(사례 2).

그리고 그들은 이러한 상황이 의도된 것이 아니라는 것을 애써 주장하기도 한다.

대한 재(再)정의는 오늘날의 변화된 상황에 적응하기 위해서 필요불가결한 것임에는 분명하다. 그러나 이러한 선언적 언명을 통해 생명수호를 위해 모든 노력이 다해질 것으로 기대되는 의료현장에 대한 요구가 갑자기 약화되는 것은 물론 아니다.

13) 4장의 주 24 참조.

> 그런 이야길 일부러 피하는 것은 아니고 … 그냥 그런 것에 관해 이야기할 기회가 별로 없었던 것 같아 … 우리가 일부러 그런 걸 피한다기보다 … (사례 4).

그러나 전체적으로 볼 때 오히려 의사들은 생각보다 훨씬 더 적극적으로 자신들의 죽음관 내지는 죽음 이해방식들을 '합리적'으로 설명하고 있으며, 자신들은 죽음의 '실체'에 대해 너무도 잘 알고 있고, 때문에 더 이상 다른 어떤 것으로 포장하지 않고도 (다른 직업을 가진 사람들보다) 죽음을 보다 잘 이해하고 받아들일 수 있다고 생각하는 것으로 보인다. 그리고 의료직에 종사하지 않는 사람들의 경우에는 죽음에 대한 객관적 정보가 부족하기 때문에, 죽음을 있는 그대로 받아들이기 어려울 것이라고 가정하는 것을 확인할 수 있었다.

> 다른 직업을 가지고 있었다면 저는 훨씬 더 죽음을 두려워했을 것 같아요. 병이라는 거, 물론 자신이 걸리면 싫은 거고 무서운 거지만, 보통 이제 TV나 공포 쇼 할 때 놀라고 겁먹는 이유가 앞으로 어떤 일이 생길지 모르기 때문에 겁을 먹잖아요. 근데 그나마 배운 게 의학이다 이러면, 사고는 좀 다른 이야길 것 같고 … 병에 의해서, 어떤 병이다 그러면 앞으로 나올 수 있는 일들을 알기 때문에 … 그런 면에서는 제가 전혀 다른 직업 가졌을 때보다는 좀 … 그런 거에 대해서는 … 좀 편안히 받아들일 수 있을 것 같다고 그래야 되나. 뭐, 감정적으로 내가 왜 그런 병에 걸려야 하나 그런 식으로 생각할 수는 있겠지만, 그런 거에 대해서는 좀 편안하게 받아들일 수 있을 것 같아요. 앞으로 어떻게 진행될 꺼고, 내가 어느 정도 살 확률이 있고 비교적 아닌 사람들보다는 그런 거에 대한 정보나 인포메이션이 많기 때문에 그럴 꺼 같애요. 사람들이 죽음에 대해 이렇게 겁 먹는 이유는 … 그러니까 병에 대해서, 죽음이라기보다는 병에 대해서 겁 먹는 이유는 이 병이 어떤 병인 줄을 모르고, 이 병 때문에 내가 어떤 피해를 받을

지를 모르잖아요. 그런 데 대한 지식이 없으니까 … (사례 3).

> (아는 사람이 죽음을 앞둔 경우에 대한 답) 의사 입장에서 보면 그게 두 가지로 나타난다고 생각하는데 … 일단은 객관적으로 어프로치를 하는 거죠. 의사가 환자 보듯이 어디가 아프시고, 뭐가 안 좋고, 그렇기 때문에 진단은 뭐고, 치료는 어떻게 어떻게 해야 되고 … 이런 식으로 하게 되는데 … 또 하나는 예후를 알기 때문에, 앞으로 어떻게 될지를 알기 때문에, … 그러면 이제 이분이 돌아가시겠구나 생각하면 그때는 의사가 아닌 일반 사람들이 느끼는 것과 비슷하겠죠. 그러니까 miss하는 거죠. 이분이 안 계시면 되게 섭섭해지고, 안타까워지고 … 그렇게 되는 건데, 그런데 그러면서도 그 죽음을 나름대로는 원인을 알기 때문에 아주 불합리하게 돌아가신다면 좀더 감정의 동요가 그런 게 있겠지마는 어쩔 수 없이 저 병에 걸리셨으니까 그러면 할 수 없이 돌아가시겠구나 생각하면 그걸 받아들이겠죠(사례 1).

또한 피면접자들, 특히 의사들은 '이미 알고 있음'을 반복해서 강조하는 경향이 있었다. 죽음은 — 적어도 그들의 직업적 맥락과 관련해서는 — 항상 특정한 원인과 그의 결과로 설명될 수 있는 것이다. 죽음은 그들에게 신비가 아니라 하나의 명확한 사실이다. 그것에 대한 두려움과 공포까지도 근거 있는 것이고 계산될 수 있는 것이다. 따라서 넘어설 수 있는 것이기도 하다.

더구나 의료진의 감정의 동요는 병원이라는 조직의 일상적 운영을 어렵게 할 수 있으므로 조직차원에서도 죽음에 대한 존재론적 의미에 대한 사유들은 통제되어야 한다.

> 환자의 죽음을 마음에 두면 다른 환자들을 볼 수 없고 …, 일상생활에 문제도 있기에 스스로 극복하는 차원에서 애도하는 감정 이상은 갖지 않으려 노력하죠(사례 5).

> … 환자들에게 대해서 동정심이나 이런 거보다는 … 좀더 냉정해지려고 하고 있죠. 그리고 그 냉정해 보이려는 노력들이 일반사람들이 인식할 때는 좀 비인간적으로 볼 수도 있어요. 그렇지만 … 동정이나 아니면 이런 감정에 휩싸여서는 제대로 된 판단을 못 내린다고 우리는 배워 왔거든요 … (사례 7).

물론 어떤 특정한 경우들은 그 요구되는 감정중립 상태의 평정을 적어도 일시적으로 흩트려 놓지만 전체적으로 보아 "간호사와 의사들의 전문적 훈련 및 사회화 과정, 그리고 병원의 사회적 조직과 일상적 업무는 죽어가는 환자들에 대해 친밀하고, 깊숙하고, 인간적인 기술로 개입하는 쪽보다는 감정적으로 거리를 둔 채 기술적으로 능숙하게 돌보는 쪽으로 더 친화성"(팍스 1993)을 가진다. 도덕적, 정서적 입장은 의학적 결정을 내리는 데 일종의 장애요인으로 작용할 수 있기 때문이다.

(2) 관료제적 절차에 의해 '처리'되어야 하는 죽음

나아가 지극히 관료제화된 병원조직 안에서 죽음은 정교하게 짜인 절차에 의해 '처리'될 수밖에 없다. 여하한 인간적 감정의 표출도 공식적으로는 허용되지 않으며, 오히려 발생한 상황을 효과적으로 정의하고 신속하게 해결하기 위해 그러한 감정의 통제가 요구된다.

> … 제가 맡았던 환자가 최초로 죽었던 것은 2년 전쯤이에요. 그땐 처음과는 달리 감상적 느낌보다는 '내 환자가 죽었구나'라는 착잡함과 상실감이 느껴졌어요 … 죽을 수밖에 없는 상황이라도 죽고 나면 내 환자였기 때문에 그런 감정이 들어요. 하지만 그건 감정이고 현실은 그렇지 않죠 … 우선 환자가 죽으면 사망선언을 하고 영안실 조치를 취해야 하므로 매우 바빠요. 공적인 장소이기 때문

에 감정을 억눌러야 하죠. 감정이입이 되어 있으면 일하기가 어려워요. 간호할 때는 열성적으로 하지만 … 아 … 또 저희들은 사망처리를 할 때 보호자를 통제해야 합니다. 할 일이 많죠. 상실감은 처음에만 있었고, 곧 절차에 따라 기계적으로 움직이게 되요. 중환자실에 시체가 오래 있으면 안 되거든요. 병원 규정에도 그런게 있어요. 굳기 전에 처리해야 하죠. 환자 몸에 있는 모든 것을 빼고, 흰색 천을 덮어 영안실로 내려 보내야 해요. 포르말린 같은 것으로 피 같은 것들은 닦아 주어야 되고요. 상상을 초월할 정도로 지저분해요. 저희 중환자실 간호사가 아닌 일반병동 간호사들은 사망이 임박한 환자를 데리고 오기는 오는데 이런 걸 보고는 어쩔 줄 모르고 서 있을 정도니까요. 그럴 땐 솔직히 미운 감정도 일어나죠. 어쨌든 사망선고는 의사가 하기 때문에 의사를 부르고 서류를 챙겨서 환자 가족들에게 장례를 어디서 치를 것인지 확인하여 사무 처리도 해야 합니다(사례 12).

이러한 과정을 팍스는 아래와 같이 자세히 묘사하고 있다.

병원 사망 후의 전체 과정은 … 병원지침들에 적혀 있고, 병원 직원에 의해 의식적으로 수행되고, 각 단계마다 기록 및 문서화되지만, … 그 완전한 의미는 사망 후 절차의 실무화 및 관료화와 그것이 서술되는 탈인간화된 어휘의 배후에 숨겨져 있다. 그것은 그것을 수행하는 신속하고 조용한 동작에 의해, 사용되는 시신 덮개, 지정통로, 지하장소, 잠긴 문과 서랍에 의해, 그리고 그것을 둘러싸고 있는 정적에 의해 참여하는 거의 모든 병원직원의 시야로부터 교묘히 격리되어 있다. 병원인력의 전문인 구성원들이라 할지라도 모두가 다 환자의 사망 이후 계속해서 일어나는 모든 것을 완전히 알지는 못한다. … 그들의 침묵은 그 자체가 교양이기 때문에, 또 사망자 및 가족을 존중하는 마음에서, 그리고 환자들과 병원 방문객들을 '당황하게 하지 않으려는' 의도에서, 절차상 권고된다. 그것은 또한 전문, 비전문을 막론하고 직원들

> 을 병원에서 계속 발생하는 죽음과 그에 연계된 무섭도록 신성한 업무의 감정적 영향으로부터 절연시켜 주는 방패를 제공하는 것으로 보인다(팍스 1993: 277).

그리고 우리는 자주 병원에서 "병원요원의 업무 및 절차의 일상화와 의례화, 그들의 외견상 무인격적 효율성, 평정, 열심히 '무엇인가 하는' 의료보호, 그리고 죽어가는 과정의 불확실성과 초조에 직면해서 환자, 가족, 의료 및 간호요원들이 흔히 연출하는, 글레이저와 스트로스가 '상호 모른 체하기'라고 부른 태도"(팍스 1993) 등을 통해 병원이 죽음을 부인하고 있다는 인상을 강하게 받게 된다. 그런데 이것은 사실 조직의 운영을 위해 거의 필연적으로 요구되는 부분, 나아가 일종의 '유형화된 연출'로 이해할 수 있는 부분도 있다.

(3) 의료인들의 죽음이해 : 직업적 타성 또는 전문가적 냉정함?

그런데 지금까지의 논의와 관련해서 또 한 가지 짚고 넘어가야 할 것은 의료인들 스스로가 생명과 죽음에 대한 자신들의 이러한 감정중립적인 이해를 지극히 '합리적인' 것으로 받아들이면서도, 일반인들에게 왜곡되게 받아들여질 가능성에 대해 몹시 염려한다는 것이다. 인터뷰에 응한 적지 않은 의료인, 특히 의사들은 자신들의 이러한 입장이 직업적 타성 내지는 전문가적 냉정함으로 여겨지는 것에 대해 적지 않은 부담감을 표현했다.[14]

> … 계속 이렇게 반복이 되면 그게 자기 일이잖아요. 그게 상당히

14) 글쓴이도 혹시 그런 식으로 의사들의 생각을 비판하려는 숨은(?) 의도를 가지고 연구를 진행하는 것은 아닌가 하는 의심 아닌 의심을 받기도 했다.

> 사무적으로 되는 거 같더라구요. 인턴 때 마음가짐하고 비교해 보면 훨씬 무관심해지고 냉정해지고 … 그리고 뭐 이제 그렇게 되는 것 같아요. 무관심해지고 … 혹시 내가 잘못해서 이 사람이 이렇게 된 거 아닌가 그렇게 생각을 해보게 되고. (침묵) … 그렇게 되는 것 같아요. 그게 … 사실 의사가 아닌 쪽에서 보면 상당히 좀 다른 것 같아요. 여기 실정 안에 뛰어들어 살고 있는 사람들하고 바깥에서 보는 그것하고는 약간 다를 것 같고 … (사례 5).

> 사람들이 (우리를 보고) '어찌 그렇게 생각하나' 하고 생각하는 느낌을 좀 받았어요 … 괴리가 있다는 … (사례 6).

사실 이 장의 주제는 의료분야와 관련되어 사회적 이슈가 되는 여타의 주제들과 달리 비교적 논쟁적이지 않다고 말할 수 있지 않을까. 그러나 그럼에도 불구하고 의료인들과 비의료인들 사이에 가로놓인 높은 벽을 글쓴이는 이번 연구과정에서도 확인해야만 했다. 결론부분에서 이에 대한 복잡한(?) 심경이 적어도 '이론적'으로 정리될 수 있으리라 기대한다.

4. 닫는 글

이 장에서는 죽음이라는 인간의 실존적 상황에 맞서는 병원과 의료인들의 대응양식에 대해 비판과 분노의 목소리를 높이기 이전에 병원에서의 죽음, 그 상황과 의미에 대해 함께 숙고할 것을 제안하고자 했다. 이를 위해 이 글에서는 죽음이 가장 '일상적'으로 경험되는 병원이라는 사회적 공간에서 그것은 쉽게 회피되거나 금지될 수 있는 것이 아니라는 가정에서 시작하여, ―제한된 자료와 선행연구의 부재 등으로 논지의 일반화가 상당히 제한적일 수밖에 없을 것임에도 불구하고―어떤 식으로든지 '이해'되고 '소통'되고 있을 병원에서의 죽음에 대한 담론의 성격을 밝혀 보고자 했다.

그런데 이때 우리가 주목해야만 하는 사실 하나는 죽음이라는 현상이 병원 안에서 빈번하게 일어난다는 의미에서 일상적이긴 하지만, 극히 '기능적으로 특화된' 맥락 안에서 경험된다는 것이다. 병원에서 죽음은 더 이상 어떠한 통제나 조작도 가능하지 않은 몸의 상태로서만 그 실체를 드러낸다. 그리고 그 기능적 맥락에서만 이해되고 소통된다. 지금까지 언급된 여러 요소들은 병원 특유의 죽음 이해방식 내지는 대응방식을 (재)생산해 내는 기제들이다. 그리고 이러한 기제와 방법들을 통해서만 병원은 조직 내에서 끊임없이 생산되는(?) 죽음을 효과적으로 통제할 수 있게 된다.

이러한 의료인들의, 병원조직의 죽음인식을 어떻게 이해해야 할 것인가? 어찌 보면 차가워 보이는, 지극히 사무적인 죽음이해와 그 소통방식에 대해 도덕적 비판을 앞세우기 이전에, 우리는 사실 오늘날 죽음은 아주 자주 기능적으로 분화된 여러 사회체계들 안에서 특정한 기능적 맥락에서(만) 이해되고 있음을 보다 적극적으로 인정해야 할 것이다. 근대사회에서 죽음은 각각의 개별적 맥락에서만 그 구체적 의미들을 획득하며 하나의 정답으로 말해질 수 없다. 병원이라는 조직에서 나타나는 특정한 죽음이해/소통방식 또한 왜곡된 전문성의 결과라기보다는 그 조직의 안정적 존속과 유지, 나아가 효율적 작동을 위해 진화적으로 선택된 방식으로 보다 적극적으로 이해될 필요가 있다.

과연 어떤 다른 방식으로 죽음이 병원에서 이해되고 소통될 수 있을 것인가 하는 것도 냉정하게 생각해 볼 일이다. 이와 관련해서 글쓴이는 이 장에서 계속적으로 병원과 의료인들의 죽음이해가 우리가 그들에게 요구하는 사회적 기능을 '성실하게' 수행함에 있어서 — 거의 필연적으로 — 파생되는 결과라는 것을 강조하고자 했다.[15]

---

15) 그리고 그 역기능을 해소하고자 하는 하나의 제도적 응답이 바로 '호스피스'인 것이다. 우리는 지금까지의 고찰을 통해 부수적으로 호스피스의 등장을 사회학적으로 해석할 수 있는 하나의 가능성을 발견할 수 있다. 근대적 의학과 의료기관은 죽음을 조직 내부로 끌어안을 수 없다. 그것은 자신의 존재이유와 원칙에 본래적으로 반하는 것이다. 병원과 의료인의 임무에 대한 재정의가 활발하게 시도되고 있음에도 불구하고 여전히 병원과 의사는 '삶'을 대변하며, 죽음이라는 현상을 긍정적으로 바라보기 어렵다. 원칙적으로는 의학적 결정과 조직 밖에서 비로소 죽음에 대한 새로운 해석이 가능해진다. 바로 이 지점에서 호스피스의 존재 가능성이 주어지는 것이다. 사람 살리는 것을 목적으로 하는 병원에서 사람이 죽어가는, 그리고 그 죽음이 긍정적으로 이해될 수 없는 모순과 역설을 보완 내지 해결하기 위한 제도적 기제로서 호스피스를 상정할 수 있는 것이다. 형식적으로 병원조직 내에 편입이 되었건 그렇지 않건 간에 호스피스는 병원과 의료인들의 자존심을 건드리지 않으면서, 의학적 맥락에서 죽음현상에 대한 새로운 이해의 지평을 열고 있다. 그런데 사실 이 새 지평은 오늘의 의학이 손을 들고 난 후에야 열리는 것이다. 이런 의미에서 호스피스는 근대의학의 — 상당부분은 그 내재적 한계로 인한 — 답답한 숨통을 터주면서, 그와 절묘한 기능적 분화를 이루고 있다. 호스피스는 근대적 의료기관의 — 말하자면 일종의 — '이복동생'이라 할 수 있을 것이다. 사랑하기 어렵지만 함께 가야 하고, 함께

그러나 이 글에서 시도된 기능적으로 분화된 죽음 이해방식에 대한 보다 적극적인 긍정에도 불구하고 문제는 여전히 남는다. 이런 상황에서 근대적 개인들은 자신의 존재적 고통과 불안 그리고 희망을 '통합적'으로 인지해줄 수 있는 사회적 체계를 갖고 있지 못하며, 다른 사회적 행위자들의 말과 행위를 통해서도 더 이상 지지 받지 못한다는 것이다. 그것은 의료인들에게도 동일하게 적용된다. 그들은 죽음에 대한 직업적 경험이 그 현상에 대한 보다 객관적이고 과학적인 인식을 가능케 해주었고 그로 인해 죽음에 대한 부당한 두려움이 적어졌다고 이야기하지만, 동시에 그러한 자신의 개별적 '성숙'에 대해 주변 사람들과 이야기하는 데 어려움을 토로한다. 그리고 그것은 외부의 조건적 요인 때문인 것으로 설명된다. 한 간호사는 죽음에 대한 직업적 경험이 자신의 삶에 대한 새로운 각오를 다지게 한다고 비교적 확신 있게 주장하면서도, 그에 대해 이야기하는 것에 대해서는 여전히 부정적 태도를 보이고 있었다.

> … 차이가 많이 생기죠. 그냥 지금까지는 그럭저럭 살았다고 … 그리고 병원에서도 (이렇게) 나아서 가는 환자들만 봤잖아요. 근데 여기서는 죽은 … , 죽는 환자들을 보니까, 편안하게 임종 맞이하는 것 보고, 가족들이나, 간호사들이나 만족감은 느끼지마는, 항시 우리도 잠 잘 때나 모든 일상생활이 죽음하고 좀 관련이 되니까, 좀 가족들한테 좀 잘해야겠다는 것도 있고, 글구 어쩔 때는 부정적으로 아이 어차피 이렇게 할 걸, 이렇게 해서 죽을 걸 뭐 하나 하는 생각도 들고 … 아무래도 생활하는 저기가 더 … , 뭐라 그럴까 … 좀 각오가 깊어졌다고 할까요? 좀 그렇죠. 아, 아니 … 인제 어떻게 어떻게 살아야 되겠다, 어떻게 조심해야 되겠다 하면서 말하는 건 긍정적인데. 자꾸 죽는 얘기 하니까, 듣는 사람도 좀 듣기 싫어할 것 같고 … 앞으로 어른들은 죽음이 가까워지잖아

갈 수는 있으나 결코 하나가 될 수는 없는.

> 요. 그니까 그런 말하는 자체가 좀 미안하다고요. 다른 건 아니고 (사례 10).

> 없어요. 가슴속에서 생각해본 적은 있지만 … 가족들하고는 이야기해 본 적은 없네요. 친한 친구들하고는 가끔 … (사례 3).

그러나 사랑과 기침은 감출 수 없다고 했던가. 진정 직업적 경험을 통해 인간적 성숙의 단계에 도달했다면 그들은 보다 더 긍정적으로 죽음의 문제를 자신의 실존적 삶에 통합시킬 수 있어야 할 텐데, 보통 그렇지는 못한 것으로 보인다. 의료인들도 직업적 맥락을 벗어나면 '죽음의 실존적 의미'의 문제에 부딪힐 수밖에 없다. 그들이 어린 아이의 죽음 앞에서, 젊은 부모의 죽음 앞에서 더 많이 흔들리는 것은 그 좋은 증거의 하나이다. 그리고 그들도 위로받기를 원한다. 그러나 그들이 위로받을 수 있는 곳은 없다.

다시 한 번 강조하거니와 죽음의 기능적, 분화된 이해가 곧바로 병리적이거나 부정적인 것으로 해석되어야만 하는 것은 아니다. 그것은 오늘 우리가 발 딛고 살고 있는 근대적 삶의 구조적 조건을 반영하고 있을 뿐이다. 그러나 죽음에 대한 의학적 이해와 설명 또한 여전히 '하나의' 이해 또는 설명방식에 불과하며, 죽음은 그 본질적인 '초월적' 성격 때문에 이성적이고, 합리적인(=경험 가능한, 계산 가능한) 설명의 한계를 넘어서는 부분을 분명 가지고 있다. 사실 현상학자들을 따라 생각해 보면 우리의 삶 전체에 내재된 '초월성'을 이야기해야만 할 것이다(Berger 1988, Berger & Luckmann 1995a). 따라서 죽음에 대한 과학적, 의학적 이해가 지나치게 '비대화'되는 것은 경계되어야 할 측면들이 있다.

그리고 분화된, 서로 다른 병존하는 죽음 이해방식들을 느슨하게나마 연결해줄 수 있는 '사회적 안전망'을 구축하는 것이 필요하지 않을까 생각하며, 그것은 사회적 기능체계들과 조직들 안에서 이루어지는 우리의 일상 '저편'에 '전체로서의 나'를 구성할 수 있는 가능성을 열어두는 것을 암시하는 것이다. 그때 비로소 우리의 죽음 또한 '한 인간의 총체적 죽음'으로서 인식될 수 있는 가능성을 '다시' 얻게 될 수 있을 것이다.[16]

---

16) 사회의 어느 부분에서도 이 중요한 문제가 중심과제로 다루어지지 않는 오늘날, 그리고 다른 한편으로는 근대사회 구성의 내재적, 구조적 한계가 여실히 드러나는 오늘에 죽음의 문제는 이 '넘어섬'의 상호소통성을 중심으로 종교체계 안에서 새로운 의미와 역동성을 획득한다. 아마도 종교에게서 모든 사람들에게 받아들여질 어떤 '정답'을 더 이상 기대할 수 없는지도 모른다. 그러나 적어도 '삶의 (총체적) 의미'에 대한 질문을 사회적으로 정당한(*legitim*) 것으로 받아들여지게 하고, 죽음 앞에 선 한 인간을 기능적으로 파편화된 존재로서가 아닌 한 총체적 개체로 인식하게 하는 것을 보장해야 하는 과제가 오늘의 종교에 부여되었다 하겠다(이에 대한 자세한 논의는 이 책 7장~8장과 Luhmann 1987 참조). 나아가 사회적 기능체계 '너머' 일상세계의 구성 가능성을 보장하는 것이 중요하며, 이때 가족, 친구 등 흔히 일차적 공동체라 불리는 집단들의 새로운 의미와 사회적 역할, 그리고 동시에 다른 형태의 일차적 공동체 형성 가능성과 그 역할이 논의되어야 할 것이다.

제 10 장

도대체 왜들 죽는가? 자살의 이유를 알아야 하는 이유에 대한 사회이론적 함의

> 저간의 권력가들은 기술자나 농부가 스스로 목숨을 끊는 이유를 알고 싶어했다. 자살자의 유가족과 친구들을 대상으로 원인을 취조할 때 판사는 고문이나 폭력을 행사하기도 했다(미슐러 2002: 95).

> 여기 누가 자살했다! 좋지 않은 일이군! 부르주아는 그렇게 말할 것이다! 불행한 사랑이군! 여자들은 그렇게 말할 것이다! 병이 있었군! 질병에 걸린 사람들은 그렇게 말할 것이다! 절망을 경험했군! 낙오자들은 그렇게 말할 것이다! 그런데 어느 것이나 그 이유가 될 수 있을 것이고 또 그 어느 것도 정확한 이유가 되지 못할 수도 있을 것이다(어거스트 스트린버그의 소설 서문, 이진홍 2006: 51에서 인용).

1. 여는 글

이 장의 요점은 왜 자살률(自殺率)이 증가하는가, 또는 어떻게 하면 자살률을 낮출 수 있는가 하는 것이 아니다. 궁금증의 초점은 근대사회가 자살의 이유 발견에 몰두하는 것으로 보인다는 데에 있다. 그것은 또한 왜 어떤 역사적, 사회적 조건과 과정 안에서 자살이 점점 더 민감한 사회적 사건이 되고 있는가 하는 질문과 관련되어 있다. 그리하여 우리사회가 자살의 이유찾기에 열심인 이유에 대한 하나의 사회이론적 대답을 시도해 보고자 한다.

그 때문인지 자살에 대한 지금까지 대부분의 연구초점도 자살의 동기 또는 이유에 대한 분석으로 모아졌고, 또한 그것이 '합당한' 것으로 여겨져온 경향도 있는 듯하다. 나아가 그 분석의 목적 모두가 자살을 예방하는 데 있다 해도 과언이 아니다. 자살의 이유와 그것의 유형화, 그에 따른 예방책 마련이라는 틀 안에서 이러저러한 도구적 방법론들에 대한 논의[1]도 꾸준히 이어졌다. 자살에 대한 문헌조사를

1) 예를 들어 잭 더글러스(Douglas 1967, 민문홍 2001: 100~)는 통계적 자료분석을 통해서는 자살의 이유를 발견하는 작업에 한계가 있는 것으로 보고 이런 관점에서 에밀 뒤르케임의 자살연구를 비판하기도 했다. 그러나 여기서 글쓴이는 뒤르케임의 견해에 일단 동의한다: 즉 "자살자의 (개별적이고 내면적인 — 글쓴이) 동기를 검토함으로써 사회학적으로 새롭게 얻을 수 있는 것이 무엇인가"(뒤르케임 1994: 138~, 민문홍 2001: 101) 하는 것이 더 우선적으로 물어야 한다는 것이다. 나아가 그 동기라는 것은 얼마나 정확한 자료인가? 그것은 통계만큼의 신뢰성이라도 가질 수 있는 것인가? 글쓴이는 오히려 자살에 대한 통계나 자살동기에 대한 자료들이 "실수하기 쉬운 인간의 인식과 통찰력과 주관적 판단에 입각한"(민문홍 2001: 101) 결과물일 수밖에 없다는 것을 인정하고, 나아가 가능한 모든 '지적 정직성'과 '과학적 능력'이 동원되었다 하더라도 그것이 가질 수밖에 없는 내재적 한계에 대한 충분히 명확한 인

하다 보면 특히 개별 논문들의 경우 상당히 많은 글의, 아니 조금 과장해서 말하면 거의 모든 관련 글의 주제가 자살의 '원인과 예방'에 집중되었음을 쉽게 확인할 수 있다. 2006년 8월 한국학술정보(KISS) 사이트에서 자살이란 검색어로 기본검색을 하면 모두 172개의 논문이 나오는데, 그 중 특히 사회과학계 글들은 대부분의 논문이 자살의 원인과 예방에 관련된 내용을 담고 있음을 제목에서부터 읽어낼 수 있다. 그 중 몇 가지 제목만 언급해 보면 다음과 같다.

_ 청소년의 인터넷 중독과 우울, 자살사고와의 관계 연구(류은정 외 2004)
_ 최근 자살의 실태 분석 및 예방대책에 관한 연구(김진혁 2004)
_ 청소년 자살의 사회구조적 원인 연구(최원기 2004)
_ 청소년 생활스트레스가 자살생각에 미치는 영향과 우울의 매개효과(홍영수 외 2005)

자살자의 인구학적 특성이나 자살유형의 분류에 관한 연구들도 결국 자살의 '원인과 예방'이라는 주제와 직간접적으로 관련되었음을 논문내용을 통해 확인할 수 있다.

_ 노인 자살의 특성과 자살유형에 관한 연구(김효창 외 2006)

식하에서 논의가 이루어진다면 특정 '도구적 방법론'의 선택 자체가 크게 문제가 되는 것은 아니라고 생각한다. 글쓴이가 생각하는 사회과학적 자살연구의 핵심적 문제는 사실 전혀 다른 데 있다. 그것은 자살에 관한 사회과학적 연구가 뒤르케임의 문제의식에서 크게 진전하지 못했으며, 다른 시각의 지평을 여는 데 실패한 것으로 보인다는 것이다. 그리고 이것이 그동안 자살에 관한 이런저런 경험적 연구들이 적잖이 생산되었음에도 불구하고 뒤르케임의 연구에 '주석'만 계속해서 달고 있는 것처럼 보이는 이유라고 생각한다. 이 장을 쓰면서 정리할 선행연구들이 별반 없었던 것도 이러한 상황과 무관하지 않다.

_ 2000년 우리나라 성인 자살자의 인구사회적 특성(오진경 외 2005)

이러한 경향은 서구문헌들에도 그대로 반복된다(Lester 1998; Conwell 2001 등). 다른 관점의 사회과학적 글과 책을 찾는 것은 아주 어려운 일이다.[2] 다시 말해 자살과 관련한 '사회적' 관심은 일차적으로 무엇이 그들을 자살로 몰아갔는가에 대한 '이유'를 알아내고자 하는 데 있는 것으로 보인다. 물론 무언가의 이유를 알고자 하는 인간의 욕구는 현상학적 입장에서 볼 때 자주 '존재의 의미'에 관련된 중요한 실존적 과제와 밀접하게 맞닿아 있다. 그러므로 이러한 측면에서 본다면 실존의 폭력적 중단을 의미하는 자살의 이유를 알려고 하는 인간의 오래된 관심 또한 아주 자연스러운 것이라 할 수 있을 것이다.

그런데 널리 알려진 바대로 자살의 이유를 알아낸다는 것은 결코 쉬운 일이 아니다.[3] 물론 살아 있는 사람들을 대상으로 한 연구조사 결과도 그 객관성과 타당성을 믿기 어려운 경우가 많지만, 그래도 그 경우 적어도 사람들이 이런 질문에 대해 이러저러하게 대답했다고는 말할 수 있다. 그에 대한 해석은 또 다른 문제이긴 하지만 말이다. 그러나 자살의 경우 모든 자살자가 — 그것의 신빙성을 차치하고라도 — 유서나 유언을 남기는 것도 아니고, 조사시점에 당사자가 살아 있는 상황도 아니기 때문에 어떤 사람이 스스로 목숨을 끊은 이유를 일관성 있게 추적한다는 것은 대단히 어렵다. 더구나 알프레드 알바레즈의 말처럼 자살의 이유라는 것은 "적어도 그를 계속 생존케 하는

2) 수필, 소설 등 비교적 자유스러운 글쓰기 방식이 더 많이 용인되는 분야에서는 간혹 '튀는' 주장들이 보이긴 한다(예: 슈지 2005).

3) 자살의 이유를 규명하려는 수많은 연구가 시도되었음에도 자살의 명확한 이유가 규명되었다는 보고는 아직까지 없다(홍성철 외, 2003: 250 등 참조).

경위만큼이나 복잡난해"(알바레즈 2000) 한 것이어서 우리의 사후추측은 대단히 불투명한 것일 수밖에 없다.4) 게다가 "자살이란 사랑이나 탄생이 그 생물학적 외관의 양상을 넘어서는 차원에서 그러하듯이, 이해되는 것을 거부하고 이성에 의해 통합되는 것"(이진홍 2006: 79)을 거부하는 경향이 있다. 그럼에도 우리는 '기어코' 알아낸 이유를 기초로 한 발 더 나아가 예방대책을 세운다. 마치 특정 질병을 일으키는 바이러스를 찾아내서 그 바이러스를 없애거나 예방주사를 맞으면 되는 것처럼 말이다.5)

여기서 거꾸로 물어보자. 우리는 과연 제시된 자살의 이유에 대해 얼마나 신뢰하는가, 그리고 그 이유를 토대로 찾아낸 이런저런 정책들을 통해 얼마나 많은 자살이 예방될 수 있으리라 생각하는가.6) 글

---

4) 사실 자살과 사고사의 불분명한 한계, 가족의 체면, 종교적 영향 등의 이유 때문에 자살행위 자체에 대한 정확한 통계 확보조차 여전히 쉽지 않은 일이다.

5) 자살예방을 위한 근대국가사회의 고군분투에 대해서는 재미슨 2004: 357~365 참조.

6) 한 예로 홍성철 등(2003)은 사회계층에 따른 자살의 위험도 차이에 대한 분석을 통해 하위계층이 보다 많은 자살에 노출되었다고 하면서, 그에 대한 해소책으로 "사회계층 간의 불평등을 최소화할 수 있는 사회적, 정치, 경제적 제도의 뒷받침"이 필수적이라고 주장한다. 김용분 등(2003)은 자살 예방책으로 가치체계의 다양성 존중, 연대강화, 열린 마음, 따뜻한 마음 등을 이야기한다. 그런데 이것은 어찌 보면 우리사회가 당면하는 수많은 문제들에 대한 하나의 원론적이고 도덕적인 대답이며, 이것이 과연 자살예방책으로서 어느 정도의 구체성을 가지는지는 의심스럽다. 배지연 외(2005) 논문에서 혼자 살면서, 아프고, 우울증 증세가 있는 사람이 자살생각을 많이 하며, 이때 친구들의 지지가 자살에 대한 생각을 완충하는 효과가 있다는 '학문적' 결론을 읽는 일은 당혹스럽기까지 하다. 또한 자살의 위험요인과 방어요인이 규명되어야 한다고 여러 논문과 책에서 반복적으로 말해지는데 문제는 지금까지 이야기한 대로 그것의 규명 자체가 아주 어렵다는 데 있는 것이다.

쓴이는 이 질문에 대한 대답이 부정적이라고 생각한다. 자살충동은 — 시기적, 단위사회별로 어느 정도의 유의미한 편차를 발견할 수 있겠으나 그럼에도 불구하고 장구한 역사 전체를 놓고 본다면 — 인류 역사에서 끈질기게 지속적으로 이어지는 현상이며, 쉽게 예방될 수 있는 성질의 사건이 아닌 것으로 보인다.[7] 그럼 다시 물어봐야 한다. 만일 그렇다고 한다면 왜 우리는 그럼에도 불구하고 자살의 원인을 규명하고, 그것에 기초해 자살을 예방해야 한다는 것에 '목숨을 걸고' 있는 것일까?

그렇다. 이 장의 주제는 여기서 시작한다. 어찌 보면 결과적으로 그리 유용해 보이지 않는 — 정답도, 따라서 해답도 찾지 못할 것이므로 — 작업에 근대사회는 집착한다. 과연 왜?[8] 그리고 그것은 일반적인 현상인가, 아니면 근대사회 특유의 현상인가? 이 글에서는 자살의 이유 발견에 대한 오래된 일반적인 관심에 더해 그것이 근대사회에서 특정한 형태로 사회적 관심을 끌게 된 것에 주목한다.

글쓴이는 이런 문제의식을 통해 근대사회가 자살의 이유에 관심을 가지는 것은 개인-존재론적 차원을 넘어 집단-존재론적 차원의 문제라는 것을 사회이론적 시각에서 보여주고자 한다. 즉 근대사회가 자살의 이유에 관해 보여주는 관심의 본질은 '삶의 권력'으로서 이전과는 다른 자살이해를 갖게 된 근대사회의 기본적 구조와 관련되었으며, 개인의 안녕이 아닌 사회의 안녕에 있다는 것이 이 글의 기본주

7) 물론 그렇다고 해서 자살의 원인과 속성 등에 대한 연구 자체가 무의미하다고 여기는 것은 아니다. 단지 그것에 기초해서, 예컨대 자살의 속성을 번민성, 해방성, 표출성, 충동성, 위협성 그리고 기대성으로(김용분 외, 2003: 396) 정리했다고 해서 그것을 바탕으로 자살을 현실적으로 예방할 수 있는 것으로 보기는 어렵다는 것이다.

8) 그리고 이 질문에 대한 대답을 바탕으로 해서 우리 사회에서의 '새로운' 자살을 둘러싼 당혹감에 대해 하나의 사회학적 이해방식을 얻을 수 있게 되길 기대한다.

장이다. 이 과정에서 사회는 자살의 예방 불가능성을 의도적으로 외면하며(*missing*) 일종의 '기만구조'[9]를 구축한다.

즉 논의의 결과로 글쓴이는 — 아주 냉정하게 말해서 — 근대사회가 관심을 가지는 것은 기본적으로 사회구성원 개개인의 실존적 안녕이라기보다는 사회 전체의 '가장된' 안정성 창출과 유지이며, 그것이야말로 자살이 예방될 수 없다면 적어도 자살의 이유가 밝혀진 것으로 간주되어야 하고, 유형화되어야 하는 필요성이라고 주장할 것이다. 자살이 실질적으로는 이미 폐기된 '안전사회'에 대한 이상을 포기하지 못하는 오늘날의 사회가 당면하는 가장 직접적인 위협 중의 하나가 되는 상황에서 더더구나 그 필요성은 절대적이다. 그리고 이런 맥락에서 이해한다면 설명될 수 있는 자살은 더 이상 위험하지 않다. 나아가 이해/설명되지도, 정당화되지도 않는 '새로운' 자살양태의 등장이 자살담론의 과잉을 낳고 있지만, 근대사회의 자기이해에 대한 성찰에 기초한 구조의 변화양상에 대한 논의를 도외시한 채 기존의 유형화 도식과 윤리적 판단구조에 매몰되어 우리가 그 새로움을 충분히 인식하지 못하고 있다는 점을 지적하고자 한다.

결과적으로 '안전사회'로서의 근대사회는 자살이유의 발견과 유형화, 그리고 그에 기초한 자살예방에 몰두했지만, 숨은 목적은 그 자신의 근원적 불안정성을 은폐하는 데 있(었)으며, 그 모든 노력들이 실패로 예정되어 있을지도 모른다는 우울한 예측을 하게 된다. 그런데 이러한 주장이 실증적 데이터 분석에 기초하는 것은 아니다. 첫머

9) 이 말은 글쓴이의 조어인데, '무언가를 의식적으로든 무의식적으로든 인지의 대상에서 배제해 내는 모종의 틀'이 만들어지는 것을 표현해 보았다. 가치적으로 부정적인 것만을 대상으로 하는 것은 아니다. 이 글에서는 자살의 예방 불가능성이 인지의 대상에서 배제되는 것, 그럼에도 자살의 이유의 유형화와 분류에 매달리는 상황을 의미한다. 물론 이 과정에는 국가, 연구기관, 언론 등이 직간접적으로 관여되어 있다.

리에 언급되었듯이 이 글의 목적은 그 이론적 개연성 타진에 있음을 다시 한 번 말해 두고자 한다.

본격적 논의에 앞서 자살이라는 행위의 사회역사적 함의를 잠시 추적해 보자. 널리 알려진 대로 자살에 대한 사유 자체가 고정, 불변적이지 않았으므로 그 변화과정에 대한 고찰을 통해 근대사회의 자살 이해가 가지는 모종의 특질을 시론적으로 추론해볼 수 있을 것이라 기대한다.

2. 자살에 대한 사회적 대응의 변화 양상: 근대 이전의 자살 인식

사실 왜 자살하지 않는가, 아니면 무엇이 사람들을 적어도 스스로 목숨을 끊지 않도록 하는, 삶을 유지하도록 하는 추동력인가, 그도 아니면 도대체 왜 자살하면 안 되는가를 물어야 하는 것은 아닐까? 그러나 이는 질문되지 않는다. 그런 질문은 아마도 자살(기도)자들에게나 절박한 문제일지 모르겠다. 대신 사회는 끈질기게 묻는다. 왜 자살하느냐고. 원칙적으로 무엇이든지 질문될 수 있겠지만, 잘 알다시피 사회적으로 용인되는 '정당한 질문'과 그렇지 않은 '부당한 질문'들이 있다. 그러므로 무엇이 물어지는가, 어떻게 물어지는가 하는 것을 아는 것은 그 사안을 이해하는 데 중요한 단서를 제공할 수 있다.

지금이야 상황이 좀 달라졌지만, 몇십 년 전까지만 해도 왜 결혼하는가에 대해 관심을 갖는 사람은 극히 적었다. 그에 비해 왜 이혼하는가 하는 문제는 거의 항상, 보다 많은 사회적 관심의 대상이었다. 그것은 무엇보다도 결혼이라는 것은 지극히 정상적인 행위범주에 들어가지만 이혼이라는 것은 상대적으로 소수가 행하는 '비정상적'인 일일 뿐 아니라, 우리로 하여금 사회적 기본단위의 해체를 상상하게 하는 '문제상황'으로 간주되(었)기 때문일 것이다. 많은 일들이 그러하듯 어떤 현상이 문제라고 여겨지기 전에는 거의 아무도 관심을 갖지 않는다. 그렇다. 오늘날의 사회는 자살을 문제상황이라 생각한다. 때문에 해결되어야 하고, 해결을 위해서는 다시 그 이유를 알아야 한다고 여기는 것이다. 이러한 상황에서 도대체 왜 자살하는가에 대한 질문은 사회적으로 절실한 문제이다.

그런데 우리는 역사적으로 모든 (형태의) 자살이 문제적 상황으로 간주되었던 것은 아님을 쉽게 확인할 수 있다. 자살을 '자신의 특정 행위가 자신의 목숨을 끊는 결과를 낳으리라는 것을 인지하는 상태에서 행해진 행위의 성공적 결과'[10]로 규정할 때 역사상 자살이 존재하지 않았던 사회는 없(었)다. 그런데 모든 자살이 부정적인 것으로 인식되어 온 것은 아니다. 오히려 특정한 시대, 특정한 지역사회에서 어떤 자살들 — 정치적 분신, 종교적 순교, 과부의 자살 등 — 은 용인되거나 묵인되고 나아가 암묵적으로 장려되기도 했던 것이다. 어떤 경우는 스스로 목숨을 끊어 마땅하다고 여겨지기도 했고, 그렇지 못할 경우 비난의 대상이 되기도 하였다. 실은 오늘날에도 용인되거나 적어도 묵인되어야 한다고 적지 않은 사람들이 생각하는 '자살'이 있는데, 바로 불치병을 앓고 있는 사람들의 경우가 그것이다(서동우 2001).[11] 자살의 형태에서도 시기마다 지역마다 특정한 방법이 보다

10) 뒤르케임(1994)은 그의 저서 《자살론》 서론에서 자살에 대한 몇 가지 정의를 시도한다. "즉 자살은 피해자 자신에 의해서 행해지는 적극적, 또는 소극적 행위의 결과로서, 직접적 또는 간접적으로 발생하는 모든 죽음"(35)이라고도 하고, "자살자가 진정으로 죽음을 원하고 고의적인 자기살인을 행하였을 때만 그것을 자살"(36)로 보아야 하지 않느냐고도 하지만, 의도만으로 자살을 규정하는 것의 어려움을 밝히고 결론적으로 자살을 "피해자 자신이 일어날 결과를 알고서 행하는 적극적 또는 소극적 행동의 직접적 또는 간접적인 결과로 발생하는 모든 죽음의 사례들"(37)이라 정의한다.

선호되기도 하고, 배척되기도 하였다.

우리는 인간사회가 언제나 모든 자살에 대해 부정적이지는 않았음을 알 수 있다.[12] 그리고 어떤 관점에서 보면 특정한 자살이 부정적으로 여겨지는가의 여부는 자살(자)의 내부적 원인에 의해 결정된다기보다는 당시의 사회적 환경에 의해 결정되는 경향이 보다 큰 것으로 보인다. 즉 예를 들어 자살이 사회적 통합 내지는 해체라고 여겨지는 상황과 어떤 함수관계에 놓이느냐에 따라 그것에 대한 인식 가능성은 달라질 것이다.

다시 종합해 보면 자살을 부정적 문제로 인식하게 될 때 사회는 보다 강하게 자살이라는 현상에 대응하고자 시도할 것이고, 그렇게 인식하게 될 가능성은 그 사회구조가 구성된 원리에 근거해 자살이 (이른바) 사회해체를 낳을 우려가 있는 상황이라고 판단될 때 증가할 것이다. 그것이 이후 설명되겠지만 근대사회에서 자살에 대한 민감성이 증가하는 중요한 이유 중 하나일 것이다.

그런데 미셸 푸코의 개념을 빌려 말해 보자면 근대사회는 이전 전통사회와 확연히 구분되는 권력의 형성논리를 가지고 있다. 전통사회에서의 권력은 생명을 빼앗을 수 있는 권리를 상징했다. 그러므로 자

---

11) 그러나 물론 이런 이야기가 공론화되기는 어려울 것 같다. 아무튼 15~69세의 국민 1,025명을 대상으로 연구한 서동우의 조사결과에 의하면 70%에 가까운 사람들이 "만일 불치병에 걸린 사람이 자살한다면, 이해할 수 있다"고 응답한 것으로 되어 있다. 이는 사람들의 자살에 대한 현재적 인식이 '절대적'인 가치와 연결된 것이라기보다는, 특정한 상황과 조건에 따른 '관계적'인 것이라는 것을 암시하는 것으로 해석될 수도 있겠다.

12) 고대로부터의 자살에 대한 사회적 인식의 변화양상은 알바레즈 2000, 이진홍 2006 등 참조. '과도한 일반화'를 통해 요약정리하자면 자살은 고귀한 행위이기도 했다가, 범죄가 되기도 했다가, 마침내 병이 되어버렸으며, 오늘날에는 과학적 분석의 대상이 되어 그에 대한 합리적 이해와 설명이 요구되고 있는 상황이라고 말할 수 있겠다.

살은 — 일반적으로 — (범)죄였다. 즉 자살은 "이승의 지배자이건 저승의 지배자이건 군주만이 행사할 수 있는 죽음의 권리를 침해하는 방식이기에 범죄"(푸코 2005b)였다.[13] 물론 스토아학파처럼 자살을 인간이 행할 수 있는 가장 고귀한 행위양식으로 보는 입장도 존재한 적이 있지만(알바레즈 2000; 이진홍 2006) 중세 이후 자살이 지상의 군주에 대한 저항이라는 범죄행위이거나 피안의 군주에 대한 도전으로 받아들여지는 것이 보다 일반적이었기 때문에[14] 자살자들은 중죄인 취급을 받았고, 사후 처벌('시체에 대한 재판', '공개적인 시체 처벌', 부관(部棺) 등)되거나 신분을 박탈당하고 재산을 몰수당하기도 했다. 이러한 일들은 프랑스에서는 대혁명과 더불어 사라졌지만 영국에선 1961년까지도 자살미수자들을 감옥에 보낼 수 있었다(알바레즈 2000; 브로니쉬 2002).

> 스스로 자기 목을 베었다가 도로 살아나게 된 한 남자가 교수형에 처해졌소. 자살의 죄목으로 그를 교수형에 처한 거요(1901년경에 있었던 일에 대한 묘사. E. H. Carr. *The Romantic Exiles*. 1949: 389, 알바레즈 2000: 74에서 재인용).

> 1670년에 태양왕 루이 14세는 공식 법전 속에다 자살자 모독과 관련된 관례들을 삽입시키고서, 자살자를 '영원한 왕명(王命)에 따라' 명예훼손시킬 것임을 덧붙였다(알바레즈 2000: 76).

자살에 대한 그리스도교적 입장은 성 아우구스티누스에 의해 확립

---

13) 이하 푸코의 글 번역은 한국어 판본을 참조하였으나, 글쓴이가 필요에 따라 수정하였다.

14) 이미 아리스토텔레스는 《니코마코스 윤리학》에서 "자살은 설사 그 사람 자신에 있어서는 부정한 일이 아니라 할지라도 국가에 대해서는 하나의 부정이다"라고 말한 바 있다(브로니쉬 2002: 113, 이진홍 2006: 25).

되었다고 보는데, 신의 선물인 생명의 절대적 소중함과 신으로부터 주어진 생명을 스스로 끊을 권리가 없음이 강조되었다. 토마스 아퀴나스는 자살을 도둑질에 비유하기까지 했다. 우리의 생명은 신의 소유이고 우리는 그저 그것을 잠시 빌려 쓰고 있을 뿐인데, 자살한다는 것은 신의 소유를 훔치는 것과 마찬가지라는 것이다(민찬홍, 한겨레 01.11.05, 이진홍 2006). 물론 여기에는 죽음과 피에 대한 원시적 공포, 그리고 그리스도교 초기의 순교열풍을 잠재울 필요성 등도 영향을 미친 것으로 보인다. 좌우지간 그리하여 "로마인에게는 품위 있는 대안책이었고 초기 기독교에서는 천국으로 가는 열쇠였던 자살이, 이제는 죽을 죄 중에서도 가장 치명적인 죄"(알바레즈 2000)가 되었던 것이다.

> 562년 브라가 종교회의에서는, 자살자의 사회적 위치나 그 사유 또는 방법을 불문하고 '모든' 자살자들에 대하여 장례식이 거부되었다. 693년 톨레도 종교회의에 의해 최후의 조치가 취해졌는데, 여기서는 자살 미수자마저 파문시키도록 규정되었다(알바레즈 2000: 105).

그런데 죄는 단죄되면 그뿐이다. 그러나 이전 시대의 종교와 도덕적 체계에 도전하며, 빼앗고 없애는 가부장적 권력이 아닌 삶을 낳고 증대하는 생체통제권력(*bio-power*)으로 스스로를 표상하는 근대권력에게 자살은 새로운 차원의 문제로 등장한다. 사람을 살게 하는 것이 목적인 사회가 도래하면서 자살은 사회해체를 낳을 우려가 있는 주범이 된 셈이다. 자살에 또 다른 '죄목'이 씌워졌다.

3. 자살이 근대사회에 더 치명적인 이유: 자살 설명에 대한 고집

근대사회로 넘어오면서 인간이 가지는 '죽음에의 고집'은 이전과는 질적으로 다른 차원으로 이동한다. 그리고 그것은 근대사회의 상호관련된 구성원리들과 밀접하게 관련되어 있다.[15] 근대사회가 자살의 이유에 보이는 관심의 본질은 이전과는 다른 시각의 자살 이해방식을 갖게 된 근대사회의 기본적 구조와 관련되며, 개인의 안녕이 아닌 사회 전체의 '가장된' 안정성 유지에 있다는 것은 이 글의 일관된 주장 중 하나이다. 그것은 근대사회가 생명을 빼앗을 수 있는 힘을 그 기반으로 하는 전통사회에서의 권력과 달리 삶을 낳고 증대하고 조직하는 생체 통제권력으로 스스로를 표상하는, 구성원들을 살게 하는 것을 그 목적으로 하는 권력이라는 것, 그 결과 삶의 안정성에 대한 기대가 급속하게 증대되었다는 것, 그리고 이런 사회에서 구성원이 스스로 목숨을 끊는 행위는 사회의 구성원리에 대한 전면적 도전이자 치명적 위협이 될 수밖에 없다는 것에 근거한다. 이러한 논리전개를 가능하게 하는 사유과정을 좀더 자세히 서술해 보자.

먼저 개인들은 자신을 다른 여하한 가치나 종교체계로부터도 독립적인 주체로 인식하게 되었으며, 자신의 삶을 유지·관리하는 주인으로서 역사의 무대에 등장한다. 그리고 이런 주체화 과정은 필연적으로 그 자신의 유한성 인식, 그리고 그것을 스스로 이해·설명하고 정당화해야 하는 요청과 논리적으로 연결되어 있다. 그런데 이때 개인들의 삶을 낳고, 증대하고, 조직하는 주체로서 자신을 인식하는 근대권력 또한 이제 더 이상 어떤 전통이나 도덕, 종교 등에 기대어 자

---

15) 이렇게 이해한다면 자살이라는 현상의 양태는 변해 가겠지만 어떤 사회적 상황의 개선을 통해 소멸되리라 기대하기는 어렵지 않겠나 싶다.

신을 설계할 수 없게 되었다는 사실을 기억해야 한다. 때문에 이제 사회는 그 구성원들의 유한성 문제를 이해·설명하고 정당화하는 내재적 기제를 요청하게 된다. 즉 근대사회는 집단적 차원에서도, 개인적 차원에서도 자신의 통합근거를 어떤 '초월적'인 것으로부터도 끌어낼 수 없다. 그 자신의 존재의미와 기능과 역할은 내부적으로 발견되어야만 했다. 이런 근대사회에서 사회구성원들의 '안전'과 '생존'은 — 물론 역사상 그에 초연할 수 있었던 사회는 없었다 — 절체절명의 과제가 된다. 이는 푸코가 근대사회가 직면하게 된 "최초의 경악스런 현상" 중 하나로 자살을 주목하는 이유이기도 하다.

> 생명에 대해 행사되는 권력의 경계와 틈새에서 개인적이고 사적인 죽을 권리가 출현했다. 그토록 기이하면서도 그토록 규칙적이고 그토록 지속적이며 따라서 개인의 특수한 사정이나 우연으로는 명확하게 설명되지 않는 그러한 죽으려는 고집은 생명의 관리가 정치권력의 책무로 대두된 사회에서 불가사의한 것으로 여겨졌던 최초의 현상들 중 하나였다.
>
> (Foucault 1999b: 165~166, 푸코 2005b: 155).

특정 영토 내 전 구성원들의 안전보장을 그 이상으로 하는 근대국가사회에서 사회구성원의 자살은 자신의 통합근거에 대한 직접적 의문제기 내지는 도전으로 받아들여지게 되었고, 사회는 자살의 이유와 유형에 대해 큰 관심을 보이게 된다. 이것이야말로 자살이 근대의 신생학문인 사회학적 분석의 영역으로 들어간 최초의 인간행위들 가운데 하나가 된 중요한 이유인지도 모른다.

게다가 근대사회는 '안전사회'로의 이상을 지속적으로 발전시켜 왔다. 그 한 극단의 표현이 '보험사회'로서의 근대사회일 것이다. 근대사회는 모든 예상 가능한 리스크를 '사회공학적'으로 처리할 수 있으리라는 믿음을 발전시켰다. 그러나 보험사회의 논리적 모순과 한계에 대하여 우리는 이미 알고 있다. 앤서니 기든스도 언급하듯이 행위의 (미래적) 결과를 계산해야 하는 리스크 사정(*Risk assessment*)이라는 것은 본질적으로 불완전한 것이다(기든스 1997) 게다가 사회가 어떤 포괄적 가치 등에 의해 전체적으로 통합될 수 있다고 더 이상 가정할 수 없고, 복합적 선택기준이 동시적으로 적용되며, 보다 결정적으로는 외부로부터 어떤 명확한 기준도 투입될 수 없게 된 상황에서 리스크에 대한 불안은 거의 필연적으로 증폭될 수밖에 없다.

즉 자기 존재의 이유를 스스로 발견해야 하는 근대사회는 개인과 집단의 안전에 '집착'할 수밖에 없었으나, 그것은 결과적으로 절대적 안정의 불가능성에 대한 지극히 근대적인 인식만을 증폭시켰을 뿐이다. 부분적으로 특정한 위험들이 사라졌거나 사라질 수 있겠으나 전체적 의미에서의 리스크는 결코 사라지지 않았을 뿐 아니라, 그에 대한 사회의 '민감성'은 오히려 증가일로에 있다. 이것은 일종의 논리적 귀결이다.

이런 상황에서 사회의 구성원이 스스로 목숨을 끊는 행위는 이 사회의 자기이해에 대한 전면적 도전이 아닐 수 없다. 그러나 삶의 주인으로 자리 잡은 개인들을 자살을 빌미로 처벌하는 것은 더 이상 가능한 일도 아니다. 그렇다면 사회가 할 수 있는 일은 그것을 막는 것, 즉 그 원인을 찾아 예방하는 길일 수밖에 없다. 그 결과로 근대사회는 자살의 이유와 유형에 대한 방대한 연구자료를 소유하게 되었다.[16) 그런데 그로 인해 무엇이 달라졌는가? 그 자료들의 도움으로

---

16) 브로니쉬의 책(2002)을 통해 근대국가사회가 얼마나 치밀하게 누가, 언제, 왜, 어떻게 자살하는지에 대한 방대한 사회역학적 자료를 축적해 왔는지 개괄해서 살펴볼 수 있다. 그리고 부분적인 성과들에도 불구하고 아직(?) 명쾌한 설명, 'the explanation'이 발견되지 못했다는 것도, 뚜렷한 예방책도 찾아지지 못했다는 것도 동시에 확인할 수 있다. 그건 그렇고 이 책에 의하면 치과의사들의 자살률이 높게 나타난다는데(브로니쉬 2002: 71) 이건 뭐라고 설명될 수 있나? 책에는 답이 없다. 궁금

사회는 자살률을 감소시키는 데 성공했는가? — 특정한 개별 상황에서 자살이 예방되었을 가능성을 부인하는 것은 물론 아니지만 —, 그렇다는 뚜렷한 증거를 찾기는 쉽지 않다. 그럼에도 불구하고 우리는 사회가 끊임없이 자살의 이유 발견에 열중하고 있음을 발견한다.

여기에서 우리는 한 가지 재미있는 가정을 할 수 있다. 사회적 차원에서는 자살이유의 발견과 규정, 그것 자체가 보다 중요한 숙제일 수도 있으리라는 것이다. 인류역사만큼 오랜 자살현상의 제거는 불가능한 일일지도 모른다. 그리고 사회는 이미 그것을 알고 있는지도 모른다. 그러나 근대사회는 적어도 그가 왜 자살을 했는가를 '앎'으로써, 아니 알아냈다고 가정함으로써 '삶의 권력'으로서 그 최소한의 임무를 수행하는 것은 아닐까. 그럼으로써 죽은 사람이 살아 돌아오지는 않겠지만 사회의 안정성 지속에 대한 '가정'(假定)이 재생산될 수 있는 토대는 마련될 수 있기 때문이다. 바로 그 때문에 사회는 그토록 자살의 이유 발견에 '집착'하는지도 모른다. 그리고 이것이 설명되지 않은 죽음, 특히 그것이 자살인 경우 더더구나, 사회의 '좌절과 분노'를 자아내는 진정한 이유인지도 모른다.

근대사회의 이성은 모든 것을 '합리적'으로 구분·분류하고 유형화시킴으로써 이해되지도 설명되지도 않는 '타자'(他者) 소멸을 위해 진력해 왔고, 이는 자살의 경우에도 정확히 적용된다. 기왕 행해진 자살이라면 적어도 그 이유에 대해서는 합리적 설명이 가능해야 한다.

그런데 이 모든 것은 과연 누구를 위한 것인가? 알프레드 알바레즈는 "그것들은 기껏해야 뒤에 남은 사람들의 죄의식을 경감시켜 주고, 결백한 사람들의 마음을 위안해 주며, 그럴듯한 분류와 이론들을 끊임없이 탐구하는 사회학자들의 기운을 북돋워 주는 것이 고작이다" (알바레즈 2000)고 말한다. 우리는 그의 말에 한 마디 덧붙여야 한다.

하다.

"그럴듯한 분류와 이론들"은 (사회)학자들의 허영심을 만족시켜 줄 뿐만 아니라, 사회의 통합성과 안정성을 '위장'하는 데도 지대한 공헌을 한다!

죽음, 더구나 자살은 물론 거의 언제나 개인적, 사회적 위협이(었으)나, 위에서 언급한 대로 그 존재의미 자체를 스스로 창출해 내야 하는, 구성원들을 살게 하는 것을 그 목적으로 하는, 그리고 그 결과 삶의 안정성에 대한 기대가 급속하게 증대된 오늘날의 죽음, 특히 자살은 치명적이기 때문이다. 더구나 그것이 설명될 수 없다면 두말할 나위가 없다. 그러므로 모든 자살은 유형화되고 분류될 수 있어야 한다![17] 그리고 이것이 — 특정한 시점, 특정한 지역사회의 자살률 증

---

17) 이미 100년 전 뒤르케임은 자살의 형태를 이기적, 이타적, 아노미적, 그리고 숙명적 자살로 구분한 바 있으며, 이후 여러 학문분야에서 '왜' 자살을 하는가(아니 더 정확히 말하면 우리는 자살이유들을 통해 사람들이 '왜 자살을 한/했다고 말해지는가'를 알 수 있을 뿐이다)에 대한 다양한 이유와 해석을 내놓고 있다. 그런데 사회의 통합정도와 관련한 뒤르케임의 자살(률) 관련이론 이래로 별다른 '이론적' 진전이 보이지 않는 것 같은 인상이 강하다. 시대와 함께 보다 세분화되고 정교해지는 '유형론'만이 득세하고 있을 뿐이다. 그리고 그 유형론이 포괄하지 못하는 일종의 잔여범주나 유형범주들을 가로지르며 그 기저에 깔려 있다고 간주되는 모종의 상태가 — 근대의학적 필터링을 통해 — '우울증'으로 명명되기에 이르렀다. 이는 이전에 말해지던 심리적 우울증세와는 무척 다른 설명구조를 가지고 있는데, 그것은 현재의 우울증 담론이 유전생물학적 논의와 밀접한 관련성 하에서 다루어지기 때문이기도 한 것 같다. 우울증은 단순한 정서적 결함상태가 아니라, 유전자적 결함으로 설명될 수 있고, 때문에 오히려 분명한 치료방식을 찾을 수 있는 것으로 가정된다. 이때 사회는 우울증을 야기할 수 있는 원인(遠因)으로 다루어질 수는 있으나 유전생물학적 설명이 바로 뒤를 잇기 때문에 그리 위험한 수준까지 논의가 전개될 개연성은 희박하며, 오히려 의학이 그 '해결사'를 자임하게 된다. 그리고 이런 논의구조 속에서는 사회(과)학이 자신의 논리를 확보하기란 쉽지 않을 것이다.

감과 상대적으로 무관하게 — 근대사회에서 자살을 둘러싼 지속적이고 집요한 '기만구조'가 구축되는 이유이고 필요성이다. 이 과정에서 언급했던 자살이유의 끊임없는 유형화와 (재)분류가 일어나는데 이것은 실제로 자살의 예방에 기여한다기보다는 사회적 자살담론의 논의 안정화에 기여한다.

4. '이유 없는/설명되지 않는' 자살: 자살이유의 '사소화'

지금까지의 논의를 기초로 우리는 이제 이유가 사회적으로 비교적 명확하게 규정될 수 있고, 유형화될 수 있는 자살은 — 그것이 심각한 사회적 문제로 담론화된다 해도 — 사회의 기초를 뒤흔들 정도로 위협적이지는 않을 것임을 예측할 수 있다. 그런데 만약 자살의 '합리적' 이유가 발견될 수 없다면, 아니면 이유가 부재한 것으로 보인다면 어찌되는가? 오늘날 진정한 의미에서 문제로 여겨지고, 우리 사회를 혼란스럽게 하는 자살은 기존의 유형으로 설명이 잘 되지 않는 그런 자살들이다. 그리고 이때 사회가 정말 두려워하는 것은 그 이유의 (적어도 표면적인) 부재인지도 모른다. 분류되지 않는 것은 근대사회의 합리적 분류의 이상을 조롱할뿐더러 보다 근본적으로는 위에서 언급한 근대적 사회구성의 기본을 의문시하게 만들기 때문이다.

그러므로 이 장에서 주목하는 자살은 기본적으로 생계형 자살, 정치적 자살, 이데올로기적 자살 등 지금까지 많이 알려져 있고 비교적 쉽게 '이해나 납득'이 가능한 자살이 아닌 일종의 '새로운' 형태로 보이는, 특히 젊은이들의 경우에 보다 많이 관찰되는 '이유 없어 보이는', 어떤 의미에서 '경박한' 자살이다. 최근 우리 사회에서 자살이 심각한 사회문제로 다시 떠오르는 이유도 — 단순히 자살률이 급속히 증가하였다는 것만으로 설명하는 것은 좀 부족하지 싶다 — 사실은 기존의 설명틀로는 포착되지 않는 이러한 '설명되지 않는' 자살들이 증가하는 것으로 사회가 — 무의식적으로(?) — 인식하기 때문은 아닐까. 자살률의 증가가 아니라 이해·설명되지 않는 자살의 등장과 확산이야말로 우리 사회가 직면하는 자살을 둘러싼 혼란의 인식론적 핵심이라 볼 수 있을 것이다.

어떤 이가 빚에 쪼들리다 자살했다거나, 추종하는 이데올로기나 사상 때문에 자살했다면 안타까울지언정 사회가 지금과 같은 무기력함과 당혹감을 느끼지는 않을 것이다. 그런 자살은 (좀 냉정하게 말하자면) 그래도 적어도 일종의 '이해나 납득'이 가능할 것 같다. '죽을 용기가 있었으면 살았어야 했겠지만, 오죽했으면 그랬겠느냐', '대의를 위한 장렬한 희생' 등으로 어떻게든 '포장'되거나 '미화'될 수 있는 것이다. 그러나 오늘 우리 사회에 특별한 문제로 등장하는 자살은 이러한 '감정이입'이나 '이해의 과정'이 거의 불가능하다는 데 그 특이성이 있다. 공감할 수 있는 자살이 있는 반면, 공감할 수 없는 자살이 존재한다. 우리를 혼란스럽지 않게 하는 자살이 있고 혼란을 야기하는 자살이 있다.

후자의 경우 우리는 도무지 이해할 수가 없는 것이다. 그들이 왜 자살해야만 했는지… 사회는 그들이 자살할 만한 합당한 이유를 찾아내는 데 실패하고 있다. 왜 이런 일들이 벌어지는지, 무엇이 문제인지, 무엇을 해야 하는지… 그 논리적 연결고리가 도무지 보이지 않는 것이다. 특히 이러한 일이 주로 젊은이들 사이에서 벌어지고 있다는 것이 사회를 놀랍고 당혹스럽게 만든다. 때문에 우리는 지금 이 문제와 관련해 일종의 '사회적 무력감'을 느끼고 있다고 여겨진다.

어떤 자살이 입시지옥 때문이라면 사회는 입시제도와 교육제도, 보다 넓게는 경쟁적 사회관계의 공정성, 객관성 확보에 노력하면 될 것이다. 어떤 자살이 경제난 때문이라면 빈곤층을 위한 사회 안전망을 확충하고 경제회복을 위한 정책의 실시가 요청될 것이며, 보다 근본적 대책으로는 물신주의(物神主義)의 극복 등이 논의될 것이다. 또 어떤 자살이 우울증 때문이라고 설명된다면 그에 대한 치료가 따를 것이다.[18]

그런데 예를 들어 '인터넷'이 직간접적 원인이라고 주장되는 최신(?) 자살들의 경우는 어떠한가. 방에서 줄넘기용 줄에 목을 매 자살한 한 대학생의 경우를 보도한 신문을 한번 살펴보자. 이 보도의 제목은 '게임자살'이다(대한매일 03. 07. 24).

> "줄넘기나 해야지. 어, 줄에 걸렸네. 잠깐 이대로 있어도 괜찮겠지." "게임이랑 비슷한 것 같애. 지금 나야 레벨이 아직 낮으니까 이런 게임 관두면 되는 거잖아."

그가 동호회 사이트에 마지막으로 남겼다는 글의 일부이다. 이 보도는 그가 교수 아버지와 교사 어머니를 둔 명문대생이었으며, 서울 강남의 고급 아파트촌에 살고 있었다는 이야기를 전하고, 그가 운영했던 사이트 회원들도 상당수가 명문대생들이라고 밝히고 있다. 한마디로 '죽을 만큼' 절박한 이유가 적어도 표면적으로는 드러나지 않는다는 것이다. 이어지는 기사내용에서는 그가 컴퓨터 게임과 애니메이션에 심취해 있었고, 그가 관여했던 사이트에는 잔혹하고 엽기적인 내용이 많이 등장한다고 전한다. 뒤에 이런저런 전문가 분석들이 따옴표 안에 이어지지만, 어쨌든 전반적 보도의 기조 안에서는 인

---

18) 위에서 잠시 언급한 대로 근대의 중요한 특징 중 하나는 자살이 '범죄에서 병'으로 이동했다는 것인데, 이는 물론 '근대의 의료화' 과정과 그 맥을 함께한다. 누군가 자살을 하게 되면 지금도 경찰이 가장 먼저 출동하겠지만, 그것은 타살 여부를 밝혀내기 위한 것이고, 타살이 아닌 것으로 밝혀지면 그다음으로 의사가 등장하여 그 죽음을 설명하게 될 것이다. 만약 자살이 시도되었을 뿐이라면, 교화 내지 치료와 원인 제거에 몰두하는 것 또한 의사의 임무이다.

터넷을 그 직간접 원인으로 설정하려는 의도가 읽어진다.

이런 유의 자살에 대한 보도가 이어지면서 인터넷 자살동호회 사이트 등에 대한 비난여론이 비등해지기도 했고 그에 대한 논문들도 발표되었다. 일각에서는 이러한 자살을 또다시 '신개인주의형' 등으로 '유형화'시키고 싶어 하는 것 같지만, 그들을 성급하게 어떤 범주 안에 편입시키는 것이 능사는 아닌 듯하다. 오히려 글쓴이는 이 변명되지 않는 죽음들, 타당한 이유가 없어 보이는 자살들이 우리에게 던지는 메시지는 무엇일까 하는 것에 관심이 있다.

우리 시대에 자살의 '새로움'은 그 이유의 '하찮음'에서 찾아질 수 있을 것 같다. 그리고 그것이 '하찮은' 것으로 보이는 것은 그 이유라는 것이 기존의 관계망 내지는 의미망 안에 걸러지지 않기 때문이 아닐까 한다. 그렇다면 우리는 먼저 정말 무엇이 그들로 하여금 '합당한 이유 없는' 자살을 하게끔 하는가에 대한 성찰을 해야 할 것이다. 그들의 목숨을 건 행위가 이유 없어 보이는 것 자체가 우리가 특정한 시선으로 이 문제를 바라보고 있기 때문일지도 모르기 때문이다. 그런 고정된 시각으로는 우리는 우리가 무엇을 보지 못하는지를 보지 못한다. 그리고 우리가 그들의 죽음을 우리가 '정당한 이유 없음'이라고 선언하는 한, 이 문제는 사회병리의 시선을 벗어나지 못하고, 논의는 그들을 배제하는 선에서, 내지는 그들을 또 하나의 유형분류체계 안에 집어넣는 것으로 종결될 것이다.

예컨대 만약 누군가 사는 게 재미없어 죽었다 한다면 우리는 어떤 반응을 보일까. 미친놈, 소리가 제일 먼저 나올 터이고, 아마도 드러나지 않은 다른 '합당한' 이유가 있으리라 추측해 볼 것이고, 더 거창하게는 '말세의 징후'를 읽을지도 모른다. 그러나 사회학적 차원에서 볼 때 이러한 일견 무의미해 보이는 자살들은 우리가 삶을 바라보는 시선이 근본적으로 변화하고 있음을 암시하는 역설적 표징들은 아닐까.

삶의 유의미성을 충족시켜 주던 모든 종교적, 상징적, 이데올로기적 의미체계들이 붕괴 내지 약화되고, 더 이상 어떤 단일하고 거창한 이상이나 이데올로기에 대한 절대적 복종이 구조적으로 불가능한 사회에서 모든 가치는 각각의 개인들의 삶 안에서 개별적 승인을 받아야 한다. 이러한 과정을 통해 개인들은 구체적 삶 안에서 자신의 존재의미와 당위성을 스스로 증명하고, 자신의 삶의 목적을 스스로 발견해야 한다. 이제 그 누구도 이 중차대한 업무를 대신해 주지 않는다. 이 임무는 실로 과중한 것이다. 모든 것이 상대화되어 가는 세상에서 과연 무엇이 나의 삶에서 '절대적' 기준이 되어줄 수 있을 것인가? 그리고 여하한 절대적 기준에도 나를 내맡길 수 없다면 여러 기준들 속에서 어떠한 위험한 줄타기가 가능할 것인가?

삶과 죽음의 논리구조가 알레고리적 연쇄성을 가지고 있다고 볼 때, 자살의 의미변화는 삶의 의미변화와 적어도 어느 정도 연동되는 것으로 설명해볼 수 있지 않을까.[19] 이런 맥락에서 잠깐 거꾸로 물어보자. 우리는 도대체 왜 죽지 않는가? 무엇이 우리를 살게 하는가? 무엇이 우리가 자살을 선택하지 않을 만큼은 삶을 의미 있게 만들어 주는 동력이라고 말해지는가? 우리는 더 이상 거창한 이념이나 가치의 구현을 '위해', 또는 그것 '때문에' 살지 않는다.

그런데 그렇다면 과연 무엇이 의미를 생산하는가? 우리는 재미로 산다! 더 이상 배고프지 않은, 더 이상 목매고 추구할 것이 없는 우리에게 삶의 미학으로서 '재미'는 삶의 의미의 새로운 원천이 되고 있다. 말이 되느냐고? 누군가는 되물을 것이다. 그러나 재미있는 것 외에 어떤 또 다른 이유가 필연적으로 요구되는가? 오히려 재미라는 것은 본래부터 삶의 중요한 추동력이었을지도 모른다는 생각을 해본다 (호이징하 1998). 거창한 도덕과 가치들에 의해 포장되었을 뿐. 어찌

---

19) 죽음에 대한 의식변화가 삶의 의미에 대한 의식변화를 유도하는 과정에 대한 설명은 이 책의 '단상모음' 세 번째 글 "안락사 논쟁을 지켜보며 … 두 가지 단상" 참조.

보면 오늘날에는 그 허울이 벗어지면서 재미가 삶의 중요한 동력일 수 있음이 점차 재인식되고 있는 듯하다(천선영 2003b). 그 누구에게도, 그 무엇에게도 기대지 못하고 자신의 존재의미를 스스로 자리매김하고 증명해야 하는 운명을 지닌 (후기)근대인에게, 재미는 의미를 읽어내는 코드로 자리 잡아가고 있다.

그런데 이를 어느 정도 인정하는 사람이라 하더라도 역으로 재미없음이 죽음에의 추동력이 될 수 있음은 쉽게 인정하기 어려울 것 같다. 그러나 재미가 의미의 생산기제가 되어가는 동시에 재미없음이 무의미성으로 등치되어 가는 현상을 관찰해야만 한다. 오늘날의 삶의 조건들 안에서 재미있고 흥미로움을 삶의 가치관으로 선택하는 것은 더 이상 부박(浮薄)한 가벼움일 수만은 없다는 것을 인정한다면, 재미없음, 무미건조함의 상태가 지옥이 될 수 있음도 생각해야 할 것이다. 어떻게 사람이 재미로만 사는가, 비난하기에 앞서 무섭게 변화하는 사회구조, 그 안에서 일어나는 우리 의식구조의 변화를 읽어낼 수 있어야 한다. 속된 말로 인터넷을 '족친다'고 해서 해결될 수 있는 문제는 아닌 것이다. 동시에 우리는 이런 사회의 변화와 더불어 자살을 억제하던 기존의 여러 가지 사회적 기제들이 힘을 잃어가고 있다는 사실을 기억해야 할 것이다.

> 도스토예프스키의 키릴로프는, 세상 사람들이 모두 다 자살하지 않는 이유는 단 두 가지 때문이라고 말했다. 고통과 내세에 대한 두려움이 그것이었다. 우리는 이제 그 두 가지를 얼마간은 제거한 것 같다. 자살에 있어서는, 다른 대부분의 행동영역에서도 마찬가지겠지만, 값싸고 비교적 고통이 없는 죽음을 민주적인 방법에 의해 만인에게 분배할 수 있을 만한 기술적 돌파구가 생기게 되었다. 아마 바로 그 때문에 자살의 문제가 이제 와서 그처럼 중시되고, 또 그처럼 애써 탐구해야 할 주제가 된 것 같고, 그 때문에 각 나라의 정부도 그 원인규명과 예방수단의 발견을 위해 조금이나마 돈을 들이고 있

는 것 같다(알바레즈 2000: 178~179).

위에 언급된 글은 우리에게 신선한 시선을 제공한다. 먼저 키릴로프는 사람들이 자살하는 이유가 아닌, 자살하지 않는 이유를 묻고 있다. 그리고 그 이유를 고통과 내세에 대한 두려움이라고 말한다. 그의 말이 맞는다면, 오늘 우리는 그 두 가지 요인으로부터 상대적으로 '해방'된 세상에 살고 있다. 자살하지 않을 이유가 사라지고 있는 것이다. 자살에로의 길을 막고 있던 장벽이 점점 낮아지고 있다고나 할까. 물론 글쓴이가 보기에 보다 본질적인 것은 '강한 초월성'(이 책 7장 참조)[20]의 개념구성이 거의 불가능한 근대사회의 내재적 원리상 '미래로의 의미구성'이 점점 어려워지고 있다는 점과 관련되어 있다. 이런 상황에서 우리 사회에서 "재미 = 내재적 삶의 미학"을 발견할 수 없는 사람들이 자살로 향할 개연성은 점점 높아질지도 모른다.

다시 한 번 강조하거니와 이러한 새로운 자살의 등장과 확산이야말로 오늘 우리 사회가 직면하는 것으로 보이는 혼란의 인식론적 핵이라고 말할 수 있다. 왜냐하면 모든 의미구성이 그러하듯 죽음인식 또한 기본적으로 '관계인식'에 기초한다 할 수 있는데, '재미'가 삶을 지속시키는 최소한의 동력으로 관찰되는 것 자체가 바로 이 관계인식의 약화 내지는 상실이라는 사회적 상황과 무관하지 않은 것으로 보이기 때문이다. 때문에 이 '모든 관계의 맥'을 끊어 버리는 새로운 자살의 형태는 우리에게 문자 그대로 '인식론적 전환'을 요구한다. 근대적 인식론의 토대 위에서 쌓아올려진 사회의 자기구성 원리에 대한

20) 여기서 '강한 초월성'은 명시적인 초월성의 원천(예: 내세적 종교)에 기댈 수 있는 경우를 의미하는 것으로 사용했다. 그렇다면 '약한 초월성'은 현상학적 입장에서 일상에서의 초월성 경험(예: 꿈 등)을 포함한 넓은 의미의 '경험적으로 설명되지 않는 영역'을 포함하는 것으로 이해할 수 있겠다.

근본적 성찰 없이는 우리는 결코 문제의 본질을 보지 못할 것이다.[21] 3장에서 다루어졌던 것처럼 자살은 그 자체로 이미 근대사회의 치명적 아킬레스건이다. 그런데 이처럼 근대의 논리로 이해되지 않고, 설명되지 않고, 유형화되지 않는 자살은 이중으로 근대사회를 압박하는 것이다.

---

21) 이 짧은 글에서 큰 이론적 성과를 기대할 수는 없겠으나, 지금까지의 논의를 통해 우리는 적어도 이 분야에서 이론적 진전이 더딘 이유를 이해할 수 있는 '단초'는 가지게 된 것이 아닐까 생각해 본다. 아무튼 결과적으로 자살에 대한 사회(과)학적 논의는 뒤르케임 이래로 다른 이론적 설명방식을 제시해 오지 못했으며, 그 빈자리는 의(과)학에 의해 채워진 지 이미 오랜 상태에서 따분한 유형론만을 반복 재생산해 온 것은 아닌가 하는 의구심을 지울 수 없다.

5. 닫는 글: 새로운 시선을 위하여

막연하다, 어렵다, 뭘 할 것인가 잘 보이지 않는다. 그럼에도 자살사이트를 새로운 양태의 자살을 낳는 원흉으로 삼고 그것을 폐쇄함으로써 해결책을 찾으려 한다면 그건 사실을 호도하는 것이며 지극히 나태한 일이 될 것이다.[22]

이성적 이유를 찾는 유일한 동물인 인간은 "받아들일 수 있는 죽음"을 원한다. 이는 "살아 있는 사람들에게 받아들여지고 인정될 수 있는 그런 죽음"(아리에스 1998)이다. 더구나 그것이 자살일 경우 사회는 죽음이 "더 이상 살아 있는 사람들의 마음을 혼란스럽게 하지 않는 경우에 한해서"(아리에스 1998) 인간에게 그것을 되돌려준다. 그러므로 설명될 수 있는 자살은 더 이상 위험하지 않다. 앞서 말한 대로 그것이 사회가 자살의 '이유 찾기'에 골몰하는 진짜 이유인지도 모른다. 그렇지 않은 죽음, 이해되지도 설명되지도 않는 죽음 앞에서 사회는 당혹스럽다. 그러나 사실 많은 경우 자살의 이유는 극히 복합적이다. 규정되어야 할 필요성 때문에 어떤 '분명한' 이유가 찾아지고, 찾아져야 하는 것일 뿐….

이해되지 않는, 설명되지 않는 자살의 등장과 함께 그 '새로운' 자살의 원인과 대응책에 대한 논의가 무성한 가운데, 우리에게 손쉽게 걸려든 것이 자살사이트이다. 자살사이트를 원인으로 생각하면 해야 할 일도 명확해진다. 폐쇄하면 되는 것이다. 그러나 그것은 우리에게, 특히

22) 폐쇄논쟁이 계속될 것이다. 자살사이트가 과연 얼마나 문제인지, 어느 정도 책임이 있는지 글쓴이는 잘 알지 못한다. 물론 개별적 경우들에서 그런 사이트가 '동력'을 제공했을 가능성에 대해 어렵지 않게 짐작할 수 있다. 그러나 그것이 '주범'은 아니다. 그리고 그것의 폐쇄가 지금 이 글에서 논의되는 모종의 '새로운 징후'를 사멸시키지는 못할 것이다.

정부, 교육관계자 등에게 그래도 뭔가 했다는 안도감만을 남겨줄 뿐 실상 설명된 것, 해결되는 것은 아무것도 없다.[23]

'합당한' 이유가 없어 보이는 '사소한' 자살들이 사회를 혼란스럽게 하는 것은 그 자살의 이유가 다른 자살에 비해 더 불분명하기 때문만은 아니다. 보다 근본적으로는 그러한 자살이 근대적 삶의 조건하에서 우리가 살아가는 '사소한' 이유에 정면으로 도전하기 때문이다. 그럼에도 불구하고 사회는 자살의 새로운 이유들을 발견(?)하고, 그를 세련되게 유형화하고, 그에 따른 대책을 마련함으로써 의무를 다했다고 계속적으로 스스로를 '기만'하고 있다. 그리고 사회는 그 '기만구조' 구축을 결코 포기할 수 없을 것이다. 자신의 존재이유와 관련되었기 때문이다.

그러나 우리는 더 이상 '순례자'의 삶을 살지 않는다. 삶의 이유가 거창한 것이 아니라면 죽음의 이유 또한 꼭 거창한 것이어야 하는 것은 아닐 것이다. 그나마 개인적/집합적 '자기기만'을 어느 정도 가능케 해주던 초기 근대적 안전사회에 대한 이상도 튼실한 지지대 역할을 할 수 없게 된 지 오래며, 자살로의 길을 방해하던 기제들의 힘도 많이 약해졌다. 초월성 소통의 어려움은 '미래로의 의미구성'을 점점 더 어렵게 만들고 있다. 그런 의미에서 '사소한' 자살은 '정당'하다! 도대체 왜 죽음을 선택했는지 도무지 알 수 없는 기이한 인간들의 출현은—삶의 유의미성을 충족시켜 주던 모든 종교적, 상징적, 이데올로기적 의미체계들의 붕괴 내지 약화로—자신의 존재의 의미와 당위성을 스스로 증명해야 하는 오늘의 개인들에게 있어 스스로의 삶을 지속적으로 정당화하는 기제 자체가 얼마나 허약한 기반에 터하는지를 상징적으로 보여주고 있다고도 해석될 수 있을 것이다.

---

23) 그럼에도 불구하고 도덕적, 규범적 기구로 스스로를 표방하는 국가는 어떤 설명방식이 구체적인 정책대안과 바로 연결되지 않는 것으로 보이는 경우 의도적/비의도적 또는 무의식적으로 외면하는 경향이 있다.

그리고 우리 삶의 무미건조함이 아직 죽지 않은 우리들 자신에게도 얼마나 무거운 짐이 되어가고 있는지 돌아봐야 할 것이다. 노베르트 엘리아스도 지적하듯이 한 인간의 죽음의 방식은 그가 삶을 얼마나 의미 있는 것으로 느끼는가 여부에 달려 있고(Elias 1982), 이때 중요한 것은 '형이상학적 의미'가 아니라 '체험된(또는 될) 의미'이기 때문이다. '새로운' 양태의 자살을 둘러싼 설왕설래들은 어쩌면 사람들에게 삶의 의미를 체험하게 하는 데, '살아야 하는 이유'를 알려주는 데 실패하는 사회의 자기변명, 또 하나의 '속죄양 찾기 놀이'에 불과할 뿐일지도 모른다.

이 장에서 글쓴이는 '삶의 권력'으로서의 근대가 구성원들의 자살에 대해 '구조적'으로 이전 사회들보다 훨씬 더 민감할 수밖에 없다는 것에 대해, 그래서 사회의 모든 힘들이 자살의 이유를 찾고, 이를 분류/유형화하고 그를 통해 자살의 예방책을 찾는 데 집중되었다는 것에 대해, 그럼에도 불구하고 그 모든 노력들이 실패로 예정되었을지도 모른다는 우울한 사실에 대해, 그리고 그 '예정된 실패'의 징후들의 등장에 대해 '쿨'하게 이야기하려 했다. 사실 그것에 대해 '쿨'하게 이야기할 수밖에 없는 것은 근대사회가 자살의 이유 찾기에 열심인 이유도, 그것이 수반하는 인식론적 혼란도, 그 이유 찾기에 결국 실패할 수밖에 없는 이유도 근대사회구조에 '내재'되어 있기 때문이다.[24)]

---

24) 누군가는 도대체 이런 일을 하는, 이런 결과를 낳은 '사회'는 '누구'인가? 이렇게 물을지도 모른다. 그러나 글쓴이가 여기서 말했던 사회는 — 마치 푸코에게 권력이 산재하는 힘의 작동메커니즘이듯 — 결코 개인이나 집단적 행위자로 환원될 수 없는 '그 내재적 논리에 의해 작동하는 체계적 메커니즘'을 의미한다. 그리고 이 장에서 글쓴이는 '근대사회'를 상정하고 있으며, 그것이 굳이 꼭 어떤 지역사회와 등치될 필요는 없을 것이다. 그리고 모름지기 글에 대한 해석이란 열린 것이어서 그 해석 가능성을 글쓴이 스스로 규정하거나 통제하려 드는 것은 당치도 않은 일이되, 예상되는 오해를 조금이나마 줄여 보고자 하는 취지에

우리는 '이유 없어 보이는', '자살'이라는 이중의 혼돈 속에서 헤매는 근대사회를 그 결과물로 목도(目睹)하고 있다. 그리고 사실 이 모든 논의는 푸코식으로 대답하자면 근대에서 죽음이란 현상 자체가 그 '특권적 위치'를 상실하고 우리의 삶 안으로 들어와 '분해'되기 시작했을 때(Foucault 1999a, 푸코 1996), 자살을 신의 이름으로도 군주의 이름으로도 더 이상 단죄할 수 없게 되었을 때, 자살의 'the reason'이라는 게 있지 않다는 것이 드러났을 때, 이미 예견된 일이었을지도 모른다.

마지막으로 자살에 대한 사회적 논의가 대부분 도덕적이고 윤리적인 차원에서 이루어지고 있는 것에 대해 유감을 표하고자 한다. 보다 다양한 차원에서의 죽음, 자살에 대한 논의가 행해지고, 소통되고, 담론화될 필요성이 있을 것이다. 그 과정 속에서 — 의도되지 않은 결과로 — 죽음/자살의 문제를 바라보는 보다 열린 '사회(학)적 담론의 힘'이 길러질 수 있지 않을까 생각해 본다.[25]

서 사족을 덧붙이자면 글쓴이는 이 글이 근대적 논리구조가 관철되는 사회 안에서 관찰될 수 있는 자살을 둘러싼 일종의 '사회적 사고과정'에 대한 이해를 꾀하는 하나의 '사유모형'으로 읽히길 바란다. 실증적 자료에 의한 구체적인 분석은 후속작업에서 이루어질 수 있을 것이다.

25) 다시 한 번 강조하거니와 자살의 이유를 규명하는 것은 고사하고 어디까지를 과연 자살로 봐야 할지도 여전히 불명확하고, 자살률과 자살보고율이 다르고(자살의 경우 원칙적으로 보험처리가 되지 않기 때문에 많은 자살이 자살로 보고되지 않는 경향이 있다), 자살기도율과 자살성공률이 또 다르기 때문에 'the fact'를 찾아내 이 문제를 설명하고자 하는 태도는 별로 유용하지 않아 보인다. 이 글에서는 문제 자체를 다른 시선으로 바라보면서 자살을 이해하는 사회적 담론방식의 변화과정을 추적하고 사회이론적 수준에서 자살의 이유를 알아야 하는 사회적 이유를 설명하고자 했는데, 이 작업 자체가 죽음/자살 문제를 둘러싼 사회적 담론의 힘을 기르는 데 작은 도움이 되길 바란다.

제 11 장

매장과 화장을 둘러싼 사회적 담론분석

1990년~2002년 주요 일간지 보도 내용을 중심으로

1. 여는 글: '사회적' 문제와 '사회학적' 문제가 항상 일치하는 것은 아니다

'묘지강산을 금수강산으로.' 매장과 화장을 둘러싼 — 1990년대 중반을 넘어서면서 본격적으로 시작된 것으로 보이는 — 사회적 논쟁의 핵심을 이 표어만큼 단적으로 보여주는 말도 아마 없을 것이며, 논쟁의 지향점도 이미 자명하다: 묘지강산이 돼버린 국토를 금수강산으로 되살리기 위해서는 전통적인 매장(埋葬) 관습으로부터 탈피해야 한다는 것이다. 인구증가, 도시화와 산업화, 그리고 그에 따른 국토의 자원화(資源化), 국토개발에 대한 재인식, 나아가 죽음인식의 변화 등 여러 가지 사회적 변화의 결과로 전통적인 매장제도가 해결되어야 하는 당면과제로 떠오르면서 매장에서 화장(火葬)으로의 전환이 핵심 관건이 되었다.[1)]

1) 조장(鳥葬), 수장(水葬), 풍장(風葬) 등 인류역사에 여러 장묘 관습들

그런데 개인적 또는 사회적 인식의 전환이란 거의 항상 여타의 물리적, 제도적 변화에 뒤처져 따라가는 성격이 강하며, 특히 오늘날과 같이 삶의 하루하루가 급격한 전환기로 여겨지는 세상에서는 그 격차가 점점 더 벌어지는 것 같기도 하다. 이런 상황에서 '계도/계몽'적 성격을 강하게 띠는 '강제적' 인식전환은 일종의 폭력이 될 가능성이 있다. 사유체계에서 유일무이한 '중심'에 대한 주장 자체가 하나의 이데올로기가 되어가고 있음을 생각한다면 더욱 그러하다. 게다가 이 장에서 다루는 주제인 죽음에 대한 인식은 삶의 기본적 가치관과 밀접히 연관되어 있는 것이고, 어떤 것이 보다 우월하거나, 열등한 것으로 쉽게 재단될 수 있는 성질의 것은 아니다. 그럼에도 불구하고 그동안 우리 사회에서 — 좀 과장되게 말하자면 — 매장은 '나쁜 것', 화장은 '좋은 것'이라는 인식이 인위적으로 조장된 것으로 보인다.

이러한 배경적 인식을 바탕으로 글쓴이는 이 글에서 매장과 화장을 둘러싼 사회적 담론의 형성과 확산에 있어 언론, 특히 주요 신문사들의 보도태도와 그 내용을 고찰해 보고자 한다. 우리 사회의 매장과 화장 문제는 밑에서부터 생겨난 문제의식이 쌓여 봇물이 터진 것이라기보다는, 위에서 먼저 문제의식이 형성되어 대중을 계몽시키려는 방향으로 진행된 논의의 한 전형으로 보이며, 이런 경우 정부, 시민단체, 언론 등의 역할의 중요성이 보다 커진다고 볼 수 있기 때문에 주요 언론사들이 이 문제에 보여준 자세를 살펴보는 것은 나름의 의미가 있다(그런데 이 장의 목적이 매장이냐 화장이냐 하는 찬반논쟁에 끼어들고자 하는 데 있지 않다는 것을 먼저 밝혀 두고자 한다.[2] 그럼에도

이 존재하지만, 현실적으로 우리가 수용할 수 있는 대안이 무엇인가라는 차원에서 생각해 보면 사실 매장을 제외하고는 화장 정도밖에 별다른 방법이 없어 보인다. 수목장(樹木葬) 또한 화장 후 하는 것이니 여기서는 별도로 다루지 않는다.

2) 사실 — 뒤에서도 다시 언급하겠지만 — 매장과 화장 문제를 둘러싸고 형

불구하고 만약 글쓴이의 논의가 화장장려 입장에 반론을 제기하는 것으로 보인다면, 그것은 화장 찬성론자들의 주장에 대한 직접적 반론이라기보다는 그 사회적 담론이 형성되고 확산되는 방식에 대한 것이다).

기본자료는 종합뉴스데이터베이스를 제공하는 인터넷 사이트 www.kinds.or.kr에서 얻었다. 1990년 1월 1일부터 2002년 11월 30일까지의 경향신문, 조선일보, 중앙일보 그리고 한겨레신문에서 '매장&화장&장묘'라는 검색어를 사용해 자료를 취합했다.[3] 기획기사 시리즈물인 경우 검색에서 빠진 경우들을 찾아내 보완할 수 있었다.

본격적인 논의에 앞서 사회적 관심/문제가 사회학적 관심/문제와 항상 일치하는 것은 아니라는 사실을 다시 한 번 되새겨볼 필요가 있다. 그 전적인 환원은 당장은 '달콤'할지 모르지만 사회적 문제에 대한 다른 내지는 보다 나은 이해와 대응을 위해서도, 사회학이라는 학문의 발전을 위해서도 큰 도움이 되지 않는다. 상호 견제와 거리는 학문을 함에 있어 언제나 요구되는 자세라 믿는다.

성된 사회적 담론은 진정한 의미에서 '논쟁'이라 부르기도 어렵다. 그것은 화장에 대한 당위적 필요성을 근거로 거의 일방적으로 그와 다른 생각을 가진 이들을 '계몽'시키기 위한 성격을 띠고 있었다.

3) '매장&화장&묘지'로 검색할 경우 보다 많은 건수의 자료들이 검색되는데 (경향 62건, 조선 80건, 중앙 69건, 한겨레 110건) 이 장에서 다루고자 하는 내용과 밀접한 관련이 없는 자료들이 함께 검색되는 관계로 이 검색어를 선택하였다.

2. 기초자료분석

1) 보도의 양과 변화 추이

사회적 논의의 강도에 비해 검색한 신문들의 보도 양태는 일단 그 양이 비교적 많지 않은 것으로 나타났다. 지난 12년간 경향신문은 총 26건, 조선일보는 28건, 중앙일보는 35건의 기사가 검색되었다. 한겨레신문은 총 91건으로 다른 신문사들에 비해 거의 3배 이상 보도한 것으로 나타났다.[4)]

그 양의 변화추이를 살펴보면 경향신문, 조선일보 그리고 중앙일보 모두 1996년 이후에 상대적으로 많은 보도 양을 보여주며, 세 신문사 공히 1996년과 2001년에 보다 많은 보도건수를 기록하고 있다는 점을 우선 지적할 수 있다. 1996년에는 정부와 서울시가 1993년 실패했던 매장 및 묘지에 관한 법률개정을 재시도하고, 이에 따라 장묘(葬墓)문화 개선을 위한 여러 가지 정책을 시행하고, 여론수렴을 위한 공청회 등을 활발히 열었으며, 2001년은 장묘법이 개정되고, 서울 원지동 추모공원 설립과 관련한 논쟁이 벌어졌던 해이다.

한겨레신문의 경우 그 변화추이가 다른 신문들에 비해 확연하다. 1998년까지 한겨레신문 관련보도의 양은 다른 신문들과 거의 대동소이하거나 오히려 조금 적은 편이었다. 그러다 1999년 한 해 동안 전해보다 11배나 많은 55건의 보도 양을 기록했으며,[5)] 2000년 이후 중앙일보 수준보다 약간 높은 보도 양을 유지하고 있다. 한겨레 외에

---

4) 다른 신문들의 경우를 살펴보면, 동아일보 24건, 대한매일 37건, 문화일보 34건, 세계일보 26건, 한국일보 41건이 검색되었다. 국민일보만이 74건으로 상대적으로 많은 보도 양을 보여준다.

5) 거의 일주일에 한 번꼴로 보도가 나온 셈이다.

다른 신문들이 1999년에 여타 해들과 별다른 조짐을 보여주고 있지 않다는 점도 지적할 만하다.

〈표 10-1〉 경향신문

연도	1990	1991	1992	1993	1994	1995	1996	1997	1998	1999	2000	2001	2002	총계
수	0	0	0	1	2	0	7	3	4	2	1	6	1	26

〈표 10-2〉 조선일보

연도	1990	1991	1992	1993	1994	1995	1996	1997	1998	1999	2000	2001	2002	총계
수	0	0	1	0	3	0	4	3	3	4	2	8	0	28

〈표10-3〉 중앙일보

연도	1990	1991	1992	1993	1994	1995	1996	1997	1998	1999	2000	2001	2002	총계
수	0	0	0	1	0	0	5	2	2	6	4	9	6	35

〈표10-4〉 한겨레신문

연도	1990	1991	1992	1993	1994	1995	1996	1997	1998	1999	2000	2001	2002	총계
수	0	0	0	1	0	4	1	1	5	55	7	8	9	91

2) 보도 양태

보도 양태와 관련해서 가장 눈에 띄는 것은 사실보도의 양에 비해 사설/칼럼/논단의 형태나 기획기사의 형태가 상대적으로 많다는 것이다. 이는 일어나고 있는 현상 자체가 복잡하고 다양한 사회적 상황들과 갈등을 만들어낸 것은 아니라거나 또는 설사 그렇다 하더라도 그것에 대한 자세한 보도보다는 어떤 현상에 대한 '특정한' 견해를 전하고자 하는 신문들의 의도가 반영된 것이라고도 해석할 수 있을 것 같다.

〈표10-5〉 경향신문

보도 양태	사실보도	사설/칼럼/논단	기획기사	통계/설문조사	세미나 지상중계	독자투고	계
1990							0
1991							0
1992							0
1993	1						1
1994			2				2
1995							0
1996	3	4					7
1997	1	1	1				3
1998	1	1	2				4
1999			2*				2
2000		1					1
2001	1	2	1	1	1		6
2002							0
계	7	9	8	1	1	0	26

*한 건의 인터뷰 기사 포함

〈표10-6〉 조선일보

보도 양태	사실보도	사설/칼럼/논단	기획기사	통계/설문조사	세미나 지상중계	독자투고	계
1990							0
1991							0
1992	1						1
1993							0
1994		2	1				3
1995							0
1996	3	1					4
1997	1	2					3
1998	1	2					3
1999	1	1	1			1	4
2000	2						2
2001	1	2	5				8
2002							0
계	10	10	7			1	28

〈표10-7〉 중앙일보

보도 양태	사실보도	사설/칼럼/논단	기획기사	통계/설문조사	세미나 지상중계	독자투고	계
1990							0
1991							0
1992							0
1993	1						1
1994							0
1995							0
1996		1	4				5
1997	1	2					3
1998	1		1				2
1999	2		4				6
2000	2	1	1				4
2001	1	1	6	1			9
2002	3		2	1			6
계	11	5	18	2			35

〈표10-8〉 한겨레신문

보도 양태	사실보도	사설/칼럼/논단	기획기사	통계/설문조사	세미나 지상중계	독자투고	계
1990							0
1991							0
1992							0
1993	1						1
1994	2		2*				4
1995							0
1996			1				1
1997			1				1
1998	1		4				5
1999	12	2	39		1	1	55
2000	1		5	1			7
2001	2	1	2	2		1	8
2002	3	1	4	1			
계	22	4	58	4	1	2	91

*1건은 풍속

한겨레신문은 다른 신문들보다 보다 적은 사설/칼럼/논단 형태의 기사를 내보낸 대신에 기획기사의 수가 눈에 띄게 많은데, 앞서 지적한 대로 이 또한 1999년에 집중되어 있음을 쉽게 확인할 수 있다. 신문이 무언가 '작심'을 하고 있었다는 심증이 가는 대목이다.

3) 보도 내용을 중심으로 한 담론분석

이미 지적한 대로 매장과 화장 문제를 둘러싼 문제에 대한 신문 보도 양상을 살펴보면, 사실 '논쟁'이라 부르기에 민망한 감이 없지 않다. 적어도 이 문제에 관한 한 신문들은 — 이념적 지향과 무관하게 — 자신의 성격을 계도·계몽언론으로 확실하게 규정하는 것으로 보이고, 보도의 중심은 매장의 문제점을 지적하고, 화장의 당위성을 역설하는 데 일관되게 모아지고 있다.

> 서울 근교에 살면서 아침저녁으로 동네 뒷산에 올라갈 때마다 느끼는 것이 있다. 도대체 웬 묘지가 그렇게 많은지 … 때가 되면 조상의 묘를 찾아 수백 수십 ㎞를 오가며 온 나라의 교통을 마비시키고 자원을 낭비하는 것도 더 이상 방치할 수 없다(조선 98. 10. 30).

여기에서 주목할 만한 사실 하나는 매장에 대한 문제점과 그에 대한 반대가 곧바로 화장 찬성의 논리로 넘어간다는 것이다. 매장의 문제점을 해결하고자 한다면, 매장제도의 운용에 있어서 여러 가지 대안적 방법을 모색할 수도 있을 터인데, 이에 대한 언론의 관심은 상대적으로 매우 적다. 일부 보도에서 화장률이나 합장률을 높이는 방법(경향 94. 10. 10) 등이 제안되고, 매장 위주의 장묘문화를 가지고 있지만 묘지관리의 철저화로 비교적 문제를 잘 해결해 나가고 있는 것으로 보이는 프랑스 등의 예가 외국 장묘제도 소개보도를 통해 간혹 언급되기는 하지만, 우리의 경우 '화장이 문제의 유일하고도 궁극적인 해결책이다'라는 논조가 대세인 것만은 분명하다.

> 매장 선호로 인해 빚어지는 명당 찾기라든가, 호화분묘 조성, 그리고 이에 따른 자연훼손 등의 문제점을 해결할 수 있는 현실적 대안은 화장과 납골묘 조성이 유일한 방안이다(조선 96. 06.07).

> 국토면적이 작은 나라에서 매년 여의도 넓이의 땅이 분묘로 변한다면 보통 심각한 문제가 아니다. 해결책은 매장을 억제하고 화장과 납골묘를 장려하는 것이다(조선 99.05.18).

매장을 반대하고 화장을 찬성하는 주장에서 자주 언급되는 이유들로는 국토이용의 합리화 외에도 환경보호, 명당 찾기에 따른 폐해, 호화분묘 조성 등을 들 수 있지만, 가장 결정적이고 중요한 것으로 여겨지는 논지는 역시 뭐니뭐니 해도 매장이 국토의 효율적 이용을 방해한다는 것이다. 그리고 이때 아주 빈번하게 등장하는 것이 다름 아닌 여의도 면적과의 비교이다. 묘지난을 실감나게 표현하기 위해 동원되는 이 비교는 모든 신문사들의 단골메뉴이다.

- 매년 여의도 3배 가까운 또는 만큼의 국토가 묘지화되고 있다(경향 94.10.10, 경향 98.08.18, 조선 94.11.14, 조선 98.08.17, 중앙 96.07.01, 한겨레 95.02.12).
- 매년 여의도 1.6배만큼의 국토가 묘지화되고 있다(경향 97.02.17).
- 매년 여의도 1.2배만큼의 국토가 묘지화되고 있다(조선 96.06.29, 중앙 99.04.05, 중앙 01.08.24, 한겨레 98.09.25, 한겨레 99.09.16).
- 매년 여의도만한 면적의 토지가 묘지화되고 있다(경향 96.05.02, 조선 99.05.18, 중앙 97.09.18, 중앙 99.09.03, 한겨레 99.09.27).

그런데 보는 것처럼 때에 따라 서로 다른 수치들이 동원되고 있어 혼란을 가중시킨다. 어느 것이 가장 실제와 가까운지를 알고 싶은 것은 아니다.[6] 단지 여의도 몇 배만한 땅이 매년 묘지로 사라지고 있다는 비유가 가지는 대중적 파괴력에 대해 언급하고, 이를 누구보다도 잘 알고 있을 언론이 정확한 확인 없이 그때그때 적당한 수치를 동원해 온 것 같은 것에 대해 문제제기를 하고 싶을 뿐이다.[7]

매장의 "추세가 계속되면 수도권은 3년 이내에, 전국적으로 10년 이내에 집단묘지 공급이 한계에 달할 것으로"(조선 96.06.29) 보인다는 기사도 빠지지 않는다.[8] 그런데 사실 화장에 대한 집중적 계도가 시작되기 훨씬 이전부터 화장은 꾸준하고 계속적으로 증가하는 경향이 있었다. 1971년에 7%에 불과하던 화장률은 1980년 13.9%, 1990년 17.5%, 1994년 20.5% 그리고 1995년에는 22%에 달했다(경향 96.07.03, 한겨레 95.04.09). 그리고 화장장려운동이 없었더라도 이 추

---

6) 여의도 면적을 약 8.5㎢ = 약 90만 평으로 보고(야후! 백과사전), 매년 늘어나는 묘지넓이가 9㎢이라고 한다면 1.2배가 가장 가깝다. 이필도·고덕기의 글(1999: 13)에도 여의도 1.2배 정도라는 설명이 나온다.

7) 우리나라가 조만간 골프장 강산이 되는 것에 대해서는 왜 언론이 강하게 문제제기를 하지 않는지 모르겠다. 환경훼손 등의 이유로 볼 때도 골프장 증가는 우려하지 않을 수 없는 수준이 아닌가? (신문들은 외려 '골프가 더 이상 특권층의 스포츠가 아니'라며 정기적인 골프 면을 앞다투어 신설했다.) "1998년부터 3년여 동안 서울 남산 면적의 2.4배가 넘는 733.08ha의 산림이 사라졌다"(녹색연합 정책실장 김타균, 대한매일 2002.10.07)고 하니 말이다. 골프장 1개소 평균 면적은 30만~35만 평 정도이며, 이는 잔디축구장 150개 이상을 지을 수 있는 크기이다. 2001년 현재 운영 중인 골프장은 143개소에 달하고, 건설 중이거나 승인된 골프장의 수가 67개이다. 이를 기준으로 하면 골프장의 총면적은 총 220㎢이며, 이 면적은 여의도 면적의 26배, 남한 면적의 0.2%에 달한다. 지어지기 시작한 지 몇십 년 되지 않은 골프장의 면적은 벌써 우리나라 전체 묘지면적의 1/5에 이르고 있다(김은숙 2001 참조).

8) 조선일보는 1999년 11월 8일에도 같은 내용을 보도하고 있다. 다른 신문들도 유사한 내용들을 시차를 두고 반복 보도한다.

세는 쉽게 누그러지지 않았을 것이다. 이는 화장이 정책적 필요에 의해 불이 확 붙었을 뿐이지, 뭔가 다른 요인들의 복합적 작용으로 인해 이미 장묘관습의 변화가 상당한 정도로 일어나고 있었음을 암시한다. 본격적인 화장운동 이후 신문 인터뷰에 등장하는 사람들은 거의 모두 국가적 시책에 호응하는 지극히 계몽적이고 도덕적인 언명만을 남기고 있지만 말이다.[9]

신문보도에서 화장을 반대하는 논리는 아주 단편적이고 표피적으로만 다루어지는 것도 특기할 만하다. 예를 들어 경향신문 2001년 7월 26일의 보도 내용 중에서 지극히 '합리적인 이유'를 들어 화장을 찬성하는 이들에게 반론을 제기하는 것은 단지 비기독교적, 비성서적이라는 이유를 내세우는 기독교인들뿐이다(경향 01. 07. 26).

그런데 다른 신문들에 비해 한겨레신문의 논조는 적어도 1998년까진 화장을 장려하는 일률적인 계몽 글이 아닌 비교적 균형적인 입장을 보여주고 있었다. 예를 들어 한국 전례원 총재 김득중의 말을 빌려 문제의 핵심이 다른 데 있을 수도 있음을 지적하고, 호화분묘와 무연고 분묘의 우선적 정리에 대한 주장을 전하고 있다. 같은 기사에서 장묘를 둘러싼 "…'형이상학적 논쟁'에서 복지부로서는 국토이용의 효율성 측면 이외에는 딱히 반박할 논거를 찾기 힘들었다"(한겨레 96. 06. 30)고 적고 있기도 하다. 이 보도에 글쓴이가 주목하는 이유는 현재 매장과 화장을 둘러싼 논의에서 중심자리를 차지하는 국토이용의 효율성 측면을 단지 '하나'의 관련요소로 보도하고 있다는 점이다. 한겨레신문은 1998년 9월 25일자 보도에서도 화장을 주장하는 측과 매장을 주장하는 측의 다양한 찬반 이유들을 비교적 균형적으로 보도하고 있다. 여기에서 화장 찬성 측은 묘지난, 호화분묘, 무연고 묘지(화) 등을 말하고 있고, 매장 찬성 측은 사회 분위기, 두 번 죽인다는

9) 이 장 뒷부분의 한겨레신문 보도 내용 분석에 대한 부분 참조.

심리, 유교의 영향, 음택풍수(음덕) 외에도 '기억의 장소'[10] 등을 이유로 들고 있다.

그런데 한겨레신문은 1999년 '한국장묘문화개혁범국민협의회'(이하 장개협)와 공동으로 장묘문화 개선을 위한 캠페인을 벌이면서, 일정한 입장변화를 보여준다.[11] 이후 매장에 관한 논의는 그 "문제점과 극복대안"을 중심으로만 다루어지고, "우리는 죽은 사람을 위한 땅에 더부살이하는 셈이다"(한겨레 99.09.16)라는 좀 '과격'하게 보이는 주장까지 등장한다. 이후 한겨레 보도에서 글쓴이가 특별히 주목하는 부분은 특정한 입장에 강한 '도덕적 우월성'이 부여되고 있는 것으로 보인다는 점이다. 화장 주장을 하는 사람들에게 '뜻있는 인사들'이라는 표현을 쓰고 있는 점부터가 그렇다.

---

10) "아버지 산소에 나무 심으러 가는 날/ 흙먼지 길 오십 리 마음 심으러 가는 날/ 하늘 살이 석삼년 요즘은 어떻게 지내시나// 1. 세상엔 다시 봄이 오고 진달래 붉게 타는데/ 지내실 만하신지 겨울은 편히 나셨는지 / 바람결에 들리는 그날의 하모니카 소리// 2. 올봄엔 진달래 꽃잎 따다 술이나 한 동이 담글까/ 그 내음에 취해 노래도 몇 개 만들고/ 아버지 산소에 나무 심으러 가는 날/ 따뜻한 봄볕에 한잠 자러 가는 날". 가수 이정열이 부른 '아버지 산소에 나무 심으러 가는 날'이라는 노래의 가사이다. 글쓴이는 매장이나 화장 중 어느 하나를 무조건적으로 두둔하고자 하는 생각은 없다. 그러나 매장방식이 일방적으로 두들겨 맞고 있는 요즘 상황에서 '아버지 산소에 나무 심으러 갔다가 따뜻한 봄볕에 한잠 자는' 풍경이 문득 아주 '따뜻하게' 느껴지는 것은 어쩔 수 없다. 그리고 이런 개인적 감상을 넘어 인간의 문화적 성취에서 '기억'과 '기억의 장소성'이 지니는 중요성을 재인식해야 한다고 생각한다.

11) 참고로 1999년은 서울시의회가 '장묘문화개선 특별위원회'를 구성하고 활동에 들어간 해이기도 하고, 화장의 불가피성이 본격적으로 홍보되기 시작한 해이기도 하다. 물론 이는 서울시의 제2화장장 건설계획과 무관하지 않았던 듯하다.

> 우리나라의 산과 들 어디든 묘지 없는 곳은 없다. 묘지가 국토를 다 잠식한다며 뜻있는 인사들은 매장문화를 화장문화로 바꿔야 한다고 주장한다(한겨레 99.08.16, 강조는 글쓴이).

1999년 9월 17일 보도에서 한겨레신문은 전주대 이재운 교수가 실시한 설문조사에 대한 기사를 실으면서, "매장을 선호하는 이유로 왠지 화장이 싫다(44.5%)거나 전통적 관습(41.2%)이라는 응답이 많았다. 화장을 선호한다는 응답자들은 국토의 묘지화를 억제할 수 있고, 장례문화의 개선이 필요한 시점이며, 가족의 부담을 덜어줄 수 있다는 점을 이유로 들었다"고 쓰고 있다. 글쓴이가 설문지 전체를 보지 못한 관계로 단정적으로 말하기는 어려우나, 우선 설문지문항 구성 자체에 문제가 있는 것으로 보인다는 점은 지적하고 싶다.[12] 그러나 여기서는 신문의 보도태도를 지적하는 것으로도 일단 충분할 것이다. 이 기사에 따르면 매장을 지지하는 이유는 다분히 무의식적이고 정태적으로 보이는 반면, 화장선호 이유는 지극히 합리적인 것으로 보인다는 사실을 부인하기 어렵다. 이는 위에 인용한 한겨레 1998년 9월 25일 보도의 느낌과도 사뭇 다른 것이다.

한겨레는 이후 또 다른 연재기획기사를 통해 화장이 얼마나 도덕적으로 우월한 것인지를 여러 '유력인사들'과 '계몽된 시민들'의 입을 빌려 지속적으로 강조한다.

> 그는 "격변의 근현대사에서 남다른 성공을 거둔 사람들은 자신을 키워준 사회에 고마워할 줄 알아야 하고, 국민의 존경을 받지는 못할망정 적어도 폐를 끼쳐서는 안 된다"며, "화장은 자연에 순응하는 길이자 후손이 쓸 땅을 미리 당겨쓰는 폐를 막는 길"이라고

---

12) 예를 들어 "왠지 화장이 싫다"라는 문항은 화장이 싫은 별다른 합리적 이유가 없음을 이미 적극적으로 암시하고 있다.

강조한다(전 과기부 장관, 문화일보사 사장 김진현, 한겨레 99.10. 12).

> 가지는 것을 최소화하자는 게 생활신조입니다. 특히 죽은 뒤에 쓰레기를 남기지 말자는 생각이지요(서울여대 교수 송보경, 한겨레 99.10.19).

> 삶의 철학이나 가치가 중요하지 몸 자체는 중요하지 않습니다(전 성공회대 총장 이재정, 한겨레 99.10.22).[13]

> 묘지의 권위를 보여주는 봉분과 석물은 아무리 좋은 말로 변명을 해도 '가진 자의 위세'입니다. '인생은 결국 한 번 죽는 것'이라는 진리를 외면하는 매장자들의 자기합리화에 지나지 않아요. 지도층 인사의 솔선수범이 특히 어린이들에게 얼마나 큰 영향을 끼치는지를 알아야 합니다 (시인 · 교사 김만선, 한겨레 99.11.04).

다른 한편으로 "화장을 하고 안 하고는 당사자 스스로 자유롭게 결정해야 한다"고 송보경의 입을 통해 말하고 있기도 하지만, 그렇다고 해서 화장을 권장하고 그러한 결정을 보다 '지각 있는' 것으로 간주하는 전체적인 논조가 변하는 것은 아니다.

요약하자면, 경향, 조선, 중앙의 경우 적은 수의 보도에서나마 '일관되게' 화장 지지를 표명하고 있고, 한겨레의 경우 1998년 이전과 이후에 주목되는 입장변화가 감지되는데, 특히 이 신문이 1998년 이후 화장 장려를 하나의 시민계몽운동으로(만) 접근하는 것으로 — 다른

13) 이재정이 말하는 좋은 의도를 폄하할 생각은 없다. 그러나 이 글을 읽으면서, 살아 있을 때 요즘처럼 '몸'에 신경 쓰는 사람들은 유사 이래로 없다는 것을 떠올리게 되는 것은 왜일까. 우리는 우리 몸을 살아 있는 몸, 젊고 건강하고 이상적인 몸으로서만 선택적으로 소유하고, 사랑하고 싶어 하는 것은 아닐까?

신문들도 정도가 약하긴 하지만 크게 다르진 않다 — 보인다는 점을 지적하고자 한다.

3. 매장과 화장 문제를 둘러싼 사회적 담론구성을 바라보는 하나의 '다른' 시각

의식(儀式)이나 의례 같은 것들은 기본적으로 '상징의 덩어리'이다. 그리고 의식/의례적 의사소통 또는 행위양식들의 가장 중요한 특징 중 하나는 그들이 기본적으로 도구·목적·합리적 성격을 지니지 않으며, 일상적 커뮤니케이션의 규칙에 매여 있지도 않다는 것이다.[14] 때문에 무슨 의식/의례가 되었건 간에 그것은 사회적 행위의 효율성, 기능성과 편리성 등과는 배치되는 경우가 많다. 효율성과 기능성이라는 측면에서만 본다면 그동안 인류가 무덤에 쏟아 부은 시간, 돈과 노력은 지극히 부질없는 것이다.[15]

한겨레신문에 종이관(棺)에 대한 기사가 난 적이 있었는데 그 내용은 이렇다.

> 서울시 시설관리공단 장묘사업소가 최근 종이관과 나무관을 화장로에 넣고 소각실험을 한 결과 종이관은 타는 시간이 10분인 반면 나무관은 30분 걸렸다. 연소상태는 종이관의 경우 잿빛 연기가 2

14) 제도화된 의례가 사회적 규제의 장이기만 한 것은 아니다. 오히려 그것은 사회구성원들의 기쁨과 슬픔 등이 공식적으로 허락되고 승인되는 시간과 공간이기도 하다. 그러나 요즘 우리 사회에서의 의례논쟁은 거의 일방적으로 규제 쪽만 강조되는 측면이 있는 듯하다. 이에 대해서는 송현동(2002)의 장상례 관련 국가정책의 규제적 측면에 관한 논의도 참조.

15) 물론 인류가 남긴 수많은 '무덤'들이 유명한 관광지가 되어 큰돈이 되기도 하지만 말이다.

> 분 정도 나고 완전 연소된 반면, 나무관은 검은 연기가 10분 이상 나는 등 불완전 연소되는 것으로 밝혀졌다. 전체 화장시간도 20~40분 이상 단축된다. 값도 종이관이 훨씬 싸다. 나무관은 보통 30만~300만 원인데 종이관은 15만~50만 원 정도다(한겨레 01. 02.08).

관(棺)이란 무엇인가? 왜 우리는 죽은 자를 관에 넣는가? 돈과 시간만이 문제라고 한다면 종이관조차 쓸 이유가 있을까? 호화분묘와 호화장례를 옹호할 생각은 전혀 없다. 그러나 최근 장묘문화를 둘러싸고 이루어지는 사회적 담론들은 의례의 상징적 성격과 그 사회·역사·문화적 측면에 대한 논의는 아주 간단하게 생략한 채 모든 의식과 의례는 허례인 것으로 치부하는 듯한 인상을 받는다. 게다가 산 자도 차지할 땅이 없는데 죽은 자가 차지하는 땅이 너무 넓다는 식의 단순한 주장은 삶과 죽음을 이분법적으로 생각하는 사고의 전형이라 하겠다.

죽은 자에 대해 예의를 갖추는 것은 본디 산 자를 위한 것이다. '나'와 '우리'를 위한 것이다. 유한한 인간의 존재적 한계에 '의미'를 부여하는 것은 우리의 남은 삶에 의미를 부여하고자 하는 몸부림인 것이다. 죽음에 대한 의미부여가 물론 장묘를 통해서만 이루어지는 것도, 그 방법이 꼭 매장이거나 화장이어야 하는 것도 아닐 것이다. 그것은 특정한 방법의 문제라기보다는 죽음을 바라보는 우리의 시선과 보다 더 밀접하게 관련되어 있다. 요즈음 우리 사회를 달구고 있는 화장논의는 과연 얼마나 이런 문제의식과 관련되어 이루어지고 있는가 자문해 볼 일이다.

글쓴이는 앞에서 화장장려운동이 본격화되기 이전부터 지속적으로 증가하던 화장률에 주목할 필요가 있음을 지적한 바 있다. 물론 이 운동이 본격적으로 전개된 이후 화장률은 훨씬 더 가파른 상승세를 타고 있고, 각종 조사에서는 화장에 대한 선호도가 매장에 대한 그것을 앞지르고 있다. 이런 현상은 — 화장장려운동가들이 보기에는 아직도 충분하지 않은 것일 수 있겠으나 — 글쓴이가 보기에는 상당히 급격한 변화이다.

서울시의 경우 화장률: 1996년 29.0%, 1997년 30.8%, 1998년 36.5%, 1999년 41.9%, 2000년 49.5%, 2001년 53%(경향 01.08.20, 조선 01.04.24 참조).

전국 화장률: 1995년 22%, 1996년 23%, 1997년 22.9%, 1998년 27.8%, 1999년 30.7%(조선 01.04.24).

한국갤럽조사: 화장선호도는 1994년 32.8%에서 2001년 62.2%로 증가, 매장선호도는 64.9%에서 37.8%로 감소(경향 01.07. 14).

생활개혁실천범국민협의회 설문조사: 화장수용비율 1994년 50.1%, 1998년 65.2%(한겨레 99.03.11).

여론조사: 화장 46.1%, 화장 후 납골시설 2.6%, 매장 17.6%, 화장 후 매장 7.5%, 일정기간 매장 후 화장 26.1%(중앙일보 01.09. 21).

여론조사: 화장 47.8%, 화장 후 납골시설 0.8%, 매장 16.1%, 화장 후 매장 9.8%, 일정기간 매장 후 화장 25.6%(중앙일보 02.09. 19).

급기야 2010년 현재 대한민국의 화장선호율은 80%에 육박하고 있다(한국보건사회연구원 자료). 《죽음의 역사》의 저자 필립 아리에스가 죽음에 대한 인식과 그것과 관련된 사회적 행위들은 아주 천천히 변하기 때문에 유의미한 변화양상을 추적하기 위해서는 적어도 천 년의 역사를 살펴볼 필요가 있다는 주장했다는 사실을 되살려 본다면(아리에스 1998), 뭔가 — 우리가 충분히 민감하게 반응하지 못하는 — 커다란 변화가 지금 이 순간 일어나고 있다는 것을 인식할 필요가 있다. 아주 오랫동안 변하지 않았던 또는 지극히 느린 속도로 변화하던 우리의 죽음인식이 급격하게 변하고 있다. 그런데 도대체 인간의 인식이라는 것이, 더구나 죽음에 대한 인식이라는 것이 이렇게 빨리 변화될 수 있는 것인가?[16] 이런 질문을 되짚어 하게 된다.

이런 큰 변화 모두가 화장장려운동의 결과라고 주장하려는 것은 아니다. 말했듯이 이미 변화는 시작되고 있었다. 다만 여기서는 정부와 시민단체, 언론의 특정한 의도에 의한 적극적 개입방식에 대한 문제를 지적하고자 한다. 그들이 어떤 계몽적 의도를 가지고 캠페인을 하는 것은 자유이겠으나, 만약 그것이 극히 복잡한 의식(意識)차원의 문제를 포함하고 있다고 한다면, 너무나 분명한 선언적 캠페인은 자칫 보다 깊이 침잠해 있는 중요한 문제들을 잠재워 버리고, 이를 단순하게 정책적 차원, 시민운동 차원으로만 환원시켜 버리는 '의도하지 않은 결과'를 낳을 수 있다. 더구나 정부와 언론이 장묘문제와 관련해서 화장을 '도덕적 우위'로 포장하는 데 대해서는 강하게 문제제기를 하지 않을 수 없다.

그리고 이와 관련해 1970년대의 국가중심시책 중 하나였던 '가족계획사업'을 떠올리게 된다. "소자녀 가정을 현대성, 부, 행복, 그리고 효율과 복지의 이미지"(김은실 2001)와 등치시킴으로써 우리 사회에 소자녀 가족을 규범화시켰던 이 국가적 사업은 얼마나 '집요하게' 진행되었고 우리 삶의 모습을 변화시키는 데 지대한 영향력을 행사했으

16) 물론 어느 정도 실질적 내용의 변화가 일어나고 있는가 하는 것은 별도로 다루어야 할 문제이다. 상당 정도의 '거품'이 있는 것으로 생각되기 때문이다. 예를 들어 '천하의 명당'임을 강조하고 웅장한 석조물을 앞 다투어 자랑하는 납골당 분양광고들을 보고 있노라면, 화장장려운동을 통해 정작 변하길 바랐던 것은 변하지 않고, 산 자들의 이기주의와 결합한 상업주의만이 판을 치는 것은 아닌가 의심스러우며, 화장장 업주와 석물회사들만이 화장운동의 실질적 수혜자인 것처럼 보이기도 한다.

며, 아직까지도 깊은 파장을 남기고 있는가? 당시 자녀를 1명 낳는 사람은 '문화인', 2명 낳는 사람은 '문명인', 3명 이상 낳는 사람은 '미개인', '야만인'이라는 우스갯소리가 떠돌 정도였다. 물론 지금 이 말은 아주 옛날이야기처럼 느껴지고, 이제는 출산율 저하 때문에 난리 북새통이다. 사회구성원의 출생과 사망에 대해 어느 정도 '통제'를 시도하지 않는 사회는 없(었)다. 그러나 이 중차대한 문제를 행정적 차원의 규제문제로만 환원시키는 것은 아주 조심스러운 일이다.[17] 더구나 우리가 이 문제를 또다시 계몽과 미몽(迷夢), 선과 악 내지는 합리성과 비합리성의 구도로 끌고 가는 것은 위험하기 짝이 없다.[18]

그런데 과연 우리는 왜 화장을 선호해야 하는가? 좁은 땅만이 진정 문제의 핵심인가?[19] 땅이 문제라고 한다면, ― 실제적 차원에서 보더라도 ― 매장의 반대가 필연적으로 화장이 되어야 하는 것은 아니라고 생각한다. '장개협' 사무총장 박복순도 지적하듯이 매장 자체가 원흉이라기보다는 그의 운용이 많은 문제를 낳고 있기 때문이다. 난립되고 관리되지 않는 개인묘지, 축적된 무연고 묘지 그리고 일부 계층의 호화분묘 등이 해결되어야 한다. 전체 묘지의 70%가 넘는

17) 1993년에서 1999년 사이에 장묘법과 관련된 공청회만 460회가 열렸다(조선 99.05.18)고 하는데, 거기에서 이런 문제들도 논의되었는지 의문이다.

18) 이에 대해서는 천규석(2002)도 "언론들은 해마다 여의도의 1.2배인 9㎢의 국토가 묘지로 잠식되고 있고, 죽은 사람이 산 사람보다 이미 4.5배의 땅을 차지했다며 '매장은 악, 화장과 납골묘는 선'이라는 낯익은 흑백논리로 여론을 몰아가고 있다"고 지적한다. 화장장려운동 이후 아주 자주 납골묘 분양에 대한 전면광고들을 신문에서 접하게 되었다. 그런데 환경논리로만 보더라도 썩지도 않는 커다란 돌무덤들은 진정 하나의 '합리적' 해결책이 될 수 있을 것인가?

19) "… 사람들은 누구나 사랑하는 가족의 묘지를 가까이 둘 권리가 있다. 단지 땅이 부족하다는 식의 대응은 문제해결에 아무런 도움이 되지 않는다. 보다 좋은 방법을 모색해야 한다"(영국 노동당 탐 달렐 의원, 경향 94.09.30).

것으로 보이는 (불법) 개인묘지와 40% 정도로 추정되는 무연고 묘지만 정리될 수 있다고 한다면, 그리고 묘지 시한부 사용제 등의 효과적 시행을 통해 묘지면적의 증가를 막을 수 있다면 상당정도의 문제는 해결될 수 있을 것으로 보인다.[20]

이를 정부, 시민단체, 언론도 모를 리 없다. 그렇다면 그럼에도 불구하고, 왜 화장이 유일한 해결책이라고 주장되는가? 글쓴이가 생각하기에 그 중요한 이유 중 하나는 불법 묘지와 무연고 묘지의 정리라는 것이 묘지 자체에 대한 인식의 변화가 선행되기 전에는 해결하기 어려운 문제라는 데 있는 것 같다. 묘지에 대한 우리의 전통적 인식은 예를 들어 건설공사 중 묘 자리가 발견되면 모든 공사를 중지하고, 후손을 찾아내서 이장(移葬)하도록 하고, 고사를 지내는 정도라 하니, 과연 쉽게 접근할 수 있는 성격의 문제는 아니라 할 것이다. 즉 한번 설치한 분묘는 손대기를 금기시(조선 94.11.14)하여, 국가에서(조차) 마음대로 할 수 없다는 데(이필도 · 고덕기 1999, 경향 97.08.30, 조선 99.11.08 등) 그 심각성이 있었던 것이다. 그리고 그동안의 화장장려운동이 가져온 중요한 파생적 결과 중 하나는 아마 불법 묘지와 무연고 묘지에 대한 처리가 용이해진 것이 아닐까 한다.

어쨌든 이제 우리는 정말 '환경보전과 국토의 효율적 이용'(71.8%)[21]을 위해 화장을 선호하게 되었는가? 그도 아니면 우리는 조상들을 보다 자주 찾아뵙고, 잘 섬기기 위해 화장을 선호하게 되었는가? 물론

---

20) 화장률이 12% 정도에 머무르고 있는 미국은 국토가 넓어서 그렇다 치더라도, 화장률이 8%에 불과한(한겨레 98.09.25) 매장 중심의 나라인 프랑스의 묘지 총 면적도 — 우리가 1%에 달하는 반면 — 0.06%에 불과하다(조선 99.11.08).

21) '장개협'이 현대리서치연구소에 의뢰해 조사한 서울시민의식조사 결과에 따르면 그 외에도 위생적이고 사후관리가 용이하다(13.6%), 비용이 절감된다(7.6%) 성묘가 편리하다(6.3%) 등이 지적되었다고 한다(한겨레 01.03.23).

"매장을 한다고 해서 자손들이 더 돌보고 납골을 한다고 해서 소홀히 하는 것은 결코"(중앙 96. 07. 01, 사설) 아닐 것이다. 그러나 동시에 "매장할 때보다 … 아무래도 더 자주 찾아뵐 수 있을 것"(한 시민의 인터뷰, 중앙 01. 08. 04) 같다는 말도 수긍하기 어렵다.[22] '환경보존과 국토의 효율적 이용'이라는 대의명분을 넘어 "후손들이 묘지관리를 제대로 할 것인지에 대한 우려가 확산되고"(박복순, 한겨레 02. 09. 19) 있고, 나아가 편리하고, 간단하고, 관리도 쉽고, 돈도 덜 들기 때문에 화장을 한다면 말이다.

나아가 글쓴이는 우리가 화장을 선호하게 된 또는 — 사람들이 상상했던 것보다는 — 쉽게 받아들이게 된 중요한 이유 중 하나는 지극히 현세적인 사고와 그에 따른 죽음에의 의미부여 감소와 관련이 있다고 생각한다. 살아서, 건강해서 내 몸이 중요한 것이지, 죽은 몸은 아무 쓸모없는 몸이라고 한다면, 남은 과제는 보다 깨끗이 사라지는 일뿐인 것이다. 글쓴이의 수업에 참여했던 한 학생의 말이 생각난다. 그 학생의 아버지가 오래 전부터 나중에 당신이 죽으면 화장을 해달라고 하신다기에, 그 이유를 뭐라 하시더냐 물었더니, 그의 명쾌한 대답은 이러했다. "저희 아버지가 원래 심플한 걸 좋아하시거든요!"

조선시대 이전에도 화장이 있었다는 걸 말하는 사람들이 있다. 그러나 그 당시의 화장과 오늘 우리가 주장하는 화장이 동일한 논리를 가지고 있는 것은 아니다. 우리가 조금만 솔직해진다면, 오늘의 화장이 죽은 자에 대한 또 다른 예의를 갖추는 방식이며, 죽은 자가 이

---

22) 한 미국 관리가 화장의 증가이유에 대해 "도시화의 영향으로 이사를 자주 하고 옛날처럼 성묘를 자주 하지 않는 현상이 일반적인 데다, 교회가 화장에 대한 반대태도를 누그러뜨렸기 때문"(한겨레 99. 09. 30)이라고 대답했다고 한다. 땅 문제는 비교할 수 없으니 제외하더라도, 사회변화의 양상과 그 결과에 대한 생각을 상당히 솔직하게 보여주고 있다 하겠다.

사회에 남길 수 있는 마지막 기여라는 식의 주장을 강하게 할 수는 없을 것이다. 우리는 사체를 신속하고 깨끗하게 처리할 수 있는—그나마 부족한—화장시설을 갖고 있을 뿐, 떠나는 자와 남는 자가 서로 화해하고, 순화된 마음으로 이별할 수 있는 화장의례의 장은 안타깝게도 아직 갖고 있지 못한 것 같다.[23)]

그래서 "… 자연훼손을 걱정해서도 비좁은 땅덩어리를 걱정해서도 후손들의 부담을 걱정해서도 아니다. 죽은 이들은 무덤으로 이 세상에 흔적을 남기는 것이 아닌 그 삶으로써 흔적을 남기는 것. 그 삶 또한 흔적 없이 거둬갈 수 있다면 더욱 좋은 일이라고 언제부턴가 일찍 그런 생각을 지니게 되었다"(이진명, 한겨레 99.10.05)는 시인의 이야기는 훨씬 더 진실되게 울린다.

---

23) 김열규(2001b: 14)는 단호하게 다음과 같이 말한다. "화장(火葬)의 필요성이 산 자들의 '복덕방 근성'과 짝지어져서 여론을 타고 있거니와, 만일 영혼이 부정된 것과 화장이 결탁을 하면 그것은 쓸모없는 것의 소각(消却)과 구별하기 어려워진다."

4. 닫는 글

오늘의 화장은 불교의 다비식 등과 다르게 기본적으로 의례의 성격을 가지고 있지 않다.[24] 그보다 그것은 무의미함의 단순하고도 완벽한 사라짐을 웅변하며, 집착과 존속, 그리고 순례에 대한 거부를 암시한다.

> … 재의 흩어짐과 함께 화장이 주도적 위치를 차지하게 되었을 때, 그 원인은 단지 그리스도교적인 전통과 단절하려는 의지였을 뿐만 아니라, '문명'과 현대성에 대한 표현이었다. 화장이 육체에 남아 있을 수 있는 모든 것을 없애 버리고 잊을 수 있으며, 그것을 '완전히' 무(無)로 만들어 버리는 가장 근본적인 방식으로 해석된다는 것이 바로 그 심오한 동기였다 … 묘지의 관리에 대한 당국의 노력에도 불구하고, 오늘날 사람들은 유골단지를 거의 찾지 않는다. 반면에 사람들은 여전히 매장된 무덤을 방문하고 있다 … 화장은 순례를 배제한다(아리에스 1998: 74).

> 영국과 죽음에 대한 배척이 전면적으로 받아들여지던 국가들에서는 화장이 대단히 널리 보급되어 있었는데, 이는 위생학이나 철학, 무신론의 여러 가지 이유 때문이 아니라, 화장(火葬)이란 단지 완전한 파괴를 가져오고, 잔재에 대해 집착을 덜 하게 되며, 그것을 방문하고자 하는 기분을 덜 느끼게 된다고 사람들은 생각하고 있었기 때문이다(아리에스 1998: 192).

화장은 그리스도교에 대한 도전이나 단순한 편리함 등을 넘어

---

24) 김기덕(2002)은 불교의 화장이 심오한 교리적 논의의 결과임을 지적하고 있다.

> "현대성에 대한 관심과 합리성에 대한 확신, 사후 존속에 대한 거절을 전제로 하고 있었다"(아리에스 1998: 218).

우리가 위에 길게 인용한 필립 아리에스의 논의에 전적으로 동의하지 않는다 하더라도, 그의 언명은 오늘 우리 사회의 화장 논의와 관련하여 분명 곱씹어볼 필요가 있다. 장례의식은 모든 인간이 겪어내야만 하는 실존적 과제를 해결하기 위한 일종의 사회적 안전망이라고 할 수 있다. 그런데 장례식마저도 "죽음을 의미 있게 다루고자 하는 공동체적 노력이라기보다는 '죽음으로부터 잽싸게 벗어나고자' 하는 집단행위"(쉴링 1999)로 여겨지고, 산 자와의 관련성을 상실한다면 그것은 — 장기적 안목에서 — 땅보다 중요하고도 심각한 문제가 아닐 수 없는 것이다.

물론 삶의 의미를 구성해 내는 일이 — 더 이상 사회적으로 담보되지 못하고 — 개인들의 개별적 과제가 되는 상황(기든스 1997)에서 장묘문제에 대한 보다 나은 사회적 대응이 근대적 죽음인식의 큰 물줄기를 바꿀 수 있으리라 기대하는 것도 순진한 일일 터이다. 그러나 그렇다고 정부, 시민단체 그리고 언론이 발 벗고 나서서 문제를 지나치게 일면적으로 단순화시키고 행정정책 차원과 시민운동의 도덕적 차원으로만 환원시키는 것에 대해서 의문을 제기하지 않을 수는 없다. 매장과 화장에 대한 오늘의 사회적 논의의 가장 큰 문제점 중 하나는 주류적 의견과 '다른 합리적 의견들'을 찾아보기 어렵다는 데 있다.

보다 풍부하고 건강한, 진정한 의미에서의 '논쟁'을 기대해 본다. 그 안에서 우리는 지금과는 다른 시선으로 이 문제를 바라볼 수 있고, 서로 다른 합리적 해결방식을 동시적으로 모색할 수 있을 것이다. 아니 사실 그 결과는 그리 중요한 것이 아닐지도 모른다. 그 과정 자체가 오늘 우리에게 죽음이란 과연 무엇인가를 '사회적'으로 성찰하는 계기를 마련해 주리라 믿는다. 그리고 그것이야말로 이 시점

에서 진정 필요한 일이다.[25)]

마지막으로 다시 강조하거니와 장묘문제는 죽은 자를 처리하는 방식에 관한 문제만으로 치부될 수 없다. 그것은 산 자가 죽은 자를 기억하는 방식이며, 산 자와 죽은 자가 새롭게 관계를 맺어가는 방식이며, 따라서 우리가 삶을 바라보고, 살아가는 '근본'과 맞닿아 있는 까닭이다.

---

25) 화장을 부르짖던 서울시는—시장이 바뀐 이후—산골(散骨)로 정책방향을 변경하기도 했다. 우리는 죽음에 대한 우리의 생각을 매해마다 바꿔야 할지도 모르겠다. 이 모든 것은 우리의 장묘정책이 삶과 죽음의 문제에 대한 사회적 성찰이 결여된 상태에서 얼마나 단기적이고 즉흥적으로 움직이고 있는지를 웅변하는 것 같아 마음이 씁쓸하다.

제 12 장

종교윤리적 생명담론의 논리적 딜레마

'뇌사'와 '뇌사 후 장기기증' 담론을 중심으로

1. 여는 글

생명에 대한 담론[1]이 '무섭게' 뜨고 있다. 우리가 어느 날 갑자기 생명의 소중함에 대해 집단적으로 '깨달음'을 얻은 것도 아닐 터인데 웬일일까? 생명에 대한 담론이 사회적으로 힘을 얻고 있는 것에 대해 사회학적 이해를 시도한다면 아마 다음과 같은 이야기를 할 수 있을 것이다. 이러한 현상은 무엇보다도 먼저 오늘을 사는 우리에게 생명이 해결돼야만 하는 '문제'로 등장한 상황과 관련이 있는 것으로 보인다. 그런데 생명이 문제로 등장했다는 사실은 그 자체로 생명 논의의 상대화 가능성을 내포한다. 어떤 현상이나 대상이 절대적인 것일 경우 그것은 질문을 허락하지 않는다. 그 절대성을 받아들일 것인가 거부할 것인가 하는 것이 문제가 될 수 있을지는 모르지만 그 현상이나

1) 여기서 담론은 '사회적 실천으로서의 사유'라는 의미에서 쓰였다. 미셸 푸코적 개념에 대한 하나의 풀이로서 메르키오르의 소개서 참조(메르키오르 1998: 24).

대상 자체가 우리에게 문제로 인식되는 것은 아니다. 그러나 오늘 우리에게는 생명 그 자체가 문제가 되고 있으며, 이것이야말로 생명의 절대성과 불가침성이 위협받고 있다는 사실을 보여주는 가장 분명한 징표이다. 그리고 바로 — 어느 정도 갑자기 — 우리 눈앞에 가시화된 '생명의 상대성'이야말로 이 문제에 대한 지대한 사회적 관심을 불러일으키고 또 동시에 우리를 당혹스럽게 만드는 이유가 되고 있다는 것이 글쓴이의 생각이다.

누구나 생명의 존엄성을 논하고, 그 소중함을 역설하지만 — 위에 언급한 맥락에서 보자면 — 이미 생명(담론)은 오늘의 사회에서 절대성을 상실했다. 그리고 역설적으로 말하자면 바로 그 이유 때문에 생명은 더 소중한 것이 되었는지도 모른다. 오늘 우리의 생명 논의는 언제, 어디서, 어떻게, 어디까지 등 한정부사들과의 연관성 안에서만 가능하다. 예를 들어 우리는 더 이상 인간이 태어났는가를 묻지 않는다. 이제 우리는 '언제' 인간의 탄생이 시작되었다고 말할 수 있는지를 묻는다. 우리는 인간이 죽었는가를 묻지 않는다. 이제 우리는 '언제' 인간이 죽었다고 말할 수 있는가를 묻는다. 이런 의미에서 인간생명의 시작과 종말은 이제 인간의 — 기본적으로 불완전한 — 이성에 의존한 판단에 의해 '결정'되어야 하는 상대적이고 유동적인 사건이 되었다.

이러한 인식의 가장 중요한 이유는 '생명의 (직접적) 조작 가능성'이 빠른 속도로 가시화되는 상황과 깊은 관련이 있다. 무언가가 조작 가능하다는 것은 이러할 수도 또는 저러할 수도 있다는 가능성이 존재한다는 것, 나아가 지금까지 이루어지지 않았던 새로운 시도가 행해질 가능성을 암시한다. 그러므로 생명조작을 위한 의(과)학적 지식의 축적과 기술적 가능성은 — 그것의 실제적인 구현과 성공 여부와 상대적으로 무관하게 — 그 자체로 생명문제에 대한 상대주의적 논의를 가능하게 하는 사회적 조건이 되는 것이다.

이런 상황 안에서 한국사회 내에서도 안락사(安樂死), 인간 배아(胚芽)세포 복제문제 등 이런저런 '새로운' 생명현상들과 관련된 뜨거운 논쟁들이 진행 중이다. 이 장에서는 그 중에서도 특별히 뇌사(腦死)와 뇌사 후 장기이식(臟器移植)에 대한 (한국)가톨릭교회의 입장을 중심으로 하여 그 윤리적 담론의 딜레마에 대해 생각해 보고자 한다. 널리 알려진 바와 같이 가톨릭교회는 현재 우리 사회에서 벌어지는 여러 생명담론의 사회적 형성과정에서 비교적 체계적이고 적극적으로 자신의 입장을 표명하고 있으며, 그 '보수적' 입장 때문에 의(과)학계, 정부 등과 갈등관계에 놓이곤 한다. 그런데 이 글의 중심소재로 뇌사가 선택된 것은 역설적으로 이 부분이 다른 생명관련 주제들에 비해 그리 논쟁적이지 않기 때문이다.

윤리적으로 상당한 혼선을 빚고 있는 여타 생명관련 논의들과 달리 뇌사와 뇌사 후 장기이식은 가톨릭교회 내에서까지도—상대적으로 볼 때—우호적으로 수용되고 있는 양상을 보여주고 있다. 그런데 이 글에서는 뇌사와 뇌사 후 장기이식 또한—사회학적으로 볼 때—현재 논쟁이 되는 다른 생명현상들과 본질적으로 다를 바 없는 여러 사회적 쟁점들을 내포하고 있다고 주장하면서, 가톨릭교회의 생명관련 논의가 지닌 '상대성'에 대해 지적하고자 한다.

그러나 글의 초점이 가톨릭교회의 원론적 윤리적 입장에 대한 찬반논쟁을 하는 데 있지 않음은 분명히 할 필요가 있다. 뇌사와 뇌사 후 장기이식 문제에 대해 윤리적 판단을 내리거나, 특정한 윤리적 입장을 옹호하거나 비판하는 것도 이 글의 의도와 영역을 벗어나는 일이다. 이 장에서는 단지 다른 생명문제들에 대해서는 사회 내에서 가장 강경한 입장을 고수하는 것으로 보이는 (한국)가톨릭교회[2]가 유독 뇌사와 뇌사 후 장기이식이라는 문제와 관련해서는 상당히 유연한

2) 가톨릭교회가 주(主)대상으로 선택된 이유는 생명의 절대성을 가장 강하게 주장하는 집단이라고 생각되기 때문이다.

모습을 보여주는 이유를 다시 한 번 짚어보고 오늘의 생명 논의와 관련해서 이 문제가 지니는 사회학적 의미를 재조명하고자 한다.

관련해서 글쓴이는 뇌사에 대한 가톨릭교회의 입장이 교회의 다른 생명 논의 흐름과 불일치하는 부분이 있지 않은가 하는 점에 대해 주의를 환기하고자 한다. 가톨릭교회의 입장이 '사후'에 쓸모가 없는 장기를 가지고 '새로운 생명'을 선사한다는 지극히 윤리적인 가치기준에 의한 것임을 충분히 이해하더라도, 다른 생명 문제들에 대해 가톨릭교회가 보여주는 지극한 조심스러움과 엄격함을 고려한다면 납득하기가 쉽지 않다. 뇌사판정의 문제가 현재 동시다발적으로 제기되는 문제들과 구조적으로 동일하게 '생명의 (직접적) 조작가능성'과 '생명의 상대성' 문제를 심각하게 제기하고 있다는 점을 생각한다면, 그리고 뇌사를 둘러싼 사회적 논점들이 교회에서 언급되는 것보다는 훨씬 더 깊고 넓은 사회적 의미를 지닐 수 있음을 인식한다면 더욱 그러하다. 그리고 그 결과로 가톨릭교회 안에서의 생명 논의 자체가 '상대화'되어 버리는 부분이 있다는 점도 기억하고자 한다.

그러나 이러한 논의를 통해 궁극적으로 드러나야 할 것은 교회 측 입장의 비일관성이라기보다는 사회 내에서 가장 긍정적으로 논의되는 '새로운' 생명현상인 — 가톨릭교회에서조차 조건부로 수용되고 있는 — 뇌사와 뇌사 후 장기이식 문제 또한 우리 시대의 큰 걱정거리로 떠오른 생명의 조작 가능성과 상대성 확산에 일조하고 있다는 것이며, 결코 다른 사안들보다 그 사회적 파장이 작지 않다는 점이다.

즉 안락사, 뇌사 등의 생명과 관련한 사회적 논의들은 — '생명조작의 가능성'이라고 하는 기준으로 본다면 논리적으로 동일한 구조를 지니고 있으며, 유사한 사회적 결과를 창출할 수 있음에도 불구하고 — 흥미롭게도 선택적으로 옹호 또는 부정되고 있다.[3] 그런데 윤리

3) 만약 뇌사와 뇌사 후 장기이식의 문제가 다른 사안들에 비해 윤리적으로 덜 문제가 되는 것도 아니고 사회적 파장도 작지 않다면, 그것에 대

적으로 '선한 것으로 간주되는' 생명조작이라고 하더라도 그것 또한 생명에 대한 인위적 개입인 것은 부인할 수 없는 것이고, ─ 일차적으로 가치중립적인 의미에서 ─ 이를 통해 생명의 상대성이 드러나게 된다. 이것이 바로 생명의 절대성과 불가침성을 위해 노력하는 윤리적 생명담론이 사회적으로 전개되는 과정에서 나타나는 '내적 딜레마'인 것이다.

이러한 시선의 이동은 우리 사회의 생명담론을 지금까지와는 다른 관점에서 바라보는 것을 가능하게 해줄 것이다. 이러한 작업이 우리의 행위에 어떤 직접적인 영향을 미치는 것은 아니라 할지라도 적어도 딜레마에 빠져 있는 스스로를 관찰하고 성찰하는 계기는 마련해줄 수 있을 것이라 생각한다.

그런데 지금까지의 논의 선상에서 본다면 오늘 우리가 직면한 "이 새로운 생명문화는 지금까지 생명질서에서 취해온 수동적 입장에서 탈피하여 생명의 수태와 출산, 연장과 죽음의 과정에까지 개입할 수 있게 된 자신들의 경이적 능력을 어떻게 능동적으로 발휘하는가에 따라 생명친화적이거나 반생명적 성격을 지니게 될 것"(심상태 2001: 150)이라는 기대는 거의 무망한 것일지도 모른다. 우리는 생명의 가치와 불가침성, 절대성이라는 윤리적 언명과 새로운 의과학기술의 도움을 통한 생명의 연장과 구제라는 두 마리 토끼를 다 잡고 싶어 하지만 쉽지 않은 일이다. 그리고 둘 중 하나를 선택해야 한다면 우리는 과연 어느 편의 손을 들어줄 것인가? 아니 우리가 '주체적'으로 선택할 수 있는 문제이긴 한 것인가? 우리 사회가 직면한 '비극성'에 대한 보다 냉정한 시선이 요구된다.

한 우리의 우호적인 태도는 '아주 직접적이고 가시적인 공리' 외에 또 다른 무엇으로 정당화될 수 있을까? 나아가 생명의 절대성과 불가침성에 대한 주장이 공리주의적 윤리에 의해서밖에 정당화되지 못한다면 그것은 기본적으로 절름발이가 아닌가?

2. (한국) 가톨릭교회의 뇌사에 대한 입장

앞에서 언급한 많은 사회적, 윤리적 논란을 낳고 있는 생명과학과 관련된 문제들 중에 유독 뇌사 후 장기이식[4]은 권장될 만한 덕으로까지 여겨지는 경향이 있다는 것은 흥미로운 일이다. 뇌사와 뇌사 후 장기이식은 아마도 현재까지 그 모습을 드러낸 생명조작 현상들 중에서 윤리적으로 볼 때 가장 적극적으로 옹호되고 있다고 볼 수 있을 것이다. '이미' 죽은 목숨으로 다른 이에게 새 생명을 선사할 수 있다는 것은 얼마나 근사한 일인가. 이런 까닭인지 다른 생명조작 가능성에 대한 우려의 목소리는 높지만, 뇌사와 뇌사 후 장기이식에 대해서는 상대적으로 우호적인 분위기가 강세다.

생명문제에 가장 '보수적'인 입장을 보이는 종교집단들에서도 이에 대해서 — 여러 가지 상황적 단서가 따라 붙기는 하지만 — 긍정적 입장이 지배적인 것으로 보이는 것은 특별히 우리의 관심을 끈다. 물론 사후 장기이식을 통해 다른 이에게 새로운 생명을 선사할 수 있다는 인본주의적 측면은 충분히 종교적 가치로 수용되고 권장될 수 있을 것이다. 그런데 뇌사 후 장기이식은 정말 다른 생명과학 관련 문제들과 격리된 새로운 생을 선물하는 고귀한 행위이기만 한 것일까?

뇌사와 뇌사 후 장기이식 문제는 현재의 생명윤리 문제를 다루는 데 있어 상대적으로 '주변부'적 위치를 차지하는 것으로 보이는데, 이것도 이 문제가 더 이상 논쟁적인 테마가 아니라는 것을 알려주고 있

---

4) 장기이식에는 생체(生體) 장기이식, 이종(異種) 장기이식, 사체(死體) 장기이식, 장기부분이식, 조직이식 등이 있을 수 있다(평화 2003.06.15). 뇌사 후 장기이식은 이 분류에 따르면 '사체'장기이식에 해당할 것이다. 이 장에서는 뇌사판정 후 이루어지는 장기이식에 대해서만 다루기로 한다. 자세한 내용은 이후의 논의 참조.

는지도 모른다. 생명윤리 문제와 관련해 가장 강경한 입장을 보이고 있는 가톨릭계 신문사 중 하나인 평화신문은 2003년 6월을 전후해 생명윤리강좌 시리즈 기획기사를 연속해서 내보냈는데, 이때 다룬 뇌사 문제는 한 번은 죽음의 정의(定義)와 관련해서 그리고 다른 한 번은 생체실험과 관련한 생체장기이식 등의 문제만이 부분적으로 다루어졌다(평화 03.06.15). 이보다 앞서 2001년 5월 27일 생명의 날에 발표된 가톨릭교회의 〈제7회 생명의 날 담화문〉에도 낙태, 인공출산, 대리모 출산 그리고 안락사 문제가 지적되고 있지만 뇌사문제는 언급되지 않고 있다(평화 01.05.27). 뇌사 후 장기이식과 관련해서 문제가 제기되는 경우에도 윤리적인 문제보다는 조직적 운영과 관련된 것이거나 법률적인 경우가 많다. 여기서 그럼 먼저 뇌사와 뇌사 후 장기이식에 관한 (한국)가톨릭교회의 입장을 좀 정리해 보고 넘어가도록 하자.

가톨릭교회의 생명과 죽음에 관한 기본적 태도를 이해하기 위해서는 성서적 근거와 각종 교회문헌부터 검토해야 하겠지만, 여기서는 뇌사(腦死)와 관련된 가톨릭교회 관계자 내지는 관련자들의 언급들을 중심으로 간략하게 살펴보고자 한다. 이들의 글이 가톨릭교회의 입장을 크게 왜곡하지 않는 것으로 여겨지기 때문이기도 하고, 원론적 입장을 반복해서 장황하게 설명하는 수고를 덜고자 하기 때문이기도 하다.[5)]

뇌사 인정에 대한 교회의 입장을 거칠게나마 한마디로 미리 이야기하자면, 이런저런 조건과 우려 표명, 우회적 언명에도 불구하고 결론적으로는 '조건부 인정'의 성격을 띠고 있다고 말할 수 있다. 물론 "의식을 회복하지 못하고 죽어가는 환자의 죽음과 죽음의 순간에 대한 분명하고도 정확한 정의를 내리고 확인하는 일은 의사들의 영역에 속

5) 이에 대한 자세한 내용은 비히 1992, 구인회 2000, 이창영 2002 등 참조.

하며 … 그것은 교회의 권한 밖에 있는 문제"(교황 비오 12세의 언급, in: 이창영 2002: 149) 이지만, 윤리신학자 윌리엄 비히는 다음의 조건을 충족시키기만 한다면 뇌사의 판정이 윤리적으로 받아들여질 수 있다고 말한다. 그 조건이란 다음의 5가지이다(비히 1992).[6]

1. 조서 작성의 각 단계에서 거기에 따르는 모든 세부사항이 지켜져야 한다.
2. 그 단계는 1인 또는 그 이상의 신경계통 전문가에 의해 수행되어야 한다.
3. 이 과정이 장기이식의 편의 때문에 서둘러 진행되거나, 그 과정에 부당한 영향이 행사되어서는 안 된다.
4. 신경학적 검사에서 (a) 뇌 전체(대뇌, 소뇌, 간뇌 포함) 기능의 수용능력(*capacity*)이 전면적으로 상실, 또는 (b) (a)와 동등한 정도의 뇌 전체의 파괴가 의심의 여지없이 확정적이어야 한다.
5. 장기의 기증은 자발적이어야 한다. 이 점에 관하여, 당사자의 소망과 인격 및 최근친자의 의견이 반드시 존중되어야 한다.

그리고 위의 기준에 부합하는 경우에도 의료적 개입이 중단되어서는 안 되는 3가지 상황에 대한 부가적 언급이 있다.

1. 임신한 여자가 전면뇌경색을 앓아오며 인공호흡 보조장치에 의존하는 경우, 미생아(未生兒)의 생명을 구할 수 있다면 이 처치는 계속되어야 한다.
2. 최근친자의 의견을 고려해야 한다. 예를 들어 최근친자가 인공

---

6) 기존의 번역을 기초로 했으나, 원문을 참조하여 글쓴이가 약간 첨삭/수정하였다. 세부적인 부분에서의 표현이 약간씩 다르기는 하지만, 뇌사 판정의 주요 준거점으로는 일반적으로 1968년에 발표된 미국 하버드 대학교 특별위원회의 기준이 사용되고 있다. 비히 신부의 기준도 이에 준한 것이다.

호흡 보조장치의 즉각적인 중지에 반대한다면, 의료보조장치의 중지를 짧은 시간 동안 연기할 수 있다.
3. 다른 개인의 생명과 건강을 구하기 위해 죽은 자로부터 장기를 적출할 수 있을 때, 그 일이 실시될 때까지 의료개입(인공호흡 보조장치)은 계속되어야 한다.

다시 한 번 간단히 말하자면, '조건부 허용'인 셈이다. 가톨릭교회가 여타의 생명조작과 관련된 행위들을 나름대로의 합리적 이유에도 불구하고 결론적으로 불가한 것으로 의견을 제시하는 것과는 반대이다. 그리고 이것이 조건부로 허용될 수 있는 가장 중요한 이유는 장기이식의 가능성임을 부인하기 어렵다. 교회는 '단지' 장기이식과 관련지어서 뇌사를 인정해서는 안 된다고 말하지만, 동시에 자발적으로 이루어지는 뇌사 후 장기이식이 그리스도교적인 희생과 사랑의 정신에 부합한다고 본다(이창영 2002: 151). 즉 "죽음이 생긴 후 이식을 위해 자신의 기관을 기증함으로써 중환을 앓고 있는 사람에게 연장된 삶의 기회를 제공하는 일은 윤리적으로 받아들일 수 있는 일일 뿐만 아니라, 갸륵한 행위이기까지"(비히 1992) 하기 때문에 이를 위해 뇌사가 인정되어야 할 필요성이 생기는 것이다.[7)]

뇌사에 대해 언급하는 다른 관계자들의 경우에도 기본입장은 대동소이하다. 우려 섞인 관심으로 강조되는 부분은 뇌사와 뇌사 후 장기이식이 현실에서 적용되는 과정에서 일어날 수 있는 문제점들이다. 구인회 같은 경우에도 뇌사판정과 뇌사 후 장기이식의 문제에 대한 칼럼에서 이를 윤리적 문제라기보다는 일차적으로 제도적, 법적 문제로 다루고 있다.

---

7) 독일 양대 교회, 즉 가톨릭과 프로테스탄트 교회도 1990년 공동문서에서 장기이식을 통한 다른 생명의 구제를 윤리적으로 보다 우월한 가치로 선언한 바 있다.

> 현행 '장기 등 이식에 관한 법률'도 여러 가지 문제점을 안고 있다. 뇌사판정은 의사가 해야 하는 사망진단임에도 불구하고 뇌사판정위를 만들어 의사에 대한 불신을 조장하고 있다. 장기이식을 전제로 한 경우에만 유족은 뇌사판정 신청을 할 수 있으며, 그렇지 않은 경우 뇌사는 죽음으로 인정되지 않아 심폐소생장치를 제거할 수 없다. 다른 환자들을 살릴 수 있는 귀하고 값비싼 의료장비를 뇌사자에게 연결시켜 놓고 자연적으로 심장이 멈추기를 기다리게 함으로써 유족의 심적, 경제적 부담을 늘리고 있다.
>
> 현행법은 재력이 없는 유족으로 하여금 원하지 않더라도 비용때문에 결국 장기기증을 결정하고 뇌사판정을 요청할 수밖에 없도록 만드는 불합리한 법률이다. 뇌사를 정확히 죽음으로 명시하지 않은 채 장기(臟器)를 적출(摘出)하는 일은 본인이 살아 있을 때 동의했거나 유족에 의한 동의가 있을지라도 살인행위이다. 따라서 뇌사자 장기적출이 헌법에 위배되지 않는지 검토해야 할 것이다(구인회, 한겨레 03.06.16).

구인회는 이 칼럼의 앞·뒤 부분에서 여러 형태의 장기이식의 윤리적 문제점에 대해서도 지적하는데, 위에서 인용된 뇌사 후 장기이식을 적시한 부분에는 법률적 언급만을 하고 있다. 위의 글을 다르게 한번 읽어보자. 구인회에 의하면 뇌사판정이 헌법에 위배되지 않는다는 명확한 규정이 먼저 선행된다면, 이에 따라 뇌사가 죽음의 기준으로 분명하게 명시된다면, 본인이나 가족의 동의가 있고, 의사의 판단에 따라 뇌사판정이 이루어진다면, 뇌사판정 후 장기적출은 '윤리적'으로 하자가 없는 문제가 된다. 그리고 환자 가족들의 심적, 경제적 부담을 덜어주기 위해서라도 뇌사는 장기이식을 목적으로 하지 않는 경우에도 '합법적'인 것으로 인정되어야 한다.

즉 뇌사와 뇌사 후 장기이식 문제는 그 자체로 윤리적으로 심각한 문제를 안고 있다고 생각되기보다는 조직적, 법률적 보완이 이루어진다면 해결될 수 있는 사안으로 여겨지고 있는 것 같다. 오히려 문제는 뇌사가 일괄적으로 합법적 인정을 받고 있지 못하다는 점이다. 가톨릭 외부의 경우에도(예: 중앙 03.08.28) 관심의 초점은 더 이상 뇌사판정의 윤리성에 있지 않으며 뇌사(판정) 후 장기이식의 운영방식으로 향해 있는 것으로 보인다.

가톨릭교회까지 그런 입장에 동의하는 것으로 여겨지기 때문에 뇌사 후 장기이식과 관련한 뇌사판정의 필요성과 윤리성에 대해서는 이미 상당한 정도의 사회적 합의가 이루어진 것으로 가정되고 있다 해도 과언이 아닌 듯하다.

3. 뇌사의 인정이 오늘의 생명 논의에 미치는 사회적 영향과 파급력에 대한 재론(再論)

우리가 섭취하는 음식물의 유전자조작 문제에도 '윤리적'으로 민감하게 반응하는 오늘날 한 인간의 죽음, 나아가 인류역사 시작 이래로 변하지 않았던 죽음의 모습이 급격하게 변화하는 것에 상대적으로 대범한 것이 어찌 보면 놀랍기까지 하다. 이는 물론 분명 뇌사 후 장기이식의 가능성과 그 윤리적 선함에 대한 전제가 깔려 있기 때문일 것이다. 그렇지 않았더라면 아마 전혀 다른 이야기가 전개되었을 것이다. 가톨릭교회가 이 문제에서만큼은 조심스럽게 긍정적 반응을 보이는 것도 분명 이 때문이다. 그러나 그럼에도 불구하고 이 장에서는 가톨릭교회에서조차(!) 조건부 인정을 하는 것으로 여겨지는, '상대적으로 선한 것으로 보이는' 뇌사문제가 우리에게 심각한 걱정과 우려를 낳고 있는 여타의 생명조작 현상들과 마찬가지로 심각한 생명조작의 문제와 생명 논의의 상대화 가능성을 드러낸다는 점을 보여주고자 한다.

1) 죽음의 '확증'(確證)과 죽음의 '확정'(確定)

뇌사 후 장기이식에는 잘 알려진 대로, 그리고 앞서도 언급되었듯이 뇌사라는 죽음의 '새로운' 기준이 전제가 된다. 윤리적으로 하자가 없는 사후 장기이식이 이루어지기 위해서는 뇌만 죽은, 그러나 다른 장기들은 아직은 기능하는 것으로 선고된/선고되어야 하는 자가 있는 것이다. 즉 뇌사 후 장기이식은 보다 정확히 말하면 뇌사'판정' 이후 가능해지는 장기이식을 말한다.

그런데 이 자체가 — 그것이 아무리 조심스럽게, 보조적으로 이루어진다 해도 — 논리적으로 볼 때 인간의 생명현상에 대한 직접적이고도 심각한 의(과)학적 조작 가능성과 관련된 것임을 부인할 길은 없다. 의(과)학의 발달에 의해 뇌사라는 개념이 생겨나기 전 인간은 살았거나, 죽었다. 우리는 현상적인 확인을 통해서만 인간의 생존 여부를 '확증'할 수 있었을 뿐이었다. 그러나 뇌사상태는 뇌는 더 이상 작동하지 않지만 다른 육체적 부분들은 '아직' 작동하는 상태를 말한다.[8] 의(과)학의 발달은 이런 잠정적 상태를 적어도 일정 정도 지속될 수 있도록 만들었고, 이를 통해 "필요한 만큼 죽은, 그러나 가능한 정도로 살아 있는"(*So tot wie nötig — so lebendig wie möglich*) (Schneider 1998) 인간의 몸에서 장기를 적출하는 일이 가능해졌다.

물론 의(과)학자들의 주장처럼 우리가 실제 눈으로 확인하는 아직 따뜻한 육체는 단지 '환상'이고 '허구'일지도 모른다. 그러나 지금 이

---

8) 물론 글쓴이가 여기에서 '뇌사상태에 빠진 인간을 그대로 방치할 경우 곧 다른 장기들의 활동도 멈추게 된다'라는 현재의 의학상식을 의심하고자 하는 것은 아니며, 뇌사상태에 빠진 인간은 단지 인공적인 호흡 보조장치를 통해 아직 살아 있는 것처럼 보이는 것뿐이라는 그들의 주장을 무시하는 것도 아니다. 이는 단지 뇌사가 선고되는 시점에서 '인간'의 육체적 상태에 대해 우리가 '관찰'할 수 있는 사실에 대한 기술이다.

글에서 중요한 것은 의학적으로 주장되는 사실 여부가 아니라 그러한 '허구적' 현상이 우리에게 '사실'로 경험된다는 것 자체이며, 또 그러한 상상만으로 우리에게 일어날 수 있는 생각과 행위양식의 변화 가능성이다. 김열규가 "…'살아 있는 심장'을 떼내면서도 '여기 이 사람은 이미 죽어 있소'라고 말하게 된다"(김열규 1992)는 점에서 뇌사의 개념이 충격적이라고 말할 때 그는 의학적 진실을 호도(糊塗)하는 것이 아니다. 설사 임종의 순간에 대한 의(과)학적 설명이 지극히 과학적이고 전적으로 확실하다 할지라도, 아직 몸이 따뜻하고 심장이 뛰고 있는 사람을 — 그 상태가 설사 의학기기들의 작동에 도움받은 인위적인 것이라 하더라도 — 시체(屍體)로 규정하는 일의 사회문화적 의미는 엄청난 것이다.

그런데 이러한 상태에 대한 우려가 "공부가 불충분한 때문"만으로 여겨질 수는 없다고 생각한다. 그리고 뇌사판정이 겨우 1% 정도의 환자들에게 적용될 수 있는 것이기 때문에 "혁명적 개혁"을 불러오는 것이 아니라고(비히 1992: 292) 단정할 수도 없다. 오늘날 사회학의 '리스크'[9] 논의에서 잘 관찰되듯이(천선영 2002b; Beck 1986; Douglas & Wildavsky 1993; Nassehi 1999 등) 혁명적인 상황의 변화는 꼭 어떤 실재의 사실성 내지는 실재하는 위험의 양과 비례적으로 일어나는 것은 아니다.

이때 리스크는 '현재적 행위의 결과로써 발생할 수도 있는 가능한 손실에 대한 계산과 예측을 통해 선취된 인식'을 말하는데, 지금 이 순간 미래에 대한 불안이 존재하고, 그 불안정성의 지평 아래서 어떤

---

9) 리스크 개념이 우리말의 '위험'으로 번역되는 것은 온당하지 않다고 생각한다. 굳이 번역을 하자면 '잠재적 위험' 내지는 '계산된/예측된 위험'이라 해야 할 것 같은데, 차라리 리스크라고 표현하는 것이 의미전달에 보다 도움이 될 것 같아 이 장에서는 이 말을 그대로 가져와 쓰고 있다. 자세한 내용은 6장 주3 참조.

결정이나 행위가 이루어진다면 리스크는 존재한다고 말할 수 있다. 리스크라는 개념은 '아직' 발생하지 않은, 미래의 잠재적 위험이 '지금' 나의 사고와 행위를 결정하는 기준이 된다는 의미를 포함한다는 점에서 실제적인 동시에 비실제적이다. 이러한 이유 때문에 사회학에서는 단순히 리스크의 실재성 여부를 넘어서, 어떠한 사회적 과정에서 특정 대상이나 현상이 리스크로 형성되어 가는지 그리고 그러한 인식의 확산과 재생산 메커니즘에 보다 깊은 관심을 갖는 경향이 있다 (Nassehi 1999). 이런 의미에서 우리는 오히려 어떤 현상의 존재 가능성, 내지는 그에 대한 사유 가능성만으로 사람들에게 일어날 수 있는 어떤 변화의 가능성에 주목할 필요가 있다. 비히도 적시하듯이 죽음이라는 것이 의학적으로만 정의될 수 있는 개념이 아니기 때문에 의(과)학적 변화가 야기한 죽음의 상태변화 내지는 그에 대한 인식이 사회적으로 어떤 파장과 결과를 낳을 수 있는지 신중히 고려해야 한다.

글쓴이가 생각하기에 인간이 죽음을 '확증'(*feststellen*)하는 데서 '확정'(*festschreiben*)하는 쪽으로 이동하는 것은 죽음개념에 있어 가히 '혁명적'인 변화라 아니할 수 없다. '인간이 죽었다'라고 말하는 것과 '인간은 … 때 죽은 것이다'(비히 1992: 289)라고 말하는 것 사이에는 생각보다 훨씬 더 큰 차이가 있다. 그것은 수천 년 지속되어 온 죽음에 대한 인지적/지각적 경험을 박탈하는 것일 뿐 아니라, 새로운 인간개념의 도래를 암시한다.[10)]

또한 나아가 우리는 인간의 이성적 판단에 의한 상황의 확정이라는 것이 기본적으로 유동적이고 변화할 수 있다는 가능성을 완전히

---

10) 전통적인 죽음의 확증이라는 것도 실은 모든 세포의 완전한 활동중지와 동일한 시점을 의미하지 않기 때문에 일종의 죽음확정방식이라는 반론이 제기될 수 있을 것이다. 그러나 이른바 전통적 방식은 적어도 현재와 같은 불확실성에 대한 우려를 낳지는 않았다. 그리고 재차 강조하거니와 지금 논의의 수준은 사회적 담론의 형성과 관련된 것이다.

배제할 수 없기 때문에 그로 인해 형성될 수 있는 불확실성의 위험성에 노출될 수밖에 없다. 교회는 뇌사를 규정하는 부가적인 기준들이 "동일한 사망을 판정하는 부가적 방법들이며, 사망의 다른 유형 또는 단계를 암시하려는 뜻이 아님"(미국 주교회의 '가톨릭 의료시설들을 위한 윤리적 종교적 지침에 관한 자문위원회'에서의 1975년 "뇌사판정을 위한 지침"에서. in: 이창영 2002: 147)을 강조하고 있다. 그러나 위에서 살펴본 대로 뇌사기준의 도입은 죽음판정을 위한 단순한 부가적 방법이라고만 볼 수 없다. 죽음의 정의와 그 판정기준은 분리되어야 한다고 이야기되지만, 그로 인해 우리는 여러 단계로 기술적으로 '분화'된 죽음(Schneider 1998) 앞에서 항상 '불안한 경계'에 서 있게 되고, 이는 죽음인식을 근본적으로 변화시킬 수 있기 때문이다. 우리는 이제 죽음에 대한 어떤 절대적으로 객관적인 기준을 가지고 있지 못하다. 그것은 이해관계집단들의 상호작용 내지 조정 등을 통한 사회적 산물일 뿐이다(Feldmann 1997).

2) 죽은 인간, 살아 있는 장기

그리고 도대체 어떻게 논리적으로, '죽은' 것으로 선고된 인간에게서, '산' 장기가 적출될 수 있는가? 지금 우리는 이런 어이없는 상황을 실제로 경험하고 있다. 이러한 상태를 윤리적으로 정당화하기 위해 비히를 비롯한 많은 윤리학자들은 인간의 모든 기관과 세포가 다 죽는 것은 하나의 긴 과정으로 나타나기 때문에 인간신체의 '기본적 통일성'이 상실되는 순간, 즉 뇌의 활동이 정지하는 순간에 일어나는 사건으로서의 죽음 개념을 받아들여야 한다고 이야기한다(비히 1992). 그런데 그냥 두면 몇 시간 이내에 '완전히' 죽을 목숨이라 미리 죽음을 선고하고 '아직' 기능하는 장기를 떼어내는 발상은 윤리적으로 용인될 수 있는 것이고, 사고할 수 있는 의식 자체가 생겨나지도 않은 배아상태에서의 세포는 절대적인 생명권을 인정받아야 한다는 것은 '상식적'으로 이해하기 쉽지만은 않다.

그리고 단지 "인간의 생명은 단순히 어떤 특수한 기관의 기능과 등식화될 수" 없고, 오로지 "한 전체로서의 모든 기능의 총화"로서만 등식화될 수 있다고 한다면, 그래서 그 전체로서의 기능의 기본적 통일성이 상실되는 시점을—모든 특수한 기관들의 기능들이 아직 종말에 이르지 않았을지라도—인간이 죽은 것으로 간주할 수 있다면(비히 1992) 배아가 특정 상태, 즉 기능적 통일성을 이룩하는 것으로 여겨지는 시점을—그것이 꼭 14일이어야 하는지는 모르겠지만—인간 생명의 시작으로 볼 수 있다는 주장은 왜 전혀 받아들여질 가능성이 없는 것인지 거꾸로 물어볼 수밖에 없다.

배아복제에 대해 윤리적인 옹호를 하고자 하는 것은 결코 아니며, 글쓴이가 그런 판단을 할 수 있는 위치에 있지도 않다. 윤리적 논쟁을 재현하고자 하는 것도 아니다. 단지 교회 내에서 내려진 윤리적 판단이 교회 밖에서 바라볼 때 일관성이 없는 것으로 해석될 가능성이 없지 않겠는가 하는 의문을 던져보는 것이다.

어쨌든 현재 우리의 관심은 그 윤리적 판단의 논쟁에 참여하는 것은 아니므로 위의 이야기는 여기서 접고, 죽어 있다고 판정된 인간이 '완전히' 죽지는 않았음을 극적으로 보여주었던 그래서 우리 모두를 혼란스럽게 했던 독일의 이른바 '에어랑엔 사건'에 대해 잠시 살펴보자. 이 사건의 개요는 대략 다음과 같다.

> 독일 에어랑엔에 있는 병원에서 한 여성이 뇌사판정을 받아 사망진단서까지 발급되었다. 당시 의료진들은 가능하다면 장기이식을 하길 원하였다. 그러나 그 와중에 그녀가 임산부라는 사실이 발견되었다. 이후 태아를 살리기 위해 이 여성을—태아의 모체 밖에서의 생존이 가능해질 때까지—다섯 달 동안 '살아 있는' 상태로 유지하

기 위한 모든 가능한 의료적 조치들이 실시되었다. 그러나 8주 뒤에 이 계획은 결국 수포로 돌아갔다.

의료진들의 야심만만한 계획은 수포로 돌아갔지만, 이 사건은 사회에 많은 논쟁거리를 던졌다. 먼저 그녀는 죽음을 선고받았다. 장기적출의 시도는 그녀가 죽었음을 전제로 한다. 그런데 이제 그녀는 죽었지만 살아 있어야 했다. 그녀가 '완전히' 죽었다면 태아는 (논리적으로) 생명을 부지할 수 없다. "죽었음이 더 이상 살아 있지 않음을 말하며, 죽음이라는 표현은 생명의 끝을 의미"(구인회 2003: 160) 하는 것이라면, 죽은 나무에서 새 잎이 자랄 수는 없는 것 아닌가? 그런데 여기에서는 그 여성이 죽긴 죽었지만 완전히 죽어서는 안 되는 상황이 벌어진 것이다. 그녀는 임신상태를 유지할 수 있을 만큼은 살아 있어야 했다. 피보험자가 의사들에 의해 사망한 것으로 판정받았음에도 불구하고 이후의 모든 의료비용이 의료보험에서 지불되었다는 것도 상징적이다(Chun 2000). 이 사건은 우리에게 뇌사와 관련된 일들이 기본적으로 어떤 절대적 인간관이나 세계관과의 궁극적 관련성 안에서라기보다는 일차적으로 의(과)학적인 맥락 안에서, 그리고 이차적으로는 지극히 공리적 윤리의 틀 안에서 이리저리 움직이고 있음을 보여준다.

3) 도구목적합리적 동기의 우선성

뇌사에 대한 사람들의 긍정적 이해는 보통 뇌사판정 이후 이루어지는 장기이식과 연관되어 있다. 즉 우리가 뇌사상태를 '의미' 있는 — 좀 냉정한 다른 말로 바꾸자면 '쓸모 있는' — 상태로 '발견'하게 된 것은 '살아 있는' 장기의 적출 가능성과 밀접히 관련되어 있는 것이다. 위에서 이미 우리는 이 논쟁에 지극히 실용적인, 도구목적합리적인 사고의 논리가 우선적으로 작동하고 있다는 것을 알 수 있었다.

> … 이식에 적합한 아직 기능하는 장기를 확보하기 위해서 가능한 한 아주 정확한 사망시간의 확정이 요청되고 있다 … 죽어가는 진행과정의 어느 시점부터 하나의 인간이 죽었다고 사망진단을 내릴 수 있는가라는 물음이 시급해진 것이다(구인회 2003: 163).

만약 뇌사상태가 아무런 실익을 줄 수 없었다면 생명이 완전히 끊어진 것으로 우리가 현상적으로 확인할 수 있기 전에 사람을 이미 죽은 것으로 선고하는 일에 대하여 우리는 아마 동의할 수 없었을 것이다. 그리고 아마 '지금 이 순간부터 한 인간이 사망했다고 말할 수 있다'라는 사실은 별 중요성을 갖지 못했을 것이다. 아니 우리는 그동안 이미 죽은 것으로 확증된 자 앞에서도 혼이 듣는다며 울지 말고 '좋은 말'만 하라고, 듣고 배워오지 않았는가. 그러나 우리는 이제 "진행 중인 사건의 과정에서, 신체의 주요 제 기능이 영구히 제거됨으로써 신체의 통제된 전체로서의 기능이 복귀 불가능하게 정지된 국면이 일어난 시간을 정확하게 말해야 한다".[11] 왜? 누구를 위해? 그 상태의 규정이 아직 살아 있는 우리에게 주는 엄청난 실익이 존재하는 지금 우리는 '그것이 만약 가능한 일이라면 왜 하지 않을 것인가'라는 생각을 하고 있다.

이창영의 말대로 '단지' 장기이식을 위해 뇌사가 인정되어서는 안 될 것이고(이창영 2002: 151), 사랑의 장기기증운동 본부장이었던 박진탁은 "뇌사가 장기기증을 위해 법적으로 인정되어야 한다고 생각한 적은 단 한 번도 없다"(박진탁 1993: 30)고 하지만, 장기이식의 필요성이 아니라면 뇌사의 판정은 그리 필요불가급하지 않을지도 모른

11) '죽음의 개념: 죽음의 정의에 대한 스웨덴 위원회의 보고서' 중 비히 1992: 287에서 재인용.

다.[12] 그리고 장기이식을 목적으로 뇌사의 판정이 내려진다는 것은 죽음이 그 자체로서라기보다 삶에 봉사(*dienen*)함으로써 그 의미를 획득하게 되는 과정으로 구체화된다. 우리는 한 생명을 살리는 일이라는 '미명' 아래 죽음을 사회적 계획과 보장에 따라 움직이는 일종의 '사회적 서비스'의 대상으로 만들고 있는지도 모른다(Baudrillard, Schneider 1998).[13]

> 당신의 장기를 하늘나라로 가져가지 마십시오. 또 다른 생명의 희망을 위해 남겨 주세요(www.transplant.co.kr).

자궁착상용 전배아(*Pre-embryo*)는 보호하고, 치료연구용 전배아는 보호영역에서 제외하고 구별해야 한다는 주장에 대해 "배아는 모두 같은 지위를 갖는 것이지 우리가 임의로 구별해 차등적 보호를 할 수 있는 존재가 아니다"(구인회, 평화 03.04.06)고 단호하게 말하고, "인간의 생명을 질적으로 구분하려는 어떠한 시도도 단호히 배척"(이기헌, 평화 01.05.27)한다면서도 몇 시간 동안 그대로 두면 완전히 죽을 인간과 앞으로 몇십 년 더 살 수도 있는 인간의 목숨을 우리는 분명 저울질하는 것 아닌가. 몇 시간 먼저 죽음을 선고한다고 하여 무엇이

---

12) 박진탁은 이후의 글에서 "다만 전처럼 호흡과 심장이 멎은 상태를 죽음이라고 하여 사망진단서를 발급하던 관습에서 벗어나 가족들에게 심리적 부담과 고통, 그리고 막대한 경제적 손실을 가져다주는 것을 막고, 엄청난 의료진의 헛수고를 정당한 진료를 위해 활용할 수 있도록 뇌사를 죽음으로 인정하자는 것이다"(1993: 30)라고 주장한다. 이러한 문제가 있을 수 있음에 어느 정도 동의하지만 이런 주장만으로 뇌사판정에 대해 현재와 같은 사회적 용인이 이루어졌을지는 의문이 든다.

13) 이 글의 질문을 '당신이나 당신 가족이 장기이식을 필요로 한다면 어떻게 하겠소'라는 식의 개인적 질문으로 환원하는 것은 온당하지 않다 생각한다.

달라지는가, 라고 말하면서 말이다. 그러나 많은 것이 달라진다!

한 생명을 살리는 소중함을 부정하고자 하는 것은 결코 아니다. 그러나 여기서 강조하고자 하는 것은 — 그것이 얼마나 윤리적으로 옹호될 수 있는가의 문제와 상대적으로 무관하게 — 뇌사와 장기이식이라는 과정 안에서도 '생명조작'과 생명 상대화의 메커니즘이 온전하게 작동한다는 것이다. 그러나 우리는 그에 대해서는 왜 그리 너그러운가?

4) 인간이해의 근본적 변화

뇌의 생명력이 다함으로써 인간의 생명력은 끝난다(이창영 2002: 150), '뇌'가 죽으면 '인간'이 죽은 것이라는 생각(구인회 2000: 169)이 가져올 수 있는 파급적 현상에는 여러 가지가 있을 수 있겠지만 가장 중요한 것은, 이 생각이 우리로 하여금 인간의 본질에 대한 특정한 이해를 강요한다는 점이다. 뇌사의 개념적 틀 안에서 '의식'의 상실은 이제 바로 인간의 죽음으로 설명되고, 의식작용을 통제하는 뇌만이 한 인간에게 본질적인 것으로 이해된다. 뇌를 제외한 모든 다른 신체 부분들은 인간의 정체성에 대한 걱정 없이 기계의 고장 난 부품처럼 대체될 수 있는 것으로 여겨지기(또는 여겨져야 하기) 때문이다(Feldmann 1997). 그런데 — 예를 들어 — 만약에 뇌를 이식할 수 있는 날이 오면 어찌되는가? 뇌의 이식 가능성이 제기되는 날도 멀지 않을지 모른다. 만약 뇌가 한 인간의 정체성을 결정한다면 뇌만 살아 있고, 그 뇌가 어떤 식으로든지 어느 '몸체'에서든지 작동하면 우리는 그 인간을 이전과 동일한 인간이라고 규정할 수 있는 것 아닌가? 그리고 그날 우리는 모든 신학적, 철학적 논의의 바탕이 되는 인격(*Person*)의 정의에 대해 다시 머리를 싸매야 할지도 모른다.[14] 또한

---

14) 이러한 주장의 '사실성'은 중요한 것이 아닐 수도 있다. 오히려 우리는

대뇌(大腦) 없이 출생하여 정상적인 사유의 가능성이 봉쇄된 무뇌아(無腦兒)의 경우를 생각하면 이는 또 다른 심각한 문제를 수반한다(Birnbacher 1995).

이런 의미에서 뇌사개념은 결코 '의학적 죽음의 개념'일 수만은 없다. 뇌사문제를 둘러싼 오늘날의 논쟁은 소박한 공리적 윤리의 문제를 넘어 '인간이란 무엇인가' 하는 실존적 문제에까지 필연적으로 연결되고, 뇌사가 사회적으로 임종의 타당한 기준으로 받아들여진다고 하는 것은—다시 한 번 강조하거니와 그 기준이 의학적, 경험적으로 얼마나 정확한가의 여부와는 무관하게—그 실존적, 사회문화적 함의가 실로 크며 생명에 대한 사회적 담론의 상대성을 증폭시키는 데 중요한 역할을 하고 있다.

5) 완벽한 종말로서 죽음인식과의 관련성

죽음이해에 결정적 변환을 가져온 뇌사와 뇌사판정 이후의 장기이식에 사람들이 관대하고 너그럽다면, 그것은 여하한 내세와도 더 이상 관련을 맺지 못하는 우리의 근대적 죽음인식과 결코 무관하지 않다고 생각된다. 육체를 벗어야 하는 옷으로 간주하고 죽음에 그를 넘어서는 보다 고귀한 의미를 부여하는 불교식 화장(火葬) 관습과 달리 오늘날의 화장 논쟁이 비용과 편리성, 나아가서는 죽음/사체에 대한 의미부여 기제의 약화와 보다 강하게 관련된 것으로 보이듯이(이 책 11장 참조) 장기이식은—특정 개인들의 고귀한 의도와 무관하게—우리 시대 죽음의 무화(無化)와 일정 정도 관련을 지니고 있는 것으로 생각된다. 살아서 할 수 있는, 생명유지에 아무 지장이 없으며, 혈액과 같

사회적 사실이라는 것이 이른바 '사실'에만 근거하여 형성되는 것은 아니라는 점을 기억할 필요가 있다. 여기에서는 우리 사유체계가 이동하는 방향(성)을 약간 과장하여 기술한 것뿐이다.

이 일정 기간 후 다시 재생된다는 골수(骨髓)의 이식 등에는 인색한 이들이 뇌사 후 장기기증에는 심정적으로 보다 쉽게 동의할 수 있다고 한다면 이것은 무엇을 의미하는가? 나에게 이미 아무런 의미도 없는 것을 남에게 주는 것은 그리 어려운 일이 아닐 수도 있지 않을까?15)

때문에 뇌사 인정과 뇌사 후 장기기증에 대한 상대적으로 우호적인 여론조사들을 지나치게 긍정적으로 해석할 수만은 없으며, 반대로 상대적으로 비우호적인 여론조사 결과를 두고 우리의 윤리성 결여를 지나치게 심각하게 걱정할 것도 아니지 않나 하는 생각이다.

4. 뇌사와 뇌사 후 장기이식 문제에서 나타나는 윤리적 생명 논의의 '사회적' 딜레마

지금까지의 논의에서 드러났듯이 새 생명의 선사라는 거부할 수 없는 윤리적으로 선한 명제 앞에서 뇌사와 뇌사 후 장기이식은 — 약간의 논란이 없지 않았지만 — 다른 생명조작 현상보다 성공적으로 이 사회에 안착했다. 생명문제에 대해 가장 보수적이라 할 수 있는 가톨릭교회 내에서도 이 문제만큼은 상대적으로 관용적이다. 재차 강조하거니와 그 윤리적 선함에 대한 판단 자체를 비난하고자 하는 것은 아니다. 단지 이 장에서의 논지를 위해 뇌사와 장기이식도 궁극적으로

15) 동양철학자 정인재는 비히 교수의 논문에 대한 논평에서 심(心)과 기(氣)와 신체발부(身體髮膚) 보존의 효를 강조하는 동양문화권에서 뇌사개념이나 장기이식이 소극적으로 받아들여질 가능성에 대해 말하는데(정인재 1992, 비히 신부의 글에 대한 논평), 그렇게 생각한다면 이미 1992년에 실시된 한 조사에서 80% 이상의 사람들이 뇌사의 법적 허용을 적어도 부분적으로 긍정하고 있고, 그 대부분이 그와 같은 이유로 장기이식의 가능성을 들고 있는 것을 본다면 그 결과는 역설적으로 놀라운 것일 수 있다(윤여덕 1992: 372).

는 안락사나 인간 배아세포복제 등의 문제와 마찬가지의 구조적 논리를 가지고 있는 일련의 현상이라는 것 그리고 인간이해의 근본적 변화와 죽음의 의미부여 가능성의 구조적 감소와 관련되어 해석될 수 있는 부분들이 적잖이 있다는 것을 보다 분명히 할 필요가 있었다. 그리고 뇌사와 뇌사 후 장기이식도 결국에는 우리가 그토록 걱정하는 생명의 상대화 현상을 부추기는 데 일조를 한다고 볼 수밖에 없다는 점을 지적해야만 한다.

안락사, 인간 배아세포복제 그리고 뇌사와 뇌사 후 장기이식의 문제 등은 그것이 윤리적으로 용인되는가 아닌가의 여부와 무관하게, 모두 인간생명의 직접적 조작 가능성의 대두와 함께 나타난 것이며, 유사한 논리적 구조를 보여주고 있다. 윤리적으로 긍정될 수 있는 여지가 많은 사안에서도—'여기까지만'을 알지 못하는 의(과)학적 논리의 전개와 (드러나 있는 또는 숨어 있는) 공리주의적 사고가 만나면서—생명의 조작 가능성과 상대성이 드러나는 사회적 결과를 초래하는 것이다.

의(과)학의 발전으로 생명현상에 대한 특정한 기술적 조작들이 가능하게 되었고 그 조작의 사회적 적용 가능성이 계속해서 도전적인 질문을 던져오고 있다. 이런 현상들을 통해 우리는 '가능한 것에 대한 의지'(*Wille zum Willen*, Schneider 1998)를 시험받는 것인지도 모른다. 가능한 모든 것은 행해져야 하는가, 행해져도 좋은가. 이 질문은 결코 순수하지만도, 이성적이지만도 않으며, 권력적이기까지 하다. 우리는 끊임없이 특정한 '최대최고'(*Maxime*)에의 추종을 요구받고 있다.

이러한 시험이 인간에게 보다 가혹해진 것은—여러 가지 의미에서—절대성의 상실과 관련된 것으로 보인다. 즉 이제 인간은 어떤 절대성과의 연관성 안에서 자신의 의지를 유보해야 하는지 알지 못한다. 더구나 이 세상에서의 육체적 종말이 완벽한 의미에서의 끝을 의미할 때 인간은 이전과는 질적으로 다른 자신의 생명/죽음과 만난다.

절대적인 것은 끝으로서의 죽음뿐이며(사실 이러한 생각을 통해 이미 죽음 자체가 상대화된다), 나머지 모든 것은 이제 상대적으로 위치 지어질 수 있기 때문이다. 이러한 상황적 조건에서 기술적으로 가능해진 생명조작의 가능성이 사회적으로 뿌리 내리고 자라나는 것이다.

우리는 이 중 일부의 현상을 윤리적으로 긍정 또는 부정하고, 어떤 경우는 선택적 취사가 가능한 것처럼 여기기도 하고, 또 어떤 문제는 마치 조직적, 법률적 문제이기만 한 것처럼 환원해 버리려 시도하지만, 그것은 또 하나의 '자기기만'이고 문제의 본질을 호도하는 것일 수도 있다. "뇌사가 인정되면 인명경시 풍조가 만연할 것이라는 우려"가 '관념적인 생각'이라면 뇌사를 인정하고 뇌사 후 장기이식을 함으로써 "생명의 존엄성"이 재인식되리라는 생각(박진탁 1993: 31)도 '관념적인 생각'일 수 있다. 우리가 경험하는 생명의 상대성이란 것은 기본적으로 그 조작 가능성과 그로 인해 개화된 '가능한 모든 것에의 의지'로 집약되는 일종의 '시대정신'에서 연유하는 것이기 때문이다.

5. 닫는 글

지금까지 살펴본 바와 같이 오늘 우리 사회에서 논란이 되는 여러 생명관련 현상들은 그 논리적 구조라는 측면에서 본다면 상당히 유사한 성격을 보여주고 있다. 즉 생명의 종말 시점에 대한 인위적 개입과 관련된 안락사 논의, 인간의 생명에 특정한 성격을 부여하거나 제거하는 것 등과 관련된 배아세포복제 논의, 언제 인간을 죽은 것으로 간주할 것인가에 대한 인위적 판단의 문제와 관련된 뇌사 논의, 그리고 죽은 것으로 선고된 인간의 아직 '살아 있는' 몸에서 적출한 장기의 이식과 관련된 논의 … 이들 모두는 '생명조작의 의(과)학적 가능성'과 깊이 관련되며 — 사안에 따라 윤리적으로 긍정적 또는 부정적으로 평가되는 것과 무관하게 — 우리에게 '가능한 것이라면 시도해 봐야 하지 않겠는가'라는 의지를 갖도록 몰아가는 측면이 있다. 그리고 이들이 우리의 삶에 중요하게 등장하게 된 숨은 이유 중 하나는 현세적 종말 인식과 관련이 있다고 생각된다. 우리의 삶이 죽음 이후와 어떠한 관련성도 갖지 못하는 상태에서는 상대적으로 쉽게 — 인간의 이성적 판단에만 의존한 — 생명조작의 가능성에 노출될 수 있을 것이기 때문이다.

(후기) 근대[16]를 살아가는 우리에게 '절대적인 자연'에 대한 인식이 더 이상 가능하지 않은 것으로 보이는 것처럼, 불가침적인 '절대적인 생명'에 대한 인식도 더 이상 가능하지 않은 것으로 보인다. 자연을 자연이게 하기 위하여 자연스럽게 놓아두어야 한다는 주장은 — 슬프게도 — 그 불가능성을 드러내 보일 뿐이다. 생명현상도 이미 그 반열에 들어섰다. 사실 생명은 이성적으로 제조되거나 인위적으로 조작

---

16) 오늘의 사회가 근대적 그리고 후기/탈 근대적 성격을 동시적으로 보여주고 있다는 점을 강조하기 위해 '(후기) 근대'라는 표기를 사용하였다.

될 수 없는, 스스로 생겨나며, 스스로 감추며, 스스로 만들어 가는 자연이 자신의 모든 특성과 힘을 가장 잘 드러낸 형상이라고 말할 수 있(었)다. 생명에서 자연의 '스스로 그러함'의 의지가 극명하게 드러났던 것이다. 그런데 생명공학의 등장은 모든 생명의 문제를 결정의 문제로 환원해 버렸다. 우리 결정의 근거였던 절대적 영역 자체가 결정의 영역으로 들어오는 것, 이것이야말로 생명의 상대성 인식의 사회적 근원이다. 그리고 이에 따라 인간의 자기이해가 근본적으로 흔들리고 있다는 사실 그리고 우리가 겪는 모든 아픔과 고통을 변명해 줄 '세속화된 변신론'조차 사라지고 있다는 사실이 우리가 직시해야 할 문제이다. '자연적 실존의 우연성' 보존을 위한 이성적 '결정'을 호소하는 위르겐 하버마스는 다시 한 번 우리에게 그 사실, 즉 '절대적 자연'과 '절대적 생명'의 상실을 상기시켜 줄 뿐이다(Nassehi 2000).

우리에게 때로 새 생명을 약속하는, 때로 보다 건강하고 오랜 삶을 약속하는 생명조작의 가능성, 그리고 그 기술적 가능성을 사회적으로 자라게 하는 기름진 토양은 그 자체가 오늘 우리에게 심각한 문제상황으로 보이는 '생명의 상대화 현상'—윤리적 언어로 다시 말한다면 '생명 경시현상'—의 한 중요한 원인이라 말할 수 있다. 과연 우리는 그 의(과)학적 가능성을 외면할 수 있을 것인가. 그것이 우리의 본질적인 딜레마이기도 하다. 그리고—이 장에서 부분적으로 서술되었듯이—이러한 사회적 상황 속에서 전개되는 우리 사회의 윤리적 논의 또한 '절대' 절대적이지 않다. '모든 생명은 소중하다'는 선언적 언명은 최소한의 실질적 의미도 갖기 어려워 보인다.

이러한 상황이 아무리 지대한 윤리적 갈등상황을 결과한다고 해도 피할 수는 없는 일이다. 오히려 우리는 (이른바) 생명경시현상이라는 것이, 기댈 수 있는 모든 절대성을 상실한 우리가 '절대' 버리고자 하지 않을 삶의 '조작 가능성'의 문제와 직접적으로 연관되어 있으며, 윤리나 도덕 교육을 통해 근본적으로 치유될 수 없는 상흔이라는 것을 직시해야만 한다. 그리고 한편으로는 뇌사 후 장기이식을 허락하는 이들의 선함을 도덕적 모범으로 칭송하면서, 인간배아세포복제에는 거의 알레르기적 반응을 보이는 윤리적 이중성이 가지는 표피적 한계를 또한 인식해야 할 것이다. 그들은 적어도 '사촌지간'이기 때문이다.

그리고 마지막으로 우리를 고양시키기도 하고 좌절시키기도 하는 이 모든 윤리적 논쟁의 방향과 속도를 결정하는 키를 우리 자신이 갖고 있는 것이 아니라는 사실도 냉정히 인정해야 한다. 아니 우리는 계속해서 의(과)학의 그림자를 따라다니면서 그들이 문제를 해결해 주기를 기다리는 신세인지도 모른다.[17] 바로 이 등골 서늘한 직면을 통해서만 우리는 '상대적'으로 보다 나은 해결책들을 모색하는 데 힘을 모을 수 있을지도 모른다. 이 모든 것을 알았다고 해서 무엇이 달라지는가를 묻고 싶은가? 적어도 우리의 모순은 성찰할 수 있다. 그리고 이 게임이 우리가 이길 수 있기 때문에 하는 게임이 아니라는 것은 알 수 있다. 우리는 질 수밖에 없는 패를 들고 게임을 하는지도 모른다. 그러나 시시포스의 신화가 말해주듯 인간을 인간되게 하는 것이 질 수밖에 없는 게임을 포기하지 않는 데 있다고 한다면, 포기할 수는 없지 않은가. 우리가 인간이기를 포기하지 않는 한.

---

17) 설사 교회나 사회가 뇌사를 인정하지 않았다 하더라도 뇌사와 뇌사 후 장기이식이 행해지지 않았으리라고 기대하긴 어렵다. 또 예를 들어 이후 동물로부터의 이종장기이식 가능성이 어느 정도 안정화되면, 뇌사논의는 소리 소문 없이 뒤안길로 사라질지도 모른다(관련기사: 과학동아 2002년 2월호 13쪽. "장기이식용 돼지 복제 성공").

단상모음
에세이와 칼럼

- 죽음이 낯선 사회
- 죽음에 대한 사회적 해석:
  '이해'되고 '소통'되어야 할 세계
- 안락사 논쟁을 지켜보며… 두 가지 단상
- 죽음을 알면 삶이 커진다
- 몇 가지 메타포로 남은 그것
- 근대사회가 박멸해온 자연스러운 죽음
- 죽음의 자리
- 누굴 위한 '부음'보도인가
- 매장의 사회적 매장:
  내가 '한국식' 화장 논의에 반대하는 이유
- 살아야 할 이유

죽음이 낯선 사회

사실 죽음의 문제만큼 우리 모두에게 공통되는 중요한 테마도 없으련만 우리 일상적 삶의 공간에서 죽음은 이제 그 실체를 찾아보기 어렵게 되어 버렸다. 때문에 얼마 전에 한겨레신문에 연재되었던 장례문화 관련 시리즈와 한겨레21 최근호에서의 '유서쓰기' 특집은 특별히 필자의 관심을 끌었다. 물론 이는 필자의 박사학위논문이 바로 근대사회와 문화 안에서의 죽음의 문제에 대한 것이기 때문이기도 했다. 필자가 죽음에 대해 논문을 썼다고 하면 어떤 이들은 "살기도 바쁜데, 언제 죽는 데까지 신경을 쓰겠는가"라고 농담반 진담반 말을 되받곤 한다.

그들 말이 맞는지도 모르겠다. 언젠가부터 죽음은 아직 살아 있는 우리와는 별 상관이 없는 어떤 일로 여겨지기 시작했다. 특히 건강한 젊음을 자랑하는 이들에게 죽음에 대한 생각은 궁상맞고 소모적인 일로 여겨지거나, 아예 사유의 대상조차 되지 않을지도 모르겠다.

그 이유는 여러 가지 차원과 관점에서 논의될 수 있겠지만 우선 근대사회에서 평균수명이 2배 이상 증가하고 영유아 사망률이 현격히 감소했다는 아주 단순한 통계에서도 한 중요한 단초를 발견할 수 있다. 오늘날 갑작스러운 또는 예기치 않았던 죽음이 옛날보다 절대적으로 감소했다고는 쉽게 말할 수 없으나, 이제 우리는 누구나 '노인'이 되리라는 것을 의심치 않으며, 그에 근거해 삶의 장기적 계획을 세울 수 있게 되었다. 급속히 늘어난 기대수명의 증가로 인해 삶과 죽음 사이에 일종의 '잠정적 단절'이 가능해졌고, 그와 더불어 죽음은 마치 '노인들만의 문제'인 것처럼 여겨지는 경향이 팽배해지고 있다.

또 불과 몇십 년 전만 해도 어린아이들이 주변에서 자주 '죽음과 관련된 사회적 상황들'을 경험하면서 성장한 반면, 오늘날 많은 젊은이들은 개인적으로 '의미 있게 다가오는' 죽음을 대면하지 않고도 성인이 된다. 죽음이라는 실존적 삶의 과제는 '더 이상' 사회화의 중요한 대상으로 여겨지지 않고, 급속히 삶의 '의미구조' 밖으로 밀려나고 있으며 우리의 생활세계에서도 거의 자취를 감추었다. 근대인들은 격리되어 있는 병원이라는 조직에서 태어나고, 그곳에서 죽어간다. 생존의 논리만을 따라 휘돌아 치는 거대한 도시 안에서는 마치 더 이상 아무도 죽지 않는 것처럼 보이기도 한다.

그러나 보다 더 긴, 보다 더 건강한 삶을 약속하는 과학과 의학기술도 영생을 보장해 주지는 못한다. 적어도 아직까지는…. 우리 모두는 언젠가 죽음의 문제에 직면하게 될 것이다. 그런데 어느 날 갑자기 불쑥 죽음이 우리에게 다가왔을 때, 우리는 이 실존의 문제를 이해, 설명할 수 있는 어떤 사회적 기제도 갖고 있지 못하다. 죽음은 이제 우리에게 너무 낯설다. 그리고 우리는 이미 우리 사회에서 죽음이 '낯설어진' 대가를 혹독하게 치르고 있다. 죽음은 병원에서는 의료비용으로 보험회사에서는 보험의 액수로 환산되고, 기능적으로 작동하는 조직에서 죽음은 구성원의 대체 필요성을 의미할 뿐이며, 이런 사회에서 사람들은 생물학적으로 죽기 전에 이미 '사회적'으로 죽어가며, 사랑하는 이의 죽음 앞에 직면한 이들은 사회로부터 아무런 위로도, 도움도 받지 못한다. 마치 우리는 죽음의 문제를 직면할 힘과 방법을 잊어버린 것 같다. 얼마 전 자살사이트에 대한 논쟁도 있었지만 이런 문제들도 우리시대의 죽음인식과 대응이라는 더 깊고 큰 맥락에서 다루어져야 할 것이다.

… "왜 하필이면" 죽음이냐고 묻던 사람들에게 말하고 싶다. "잘 살기 위해서라고" 말이다. 죽음에 대한 인식과 '이미' 죽은 이들을 대하

는 '아직' 살아 있는 이들의 태도와 행위양식들은 그 시대, 사회의 '삶에 대한 가치관'을 비추어 주는 거울이다. 이런 의미에서 죽는 법을 배우는 것은 사는 법을 배우는 것이고, 죽음을 생각하는 것은 지금 이 자리에서의 삶에 대한 진지한 성찰이며, 그 의미와 방향을 되새기는 일이다. 죽음에 대한 질문에 괄호를 쳐놓고 우리는 생명을 보다 깊고 성실하게 바라볼 수 없다. 죽음에 대해 성찰하는 사람이 보다 더 충실한 삶을, 그리고 '죽음을 생각하는 사회'가 보다 더 건강한 사회가 될 수 있다고 믿기에 '죽음에 대한 건강한 생각들'이 보다 더 많이 나누어지길 기대해 본다.

한겨레 2001.02.06

* 유사한 요지의 칼럼이 평화신문 2000.11.26자에 실린 바 있다.

죽음에 대한 사회적 해석: ‘이해’되고 ‘소통’되어야 할 세계

인간은 자신의 구조적 유한성을 이성적으로 인식하고 언젠가 다가올 필연적이고도 불가피한 종말의 문제와 씨름하는 유일한 생명체라 할 것이다. 우리에게 죽음이 ‘문제’가 되는 것은 ‘죽음 자체’에 그 원인이 있다기보다는 우리가 죽음에 대해 알고 있다는 사실에 기인한다.

그런데 유한적 생명체로서의 인간은 늘 하나의 집단을 이루어 살아왔으며 그 때문에 죽음은 개인적으로뿐만 아니라 사회적으로 근본적인 불안정성의 요인으로 대두되었다. 죽음(에 대한 인식)은 우리가 평소 질문하지도, 의심하지도 않는 경험세계와 일상세계의 지평을 전면적으로 뛰어넘으며, 우리의 개인적 그리고 공동체적 삶의 원천적 한계와 불안정성을 백일하에 드러내 보인다. 특히 죽음의 원칙적인 ‘무규정성’은 인간들의 안정된 삶을 보장하려는 모든 준비와 노력들의 의미와 효과를 의문시하게 한다. 죽음이라는 사건을 어떤 방식으로든지 통제하고, 일상성의 안정적 계속성을 확보하며, 삶의 ‘의미’를 담보해 내는 것은 지금까지 존재했던 모든 인간공동체의 공통된, 핵심적 과제 중 하나였다. 죽음은 어떻게든 ‘이해’되고 ‘소통’되어야 했다.

이때 우리가 주목해야 할 한 가지 중요한 사실이 있다. ‘의미’라는 개념은 항상 사회적이라는 것이다. 의미는 ‘사회적 범주’이며, 의미형성의 가장 중요한 속성은 관계성 내지는 맥락의 구성에 있다. 어떠한 단일하고도 고립된 사건이나 현상도 그 자체로는 의미를 획득하지 못한다. 그 사건이나 현상의 중요성, 가치 등은 사회적 관계, 사회문화적 맥락과 과정 안에서 구성되며 그 안에서(만) 의미 있는 것으로 이해, 경험되며 사회적으로 소통이 가능해진다. 그리고 이때의 관계성은 자기완결적이고 닫힌 어떤 결정체가 아닌 계속적으로 형성되는 일종의 의미의 지시 내지는 전달구조를 말한다. 즉 의미는 이러한 자가동력적 과정(*Eigendynamik*)에서 계속적으로 다른 의미들을 재생산하게 되는 것이다. 이렇게 볼 때 의미는 불변의 실체라기보다는 관계 속에서 형성되는 것이다. 그리고 우리가 죽음의 사회적 의미에 대해 묻는다면 그것은 죽음의 즉자적 의미(*Tod an sich*)라기보다는 사회적, 문화적 맥락에서 체험되는 의미를 말하는 것이며 이러한 관점에서 죽음의 의미이해는 타인들과의 관계 안에서, 사회적 소통의 맥락 안에서만 가능하다.

우리가 이런 맥락에서 유리된, 어떤 고립된 삶 안에서 죽음의 의미를 찾는다면 그 시도는 실패할 수밖에 없다. 최근 우리 사회에는 자살사이트 등이 사회문제로 등장하고 있다. 원인과 대응책에 대한 논의가 무성하지만 글쓴이가 보기에 무엇보다도 큰 문제는 그들의 자살 또는 살인동기의 '절대적 무의미성'에 잠재되어 있다. 그리고 그 절대적 무의미성은 모든 관계성의 단절, 의미구조 재생산의 부재를 암시한다.

오늘의 서구인들이 가장 소망하는 죽음의 형태가 '갑작스러운 죽음'이라는 한 연구결과 또한 우리에게 시사하는 바가 적지 않다. 이러한 소망은 길고 고통스러운 임종에 대한 두려움과 공포를 생각한다면 한편 아주 인간적이고 자연스러운 것이라 할 수 있을 것이나, 이러한 죽음인식이 죽음에 대한 의식적 성찰을 거부할 뿐 아니라 그 인식이 모든 사회적 관계로부터 유리된 지극히 고립적인 '나'의 죽음이라는 인식에서 출발하고 있다는 점에서 근대사회에서의 죽음인식의 한 구조적 특징으로 이해될 수 있다.

남겨진 자들에게는 극심한 고통과 충격을 의미할 수 있는 '갑작스러운 죽음'은 모든 관계성의 단절을 전제로 '나에게' 소망스러운 것이 될 수 있다. 죽음은 오늘날의 고도로 산업화된 사회에서 지극히 물리적인 차원의 완벽한 종말로 인식된다. 죽음은 더 이상 성스럽지도 두렵지도 않다. 우주론적인 또는 종교적인 상징적 의미세계와의 모든 '연결'은 끊어져 버렸다. 죽음의 물화, 범속화 등이 이야기된다.

죽음은 이제 우리에게 여하한 '의미 있는 관계성'도 제공하지 못하는 것은 아닌가? 그러나 죽음은 오늘에도 '이해'되어야 하고 '소통'되어야 한다. 감각적, 경험적 세계를 넘어선 상징적 의미구조, 의미관계의 형성에 어려움을 겪고 있는 오늘, 우리의 과제는 이러한 상황하에서 얼마나 '건강한' 상호주관적 죽음이해를 만들어낼 수 있는지 여부에 달려 있다 할 것이다.

경희대 대학주보 2001.03.12

안락사 논쟁을 지켜보며…두 가지 단상

생각 하나—죽을 권리?

대한의사협회의 의사윤리지침안을 둘러싼 공방을 보도하는 신문들의 기사제목과 내용들 중에 "존엄하게 죽을 권리" 내지는 "환자가 스스로 결정하게 하라"는 문구들이 눈에 뜨였다. 이런 문구들만 따로 떼어놓고 보면 안락사(安樂死)를 둘러싼 논쟁이 마치 인권회복운동의 일환인 것으로 느껴지기도 한다. 나는 내가 언제 어떻게 죽고 싶은지를 결정할 자유와 권리가 있다!?

만성 퇴행성 질환이 주된 사망원인으로 등장하고, 의학의 발달로 회복이 불가능하다고 여겨지는 환자를 장기간 일정한 상태로 유지하는 것이 가능해진 오늘날, 길고 고통스러운 임종기간을 보내는 이들이 상당히 많고, 안락사에 대한 본격적 논의가 그들에게 '안락한' 죽음을 맞을 수 있도록 도와주어야 한다는 지극히 인간적인, 그리고 선의에서 비롯된 논쟁이라는 점에서 이는 어느 정도 타당하기도 하고 공감되는 부분이 있다.

그러나 안락사의 인정이 죽음 앞에 선 인간의 완전한 '주권회복'을 의미하는 것은 아닌 것 같다. 안락사 문제는 한편으로는 자살과 다른 한편으로는 살인과 미묘한 회색지대를 접하고 있다. 따라서 안락사가 자살 내지는 자살방조 또는 살인이 되지 않게 위해서는, 그리고 그에 대한 전 사회적인 합의를 이끌어 내고 관련 법률을 정비하기 위해서는 먼저 어떠한 상태가 회복 불가능한 상태인지, 무엇이 참을 수 없는 고통인지에 대한 기준이 있어야 하는데 그 기준은 물론 의학적 기준일 수밖에 없다. 그 기준을 '합법적으로' 제시할 수 있는 것은 오늘의 사회에서 유일하게 의료인뿐이다. 그것은 (거의) 전적으로 의료인들의 영역이다. 비전문가들은 그 결정으로부터 철저히 배제되어 있고, 그 결정을 재고할 능력도 자격도 없다.

사실 안락사를 둘러싼 논쟁은 이미 우리 삶 깊숙한 곳까지 파고 들어와 있는 '의료화'를 방증한다. 과학기술과 의학의 발달은 죽음 자체는 아니라고 하더라도 이제 죽음의 때를 그들의 통제영역으로 끌어들였다. 임종과정과 죽음의 시간에까지 의학의 통제영역이 확장되면서 우리는 스스로의 또는 가까운 이들의 죽음에 대해 그가 언제, 어떻게 죽어야 하는지 또는 언제, 어떤 상황에서 그가 죽은 것으로 판정되어야 하는지에 대한 '결정'을 내려야만 한다. 죽음은 더 이상 우리가 받아들일 수밖에 없는 운명이 아니라, 결정되고 통제되어야 할 사안이 되었다.

의학적 개입은 이제 더 이상 명백한 질병의 상태에 대한 관여에 머무르지 않는다. 이는 '나'라는 개체가 아직 생겨나기 이전에 시작되어 내가 죽는 그 순간까지 계속된다. 생명/죽음 문제에 대한 의학(기술)적 개입은 사실 이제 막 시작단계에 들어선 것에 불과하고 의료전문인들의 눈에는 아직은 그 개입의 정도가 미흡하게 보일지도 모른다. 그러나 생명문제에 대한 의학(기술)적 조작은 그 가능성에 대한 생각만으로도, 삶과 죽음의 물화(物化)에 결정적 역할을 하고 있다. 근본적으로 안락사 논쟁은 환자의 권리회복문제라기보다는 더 이상 '자연스럽게' 죽을 수 없게 된, 그래서 '전문가의 통제와 결정'이 필요하게 된 오늘의 죽음상황과 깊이 연관되어 있다. '결정'을 내리는 것은 환자들이 아니다. 의사들의 '권고'가 환자들에게 내려질 뿐이다.

또 하나 덧붙이자면 '권리'라는 말은 당연히 요구될 수 있는 내지는 요구되어야 하는 어떤 것이라는 느낌을 강하게 주므로 그 단어의 선택 자체를 재고할 필요가 있다는 생각이다. 안락사의 선택은 본인, 가족, 의사, 법조인 등 관련된 모든 이들에게 일종의 '강요된 선택'이라는 점에서 '권리'라는 개념은 좀 지나친 느낌이 있다.

생각 둘 — '고통'의 의미

좋은 죽음이란 것이 있을까? 우리가 좋은 죽음을 이야기할 수 있다면 그것은 어떤 죽음일까? 오늘의 서구인들이 가장 소망하는 죽음의 형태가 '갑작스러운 죽음'이라는 한 연구결과는 우리에게 시사하는 바가 적지 않다. 이러한 소망은 길고 고통스러운 임종에 대한 두려움과 공포를 생각한다면 한편 아주 인간적이고 자연스러운 것이라 할 수 있을 것이나, 이러한 죽음인식이 죽음에 대한 의식적 성찰을 거부하고 죽음을 앞둔 이들에게 종종 수반되는 육체적/정신적 고통을 전면적으로 거부하고 있다는 점에서 우리의 관심을 끈다.

물론 임종(臨終)과정이 길어지는 경향이 뚜렷하고 죽음이 점점 더 받아들여지기 어려운 어떤 것이 되어가는 상황에서 임종의 과정을 보다 인간적으로 그리고 고통스럽지 않은 것으로 만들어 가려는 노력들은 필요하고도 중요한 일들이다. 그러나 필자는 안락사 등을 둘러싼 일련의 논의들이 본질적으로 (죽음에의) 고통을 받아들일 수 없는, 따라서 임종과 죽음과의 대응과정에서 특별한 어려움을 지니고 있는 오늘날의 상황에 대한 중요한 '구조적 징표'의 성격도 가지고 있다고 생각한다. 오늘의 사회는 이전의 시대들과 달리 고통에 대한 유의미한 해석 내지는 보정(補正)을 가능케 하는 개념과 체계를 갖고 있지 못한 것으로 보인다.

더구나 죽음이 무(無)로 여겨지는 사회에서 죽음으로 가는 길목에서의 고통이라는 것은 필연적으로 무의미한 것일 수밖에 없다. 이제 임종과정에서의 고통은 그것을 넘어서는 더 이상의 의미를 지시하지 못하며 결과적으로 그 자신 스스로의 의미조차 상실한다.

더구나 이전에는 (임종과정에 수반되던) 고통이란 그저 참아낼 수밖에 없는 것이었다. 그러나 이제 고통이라는 것은 가능한 한 완화되어야 할 그리고 완화될 수 있는 어떤 것이고 죽음은 이제 그를 가능케 해줄 것으로 기대되는 과학기술과 의학의 통제하에 들어간다.

우리는 보다 오래, 보다 건강하고 젊게 살다가 어느 날 갑자기 어떠한 흔적도 남기지 않고 사라지고 싶어 한다. 그저 그렇게…. 우리가 알고, 느끼고, 고통스러워하는 것은 죽음이 아니라 임종이다. 그리고 오늘의 사회는 고통스러운 임종의 과정을 제거하는 데 진력을 다하고 있다. 그런데 '좋은 죽음'과 '고통 없는, 편안한 죽음'에 대한 논의만이 무성한 오늘, 인간의 유한성 자체에 대한 보다 근본적인 성찰은 뒷전으로 밀려난 것은 아닌가 하는 의구심을 지울 수 없다.

현재의 안락사 논쟁에 대해 우리는 물론 잠정적이나마 어떤 합의를 이끌어 내게 될 것이다. 그런데 글쓴이가 개인적으로 알고 있는 한 의사 분은 지금 현재 병원에서 일어나는 죽음은 거의 대부분 — 넓은 의미에서 볼 때 — 일종의 안락사라고 할 수 있다고 하셨다. 그렇다면 대한의사협회가 의사윤리지침안 시행을 일단 유보한다고 밝히긴 했지만 이 문제를 둘러싼 논쟁이 결국은 어느 쪽으로 가닥을 잡아갈 것인가 하는 것을 짐작하는 것은 그리 어려운 일이 아니다.

그러나 과학기술과 의학의 발전은 앞으로 그 가속도를 더할 것으로 보이고 우리는 앞으로도 계속해서 다시 이와 유사한 또는 훨씬 더 풀기 어려운 문제상황들에 부딪히게 될 것이다. 그때그때마다 필요한 사회적/법적 규정들이 만들어지고 윤리적 논쟁들이 일어나겠지만, 그 이전에 죽음의 실존적 의미에 대한 보다 깊은 성찰이 전제되어야 한다고 생각된다. 수많은 인류의 현인들은 인간을 인간이게 하는 가장 중요한 요소로 '자기 존재의 소멸에 대한 인식'을 꼽기를 주저하지 않았다. 이것은 과연 오늘도 유효한가? 오늘 우리에게 죽음은 과연 무엇인가?

월간 의약정보 DI 초대석. 2001.06

죽음을 알면 삶이 커진다

아침저녁으로, 그것도 몇 년씩 죽음에 대한 책들을 읽고 있다는 것이 좀 끔찍하지 않느냐고 어떤 이가 내게 물었다. 그러고 보니 필자는 죽음을 주제로 박사학위논문을 썼고, 이후로도 관련된 글들을 계속 쓰고 있으며 이번 학기에는 '죽음의 사회학적 이해'라는 강의까지 했다. 그리고… 죽음은 나에게 이전보다는 조금 '덜' 끔찍스럽다.

죽음에 대해 공부한다는 것은 무엇을 의미하는가? 누군가 "죽음 직전까지 가보지 않은 이가 죽음에 대해 함부로 이야기하는 것을 용서할 수 없다"고 했다던가. 그렇다. 사실 아직 젊고, 죽음의 문턱에도 가보지 못한 범인(凡人)이 죽음의 문제를, 그것도 지극히 무미건조한 '사회학'이라는 잣대로 재단한다는 것은 일면 걱정스럽기까지 한 일이다. 그나마 다행인 것은 그런 말을 한 사람도 아직(!) 죽어 보지는 않았음이 분명하다는 사실이다.

분명 죽음은 인간의 가장 중요한 실존적 과제임이 분명하며 우리의 경험적/과학적 사고의 영역을 훌쩍 뛰어넘는 그 어떤 부분을 가지고 있다. 그러나 이것이 우리가 죽음에 대해 아무런 이야기도 할 수 없다거나, 해서는 안 된다거나 하는 것을 의미하는 것은 아닐 것이다. 물론 우리는 죽음의 '체험'에 대해 이야기할 수 없으며, 죽음에 대한 물음의 (정)답을 발견할 수 없을지도 모른다. 그러나 인간이 유일하게 죽음을 인식하고 성찰하는 존재라면, 그리고 죽음에 대한 피할 수 없는 인식이 삶의 모습의 형성에 중요한 역할을 하고 있다면 우리는 이 문제를 그저 방치할 수만은 없다.

죽음의 문제에 접근하는 길은 물론 하나가 아닐 것이다. 철학적, 종교적, 심리적 접근법 등은 우리에게 비교적 낯익은 것들이다. 그러나 필자의 생각으로는 죽음에 대한 사회학적 공부도 다른 접근법 못지않게 재미있고도 유익하다. 《생명이 있는 것은 다 아름답다》는 책을 쓴 동물생태학자는 "알면 사랑한다"고 했다. 우리가 흔히 징그럽게 여기는 바퀴벌레나 거미도 (지극히 무미건조한) 동물생태학이라는 방법을 통해 자세히 들여다보면 나중에는 애정까지 생긴다는 주장은 우리에게 암시하는 바가 크다. 즉, 우리가 무엇을 사랑하(게 되)기 위해서 꼭 종교적 애덕, 인간적 연민으로부터 출발해야만 하는 것은 아니다.

사회학이 죽음의 문제를 다루는 데 있어 다른 접근방식들보다 좀 더 무덤덤한 방법일 수 있지만, 그렇기 때문에 역설적으로 우리는 사회학이라는 안경을 통해 죽음을 더 자세히 들여다볼 수 있는 힘을 얻을 수 있는지도 모른다. 그리고 이를 통해 죽음을 사랑하게 되지는 않더라도 조금은 더 잘 알고, 이해하고 그래서 적어도 그만큼은 자유로워질 수 있다고 믿는다.

죽음이 넘지 못할 거대한 벽으로만 여겨지는 것은, 그래서 결과적으로 죽음이 무섭고 끔찍한 느낌으로 다가서거나 또는 경박스러울 정도로 가볍게 다루어질 수밖에 없는 것은 우리가 죽음을 너무나 총체적이고 실존적인 차원에서만 접근하려 하는 때문인지도 모른다. 사실 죽음은 삶의 다양성만큼이나 다양한 모습으로 우리 삶의 여러 순간들에 등장하며 수많은 예고편들을 보여준다. 죽음은 굉장히 많은 다른 이름들을 가지고 있다. 죽음은 불치의 질환으로, 생명보험의 문제로, 집안의 장례문제로, 갑작스러운 교통사고나 화재사건으로, 이웃들과 가족의 길고 고통스러운 임종으로, 자살에 대한 고민으로, 장기이식과 안락사, 사형제도에 대한 시민으로서의 의사표현의 의무와 권리의 문제로 살아 있는 동안 우리를 지배한다.

이런 의미에서 죽음은 삶의 끝에서 어느 날 갑자기 찾아오는 불청객이라기보다는 아주 익숙한 (그러나 여전히 친근하지는 않은?) 손님이다. 인간만이 죽음을 인식할 수 있다고 한다면, 그것을 삶의 특권으로 만들 것인가 아니면 걸림돌로 만들 것인가 하는 것이 우리의 과제이다.

삶의 모습을 규정짓는 다양한 죽음에 대한 의식과 행위양식들, 그 사회구조적/문화적 요인들 그리고 여러 실천적 테마들 — (사람을 살릴 것을 그 목적으로 하는) 병원에서의 죽음, 장례문제, 자살, 살인, 사형제도 그리고 호스피스 등 — 을 진지하게 (그러나 너무 무겁지 않게) 고민할 기회를 가졌던 내 수업의 젊고 생기발랄한 친구들은 그것을 자랑스럽게 여겨도 괜찮을 것 같다. 그들은 이제 할아버지의 불치병이 옮을 것 같아 병문안을 가지 못하는, 그런 잘못은 더 이상 범하지 않으리라 믿으며 조금은 더 당당하게 죽음과 함께 살아갈 수 있으리라 생각한다.

문화일보 2001.06.20

원제: 죽음, 그 참을 수 없는 '무거움'을 넘어서

몇 가지 메타포로 남은 그것

Ⅰ.

메타포(*Metaphor*)는 간단명료하게 설명되고 이해되기 어려운 그 무언가를 인간의 언어라는 한정된 용기에 담아내기 위해 종종 사용되는 방법이다. 성경과 불경 등에 비유와 은유가 자주 등장하는 것과 유사한 맥락일지도 모르겠다. 특히 체험될 수 없는 죽음이라는 상황 앞에서 우리는 그에 대한 그림을 그려볼 수밖에 없다. 그러므로 죽음에 붙어 있는 이름과 메타포들은 각 시대와 공간에서의 죽음이해의 단면을 간접적으로 그러나 효과적으로 드러내 보여주는 매개체이다.

죽음에는 역사적으로 여러 다른 메타포들이 부여되어 왔다. 흔히 죽음은 '깊은 잠', '계절/자연의 순환', '신의 부르심' 또는 '악마/귀신의 저주'로 설명되었다. 이들은 중요한 공통점을 가지고 있다. 인간의 (이성적) 능력을 벗어나 있는 시공간에서 벌어지는 일을 암시한다는 것이 그것이다. 잠을 자는 동안 인간은 자신의 마음과 몸에 대한 통제력을 상실한다. 누군가를 꿈에서나마 만나기를 바란다고 해서 그 소망이 이루어질 것을 기대하기는 어렵다. 계절의 순환이 '자연스럽다'는 것은 그것이 그렇게 될 수밖에 없도록 이미 결정되어 있다는 것의 다른 표현이다. 신의 의지 또는 악마의 저주도 마찬가지이다.

이런 의미에서 지금까지 언급한 죽음의 메타포들은 '운명적' 내지는 '종교적'이다. 우리가 그것을 받아들이느냐 거부하느냐 하는 것은 자의적일 수 있으나 그 주어진 상황을 뒤집을 수는 없다는 점에서 그러하다.

죽음은 언제나 어찌할 수 없는 그 어떤 것이었다. 인간이 반역을 꾀할 수는 있지만 싸움의 결과는 언제나 미리 정해져 있었다. 따라서 죽음의 메타포들은 어떻게 보면 그 어찌할 수 없는 일을—결국에는—이해하고 받아들이기 위한 도구로 사용되는 경향이 있었다고 할 수 있다. 그들과 질적으로 다른, 새로운 죽음의 이름과 메타포들이 인류의 역사에 등장한 것은 그리 오래되지 않는다. 죽음에 부여된 새로운 이름들은 더 이상 낭만적이지도, 두렵지도 않으며, 인간이 어찌할 수 없는 시공간에 놓여 있지도 않다. 죽음의 근대적 이름들은 지극히 무덤덤하며 그들이 자리 잡은 곳은 삶의 구체적인 현장이다. 그들을 통해 죽음은 우리의 삶 한가운데 있으면서, 또한 없다.

II.

1) 암/에이즈

오늘날 죽음은 질병의 전개에 따른 의학적 진단의 치명성과 깊은 관련이 있다. 회복 불가능성이 진단되는 바로 그 순간부터 환자는 사회에서 '공식적으로' 포기된다. 지금까지의 의학적 치료의 모든 과정은 중지되고 불치의 진단을 받은 이와의 사회적 소통은 이때부터 완전히 다른 새로운 국면에 접어든다. 치명적인 의학적 진단은 말하자면 우리 시대에 '심리적, 사회적 사망선고'와도 같으며, 그 중에서도 암과 에이즈는 오늘 우리에게 있어 죽음을 '암시'하는 대표적 질병들이다.

오늘의 사회에서 죽음은 종종 '단지' 적절하게 치료 또는 대응되지 못한(그러나 원칙적으로는 보다 합당한 치료나 대응이 가능했던, 또는 가능해질) 질병이나 사고의 결과로 여겨진다. 따라서 누구도 '원인' 없이 '자연스럽게' 죽지 않는다. 그리고 그 원인을 야기한 책임의 상당 부분은 우리 자신에게 있는 것으로 간주된다. 즉 많은 경우 환자들은 '자기관리 실패'의 혐의로부터 자유롭지 못하다. 물론 암과 에이즈의 경우 그 둘 사이에는 엄연한 차이가 존재한다. 에이즈 환자들에게는 — 합리적으로 증명될 수 있는 수준을 넘어선 — 전염 가능성에 대한 막연한 공포 그리고 그 질병 자체에 대한 사회적 편견과 거부감이 맞물리면서 사회로부터의 전격적이고도 체계적인 배제 메커니즘이 작동한다. 에이즈는 우리 시대 '사회적 죽음'의 한 극단을 보여주는 전형적인 예라 할 것이다.

암과 에이즈는 우리가 무엇을 위해 싸우고 있는가를 보여주는 지표이기도 하다. 그들은 공포의 대상일 뿐만 아니라 동시에 우리가 진력을 다해 '정복'하고자 하는 대상이다. 그들이 사라지는 날, 그날이 마치 죽음이 사라지게 되는 날이라도 되는 듯…. 그러나 '21세기 한국인에게 더 이상 지병은 없다'고 강조되는 이 순간에도, 암과 에이즈의 치료에 획기적 전환을 가져올 약품과 방법의 개발소식이 전해지는 이 순간에도 끊임없이 새로운 치명적인 질병과 증후군들이 발견된다. '지병은 있다.'

2) 노인

'올 때는 순서가 있어도 갈 때는 순서가 없다'고 했던가? 그러나 오늘날에는 갈 때도 줄서서 간다!? 우리는 자신들이 노인이 되리라는 사실을 믿어 의심치 않는다. 노인이 된다는 것은 더 이상 특별한 일이 아니며, 누구나 노인이 되는 사회에서 노인이 특별한 대접을 받을 이유는 없을지도 모른다. 더구나 나이와 지혜, 경륜의 고리도 끊어진 지 이미 오래다. 오히려 오늘날처럼 원칙적으로 가시적 성취의 원칙에 근거해서 사회적 배제를 실행하는 메커니즘을 가진 근대사회체계 안에서 더 이상 생산적이지 못한 것으로 간주되는 노인들에게는 일종의 '낙인'이 찍히고, 더 이상 본래적인 의미에서의 사회구성원으로 여겨지지 않는 경향조차 있다. 그들은 오히려 — 좀 과장해서 이야기하자면 — 문제없이 잘 굴러가야 할 사회의 '방해 또는 비용발생 요인'에 불과하다.

그들만의 것으로 여겨지는 것은 죽음뿐이다. 죽음은 마치 노인들만의 문제인 양 여겨진다. 모두가 노인이 될 것이 기대되는 장수(長壽)사회에서 젊은이들은—역설적이게도—그들도 언젠가는 노인이 되리라는 것을 상상하기 어렵다. 그래서일까? 아직 젊은 '우리'는 죽음이라는 레테르를 '그들'에게 붙여주고 적잖게 안심하는지도 모른다. 삶의 장면마다 '우리'를 당혹케 하는 죽음들이 불쑥불쑥 등장하기도 하지만 보통은 적절한 사회적 소통의 길을 찾지 못하고 사라져 간다. 그리고 우리는 그 '예외적 경우'를 곧 잊어버린다…. 죽음이 '우리'를 비껴가는 것은 아님에도.

3) 생명보험

근대는 어떤 의미에서 또 하나의 성공적 '믿음'의 역사이다. 그 중 하나는 우리 삶에 일어날 수 있을 것으로 생각되는 모든 (잠재적) 위험들을 통제할 수 있다는 믿음이다. 재난, 질병 등 모든 인간적 불행은 사회적으로 해결되어야 할 과제로 등장했다. 사회적으로 안전이 보장되어야 하고, 만약 남아 있는 위험들이 있다면 그들은 적어도 계산/예측되고 통제되어야 한다. 그럼에도 불구하고 예기치 않은 일이 발생한다면? 무슨 걱정인가, 보험이 있는데…. 의료, 상해, 자동차, 여행보험 등…. 그리고 근대보험사회의 꽃은 가히 생명보험이라 할 것이다. 오늘 죽음을 '대비'하는 가장 중요하고도 기초적인 방법은 보험을 드는 일이다!

그런데 최근 종신보험의 등장은 아주 의미심장하다. 글쓴이가 그 등장배경에 대해 아직 자세히 알지는 못하나 인간수명의 급격한 증가와 관련이 있으리라 생각된다. 인간수명은 20세기 초에 예상했던 것보다도 훨씬 빠른 속도로 증가하고 있고, 그에 기초해 세워졌던 모든 사회안전망, 복지제도들의 기틀을 위협하고 있다. 종신보험은 이러한 상황에 대한 보험업계의 발 빠른 대응이라 하겠다. 종신보험은 이제 더 이상 사망의 시기와 원인을 문제 삼지 않는다. 생명보험이 특정 연령 이상의 '자연사'를 그 보상범위에 포함시키지 않았던 것에 반해 이제 종신보험은 말 그대로 '모든' 죽음을 보상한다. 그리고 이제 모든 죽음은 병리화되고 보상되어야 할 불행이 된다.

우리의 죽음은 이제 '종신토록' 보장되는가? 보험회사를 보험 들어주고 먹고사는 재보험회사의 존재는 사실 이 '완벽한' 보험사회의 본질적 한계를 적나라하게 드러내 주며 우리를 비웃는 것만 같다. 그리고 한 가지 분명한 것은 각종 사회적 보험과 보장제도가 인간의 가장 실존적인 문제, 노화와 죽음과의 직면을 대체해 주지는 못한다는 사실이다.

III.

죽음의 새로운 이름, 메타포들은 다가올 죽음을 필연적으로 암시하지만 적정한 정도로만 치명적이어야 하고 사유의 무게중심 자체를 죽음으로부터 그들 자신 안으로 옮겨 놓는다는 점에서 이전과 다르다. 오늘 죽음에 부여된 이름/메타포들은 죽음을 이해하고 받아들이기 위한 도구라기보다는 그것을 거부하거나 배제하기 위한 도구라 말할 수 있을지도 모르겠다. 오늘의 죽음에 붙어 있는 이름/메타포들은 삶과 죽음 사이의 다리를 놓아 주기보다는 단절을 요구하는 것처럼 보인다. 오늘 죽음은 오로지 '다른 이름으로만' 불릴 수밖에 없는 것은 아닐까?

흔히 사람들은 삶과 죽음을 동전의 양면으로 비유하곤 하는데 글쓴이는 그 비유가 썩 마음에 내키지 않는다. 앞면을 들여다보는 동안은 절대 뒷면을, 뒷면을 들여다보는 동안에는 절대로 앞면을 볼 수 없기 때문이다. 우리가 살아 있는 것은 바로 죽어가는 과정이며, 그런 의미에서 삶은 죽음이며 죽음은 삶이다. 따라서 죽음이 가려진 채로 칭송되는 생명과 젊음은 의심스러운 것이 아닐 수 없다. 물론 인간이 일정 정도의 삶의 길이를 안정적으로 '보장'받게 된 상황에서 가능하게 된 삶과 죽음 사이의 '잠정적 단절'을 부정적으로만 볼 일은 아닐 것이다. 그러나 만약 우리가 죽음을 다른 이름들로만 부를 수 있다면, 그리고 죽음의 그 다른 이름들이 그 본래의 이름과는 낯선 어떤 것이 되어 버린다면 … 우리는 너무 멀리 가버린 것은 아닌지.

말 그대로는 '죽음학'을 지칭하는 Thanatology는 이 땅에서 흔히 '임종학'으로 번역된다. 왜? 죽음을 연구한다는 사람들에게조차 죽음의 이미지는 너무 무겁기 때문일까? 장사(?)가 되지 않을 것이라는 두려움 때문일까? 오늘 우리에게 죽음은 … 차마 부르지 못한 이름이다.

연대 대학원 신문 2001.09.03
원제: 죽음의 다른 / 근대적 이름들

근대사회가 박멸해온 자연스러운 죽음

"고야는 환자를 둘러싸고 있는 여러 명의 의사를 그렸다. 그림 밑에는 이렇게 쓰여 있다. '대체 어떤 병으로 그는 죽을 것인가?' … 그는 죽을 것이다. 그것은 확실하다. 그러나 그 죽음에 이름을 붙여야만 한다. 그것이 의사들의 관심사이다. 그리고 어쩌면 모든 사람들의 관심사가 아닐지? 의사들이 '치명적'이라고 선언하고 난 뒤(그 '치명성'은 환자를 고쳐보기 위한 모든 시도를 포기하게 할 만큼 치명적일 터이다), 그들은 살인자를 발견하기 위한 조사에 착수한다! 그러나 살인자는 다름 아닌 자연이다. 바로 자연이 우리에게 우리의 첫 번째 날과 함께 마지막 날도 선물하는 것이다."

(장 그르니에, "명명이 가능하였던 죽음, 그러나 영원히 풀 수 없는 미제(未濟)", 《어느 개의 죽음에 대하여》, 36~37쪽)

부고를 접했을 때 우리는 그분이 '왜' 돌아가셨는가를 묻는다. 물론 이 질문은 보통의 경우 사망원인에 대한 질문으로 받아들여지고, 우리는 그 대답으로 사고사(事故死) 또는 병사(病死)하셨다는 말을 듣는다. 질문하는 사람도, 대답하는 사람도 그 이상의 어떤 것을 요구하지 않을 것이다. 아마 우리는 끊임없이 납득 가능한 죽음의 원인을 찾고 있는지도 모른다. 마치 살인자를 찾듯이 ….

오늘날 하루가 다르게 발전하는 과학과 의학의 발달에도 불구하고 우리가 죽는다면 아니 죽어야 한다면, 그것은 더 이상 우리의 '때'가 다했기 때문이 아니다. 이제 우리의 죽음은 우리의 실존적 유한성을 통해서가 아니라 적절하게 치료 또는 대응되지 못한(그러나 원칙적으로는 보다 합당한 치료나 대응이 가능했던, 또는 가능해질) 질병이나 사고 때문으로 설명된다. 죽음은 더 이상 자연스럽지 않다. 죽음은 특정 개인을 죽음으로 이끈 어떤 특정 원인의 결과이다. 우리는 지나친 흡연과 음주 때문에, 잘못된 (식)생활습관 때문에, 규칙적으로 운동을 하지 않았기 때문에, 의사의 지시를 충실히 따르지 않았기 때문에, 특정 질병이나 특정 사고의 결과를 치료할 수 있는 약과 방법이 '아직' 개발되지 못했기 때문에, 의사의 오진이나 과실 때문에, 나아가 장기이식을 비롯한 새로운 의학기술을 지불할 충분한 경제적 능력이 없기 때문에 죽어간다.

만약 그렇지 않았다면 … 어쩌면 죽지 않을 수 있었는지도 모른다. 인간의 필연적 유한성은 이렇게 피할 수 있는 그리고 통제가 가능한 (또는 가능해야 할) 여러 원인들로 해체된다. 인간의 실존적 유한성은 피할 수 없는 일이지만, 각각의 개별적인, 명명될 수 있는 죽음은 그렇지 않다. 개별적인 죽음들은 원칙적으로는 발견되고 통제되며 피할 수 있었던 하나의 원인 내지 이유를 가진다. 그리고 우리는 그 죽음의 정확한 '이유'를 발견해야 한다. 누구도 '원인' 없이 죽지 않는다. '노환'이라는 단순한 사망진단은 오히려 우리에게 낯설고, 의심스러운 것이 되어 버렸다.

이러한 사유는 사실 근대사회에 내재하는 자기이해방식 그리고 계몽적인 존재양식과 밀접히 연관되어 있다. 모든 것을 원칙적으로 통제와 지배가 가능한 것으로 상정하는 근대사회의 자신만만한 야심과 무제한적 자기신뢰는 그 어떠한 장애물도 인정할 수 없고, 조정과 통제를 방해하는 어떠한 핑계나 구실도 용납할 수 없다. 인간이성이 구현되는 장(場)으로서의 근대세계에서 기대되지 않았던 것들, 예측되지 않았거나 예측할 수 없는 것들, 모든 우연은 혐오의 대상이 되고 제거되어야 하는 것으로 여겨진다.

그 어느 것도 운명, 신의 의지나 악마의 저주 또는 우연의 결과로 규정되거나 해석될 수 없으며 그렇게 되어서도 안 된다. 따라서 편재(偏在)적이고 극복될 수 없는 그 무엇으로서의 인간의 유한성에 대한 사유는 근대사회에서 원천적으로 용납되기 어려운 것이다. 죽음은 근대사회라고 하는 거대하고도 대담한 세계의 기획에서 이성의 수월성이 제공하는 약속에 대한 철저한 부정을 의미한다. 이성에 의해 계획되고 통제되어야 할 세계에서 죽음이란 것은 아마 운명이라고 불릴 만한 것들의 '최후의 잔재(殘在)'라 할 것이다.

이 불쾌한 존재를 제거하기 위해 시도되는 방법들은 다양하다. 죽음에 대한 침묵, 죽어가는 이들에 대한 격리, 그리고 사체(死體)의 신속하고도 위생적인 방법으로의 추방. 그러나 가장 과격한 방법은 '죽음'(*Der Tod*)의 존재 자체에 대한 부정이다. 이 과정에서 피할 수 없는 인간의 실존적인 '한계상황의 극한'으로서의 죽음은 이제 치료 또는 해결되거나 피할 수 있었을 '개별적 죽음'(*Todesfall*)들로 해체 내지는 재구조화된다.

넘어설 수 없는 죽음은 운명이나 신의 의지 또는 우연이 아닌, 본래적으로는 넘어설 수 있는 고통, 치료 가능한 원인으로 환원되어야 한다. 우리가 싸워야 할 상대는 더 이상 우리의 유한성이 아니며 우리의 목표는 더 이상 우리의 불멸(不滅)이 아니다. 우리는 '죽음에 이르게 하는 원인들'과 전쟁을 한다. 그를 위해 우리가 할 일은 참으로 많다. 특정한 질병을 이기기 위해 또는 사고들의 원인을 찾아내고 예방하기 위해 우리가 할 수 있는 일, 해야 하는 일 그리고 하지 말아야 할 일들의 목록은 길기만 하고, 우리는 그 일들을 하는 데 너무 몰두하여 그 일들이 결국에는 공허하고 허무한 일이라는 것에 대해 고민할 겨를이 없다.

이 끝이 보이지 않는 투쟁에서의 부분적 실패는 또다시 우리가 무엇을 어떻게 고쳐야 하는지에 대한 대답을 제공한다. 어떤 질병이 영원히 절대적으로 치료될 수 없다는 것은 생각하기 어렵다. "암, 결국 치료비 싸움입니다"(흥국생명 광고문안)와 "21세기 한국인 지병은 없다"(한겨레신문 2000 연중기획 건강 캠페인 제목) 등은 이러한 사고의 일단을 반영한다 하겠다. 그 과정에서 우리는 많은 부분적 승리를 얻어낼 수도 있다. 만일 우리가 죽음으로 이어지는 스무 가지 원인들을 제거하거나 피할 수 있다면, 그만큼 우리가 죽음의 '피해자'가 될 가능성은 줄어들기 때문이다.

그러나 우리가 결국에는 질 수밖에 없는 싸움을 하고 있다는 사실은 종종 잊혀진다. 아니 잊어버리고 싶어 하는지도 모른다. 물론 노베르트 엘리아스의 언급대로 우리는 전통사회에서의 삶이 상대적으로 짧고 불안정했고, 기아와 전염병의 공포가 자주 인간의 삶을 위협했으며, 종종 지극히 폭력적 상황에 노출되어 있었다는 점을 기억해야 한다. 그리고 의과학의 급속한 발전, 사회적 안전망의 확대 그리고 평균수명의 급속한 증가가 우리에게 가져다준 긍정적인 측면을 과소평가해서는 안 될 것이다.

그러나 '스스로 그러함'으로서의 자연의 의미를 '자연스럽게' 받아들이기 어려워진 오늘의 상황에 대한 정확한 인식 또한 필요하다. 요즘 물밀 듯이 쏟아지는 성형외과의 광고들은 역설적이게도 '자연스러운 아름다움'을 약속한다. 이제 '자연스러운 죽음'도 만들어져야 하는지도 모른다. 그러나 우리를 죽음으로 몰고 가는 살인자의 궁극적인 이름은 다름 아닌 자연이라는 사실은 오늘의 과학만능사회에서도 여전히 유효하다. 그리고 우리에게 주어져 있는 유한한 삶의 길이, 그 정해진 삶에 대한 인식이 역사적으로 인간을 인간이도록 하는 가장 중요한 요소로 여겨져온 이유를 곱씹어 봐야 하지 않을까.

과연 인간은 '왜' 죽는가? 우리가 특정한 사망의 원인으로 명명된 죽음만을 이해할 수 있고, 또 그에 대해서만 사회적으로 소통할 수 있다면 그것은 죽음이 우리 사회의 보다 높은 수준에서의 상호주관적 의미구조에 편입되어 있지 못하다는 것을 보여주는 한 표지가 아닐까 하는 생각을 해본다. 그리고 '왜'라는 질문은 본디 우리 삶을 근거 짓는 가장 근본적 질문의 하나라는 사실도 함께 떠올려 봐야 할 것이다.

출판저널 2001.09.05
원제: 명명되어야 할 죽음

죽음의 자리

'죽음을 살아내야 한다'는 언명이 상징적, 철학적으로 말해질 수 있겠지만 이 말이 우리가 살아 있는 동안 죽음을 생물학적으로 '체험'할 수 있다는 사실을 주장하는 것이 아님은 분명하다. 사실 우리 중 어느 누구도 사는 동안 죽음을 체험하지는 못한다.[1] 그것은 과학과 의학이 하늘을 찌를 기세로 나날이 발전하는 오늘에도 근본적으로 변하지 않았다. 그럼에도 불구하고 오늘 우리가 목도하는 죽음의 모습들은 이전과 많이 다르다고들 한다. 그렇게 이야기할 수 있는 근거는 무엇인가?

이는 집단을 이루고 사는 인간들에게 죽음은 항상 '사회적 사건'이었다는/이라는 사실과 관련된다. 우리는 살아가는 동안 수많은 다른 이들의 죽음들을 지켜보게 된다. 그리고 그들의 죽음에도 불구하고, 나/우리의 삶을 지속되어야 하는 어떤 것으로 생각하기 위해서(라도) 그들의 죽음은 이해되고, 해석되고, 정당화되어야 한다. 이는 모든 존재했던/하는 사회들이 그 지속성과 안정성 확보를 위해 해결해야 할 필수불가결한 과제였다/이다. 우리 모두가 언젠가는 모두 죽겠지만 아직 살아 있는 이들은 계속해서 삶을 영위해야 하며, 사회는 영속해야 한다. 그런데 우리의 죽음이해, 해석 그리고 정당화는 항상 각 시대, 사회가 처한 사회구조적, 문화적 조건들에 따라 모양지어

1) 물론 간혹 임사(臨死) 체험자들이나 사망선고 후 다시 살아난 이들의 이야기들이 마치 전설처럼 들려오곤 하지만 지금 우리가 이 자리에서 그 이야기를 하려 하는 것은 아니다.

지며, 서로 상이한 전략들을 통해 구현되어 왔다. 즉 인간의 유한성, 그 자체는 변하지 않았으되 우리가 죽음을 이해하는 방식들은 끊임없이 변해가고 있는 것이다.

죽음이해와 관련하여 오늘의 사회가 이전의 사회와 구분되는 인식을 갖게 된 가장 중요한 이유는 평균수명이 급격히 증가하고 영유아 사망률이 현격히 감소하였다는 아주 단순한 통계 안에서 그 단초 하나를 찾을 수 있다. 오늘날 갑작스러운 또는 예기치 않았던 죽음이 옛날보다 절대적으로 감소했다고는 쉽게 말할 수 없으나, 이제 우리는 누구나 '노인'이 되리라는 것을 의심치 않으며, 그에 근거해 삶의 장기적 계획을 세울 수 있게 되었다. 급속히 늘어난 기대수명의 증가로 인해 삶과 죽음 사이에 일종의 '잠정적 단절'이 가능해졌고, 그와 더불어 죽음은 마치 '노인들만의 문제'인 것처럼 여겨지는 경향이 팽배해지고 있다.

또 불과 몇십 년 전만 해도 어린이들이 주변에서 자주 '죽음과 관련된 사회적 상황들'을 경험하면서 성장한 반면, 오늘날 많은 아이들은 개인적으로 '의미 있게 다가오는' 죽음을 대면하지 않고도 성인이 된다. 그들이 성장과정에서 죽음을 경험하는 경우에도 그 매개는 사람이 아닌 경우가 다반사다. 애완동물들이 그 자리를 급속하게 대치하고 있다. 점점 더 많은 아이들/젊은이들은 집에서 기르던 개나 고양이 같은 애완동물의 죽음을 통해 난생처음으로 죽음이라는 문제와 만나게 된다. 물론 이러한 현상은 애완동물들이 이전과 달리 가족 내에서 '준(準)가족성원'으로 여겨지는 분위기와도 무관하지 않다.[2] 그저 1년에 몇 번 얼굴을 보는 할머니, 할아버지의 죽음보다 개나 고양이의 죽음을 더 마음 아파하는 아이들/젊은이들을 우리는 어떻게 받아들여야 하는가. 혀를 끌끌 차고만 있을 일은 아닐 것이다. 그것이 오

2) 인터넷에 애완동물을 장사 지내주는 유료사이트가 생겨 성업 중이라는 신문보도도 있었다(한겨레신문 00.05.17).

늘의 우리 현실이다. 그리고 아이들/젊은이들이 경험하는 그 현실은 상당부분 어른들인 우리가 제공하는 사회적 토양에 기초하고 있다. 우리가 다시 확대가족, 대가족의 형태로 돌아갈 수 없다면 이런 상황은 그저 개탄되어야 할 일이 아니라 보다 적극적으로 긍정되고, 수용되어야 할지도 모른다. 애완동물과 깊이 교감하고, 그들의 부재를 슬퍼하는 아이들에게 그 경험은 죽음이라는 현상을 이해하는 새로운 중요한 매개물이 될 수 있다. 우리 어른들이 그것을 아이들의 철없는 감상으로 매도하지만 않는다면 ….

여기서 그럼 잠깐 집에서 기르던 강아지의 교통사고를 통한 경험을 보여주는 한 대학생의 에세이를 잠깐 들여다보자. 글쓴이의 수업 수강생이던 학생은 이전에도 지인(知人)들의 죽음을 경험한 일이 있는데 그들의 죽음은 조금 당혹스러웠지만, 금방 잊혀져 갔다고 고백한다. 그런데 이제 강아지의 죽음 앞에서 더 깊은 심정적 동요를 느끼고 있는 자신을 발견하고 있다.

> 하지만 그런(죽음에 대한 — 글쓴이) 생각이 오래가지는 않았다 … 하지만 그런 모든 것을 뛰어넘는 일이 오늘 일어났다. 녀석이 만약 죽는다면 시간이 지나도 녀석은 결코 잊혀지지 않을 것이고, 살면서 어떤 계기로 해서 항상 떠올리게 될 것이다. … 이것은 작은 일에 불과하고 이런 일에 떨어서는 안 된다는 생각으로 대답했지만 그런 말을 들으니까 슬픔이 몰려왔다. '그래 난 속일 수 없을 정도로 많이 놀랐고, 녀석이 정말로 죽으면 많이 슬플 거야'라는 생각이 들어서 슬펐다. 난 내 마음이 상처받는 것이 싫었고 그래서 녀석이 죽더라도 견딜 수 있을 것이라고 스스로 위안하려고 했지만 그럴 수 없다는 것을 깨달았다. … 이렇게 슬퍼해본 적도 없는 것 같다. 눈물 글썽이는 내 모습이 바보스럽기도 하고 나에게도 이런 감상이 있었나 생각도 들었다. 죽음 앞에서 당황하고 어쩔 줄 몰라 하고 아파하는 나의 모습을 보면서 이렇게 나도 죽음이라는 인생의 필수 관문에 대

해서 배우는 것인가 하는 생각이 든다.

글쓴이가 대학생들에게 "지금까지 살아오면서 적어도 일주일 동안 밥이 안 넘어갈 정도로 마음이 아팠던 죽음을 경험한 일이 있는 사람"이 있는가 하고 질문한 적이 있다. 40명이 넘는 학생들 중에 그저 두셋이 쭈뼛쭈뼛 손을 들었다. 그때 뒤쪽에 앉아 있던 한 학생이 "선생님, 근데요… 그거 꼭 사람이어야 돼요?"라고 되물어왔다. 그렇다. 그러한 경험이 꼭 사람을 통해서만 가능한 것도 아니고, 그것이 필요충분조건인 것도 아니다. 그리고 슬픔의 양과 질은 촌수와 꼭 비례하지는 않는다. 조금만 더 열린 마음으로 이 문제를 들여다보면 오늘 우리가 '요즘' 아이들/젊은이들과 죽음의 문제를 어떻게 논의할 수 있는가 또는 해야 하는가 하는 실마리를 찾을 수도 있지 않을까 싶다.

어쨌든 죽음이라는 삶의 실존적 과제는 '더 이상' 사회화의 중요한 대상으로 여겨지지 않고, 급속히 삶의 '의미구조' 밖으로 밀려나고 있으며 우리의 생활세계에서도 거의 자취를 감추었다. 우리는 죽음이 무엇을 의미하는지, 우리가 죽음 앞에서 해야 하는 일은 무엇인지, 죽음 후에는 무엇이 있는지 알지 못한다. 이 와중에서 — 횡사와 함께 객사를 가장 나쁜 죽음으로 생각했던 우리 조상들과 달리 — 우리는 격리되어 있는 병원이라는 조직에서 태어나고, 그곳에서 죽어간다. 그런데 본디 병원이 무엇하는 곳인가? 그곳은 질병치료와 건강회복을 그 목적으로 하는 곳이다. 그런데 우리는 그곳에서 태어나고, 그곳에서 죽어가고, 그곳에서 장례를 치른다. 우리의 생로병사는 이제 더 이상 병원이라는 특수한 공간과 떨어져 생각되기 어렵다. 병원은 근대인들의 출생지이자 임종지이다.[3] 병원에 계시던 분들도 임종이

3) 얼마 전 신문에서 특정한 병원에서 출생한 아이들의 부모들이 아이들에게 동질적인 사회적 관계망을 만들어 주기 위해 모임을 결성했다는 기사를 읽고, 실소했던 기억이 난다.

가까워지면 집으로 모시던 관행이 불과 얼마 사이에 거꾸로 바뀌고 있다. 집에 모시던 분들도 임종이 닥치면 병원으로 모셔지고 있는 형편이라 한다. 편리함이라는 '가치'가 그렇게 강력한 힘을 가진 것인가 하는 생각을 다시 하지 않을 수 없는 대목이다. 근대사회에서 죽음의 사회적 실체성은 의료/간호의 전문화와 병원에서의 임종 그리고 장의 전문가에 위탁된 매장과 장례의식 등을 통해 우리의 일상생활에서 마치 사라진 것처럼 보인다. 나아가 생존의 논리만을 따라 휘돌아 치는 거대한 도시 안에서는 마치 더 이상 아무도 죽지 않는 것처럼 여겨지기도 한다.

즉, 우리에게 죽음이라는 현상은 더 이상 '일상적'이지 않다. 그것은 내 삶의 경험 안에 녹아 있지 않다. 그리고 그나마 우리 주변에 떠돌고 있는 죽음들은 서울시청 앞 전광판 '오늘의 사망자' 숫자판만큼이나 무색무취하다. 사실 우리는 수많은 무의미한 죽음들을 스쳐 지나가며 사는지도 모른다. 우리의 일상적 생활공간 안에서 체험될 수 있는 죽음들이 가려지고, 잊혀지는 동안 인간의 보편적 운명으로서의 죽음은 익명적이고 일반화된 타자의 죽음으로 포장되어 상품시장에 나와 있다. 한 예로 우리는 매일 숱한 사망소식을 여러 대중매체들을 통해 거의 강제적으로 접한다. 때로 우리는 그 죽음들의 아주 상세한 부분까지도 공감하면서 마음 아파한다. 그러나 그것뿐이다. 그러한 '체험'이 우리의 실존적 삶에 영향을 미치는 것은 거의 없다. 우리들은 그 모든 불행한 죽음의 소식에도 불구하고, 우리들 자신은 '노인'이 될 것을 굳게 믿으며, 우리의 삶을 계획한다.

싸구려 상품으로 포장되어 우리 앞에 놓여 있는 '범속해진 죽음'은 더 이상 우리에게 어떤 특별한 감정도 불러일으키지 못한다. 이렇게 매일의 삶에서 연습되는, 실존적으로 유의미하지도 않고 치명적이지도 않은 죽음의 경험들은 마치 예방주사와 같은 효과를 가진다. 말하자면 우리는 이제 면역이 되어 실제의 죽음 앞에서조차 무감각해진다. 오늘 우리는 생활공간과 정보공간 사이에 엄청난 간극이 있는 시대를 살고 있고, 그 넓은 바다와도 같은 정보공간에서 일어나는 모든 죽음들을 실존적 체험으로 받아들인다면 우리는 아마 그 무게를 도저히 감당하지 못할지도 모른다. 말하자면 우리가 살고 있는 사회의 구조적 조건들이 우리로 하여금 그 숱한 죽음들을 '무의미화', '가상화'시킬 것을 강요하는지도 모른다.

그런데 이 모든 사회적 변화에도 불구하고 언젠가 우리는 다가올 자신의 죽음이나 '유의미한 타자'의 죽음 앞에 직면하게 되고, 그로 인해 여전히 타격을 입고 고통받을 것이다. 그러나 전체로서의 사회는 그러한 것으로부터 상대적으로 이전보다 훨씬 덜 영향을 받는다. 기능적으로 분화되고 전문화된 오늘날의 사회에서 한 개인이 사라진다고 해서 달라지는 것은 원칙적으로 아무것도 없다. 그러나 다시 말하거니와 그렇다고 해서 개개인의 고통과 실존적 상실감이 경감된 것은 결코 아니다. 즉, 이러한 상황은 뒤집어 말하면 오늘날 각 개인들이 한계상황 앞에서 감당해야 할 심리적 고통과 아픔들이 배가되고 있음을 의미하는 것이기도 하다. 근대인들은 인간적인 배려와 주위 사람들의 도움이 절실히 요구되는 삶의 위기상황 앞에서 그들이 고립되어 있다는 것을 자주 실감한다. 이런 느낌은 비단 죽음 앞에 선 임종자에게만 해당되는 것이 아니고, 임종자의 가족, 주변인들에게도 적용된다. 스스로의 유한성과 '유의미한 타자'의 유한성을 둘러싼 긴장관계 해결을 위해 무엇으로부터도, 그 누구로부터도 도움을 받을 수 없게 된 근대의 개인들이 치러야 할 대가는 크다.

가족의 예를 통해 이러한 사실들을 다시 한 번 생각해 보자. 인류의 가장 보편적이고 원초적인 일차적 집단으로 간주되는 가족도 일련의 급격한 사회변동 앞에서 자유롭지 못하다. 단독가구의 수는 날이 갈수록 증가하며, 가족을 이루고 사는 많은 사람들도 보통 네 사람 이하로 구성된 핵가족 안에서 산다.[4] 앞서 말한 대로, 사회가 그 구성원의 유한성 앞에 더 이상 큰 타격을 받지 않는 반면, 이렇게 작은 수의 성원들이 '사랑'이라는 이름으로 정신적으로 깊이 상호의존하는 근대적 가족에서 한 가족성원의 죽음은 자주 감당하기 어려운 과제가 된다.[5] 부부로만 구성된 가족의 경우 한쪽 반려자의 죽음은 곧 가족의 와해를 의미할 터이다.

특히 오늘의 가족에서 아이의 죽음은 '이해할 수 없는 죽음'의 대표적 예다. 전근대사회에서 영유아/어린이가 갑작스레 숨지는 일이 '있을 수도 있는' 일이라 생각되었다면, 오늘날 이런 경우는 마치 '천재지변'과도 같은 것이다. 물론 "부모가 돌아가시면 산에다 묻고, 자식을 여의면 가슴에 묻는다"는 옛말은 자식 잃은 슬픔을 단적으로 표현하지만, 그럼에도 불구하고 불과 40~50년 전만 해도 영유아/어린이의 사망은 사실 흔히 있는 일이었다. 많은 전통사회들에서 영유아는 '완전한 하나의 사회적 인간'으로 받아들여지지 않았는데, 이것은 당시 전염병이나 충분치 않은 의료적 도움들의 결과로 영유아/어린이의 사망률이 상당히 높았고 그것이 또한 상대적으로 '자연스러운' 것으로 받아들여졌던 것과도 관련이 있다 하겠다. 즉, 그것은 지금과 비교해볼 때는 상대적으로 훨씬 자주 일어나는 일이었고 또 운명적인 것으로 받아들여지는 경향이 있었다.

그러나 오늘날 영유아/어린이의 사망은 한 가족에 돌이킬 수 없는 심리적, 사회적 결과를 초래한다. 영유아의 사망은 이제 더 이상 '있

---

4) 단독가구의 비율이 계속적으로 증가하고 있으며, 평균 가구원 수는 반대로 지속적인 감소추세에 있다. 이미 1995년에 평균가구원 수는 3.3명에 불과한 것으로 조사되었다(통계청 1998: 96). 서구 지역, 그 중에서도 도시의 경우 이러한 경향은 더욱 강하게 나타난다. 독일 제3의 도시인 뮌헨의 경우 전체가구의 50%가 단독가구인 것으로 조사된 바 있다.

5) 가족이 역사적으로 보아 늘 '사랑의 공동체'였던 것은 아니다. 가족이 무엇보다도 먼저 정서적 안정과 유대감을 제공하는 사적인 공간으로 이해되기 시작한 것은 근대에 들어와서의 일이다.

을 수도 있는' 일이 아니라, 많은 이들에게 상상하기 어려운 비극이며 참상이다. 영유아 사망률이 지극히 낮고, 한 가족에서 많아야 한두 명의 희망자녀들을 낳는 오늘날의 상황에서 자녀의 사망은 부모에게 치명적 상처가 된다.[6] 더구나 가족이 이전과 달리 경제적이나 정치적인 결속체가 아니라 일차적으로 '사랑의 공동체'로 여겨지는 오늘날 그 타격은 더욱 심각하다. 그리고 그때 그들은 사회 어느 곳으로부터도 위로받지 못한다. 아니 어찌 보면 우리는 어떻게 위로받아야 하는지, 위로해야 하는지도 알지 못하는 것은 아닐까?

우리 모두가 죽음의 문제를 늘 마음 한구석에 끌어안고 살아갈 필요는 없을 것이며, 아마 그렇게는 살 수도 없을 것이다. 우리는 자주 죽음을 잊고 살아가며 그것이 꼭 부정적으로 간주될 이유도 없다고 생각된다. 그러나 문제는 바로 그 잊혀지고, 가려졌던 죽음이 언젠가는 반드시 '나/우리의 문제'로 나/우리에게도 다가오리라는 것이고, 그때 나/우리는 그에 대한 적절한 대답을 가지고 있지 못할지도 모른다는 사실이다. 평균수명이 증가하고, 영유아 사망률이 감소하며, 우리의 삶이 계획, 통제 가능한 것으로 여겨지는 것 또한 그 자체가 나쁜 일은 아닐 것이나, 만일 이러한 사실들이 우리로 하여금 죽음의 원천적 무규정성을 외면하게 만든다면, 우리는 우리의 삶 안에서 경험하는 숱한 죽음의 기억들을 제대로 소화해 내지 못하게 될 것이다. 오늘에도 죽음은 여전히 언제, 어디서, 어떻게 찾아올지 모르는 삶의 가장 중대한 사건이며, 사회는 개인적 차원에서도, 그리고 집단적 차

6) "아들, 딸 구분 말고 둘만 낳아 잘 기르자"는 1970년대 가족계획이 성공할 수 있었던 이면에는 의학과 공중위생의 발달이라는 측면이 숨겨져 있음을 지적할 필요가 있다. 만일 영유아 사망률의 급격한 하락이 없었다면, 그것이 아무리 강압적 국가시책이었다 하더라도 가족계획정책은 아마 성공하지 못했을지도 모른다. 즉 부모들이 자신들이 출산한 아이들이 건강하게 성인이 되리라는 믿음을 가질 수 있었다는 것이 이 정책의 성공에 일조를 했다고 보아야 할 것이다.

원에서도 그 구성원들에게 이러한 죽음의 문제를 이해하고 소통할 수 있는 적절한 통로를 마련해 주어야 한다. 요즘 그 적절한 통로의 부재에 대해서는 비교적 많이 이야기되는 것으로 보인다. '관 속에 들어가는 체험'을 하는 교육, 종교기관도 있다고 들었다. 이런 특별한 '이벤트' 등도 물론 죽음을 생각하게 하는 하나의 극적인 계기를 마련해줄 수 있을 것이다. 그러나 무엇보다도 기본적이고, 또 중요한 것은 삶 안에 죽음의 자리를 자연스럽게 '방치'하는 일이라 생각된다. 그를 억지로 내몰지만 않으면 그것으로 좋은 것이 아닐까?

〈덧붙임〉

우리는 아이들에게 죽음을 어떻게 설명해야 하는가 또는 설명하는가? 우리는 더 이상 천사를 이야기할 수 없는가 또는 이야기해서는 안 되는가? 노베르트 엘리아스는 그의 책 《죽어가는 자의 고독》에서 근대인들이 아이들에게 죽음을 설명하는 데 있어 "할아버지는 천국에 계신단다", "엄마는 하늘에서 너를 굽어보고 계신단다" 또는 "네 여동생은 천사가 되었단다"는 식의 전통적인 설명방식을 아무런 반성 없이 그대로 답습하고 있다고 말하며, 이것이 "인간존재의 되돌이킬 수 없는 유한성을 집합적 소망의 관념으로 은폐하는, 특히 어린이들이 알지 못하게 감추는 경향, 즉 철저한 사회적 검열을 통해 확실히 은폐해 버리려는 경향이 우리 사회 속에 이미 안착해 있음을 보여준다"(55쪽)고 비판한다. 그러나 그렇다면 우리는 어떠한 대안적인, 적절한 설명양식을 가지고 있는가? 물론 죽음을 설명하기 위해 반드시 천국/극락과 천사를 등장시켜야만 하는 것은 아닐 것이다. 보다 현실적 또는 과학적인 다른 설명들이 있을 수 있다. 그러나 죽음은 종종 이성적이고 논리적인 '설명'이 아닌 '이해'를 필요로 하는 사건이기도 한 것 같다. 그것이 이른바 호상(好喪)이 아닌 경우에는 더욱 그러하다. 누군가 "사실은 달빛에 물들면 신화가 되고, 햇볕에 바래면 역사가 된다"고 했다던데, 역사뿐 아니라 신화 또한 사실을 '이해'하는 하나의 방식이라고 생각할 수 있다면, 우리는 다시 자문해 보아야 하지 않을까. "네 여동생은 천사가 되었단다"고 말해주는 부모는 과연 비현실적인 거짓말을 하는 것일까 라고….

서울교대 교지 〈사향지기〉 2001

누굴 위한 '부음' 보도인가

신문을 포함한 모든 언론매체들은 '공공적으로 유용하다고 또는 알려질 필요가 있다고 간주되는 각종 정보들'을 취합한 후 나름대로의 선택을 통해 이를 보도하는 역할을 한다. 따라서 우리가 언론매체들을 통해 무엇을 보고 듣는지를, 그리고 무엇이 어떤 매체를 통해 어떻게 전달되고 있는지를 잘 들여다보면, 오늘 우리가 무엇을 '유용한 정보'라고 여기는지 또는 언론종사자들이 독자인 우리가 무엇을 유용한 정보라고 여기길 바라는지가 상당부분 드러날 것이다. 그리고 무엇이, 언제, 어디서, 어떻게 보도되는가, 나아가 보도되지 않는가 하는 것에 대한 분석은 사회학적으로도 상당히 흥미로운 연구가 될 터이다.

그런데 우리가 읽는 신문에 매일같이 빠지지 않고 실리는 기사가 있으니 그 중 하나가 바로 부음(訃音)이다. 비록 눈에 잘 띄지 않는 한 귀퉁이지만 부음은 늘 거기에 자리 잡고 있다. 그럼 여기서 한번 물어보자. 부음의 목적은 무엇인가? 무엇이 거기에서 중요한 정보인가? 우리는 부음에서 과연 무엇을 읽는가 또는 읽어야 하는가?

> 000(XX 증권 상무) 00(사업) 00(XX 컨설팅 대표) 부친 — 0일 오전 0시 0분. 00병원/ 000(XX대학 교수) 00(XX제약 이사) 부친, 000(XX 논설위원) 장인 — 0일 오후 0시. 00대학병원/ 000(XX 부사장) 모친, 000(XX 과장) 모친 — 0일 새벽 0시 0분. 00의료원 …

부음을 눈여겨 읽다 보면 무엇보다도 먼저 얼마나 많은 사람들이 사람 살리는 것을 그 주목적으로 하는 병원에서 죽고, 그곳에서 장례식을 치르는지에 놀라게 되고, 그 옆에 쓰여 있는 사망시간의 정확한(!) 기재에 다시 한 번 놀라게 된다. 그러나 지금 여기서 필자가 주목하는 것은 부음의 '주인공'이 누구인가 하는 것이다. 주인공은 많은 경우 돌아가신 분의 자손, 그것도 '유능한' 자손들이다. 정작 돌아가신 당사자는 — 몇몇 경우를 제외하고는 — 엑스트라에 불과하며, '이름'조차 없다. 그저 누구누구의 부친 또는 누구누구의 장인일 뿐이다.

놀라운 일이 아닐 수 없다. 물론 그분의 자손들 중에서도 변변한 직업이 없거나 또는 전업주부인 경우 그나마 짧은 부음에 언급되지 않을 개연성이 높아 보이는 것은 필자만의 착각일까?

1년 반 전, 잘 아는 분의 어머님이 돌아가셔서 장례미사에 참석한 적이 있었다. 그때 미사를 주례하셨던 신부님이 하셨던 말씀이 떠오른다. "오늘은 돌아가신 분이 우리를 위해 마련하신 날입니다. 이 자리는 그분이 생애 마지막으로 우리를 초대하시는 자리입니다." 대충 이런 요지의 말씀이셨다. 기억력이 신통치 않은 글쓴이에게 지금도 이 말이 귀에 쟁쟁한 것은 그 내적 울림이 적지 않았던 탓일 것이다. 그렇다. 장례는 이 세상을 떠나는 이들이 아직 살아 있는 우리를 위해 베풀어 주시는 마지막 잔치인지도 모른다. 제발 그들이 우리를 초대하실 수 있는 마지막 권리를 빼앗지 말자!

그런 점에서 글쓴이가 독일에서 공부하고 있었을 때 보았던 신문의 부음광고는 그 형식과 내용에 있어 무척 인상적이었다. 부음이 신문의 한 면 내지 두 면 전체를 차지하고 있을 정도로 양이 많다는 것은 둘째로 치더라도, 부음의 주인공이 항상 명백히 돌아가신 분, 바로 그분이라는 점에서 한국신문들과 너무나 달랐다. 부음의 윗부분과 옆부분에는 보통 비둘기, 십자가 등의 상징과 성경구절, 격언 등이 보기 좋게 자리를 잡고, 가장 잘 보이는 가운데 자리에 돌아가신

분의 이름이 큼직하게 자리 잡고 있는데 보통은 괄호 안에 좀 작은 글씨로 직업(종종 주부, 목공 등이라고 써 있기도 하다)이 명기된다. 그리고 그 아래쪽에 보다 작은 글씨로 부음을 알리는 자손들의 이름이 나오는데, 많은 경우 손자, 손녀들까지 등장하고, 특별한 경우가 아니고는 직업은 부기되지 않는 것 같았다. 물론 이는 역사적, 사회문화적 배경이 다른 곳의 이야기이고 그것이 곧바로 우리의 모델이 될 수는 없을 터이다. 그러나, 오늘 배달되는 신문에서 지금과는 '다른' 부음, 돌아가신 이가 주인공인 그런 부음을 읽고 싶다는 생각을 지울 수는 없다!

문화일보 2002.02.23

매장의 사회적 매장:
내가 '한국식' 화장 논의에 반대하는 이유

'묘지강산을 금수강산으로'. 매장과 화장을 둘러싼 사회적 논쟁의 핵심을 이 표어만큼 단적으로 보여주는 말도 아마 없을 것이며, 논쟁의 지향점도 이미 자명하다. 묘지강산이 돼버린 국토를 금수강산으로 되살리기 위해서는 전통적인 매장 관습으로부터 탈피해서, 화장해야 한다는 것이다. 이 사안에 대한 우리 사회의 담론 형성과 확산 과정은 상당히 일방적이라고 보이는데, 언론보도만 보더라도 매장의 문제점을 지적하고, 화장의 당위성을 역설하는 경우가 대부분이다. 필자는 매장이냐 화장이냐 하는 찬반논쟁에 뒤늦게 끼어들고 싶지는 않으며, 단지 매장/화장 논쟁이 진행되는 '사회적 방식'에 대해서 이의를 제기하고자 한다.

화장 찬성 주장에서 가장 결정적이고 중요한 논지는 뭐니뭐니 해도 매장이 국토의 효율적 이용을 방해한다는 것, 곧 땅 얘기다(이에 대해 여러 가지 반론을 제기할 수 있으나, 지면상 여기에서는 지난 몇십 년 남짓한 사이에 지어진 골프장의 면적이 이미 전 국토 묘지면적의 1/5을 차지한다는 사실만 지적하고자 한다). 그런데 아무튼 본디 의식(儀式)이나 의례라는 것은 기본적으로 '상징의 덩어리'이며, 사회적 행위의 효율성, 기능성과 편리성 등과는 상극(相剋)인 경우가 많다. 그런 측면에서만 본다면 그동안 인류가 무덤에 쏟아 부은 시간, 돈과 노력은 지극히 부질없는 것이다. 게다가 장묘(葬墓)란 과연 누구를, 무엇을 위한 것인가? 죽은 자에 대해 예의를 갖추는 것은 본디 산 자를 위한 것이다. 나와 우리를 위한 것이다. 유한한 인간의 존재적 한계에 의미를 부여하는 것은 우리의 남은 삶에 의미를 부여하고자 하는 몸부림인 것이다. 그런데 장묘를 둘러싼 제도가 더 이상 죽음을 의미 있게 다루고자 하는 공동체적 노력이 되지 못하고, 죽음과 죽은 자로부터 보다 신속하고도 깨끗하게 벗어나고자 하는 행위로만 여겨지게 된다면, 그것은 우리의 삶을 지탱하는 가치관의 전면적인 변화를 암시하는 것이며, 이는 땅 문제보다 훨씬 중요하고도 심각한 문제가 아닐 수 없는 것이다.

물론 죽음에 대한 의미부여가 장묘를 통해서만 이루어지는 것은 아닐 것이며, 그 방법이 꼭 매장이어야 하는 것은 아니다. 이것은 특정한 방법의 문제라기보다는 죽음을 바라보는 우리의 시선과 보다 더 밀접하게 관련되어 있다. 그렇다면 우리 사회의 매장/화장 논의는 과연 얼마나 이런 문제의식과 관련되어 이루어지고 있는가 자문해 볼 일이다. 우리 사회에서 진정 큰 문제는 장묘가 — 매장이든 화장이든 그 무엇이든 간에 — 떠나는 자와 남는 자가 서로 화해하고, 순화된 마음으로 이별할 수 있는 의례의 장으로서의 의미를 상실하고 있다는 것이다.

물론 국가, 시민단체와 언론 등이 어떤 계몽적 의도를 가지고 특정 사안에 대한 캠페인을 하는 것을 막을 도리는 없을 것이다. 그러나 죽음에 대한 인식이라는 것이 삶의 기본적 가치와 밀접히 연관되어 있는 것이고, 어떤 것이 보다 우월하거나, 열등한 것으로 쉽게 재단(裁斷)될 수 있는 성질의 것이 아니라는 점을 생각한다면, 그들의 너무나 분명한 선언적 캠페인이 깊이 침잠해 있는 의식(意識)차원의 중요한 문제들을 사장하고, 장묘 문제를 단순하게 행정 정책적 차원, 시민운동의 차원으로만 환원시켜 버릴 가능성에 대해 우려를 표명하지 않을 수 없다.

더구나 화장을 '도덕적 우위'로 포장하는 데 대해서는 강하게 문제

제기를 하고자 한다. 이 문제를 계몽과 미몽(迷夢), 선과 악 내지는 합리성과 비합리성의 구도로 끌고 가는 것은 위험하기 짝이 없다. 그것은 자칫 잘못하면 죽은 자를, 나아가 우리 삶을 기억하는 방식에 대한 난폭한 인위적 개입으로 변질될 우려가 많다. 게다가 계속적으로 새로운 장묘방식들이 권장되는데, 산골(散骨) 얘기가 나오는가 싶더니 요즘은 수목장(樹木葬) 얘기가 많이 들린다.

이런 일들을 보면 우리의 장묘정책이 삶과 죽음의 문제에 대한 사회적 성찰이 결여된 상태에서 얼마나 단기적이고 거의 즉흥적으로 움직이는지를 웅변하는 것 같아 마음이 씁쓸하다. 매장과 화장에 대한 사회적 논의의 가장 큰 문제점 중 또 하나는 이른바 주류적 의견과 '다른 합리적 의견들'을 찾아보기 어렵다는 데 있다. 보다 풍부하고 건강한, 진정한 의미에서의 논쟁을 기대해 본다. 사실 그 결과는 그리 중요한 것이 아닐지도 모른다. 그 과정 자체가 오늘 우리에게 죽음이란 과연 무엇인가를 '사회적'으로 성찰하는 계기를 마련해 주리라 믿는다. 그리고 그것이야말로 지금 진정 필요한 일이다.

한겨레 2006.08.17

살아야 할 이유

줄 잇는 자살소식이 우릴 황망케 하고 당혹감에 빠뜨린다. 죽은 이들에 대한 연민? 예상되는 사회적 파장? 유명인이어서? 그럴지도 모른다. 하지만 보다 본질적으로는 우리 삶이 지속되어야 하는 이유에 대한 — 묻어 두었던 해묵은 — 질문이 아프게 되살아오기 때문일지도 모른다. 도대체 왜 사는가?

우리는 그들의 죽음에 대해 때로 애통해하며, 때로 비분강개하며, 때로 스스로를 자책하면서 그렇게, 죽음과 소통한다. 그런데 역설적이게도 그것은 살아야 하는 이유에 대한 우리의 대답을 유보하는 '합당하고도 게으른' 방법이 되기도 한다. 어찌 보면 자살은 인류역사만큼 오래된 인간행위 중 하나이고 그런 점에서 유독 오늘에만 새로울 까닭은 없어 보인다. 그러나 우리 사회에서는 자살률의 증가뿐 아니라 — 그 율의 증가나 인터넷으로 대표되는 최신 정보망 확산 등의 이유만으로는 다 해명하기 어려운 — 자살에 대한 사회적 민감성의 급격한 증가도 관찰된다. 자살이 점점 더 예민한 사회적 이슈가 되어가고 있는 상황에 대한 구조적 설명이 가능하고도 필요할 것 같다.

관련해서 우선적으로 두 가지 요인을 생각할 수 있겠다. 구성원의 생존을 보장하는 일은 역사상 모든 사회에서 가장 중요하고도 일차적인 과제 중 하나였다고 말할 수 있을 것이나 근대사회에서는 삶의 지속성과 안정성에 대한 기대가 이전과 비교할 수 없이 급격히 증가했다는 것, 그러나 동시에 그것을 이념적으로 뒷받침해줄 디딤돌은 점점 더 취약해져 왔다는 것이 바로 그것이다. 즉, 보다 오랜 건강한 생존이 가능해졌으되 살아야 하는 이유에 대한 설명들은 점점 더 허약해져 왔다.

근대 이전의 사회에서는 전통, 종교, 이데올로기 등이 그 역할과 기능을 했다고 주장할 수 있겠다. 그런데 종교적, 상징적 의미체계들이 붕괴 내지 약화되고, 어떠한 단일하고 거창한 이상이나 이데올로기에 대한 절대적 복종이 구조적으로 불가능하게 된 오늘 우리는 어디, 누구로부터 삶의 유의미성을 보장받을 수 있을 것인가? 모든 가치들은 개인들의 삶 안에서 개별적 승인을 받아야만 하고, 이러한 과정을 통해 개인들은 자신의 존재의미와 당위성을 스스로 증명하고, 삶의 목적을 스스로 발견해야만 한다. 이제 그 누구도 이 중차대한 일을 대신해 주지 않는다. 그런데 이 임무는 실로 '과중'한 것이다. 모든 것이 상대화되는 세상에서 과연 무엇이 우리의 기준이 될 수 있을 것인가? 어떠한 절대적 기준에도 우리를 내맡길 수 없다면 여러 기준들 속에서 어떠한 위험한 줄타기가 가능할 것인가? '살아야만 하는 까닭'에 대한 정답은 과연 무엇일 수 있는가?

이런 구조적 조건하에서 오늘날의 사회는 그 구성원들에게 살아야 하는 충분한 이유를 납득시키는 데 치명적인 어려움을 겪는 것으로 보인다. 마치 특정 질병을 일으키는 바이러스를 찾아내서 그 바이러스를 없애거나 예방주사를 맞으면 되는 것처럼 자살의 이유 '발견' 유형화, 그에 기초한 대책 마련에 많은 예산이 쓰이지만, 그것은 사람들에게 '살아야 하는 이유'를 알려주는 데 실패하는 사회의 자기변명에 불과할지도 모르겠다. 그런데 그것은 누구의 잘못이라기보다는 운명의 주인을 자처한 근대인들이 공동으로 나눠 지고 가야 할 짐이다. 살아야 하는 이유 발견의 실패는 자주 개개인의 실패가 아닌 우리 모두의 실패, 구조적인 실패이다.

더불어 왜 죽었는지를 묻기 이전에 우리 스스로는 죽지 않고 계속 삶을 이어갈 만큼의, 최소한 그만큼의 동력을 일상의 체험 속에서 얻고 있는지 자문할 일이다. 인간 죽음의 방식은 그가 삶을 얼마나 의미 있는 것으로 느끼는가와 밀접하게 관련되어 있을 터인데, 오늘날 그 의미가 더 이상 형이상학적인 차원에서 지지되기 어렵다면, 일상의 사소한 경험 안에서 얼마나 성공적으로 의미를 만들어낼 수 있는가 하는 것이 점점 더 중요한 과제가 될 것이기 때문이다.

영남일보 2008.10.03

원제: 오늘 우리 사회는 살아야 할
이유를 말해줄 수 있는가?

구인회. 2000. "장기이식에 대한 윤리적 고찰". 〈신학과 철학〉. 165~195쪽.

______. 2003. "뇌사 찬반론에 대한 고찰". 〈한국사회이론학회, 한국인문사회과학회 공동 2003년 후기학술대회 자료집〉. 157~172쪽.

고든(Colin Gordon) 엮음. 1997. 《권력과 지식》. 나남.

그르니에(Jean Grenier). 2001. 《어느 개의 죽음에 대하여》. 민음사.

기든스(Anthony Giddens). 1997. 《현대성과 자아정체성》. 새물결.

김기덕. 2002. "매장문화와 화장문화". 〈생활개혁실천범국민협의회 주최 한국인의 죽음 인식과 장사개혁 토론회 자료집〉. 2002.12.20.

김수정. 1998. "현대인들의 죽음에 대한 태도와 문명화 과정: 노베르트 엘리아스의 죽어가는 자의 고독을 중심으로". 노베르트 엘리아스. 《죽어가는 자의 고독》. 문학동네. 115~139쪽.

김열규. 1992. "오늘에 되새기는 한국인의 무속적 죽음". 〈생명연구〉. 제1집. 185~219쪽.

______. 2001a. 《메멘토 모리, 죽음을 기억하라》. 궁리.

______. 2001b. "총론: 현대적 상황의 죽음 및 그 전통과의 연계". 《한국인의 죽음과 삶》. 철학과 현실사. 11~72쪽.

김용분 외. 2003. "자살 개념분석". 〈정신간호학회지〉. 제12권 4호. 394~401쪽.

김은숙. 2001. "골프장 건설, 무엇이 문제인가?". 시민대학 강의자료. 2001.05.04.

김은실. 2001. "한국 여성의 출산문화". 《여성의 몸, 몸의 문화정치학》. 또하나의문화. 224~258쪽.

김진혁. 2004. "최근 자살의 실태 분석 및 예방대책에 관한 연구". 〈한국공안행정학회보〉. Vol.17. 131~164쪽.

김효창 외. 2006. "노인 자살의 특성과 자살유형에 관한 연구". 〈한국심리학회지 사회문제〉. Vol.12. No.2. 1~19쪽.

김 훈. 2002. 《아들아 다시는 평발을 내밀지 마라》. 생각의나무.

네틀턴(Sarah Nettleton). 1997. 《건강과 질병의 사회학》. 한울.

______. 2000. 《푸코와 치아》. 한울.

데라야마 슈지. 2005. 《책을 버리고 거리로 나가자》. 이마고.

뒤르케임(Emile Durkheim). 1994. 《자살론》. 삼성출판사. (1951. *Suicide*: *A Study in Sociology*. Free Press).

류은정 외. 2004. "청소년의 인터넷 중독과 우울, 자살사고와의 관계 연구". 〈대한간호학회지〉. Vol. 34. No. 1. 102~110쪽.

메르키오르(J. G. Merquior). 1998. 《푸코》. 시공사.

메이슨(Jennifer Mason). 1999. 《질적 연구방법론》. 나남.

미슐러(Gerd Mischler). 2002. 《자살의 문화사》. 시공사.

민문홍. 2001. "자살론". 《에밀 뒤르케임의 사회학: 현대성 위기극복을 위한 새로운 패러다임을 찾아서》. 아카넷. 94~107쪽.

박진탁. 1993. "뇌사는 인정되어야 한다". 《대한소화기학회지》. 제25집 제1호. 30~32쪽.

배영달. 2005. 《보드리야르의 시뮬라시옹》. 살림.

배지연 외. 2005. "노인의 우울 및 자살생각에 있어서 사회적 지지의 완충효과". 〈한국노년학〉. 59~73쪽.

버크(Peter Burke). 2005. 《이미지의 문화사》. 심산.

보드리야르(Jean Baudrillard). 2001. 《시뮬라시옹》. 민음사.

브로니쉬(Thomas Bronisch). 2002. 《자살》. 이끌리오. (1995. *Der Suizid*. München: Beck)

브르통(David Le Breton). 2003. 《근대성과 육체의 정치학》. 동문선.

비히(William Bueche). 1992. "뇌사 : 죽음의 판정에 뇌와 관련된 기준을 채택하는 경우의 윤리적 과제". 〈생명연구〉. 제1집. 243~304.

생활개혁실천범국민협의회. 2001. 〈건전 장례문화 길라잡이〉.

______. 2001. 〈가정의례 의식 및 행태에 관한 조사보고서〉.

서동우. 2001. "자살에 의한 사망, 자살충동 및 자살시도의 현황과 변화추이". 〈보건사회연구〉. 제21권 제1호. 106~125쪽.

송현동. 2002. "근대 이후 상장례정책 변화과정에 대한 비판적 고찰". 〈역사민속학〉. 제14호. 198~224쪽.

쉴링(Chris Shilling). 1999. 《몸의 사회학》. 나남.

심상태. 2001. "21세기 생명문화와 가톨릭교회의 입장". 《생명의 길을 찾아서》. 민지사. 141~150쪽.

알바레즈(Alfred Alvarez). 2000. 《자살의 연구》. 청하.

앨봄(Mitch Albom). 2007. 《모리와 함께한 화요일》. 세종서적.
오진경 외. 2005. "2000년 우리나라 성인 자살자의 인구사회적 특성". 〈보건과 사회과학〉. Vol.18. 191~210쪽.
윤여덕. 1992. "생명에 대한 사회의식조사". 〈생명연구〉 제1집. 331~488쪽.
이재우. 1995. "장 보드리야르: 기호의 장벽과 상징의 저항". 《철학의 탈주》. 새길. 159~195쪽.
이지숙. 1996. "어느 날 갑자기". 〈공동선〉. 1996년 1·2월호. 54~63쪽.
이진경. 2002. "푸코의 담론이론: 표상으로부터의 탈주". 《철학의 외부》. 그린비. 87~128쪽.
이진홍. 2006. 《자살》. 살림.
이창영. 2002. "뇌사에 관하여". 〈사목〉 제284집. 143~151쪽.
이청준. 2001. 《야윈 젖가슴》. 마음산책.
이필도·고덕기. 1999. "시, 군 단위 묘지실태조사 모형개발". 〈한국보건사회연구원 정책 연구자료 99-4〉.
이현송·이필도. 1995. "장의제도의 현황과 발전방향: 장례식장을 중심으로". 한국보건사회연구원 〈연구보고서 95-4〉.
정경균 외. 1991. 《보건사회학》. 서울대 출판부.
정훈소. 1998. 《아픈 것들은 가을 하늘을 닮아 있다》. 뿌리.
재미슨(K. R. Jamieson). 2004. 《개인적이고 사회적이며 생물학적인 자살의 이해》. 뿌리와이파리.
진중권. 1997. 《춤추는 죽음 1》. 세종서적.
쥐스킨트(Patrick Süskind). 2006. 《사랑을 생각하다》. 열린책들.
천규석. 2002. "납골묘, 또 하나의 꼴불견". 〈한국장묘정보저널〉.
천선영. 2001a. "몇 가지 메타포로 남은 그것". 2001.09.13. 연대 대학원 신문.
______. 2001b. "세계화인가 세계사회인가: 사회를 다시 묻는다. 〈한국사회학〉 제35집. 31~49쪽
______. 2001c. "안락사 논쟁을 지켜보며 … 두 가지 단상". 〈월간 의약정보〉. 2001.06. 159~161쪽
______. 2002a. "노망과 치매 사이: 치매에 대한 담론 형성과 확산의 사회학적 함의". 〈사회와 문화〉 제13집. 59~91쪽.
______. 2002b. "합리성의 합리성을 다시 묻는다". 〈사회와 이론〉 창간호. 161~186쪽.

______. 2003a. "몸의 생애사적 의미에 대한 사회학적 고찰: 몸에 대한 의과학적 지식의 독점권과 권력화를 중심으로". 〈사회과학연구〉 11집. 185~211쪽.

______. 2003b. "해석의 해석을 위하여: 월드컵 거리응원 현상에 대한 민족/국가주의 담론분석". 〈담론 201〉 제6권 1호. 38~75쪽.

______. 2009. "문화와 산업 사이". 〈(재)경북테크노파크 소식지〉 통권 제43호. 10~11쪽.

최원기. 2004. "청소년 자살의 사회구조적 원인 연구". 〈사회복지정책〉 Vol. 18. 5~30쪽.

콜롱벨(Jeannette Colombel). 1998. 《미셸 푸코, 죽음의 빛》. 인간사랑.

터너(Bryan S. Turner). 2002. 《몸과 사회》. 몸과 마음.

통계청. 1998. 《통계로 본 50년의 경제사회상 변화》.

파실린나(Arto T. Paasilinna). 2006. 《기발한 자살여행》. 솔.

팍스(Renee C. Fox). 1993. 《의료의 사회학》. 나남.

푸코(Michel Foucault). 2000. 《지식의 고고학》. 민음사.

______. 2002. 《정신병과 심리학》. 문학동네.

______. 2003. 《광기의 역사》. 나남.

허용호. 2001. "전통 상례를 통해서 본 죽음". 《한국인의 죽음과 삶》. 철학과 현실사. 226~255쪽.

호이징하(Johann Hoizingha). 1998. 《호모 루덴스》. 까치글방.

홍성철 외. 2003. "사회계층이 자살 사망 위험도에 미치는 영향". 〈보건과 사회과학〉 제14집. 249~271쪽.

황상익. 1999. 《첨단의학시대에는 역사시계가 멈추는가》. 창작과비평사.

Aries, Philippe(1976). *Studien zur Geschichte des Todes im Abendland.* München.

______(1982) *Geschichte des Todes.* München(1998. 《죽음의 역사》. 동문선).

Badura, Bernhard. u.a. (Hg.)(1993) *System Krankenhaus. Arbeit, Technik und Patientenorientierung.* Juventa.

Baudrillard, Jean(1988a). "Symbolic Exchange and Death". in: Poster, Mark(ed.). *Jean Baudrillard.* Selected Writings. California. pp. 119~148.

______(1988b). "Simulacra and Simulations". in: Poster, Mark(ed.). *Jean Baudrillard.* Selected Writings. California. pp. 166~184.

Bauman, Zigmunt(1992). *Mortality, Immortality and Other Life Strategies.* Cambridge.

______(1994). *Tod, Unsterblichkeit und andere Lebensstrategien.* Frankfurt a. M.

______(1995). *Ansichten der Postmoderne.* Hamburg.

______(1999a). *Unbehagen in der Postmoderne.* Hamburg.

______(1999b). "Unsterblichkeit, postmoderne Variante". in: Ders. *Unbehagen in der Postmoderne.* Hamburg.

Beck, Ulrich(1986). *Risikogesellschaft, Auf dem Weg in eine andere Moderne.* Frankfurt a. M.

Beck, Ulrich & Elisabeth Beck-Gernsheim(1990). *Das ganz normale Chaos der Liebe.* Frankfurt a. M.

Beck, Ulrich. (& Ulf Erdmann Ziegler) (1997). *Eigenes Leben. Ausflüge in die unbekannte Gesellschaft, in der wir leben.* München.

Berger, Peter L. (1988). *Zur Dialektik von Religion und Gesellschaft.* Frankfurt a. M.

______(1991). *Auf den Spuren der Engel.* Freiburg im Breisgau.

______(1992). *Der Zwang zur Häresie. Religion in der pluralistischen Gesellschaft.* Freiburg.

______(1996). *Sehnsucht nach Sinn.* Frankfurt.

______ & Brigette Berger(1983). *Wir und die Gesellschaft. Eine Einfürung in die Soziologie-entwickelt an der Alltagserfahrung.* Reinbek bei Hamburg.

Berger, Peter L., Brigitte Berger & Hansfried Kellner(1987). *Das Unbehagen in der Modernität.* Frankfurt a. M.

Berger, Peter & Richard Lieban(1960). "Kulturelle Wertstruktur und Bestattungspraktiken in den Vereinigten Staaten". in: *Kölner Zeitschrift für Soziologie und Sozialpsychologie.* 1960. Bd. 12. S. 224~236.

Berger, Peter L. & Thomas Luckmann(1995a) *Die gesellschaftliche Konstruktion der Wirklichkeit. Eine Theorie der Wissenssoziologie.*

Frankfurt a. M.
______(1995b). *Die Konstruktion der Wirklichkeit.* Frankfurt a. M.
______(1995c). *Modernität, Pluralismus und Sinnkrise.* Gütersloh.
Birnbacher, Dieter(1995). "Einige Gründe, das Hirntodkriterium zu akzeptieren". in: J. Hoff & J. in der Schmitten(Hg.) *Wann ist der Mensch tot?* Reinbek. S. 28~40.
Bourdieu, Pierre(1993). *Soziologische Fragen.* Frankfurt a. M.
Christian-Widmaier, Petra. 1989. "Sterben zu Hause in der Familie. Wunschdenken und Wirklichkeit aus soziologischer Sicht". in: Godzik, Peter & Petra-R. Muschaweck(Hg.) *Laß mich doch zu Hause sterben!* Guetersloh. S. 31~52.
Chun, Sun Young. 2000. *Verstehbarkeit und Kommunikabilität des Todes in der modernen Kultur und Gesellschaft. Ein sinnloser Kampf um einen Sinn des Todes in all seiner Sinnlosigkeit?* Frankfurt a. M.
Clark, David(ed.)(1993). *The Sociology of Death and Dying.* Oxford.
Conwell, Y. 2001. "Suicide in later Life: A review and recommendation for prevention". *Suicide & Life: Threatening Behavior.* 31(1). pp. 101~118.
Deppermann, Arnulf(1999). Gespräche analysieren. Leske+Budrich.
Douglas, Jack(1967). "Suicide". *International Encyclopedia of Social Science.* Macmillan & Free Press.
Douglas, Mary & Aaron Wildavsky(1993). "Risiko und Kultur". in: Wolfgang Krohn & Georg Krücken (Hg.). *Riskante Technologien.* Frankfurt a. M. S. 113~137.
Dunde, Siegfried(Hg.)(1993). *Wörterbuch der Religionspsychologie.* Gütersloh.
Ebeling, Hans(1984). "Die Willkür des Todes und der Widerstand der Vernunft. Historische und interkulturelle Differenzen". in: Winau, Rolf & Hans Peter Rosemeier(Hg.) *Tod und Sterben.* Berlin. S. 51~73.
Elias, Norbert(1982). *Über die Einsamkeit der Sterbenden in unseren Tagen.* Frankfurt a. M. (1998. 《죽어가는 자의 고독》. 문학동네).
Enninger, Werner & Christa Schwens(1989). "Friedhöfe als kulturelle Texte", in: *Zeitschrift für Semiotik* 11. S. 135~181.

Feldmann, Klaus(1989). "Sterben heute: Selbstverständlichkeit oder Kunst?", in: Ziegler, Meinrad, Ingo Mörth & Hubert Hummer(Hg.) 1989. *Sterben - Tod - Trauer. Vom Umgang mit dem Unvermeidlichen.* Linz. S.29~61.

______(1990). *Tod und Gesellschaft. Eine soziologische Betrachtung von Sterben und Tod.* Frankfurt a.M.

______(1995). "Leben und Tod im Werk von Talcott Parsons". in: Ders. & Werner Fuchs-Heinritz(Hg.) *Der Tod ist ein Problem der Lebenden. Beiträge zur Soziologie des Todes.* Frankfurt a.M. S.140~172.

______(1997). *Sterben und Tod. Sozialwissenschaftliche Theorien und Forschungsergebnisse.* Opladen.

Ferber, Christian von(1963). "Soziologische Aspekte des Todes. Ein Versuch über einige Beziehungen der Soziologie zur Philosophischen Anthropologie". in: *Zeitschrift für Evangelische Ethik.* Jg.7. S.338~360.

Fischer, Erika(1987). "Veränderte Todesvorstellungen: Verdrängung des Todes?" in: *Unsere Jugend.* 1989. Heft 3. S.108~111.

Flick, Uwe(1995). *Qualitative Forschung. Theorie, Methoden, Anwendung in Psychologie und Sozialwissenschaften.* Rowohlts.

Foucault, Michel(1996). *Die Ordnung des Dinge.* Frankfurt a.M. (1987. 《말과 사물》. 민음사).

______(1997a). *Die Ordnung des Diskures.* Frankfurt a.M. (1998. 《담론의 질서》. 서강대 출판부).

______(1997b). *Der Gebrauch der Lüste.* Frankfurt a.M. (2004a. 《성의 역사 2, 쾌락의 활용》, 나남).

______(1997c). *Die Sorge um sich.* Frankfurt a.M. (2004b. 《성의 역사 3, 자기배려》, 나남).

______(1998). *Überwachen und Strafen.* Frankfurt a.M. (2005a. 《감시와 처벌》, 나남).

______(1999a). *Die Geburt der Klinik.* Frankfurt a.M. (1996. 《임상의학의 탄생》. 인간사랑).

______(1999b). *Der Wille zum Wissen.* Frankfurt a.M. (2005b. 《성의 역사

1, 앎의 의지》, 나남).

Fuchs, Werner(1969) *Todesbilder in der modernen Gesellschaft.* Frankfurt a. M.

Gabriel, Karl(1996). "Gesellschaft im Umbruch: Wandel des Religiösen". in: Höhn, Hans-Joachim(Hg.) *Krise der Immanenz. Religion an den Grenzen der Moderne.* Frankfurt a. M. S. 31~49.

Giddens, Anthony(1997). *Konsequenzen der Moderne.* Frankfurt a. M.

Grewel, Hans(1992). "Euthanasie und Technologie. Anfragen an unser Menschenbild". in: Nassehi & Armin & Reinhard Pohlmann(Hg.) 1992. *Tod und Sterben. Probleme und Perspektiven der Organisation von Sterbebegleitung.* Münster. S. 27~41.

Hahn, Alois(1968). *Einstellungen zum Tod und ihre soziale Bedingtheit.* Stuttgart.

______(1974). *Religion und der Verlust der Sinngebung. Identitiätsprobleme in der modernen Gesellschaft.* Frankfurt a. M.

Hitzler, Roland & Anne Honer. 1994. "Bastelexistenz. Über subjektive Konsequenz der Individualisierung". in: Ulrich Beck & Elisabeth Beck-Gernsheim(Hg.). 1994. *Riskante Freiheiten.* Frankfurt a. M. S. 307~315.

Höhn, Hans-Joachim(1996). "Einleitung: An den Grenzen der Moderne. Religion - Kultur - Philosophie", in: Ders. (Hg.) *Krise der Immanenz. Religion an den Grenzen der Moderne.* Frankfurt a. M. S. 7~28.

Howson, Alexandra(2004). *The Body in Society.* Cambridge.

Hügen, Guido(1990). *Leben mit dem Tod. Der Umgang mit Sterben, Tod und Trauer in der Benediktinerabtei Königsmünster.* Altenberge.

Kaiser, Gert(1983). *Der tanzende Tod. Mittelalterliche Totentänze.* Frankfurt a. M.

Kearl, Michael C. (1989). *Endings. A Sociology of Death and Dying.* New York & Oxford.

Lauer, Werner(1983). *Sterben und Tod. Eine Orientierungshilfe.* München.

Lester, D. (1998). "Adolescent suicide risk today: a paradox". *Journal of Adolescence* 21. pp. 499~503.

Luckmann, Thomas(1985). "Riten als Bewältigung lebensweltlicher Grenzen". in: *Schweizerische Zeitschrift für Soziologie*. 11. Jg. Heft 3. S. 535~550.

______(1996). Religion - Gesellschaft - Transzendenz. in: Höhn, Hans-Joachim(Hg.) 1996. *Krise der Immanenz*. Frankfurt a. M.

Luhmann, Niklas(1984). *Soziale Systeme. Grundriß einer allgemeinen Theorie*. Frankfurt a. M.

______(1986). *Ökologische Kommunikation*. Opladen.

______(1987). "Die Unterscheidung Gottes". in: Ders. *Soziologische Aufklärung*. Bd. 4, Opladen. S. 236~253.

______(1989). Ausdiffernzierung der Religion. Ders. Gesellschaftsstruktur und Semantik. Bd. 3.

______(1991). "Ich denke primär historisch. Religionssoziologische Perspektiven". in: *Deutsche Zeitschrift für Philosophie*.

______(1996). Die Sinnform Religion. in: *Soziale Systeme*. Jg. 2. Heft 1.

______(2000). *Organisation und Entscheidung*. Opladen.

Marcuse, Herbert(1997) "Die Ideologie des Todes". in: Hans Ebeling (Hg.) *Der Tod in der Moderne*. Bodenheim b. Mainz.

Marx, Karl. 1968(1844). *Ökonomisch-philosophische Manuskripte*.

Mörth, Ingo(1986). *Lebenswelt und religiöse Sinnstiftung*. Stuttgart.

Nassehi, Armin(1992). "Sterben und Tod in der Moderne zwischen gesellschaftlicher Verdrängung und professioneller Bewältigung". in: Nassehi, Armin & Reinhard Pohlmann(Hg.) *Tod und Sterben. Probleme und Perspektiven der Organisation von Sterbebegleitung*. Münster. S. 11~26.

______(1995). "Ethos und Thanatos. Der menschliche Tod und der Tod des Menschen im Denken Michel Foucaults". in: Klaus Feldmann u. a. (ed.). *Der Tod ist ein Problem der Lebende*. Frankfurt a. M. S. 210~232.

______(1996a). "Religion und Biographie". in: Gabriel, Karl. *Religiöse Individualisierung oder Säkularisierung*. Gütersloh.

______(1996b). "Tod und Biographie". in: *Handlung, Kultur, Interpretation*.

Heft 8. S. 129~136.

_____(1997). "Risikogesellschaft". in: Kneer, Georg u. a. (Hg.). *Soziologische Gesellschaftsbegriffe*, München.

_____(1999a). Das Problem der Optionssteigerung. Überlegungen zur Risikokultur der Moderne. in: *Differenzierungsfolgen*. Opladen. S. 29~48.

_____(1999b). "Die Paradoxie der Sichtbarkeit". Für eine epistemologische Verunsicherung der (Kultur-) Soziologie. in: *Soziale Welt*. 50. S. 349~362.

_____(2001). "Ist mit dem Tod alles aus?: Das Jenseits der Gesellschaft aus der Sicht eines Soziologen". *Manuskript* (Vortrag vor der Katholischen Akademie in Bayern).

Nassehi, Armin & Gerorg Weber (1989). *Tod, Modernität und Gesellschaft. Entwurf einer Theorie der Todesverdrängung*. Opladen.

Ohler, Nobert (1997). *Sterben und Tod im Mittelalter*, München: dtv.

Parsons, Talcott, Renee C. Fox & Victor M. Lidz (1972). "The 'gift of life' and its reciprocation". in: *Social Research*. Vol. 39. pp. 369~ 415.

Perrow, Charles (1989). *Normale Katastrophen. Die unvermeidbaren Risiken der Großsstechnik*, Frankfurt a. M.

Pöhlmann, Horst G. (1991). "Der Tod in der säkularisierten Gesellschaft: Eine Analyse austheologischer Sicht". in: Ochsmann, Randolph (Hg.) *Lebens-Ende. Über Tod und Sterben in Kultur und Gesellschaft*. Heidelberg.

Rohde, J. J. (1973). "Strukturelle Momente der Inhumanität einer humanen Institution". in: Döhner, O. (Hg.) *Arzt und Patient in der Industriegesellschaft*. Frankfurt a. M.

Rössler, Dietrich (1992). "Zwischen Krankheit und Gesundheit. Über die Beziehungen zwischen Arzt und Patient". in: Bierich, Jürgen R. (Hg.) 1992. *Arzt und Kranke. Ethische und humanitäre Fragen in der Medizin*. Tübingen. S. 11~25.

Rosemeier, Hans Peter (1984). "Zur Psychologie der Begegnung des Kindes mit dem Tode". in: Winau, Rolf & Ders. (Hg.) *Tod und*

Sterben. Berlin u. a.

Rühmann, Frank (1985). *AIDS. Eine Krankeit und ihre Folgen.* Frankfurt a. M.

Saake, Irmhild (2001). "Wir sind ja keine Zauberer!: Todesbilder im medizinischen Kontext". Vortrag auf einer Tagung.

Schmid, Wilhelm (1991). *Auf der Suche nach einer neuen Lebenskunst. Die Frage nach dem Grund und die Neubegründung der Ethik bei Foucault.* Frankfurt. a. M.

Schmied, Gerhard (1985). *Sterben und Trauern in der modernen Gesellschaft.* Opladen.

Schneider, Werner (1998). *So tot wie nötig: so lebendig wie möglich! Sterben und Tod in der fortgeschrittenen Moderne. Eine Diskursanalyse am Beispiel der öffentlichen Diskussion um den Hirntod in Deutschland.* Habilitationsschrift. München Universität.

Schott, Heinz (1986). "Eros und Thanatos. Spekulationen über Tod und Sterben in der Medizin". in: Geyer-Kordesch, Johanna u. a. (Hg.) *Leiden, Sterben und Tod.* Münster.

Schütz, Alfred & Thomas Luckmann. 1994. Strukturen der Lebenswelt. Bd. 2.

Schulz, W. 1976. "Wandlungen der Einstellung zum Tode". in: Schwartländer, Johannes (Hg.) 1976. *Der Mensch und sein Tod.* Göttingen. S. 94~107.

Simmel, Georg (1918). Tod und Unsterblichkeit. in: Ders. 1918. *Lebensanschauung. Vier metaphysische Kapitel.* München & Leipzig. S. 99~153.

______(1957). Zur Metaphysik des Todes. in: Michael Landmann (Hg.). 1957. *Brüke und Tor.* Stuttgart.

Strauss, Anselm L. (1994). Grundlagen qualitativer Sozialforschung. Fink.

Sudnow, David (1973). *Organisiertes Sterben. Eine soziologische Untersuchung.* Frankfurt a. M.

Thieleke, H. (1980). *Leben mit dem Tod.* Stuttgart.

______(1983). *Glauben und Denken der Neuzeit.* Stuttgart.

Walter, Tony (1991). "Modern Death: Taboo or Not Taboo". in: *Sociology*

Vol. 25 No. 2. pp. 293~310.

Weber, Hans-Joachim (1994). *Der soziale Tod. Zur Soziogenese von Todesbildern.* Frankfurt a. M.

Weber, Max (1988). *Gesammelte Aufsätze zur Religionssoziologie.* Bd. 1. Tübingen.

Wiedenmann, Reiner E. (1993). "Neuer Totemismus? Überlegungen zur Genese und Semantik moderner Tierbestattung". in: *Soziale Welt* 44. S. 199~222.

Wilhelm Vossenkul & Ulf Erdmann Ziegler (1995). *Eigenes Leben. Ausflüge in die unbekannte Gesellschaft, in der wir leben.* München.

Ziegler, Jean (1982). *Die Lebenden und der Tod.* Frankfurt a. M.

찾아보기

(용어)

찾아보기

(인명)

C~E

F~H

K~P

R~Z

닫는 글

의미라는 부가가치를 생산하는 사유와 행위양식으로서의 문화:

죽음에 대한 의미부여는 문화의 가장 위대한 업적

근원적 관점에서 볼 때 문화는 '의미라는 부가가치를 생산하는 인간 사유와 행위양식 내지는 사회적 기제'라는 게 지론이다. 다시 말해 문화는 인간이 동물이기'만'을 거부한 데서 그 기원을 찾을 수 있을 것이다. 생존을 넘어 자존, 실존을 꿈꾸는 존재로서의 인간은 '의미'라는 부가가치의 생산에 몰입하며, 그 토양 안에서 문화는 태어났다(천선영 2009: 10).

그리고 이런 맥락에서 보자면 죽음에 대한 의미부여야말로 문화가 생산한 가장 위대한 업적이라 아니할 수 없다. 물론 삶을 지탱해 주는 99%는 동물적 생존본능이겠지만, 동시에 의미라는 나머지 1% 없이는 살 수 없는 생물체가 인간이니 말이다. 사실 독일 유학 중에 '우리가 문화적이라 부르는 모든 것의 근원은 무덤에 있다'는—안타깝게도 지금은 책 이름도 저자도 생각나지 않는다—요지의 글귀에 '꽂힌' 것이 죽음을 주제로 박사 학위논문을 쓰게 된 직접적인 출발점이었다. 문화사회학 쪽으로 방향을 잡고 있었는데 문화적인 것의 근원이 죽음이라니—뿌리를 뽑아야 하는 성격 탓인지도 모르겠다—그럼 가봐야지 싶었다. 〔그리고 끝까지 가봤으니, 이제 다른 테마들을 아주 가벼운(?) 마음으로 섭렵해 봐야겠다!〕

죽음과 씨름한 시간들

그런데 죽음을 심각하게 생각하기에는 아직 이른 나이인 것 같은 사람이, 더구나 신학, 철학, 미학, 심리학도 아닌 사회학 분야에서 죽음에 대한 학위논문을 썼다는 것 자체가 사람들에겐 상당히 낯설고 이상하게 보이는 듯싶었다. 이런 '특이한'(개인적으로는 아주 보편적이라 생각하지만[1])) 주제를 잡게 된 데에 몇몇 사람들이 생각하는 그리 특별한 이유는 없었다. 아버님이 남들보다 조금 일찍 돌아가시긴 했지만 말이다. 그래도 사람들은 뭔가 2% 부족한가 보다. (배우와 극중 캐릭터를 연결시키듯) 내가 죽음에 대해 관심을 가지게 된 뭔가 숨은 개인적 이유가 있지 않을까 상상하는 듯했고, 칙칙한 테마로 공부한다고 마뜩잖게 보는 사람도 있는 것 같았다.

재직하는 대학교 선생님 한 분은 나라는 인간에 대해 호기심을 많이 가졌는데, 실망하셨다고도 하셨다. 죽음에 대해 논문을 썼다고 해서, 뭔가 멜랑콜리하고 시니컬하고 암울한 분위기를 상상하셨다나. 막상 만나보니 너무 삶의 에너지가 넘쳐나는 사람 같아 재미없다 하시며 웃으셨다. 그 모든 걸 해명할 길은 없고, 그냥 우선은 그 누구의 말대로 '어쩔 수 없는 비주류적 심성, 자발적 낙오자 기질' 때문이라고 해두자.

물론 역사의 흐름을 잘 들여다보면 그 진행과정이 필연은 아니었다 하더라도 우연 또한 아니었음을 자주 확인하게 되듯 내 개인의 역사 또한 그렇다는 느낌을 받곤 한다. 지금까지 걸어온 길을 되짚어

---

1) 사회구성원들의 유한성을 뛰어넘어 집단의 영속성을 보장받고자 하는 것, 그리고 출산력과 더불어 사망력을 통제하는 것이 시공간을 초월해서 모든 존재했던 '사회들'의 일차적인 과제였다는 것을 생각한다면 죽음의 사회학적 관심과 이해는 지극히 당연한(?) 것이며 그것이 그렇지 않게 여겨진다는 것이 오히려 의아한 일이 아닐 수 없다.

보면 그동안 일어났던 모든 일들이 느슨한 사슬고리처럼 알게 모르게 전체적 삶 안에서 엮여 있음을 발견하게 된다. 죽음의 문제에 대해 논문을 쓰게 된 것도—사람들의 호기심 어린 질문에 보통은 웃고 말지만—단순한 우연은 아니라고 생각한다. 구체화되지는 않았지만 인간이 나고 자라면서, 아프고 늙어가고 그리고 결국은 사라져 가는 인생의 과정과 관련한 의문들이 마음속에서 떠나지 않았던 것 같다. 앞서 길을 걸어가시는 할머니의 굽은 등을 보며 이해되지 않는 슬픔이 몰려와 한참을 울기도 했었다. 삶 자체에 대한 깊은 연민 같은 것 아니었을까 싶다. 물론 당시에는 그러한 질문들을 사회학적으로 풀어나갈 수 있으리라고는 생각하지 못했지만 말이다.

좌우지간 처음 죽음이라는 테마와 학문적으로 만났을 때 아주 매력적이라고 느꼈다. 그리고 지금까지 이 주제는 날 실망시키지 않았다. 여전히 재미있다. 관련되는 새로운 생각과 이야기들도 샘물처럼 마르지 않는다. 글쓴이 스스로에게 제일 좋은 점은 죽음이라는 지극히 보편적이면서도 지극히 개별적인 과제와 씨름하면서 그나마 이만큼 '사람꼴'을 갖게 된 것이라고 생각한다. 근대적 학문이라는 것이 이전의 학(學)과 달라 '사람 되기'를 그 주목적으로 여기지 않게 되었으나 학문이 다루는 내용은 여전히 사람살이, 세상살이에 대한 이야기일 수밖에 없다면, 그리고 공부하는 과정이 곧 살아가는, 그리하여 죽어가는 과정일 수밖에 없다면 이보다 삶에 밀착된 공부가 어디 있단 말인가.

죽음에 대해 공부했다고 해서 죽음을 알게 된 것은 아닐 터이고, 갑자기 도가 트이거나 성인군자가 되는 것은 아니라 해도 죽음에 대한 학문적 성찰이 나와 우리의 삶과 죽음을 조금은 더 '순하게' 해줄 수 있지 않을까 작은 기대를 하는 까닭이 거기에 있다.

게으르고 재주 없는 나를 위한 변명

이제 글을 엮어 내는 약간의 변명을 해야 할 것 같다. 나는 아무리 봐도 '쓸모 있는' 얘기를 '쓸모 있게' 하는 재주가 없는 사람이다. 모양새를 예쁘게 갖춰 포장하는 재주도 변변치 않다. 그런 재주를 가진 사람을 볼 때마다 조금 부럽기도 하다. 그래도 결론은 늘 똑같다: 생긴 대로 살자! 사실 다른 방법이 없다. 내가 그들이 될 수 없으니 내 스스로에게 재미있는 주제에 대해 내가 납득할 수 있는 방법으로 글을 쓸 수밖에 없지 않겠는가.

어느 시인이 자기에게 시(詩)는 '목숨을 건 재미'라고 했던데, 그 정도는 아니어도 나름으로는 재미있어하며 쓴 글들이니, 여기 엮인 글들이 — 실용성(?)은 없더라도 — 적어도 그리 지루하진 않았으면 하는 소박한 바람이 있다. 논문치고는 재미있게 읽혔으면 좋겠고, 이런저런 주장들이 최소한 그럴듯하게 여겨지면 좋겠다. 크게 부러운 직업이 많진 않는데, 유별나게 글쓴이의 열등감을 자극하는 이들이 있다. 바로 작가들이다. 일단 뭔가 쓸모 있는 이야길 해야 한다는 강박으로부터 나보다 자유로운 것 같아 부럽다. 그러나 정말 그들이 글쓴이를 기죽이는 건 이야기 방식이다. 그네들은 '자, 지금서부터 제가 하는 모든 얘기는 가짭니다. 한번 들어 보실래요?' 이렇게 시작하는데, 진짜보다 더 실감나고, 더 재밌고, 더 슬프다. 뭔가 그럴듯한 소리를 한다고 떠벌이곤 별 실속 없는 애길 하는 나 같은 사회과학자들은 정말 그들 앞에만 서면 작아진다. … 그래도 이 글모음을 내는 만용을 부리니 번번하거나 자기도취증이거나 둘 중 하나일 것 같다. 종이 값이 많이 아깝지 않기를 빌 뿐이다.

이전에 쓰인 논문들을 모아 내면서 처음엔 글 하나하나를 다시 꼼꼼하게 손봐야지 했다. 그러나 '의지박약'인지, 일상의 습관적 시공간 안에서 그건 점점 더 불가능해 보이기 시작했다. 일을 잘 쳐내지 못하는 나는 소모적인 일로 늘 바빴다. 게다가 대책 없이 게으르기까지 하다. 자본주의사회가 요구하는 효율과 능률하고도 태생적으로 잘 안 맞는다. 게다가 마감 있는 일에 치이다 보니 원고들은 몇 년을 넘기며 그냥 그 상태로 처박혀 있었다. 그런데 글이라는 것이 묵힌다고 깊은 맛이 나는 장인 것도 아니어서 무리해서 책을 엮기로 했다. 글 자체가 많이 부족하고 욕심껏 고치지도 못했지만 그동안의 죽음 관련 작업을 한곳에 모아 정리한 것에 위로를 삼아야겠다.

마지막으로 묻는다:

나는 그리고 우리는 죽음에 대한 의미부여에 성공할 수 있을까?

앞서 이야기한 대로 문화를 우리의 사고와 행위에 의미를 부여하는 과정이라고 한다면 삶의 성과는 우리가 얼마만큼 삶에, 다시 말해 죽음에 '의미 부여하기'와 '의미 만들기'에 성공하는가에 달려 있을 것이다. 그런데 도대체 무엇이 우리의 삶과 죽음을 의미롭게 만들 수 있을 것인가? 글을 마무리하며 죽음으로 인해 "생명이 끝나는 것이지, 관계가 끝나는 것은 아니"(앨봄 2007: 214)라는 모리 교수의 말을 되새기며 언젠가 다가올 나의 죽음을, 우리의 죽음을 그리고 나의 삶을, 우리의 삶을 다시 생각한다.

·글의 출처·

제 1 장

2006. 11. "미셸 푸코의 근대적 죽음론". 〈담론 201〉. 9권 3호. 159~189쪽.

제 2 장

2001. 06. "현대사회에서 인간유한성 설명을 위해 동원되는 전략에 대한 사회학적 분석: 지그문트 바우만의 논의를 중심으로". 〈담론 201〉. 봄/여름호. 134~160쪽.

제 3 장

2008. 02. "몸의 소멸: 이미지의 과잉, '체험'의 부재". 〈담론 201〉. 10권 4호. 107~131쪽

제 4 장

2000. 12. "우리가 '다르게' 죽어가는 이유에 대한 사회구조적 고찰". 〈한국사회〉. 제 3집. 223~262쪽.

제 5 장

2000. 12. "근대적 죽음이해에 대한 유형적 분석". 〈사회과학연구〉. 제 9집. 143~183쪽.

제 6 장

2001. 12. "죽음이 두려운, 혹은 두렵지 않은 서로 다른 이유들". 〈전통과 현대〉. 2001 겨울호. 74~85쪽.

제 7 장

2001. 12. "근대사회에서 '초월성'에 대한 담론 형성 가능성과 조건에 대한 사회이론적 고찰: 죽음의 이해 문제와 관련하여". 〈가톨릭사회과학연구〉. 제 13집. 121~138쪽.

제 8 장

2000. 11. “죽음과 종교: 오늘 종교가 죽음의 문제에 ‘다시’ 주목해야 하는 사회학적 이유에 대하여”. 〈가톨릭사회과학연구〉. 제 12집. 135~153쪽.

제 9 장

2003. 02. “근대적 죽음이해와 소통방식에 대한 연구: 의료인의 경우”. 〈한국사회학〉. 제 37집 1호. 171~199쪽.

제 10 장

2008. 05. “자살의 이유를 알아야 하는 이유”. 〈사회와 이론〉. 제 12집. 293~325쪽.

제 11 장

2003. 06. “매장과 화장 문제를 둘러싼 사회적 담론 분석: 1990년~2002년 주요 일간지 보도내용을 중심으로”. 〈역사민속학〉. 제 16호. 129~152쪽.

제 12 장

2003. 12. “종교윤리적 생명담론의 논리적 딜레마: ‘뇌사’와 ‘뇌사 후 장기기증’ 담론을 중심으로”. 〈가톨릭사회과학연구〉. 제 15집. 115~134쪽.

* 책에 묶인 글들은 충분히 만족스러운 상태는 아니지만 원문에서 수정·보완된 상태이다.